What You Need to Lead an Early Childhood Program
Emotional Intelligence in Practice

幼儿园管理者的情商课
——学会有目的地领导

[美] 霍莉·埃莉萨·布鲁诺（Holly Elissa Bruno） 著
洪秀敏 刘倩倩 宋秋菊 译

中国轻工业出版社

图书在版编目（CIP）数据

幼儿园管理者的情商课：学会有目的地领导／（美）霍莉·埃莉萨·布鲁诺（Holly Elissa Bruno）著；洪秀敏，刘倩倩，宋秋菊译. —北京：中国轻工业出版社，2021.12（2024.4重印）

ISBN 978-7-5184-3532-6

Ⅰ.①幼… Ⅱ.①霍… ②洪… ③刘… ④宋… Ⅲ.①学前教育－教育管理 Ⅳ.①G61

中国版本图书馆CIP数据核字（2021）第124563号

版权声明

What You Need to Lead an Early Childhood Program: Emotional Intelligence in Practice.

Copyright © 2012 by the National Association for the Education of Young Children. All rights reserved.

> 保留所有权利。非经中国轻工业出版社"万千教育"书面授权，任何人不得以任何方式（包括但不限于电子、机械、手工或其他尚未被发明或应用的技术手段）复印、拍照、扫描、录音、朗读、存储、发表本书中任何部分或本书全部内容，以及其他附带的所有资料（包括但不限于光盘、音频、视频等）。中国轻工业出版社"万千教育"未授权任何机构提供源自本书内容的电子文件阅览、收听或下载服务。如有此类非法行为，查实必究。

责任编辑：牟 聪 吴 红　　责任终审：腾炎福
策划编辑：吴 红　　　　　　责任校对：刘志颖　　责任监印：吴维斌

出版发行：中国轻工业出版社（北京鲁谷东街5号，邮编：100040）
印　　刷：三河市鑫金马印装有限公司
经　　销：各地新华书店
版　　次：2024年4月第1版第3次印刷
开　　本：787×1092　1/16　印张：27.75
字　　数：270千字
书　　号：ISBN 978-7-5184-3532-6　定价：98.00元
读者热线：010-65181109
发行电话：010-85119832　010-85119912
网　　址：http://www.chlip.com.cn　http://www.wqedu.com
电子信箱：1012305542@qq.com
版权所有　侵权必究
如发现图书残缺请拨打读者热线联系调换
240410Y1C103ZYW

译 者 序

"人生百年，立于幼学"，幼儿教育阶段是学校教育和终身教育的奠基阶段，是党和国家高度关注的民生工程。幼儿教育机构的负责人、中高层管理者作为机构的核心领导者，全面负责幼儿教育机构的工作，其管理与领导能力直接影响机构质量，影响千万儿童的未来发展。那么，幼儿教育机构管理者需要具备什么关键能力，才能更高效地管理机构事务，使其有益于儿童的发展呢？

在幼儿教育领域，幼儿教育机构管理者需要处理各种人际关系，与教师、家长、教育部门乃至社会组织进行协商与沟通。情绪智力（情商）的高低是决定其领导效果的关键因素。情绪智力是实现高效领导力的核心要素，是识别自己与他人言行举止和非语言信息及合理处理信息的能力。具备高情绪智力的幼儿教育管理者可以有效处理幼儿教育管理中的各种挑战与难题，能够以积极的态度、巧妙的方式合理地处理幼儿教育管理中的内外部事务。

《幼儿园管理者的情商课——学会有目的地领导》（*What You Need to Lead an Early Childhood Program: Emotional Intelligence in Practice*）是将情绪智力理论与幼儿教育管理实践完美结合的一部佳作。作者从神经科学、心理学等多学科视角，以通俗易懂的方式介绍了情绪智力的相关理论，并灵活运用案例分析、经验总结、反思性问题、团队项目等多种方式阐述了提高情绪智力以完善幼儿教育管理的方法与策略。本书是一本关于幼儿教育管理的教科书，也是引导幼儿教育管理者逐步实现高效领导与管理的指南。

本书内容及结构

本书共五部分，分为十六章。

- 第一部分"形成：制订计划，为成功做好准备"包括四章内容，主要阐述了领导者应该掌握的核心知识与应该具备的关键能力。具体而言，这一部分先后介绍了五项基本的领导能力、情绪智力的内涵、决策的艺术性与科学性、机构的发展愿景以及不同类型领导力的优缺点。
- 第二部分"调整：识别、预防和应对变革的阻力"包括四章内容，主要分析了管理者在管理过程中可能遇到的挑战及相应的解决措施。这一部分介绍了管理者在初期可能面临的难题，在管理过程中如何应对可能的变化，如何预防相关的法律问题，以及如何发挥团队力量以有效地解决问题。
- 第三部分"规范：建立管理系统"包括五章内容，主要介绍了机构规范、专业发展的系列举措。这一部分从监管教师发展、财政管理、安全管理、课程设置、外部宣传五个方面全面且详细地介绍了规范发展机构的具体措施与方法。
- 第四部分"执行：把原则应用于实践"包括两章内容，主要围绕家园合作、提升质量两个方面阐述具体管理策略。在家园合作方面，详细介绍了如何与每个家庭建立友好关系；在提升质量方面，全面分析了相关内容要点和措施。
- 第五部分"重组：更新、振奋、期待可能实现的事情"包括一章内容，这是全书的总结部分，介绍了管理者的具体内涵与职责，并明确了相关的领导原则。

本书亮点及特色

- 重视多元视角。在介绍情绪智力的过程中，作者介绍了认知神经科学、心理学方面的最新研究成果，运用科学的、前沿的知识扩展了读者对情绪智力的理解，加深了读者对情绪智力的认知。此外，作者基于对教育专家、作家、教育从业者等不同职业人群的采访，将其观点梳理为可以运用于幼儿教育管理的情绪智力策略，有助于幼儿教育管理者更全面、更系统、更有效地进行管理与领导。
- 强调实践运用。作者注重将情绪智力的理论和科学研究转换到幼儿教育管理的实践中。本书以案例研究开启每一章的阐述，通过案例研究中的问题反映管理者普遍面临的难题与疑问，并以此介绍相关的情绪智力策略；以反思性问题和团队项目结束每一章的内容，引导读者更深入地理解、回顾本章的关键内容，并在与同事、团队合作的过程中强化、拓展对本章内容的理解。

- 注重易懂可读。本书章节结构清晰，按照"形成、调整、规范、执行、重组"的逻辑统筹全书，有益于读者由浅及深、由表及里地了解本书的关键内容。在每一章中，理论知识与实践案例相互呼应，并且以要点的形式呈现关键策略，读者可以清晰明确地了解原则、概念等，同时通过实践案例进一步内化、加深对章节内容的理解。

本书的翻译过程包括初译、复译、校对和审定四个阶段。陈敏睿硕士参与翻译了第十二章。感谢本书作者霍莉·埃莉萨·布鲁诺为我们呈现了一部不可多得的提升幼儿教育机构管理者情绪智力和领导力的著作！感谢中国轻工业出版社引进这本书，感谢"万千教育"吴红编辑为本书成稿所付出的辛勤劳动！

希望这本书能够引导幼儿园、托育机构、早教机构等多种类型幼儿教育机构的负责人、中高层管理者和优秀的一线教师在不断进行自我实践中实现高效的领导。

由于译者水平有限，翻译难免有不妥之处，敬请广大读者和专家批评指正。

译 者
2021年6月于北京师范大学

作者简介

霍莉·埃莉萨·布鲁诺 人文社科硕士,职业法律博士,律师,演讲者,在线电台节目——《关于领导力的心连心对话:你的改变指南》(*Heart to Heart Conversations on Leadership: Your Guide to Making a Difference*)——的主持人。她在美国惠洛克学院和国立路易斯大学的麦考密克幼儿教育领导力中心教授研究生领导力和法律课程。她曾担任缅因州助理司法部部长、缅因大学法学院助理院长、缅因大学奥古斯塔分校院长和副教授,被评为缅因大学奥古斯塔分校的杰出教授。

从冰岛的雷克雅未克到匈牙利的布达佩斯,从夏威夷的火奴鲁鲁到安克雷奇、迈阿密、芝加哥、奥斯汀、圣地亚哥、塔尔萨和南达科他州的斯皮尔菲什,霍莉·埃莉萨的主题演讲吸引并启发了听众。她认为,幼儿教育领导是每个人都能担任的最有权力的职位之一。

前　言

作为一名成功的领导者，你需要什么？
- 符合标准的学术证书
- 可靠的发展计划
- 明确的愿景和使命
- 科学的预算
- 最新的领导理论知识
- 设计良好的带有绿色游乐区的建筑
- 对健康和安全标准的掌握
- 时间管理的专业知识

你可能已经具备了这些能力，仍在努力成为一名优秀的幼儿教育领导者。你错过了什么呢？

你知道答案是：人际关系。

除非我们能与遇到的每个人建立并保持诚实、富有成效和动态的关系，否则我们不可能成为优秀的领导者。除非我们能够建立高效的团队，否则我们精心设计的愿景将会化为泡影。除非我们能激发员工的信任，否则我们将无法发挥他们的最佳水平。除非我们赢得家庭的尊重，否则我们的机构发展计划永远不会实现。如果没有人际交往能力，即使是最优秀的学历证明也只是附属在名字后面的字母而已。

诗人马娅·安杰卢（Maya Angelou）说道："我知道人们会忘记你说过的话，忘记你做过的事，但他们永远不会忘记你带给他们的感受。"这提醒我们与遇到的人建立联系有多么宝贵。这种能力能够让人们放松，赢得他们的信任，并激发他们的奉献精神。这就是情绪智力，又称为情商（emotional intelligence，EQ）。

《幼儿园管理者的情商课——学会有目的地领导》（*What You Need to Lead an Early Childhood Program: Emotional Intelligence in Practice*）是第一本也是唯一一本以最重要的特质——情绪智力（建立人际关系的艺术和科学）——为主题的幼

儿教育领导力书籍。情绪智力是一种能像读书一样读懂别人并知道如何明智地使用这些信息的能力。本书的每一章都以一个案例研究开始，该案例研究的特点是复杂的，也是幼儿教育主管每天面临的挑战。除了案例研究，书中的情绪智力理论和原则、指导和解决问题的步骤，也将有助于领导者练习和磨炼领导技能。

用情绪智力来引导，就是读懂故事背后的故事。你能听到父母暴跳如雷时的呼救声，或者感知到教师运用新方法时的阻碍性恐惧吗？领导幼儿教育机构需要学习每个个体和团队的非语言信息。尽管理性分析有价值，但逻辑无法解释这些语言。作家安东尼·德·圣-埃克苏佩里（Antoine de Saint-Exupéry）在《小王子》（*Little Prince*）中解释道："只有用心去看，才能看得清楚。重要的东西用眼睛是看不见的。"

情绪智力不是魔法，也不是"软性"科学。情绪智力是可以衡量和学习的。在不断发展的神经科学领域，现有研究记录了我们对彼此的生理、神经元的影响。例如，不用说一个字，人的心就会电磁式地向离我们1.5米以内的人传达"很高兴见到你"或"保持距离"的信息。此外，研究表明，在连续用脑三四个小时后，大脑做出有效决策的能力会下降。然而，有多少人没有意识到这一点，在大脑已经按下停止按钮的情况下，仍然勇往直前呢？65%～90%的人类情感是通过语言交流的。领导者需要用心倾听。

在神经科学研究的指导下，我们的领导实践可以得到强化和完善，并达到更好的效果。多亏了核磁共振技术（功能性核磁共振成像），现在对成人大脑的研究就像对新生儿到3岁孩子大脑的研究一样引人注目。知识得到了解放。当知道大脑的运作方式后，我们就能充分利用它的特质，避免被不舒服的想法和反应束缚。用情绪智力来领导就是用自信和正直来领导。作为领导者，当建立和完善情绪智力后，我们的信心也会相应地增长。

本书涵盖了领导者的所有职责，内容涉及财政管理、营销、监督、评估、健康安全以及预防法律问题。每一个领域中的个体焦点都使本书独特且引人入胜。

本书是《有目的地领导——幼儿保教管理工作中的情绪智力》（*Leading on Purpose: Emotionally Intelligent Early Childhood Administration*）的新版。本版包含了领导者所必须知道的最新研究、理论和实践，同时保留了原有版本的精华内容。

新的内容包括：

- 亚当·布赖恩特（Adam Bryant）关于成功领导者的五项基本能力的

研究发现
- 如何在社交网络时代避免法律纠纷?
- 勇气:是什么?在哪里找到它?如何运用它?
- 质量评估与改进系统(Quality Rating and Improvement Systems,QRIS):评估领导力和项目的新工具
- 让大脑在压力下保持冷静——按按钮的神经科学
- 杜绝在工作场所发牢骚
- 符合修订后的《美国残疾人法案》(American with Disabilities Act,2009年1月颁布)的新做法。
- 在法律和文化上与移民家庭合作
- 领导力中的性别问题
- 领导者应该在什么时候道歉?
- 如果问题出在上司身上,你该怎么办?
- 在同一工作场所中管理千禧一代(Millennials)、X一代(Gen-Xers)和婴儿潮一代(Baby Boomers)
- 建立女性主导的团队

新版还提供了与各种幼儿专家的访谈。从2010年开始,作为在线电台节目《关于领导力的心连心对话:你的改变指南》的主持人,我有幸对教育领导力领域的专家、作家、从业者和未来学家进行了现场采访。我采访了内拉·康纳斯(Neila Connors)——《如果你不满足教师,那么他们就会伤害学生》(*If You Don't Feed the Teachers, They Eat the Students*),梅格·惠特利(Meg Wheatley)——《新的、科学的走出去与发展》(*The New Science and Walk Out, Walk On*),亚当·布赖恩特——《拐角地带》(*The Corner Office*),菲莉丝·切斯勒(Phyllis Chesler)——《女性间的残忍》(*Woman's Inhumanity to Woman*),罗伯特·萨顿(Robert Sutton)——《好老板与坏老板》(*Good Boss, Bad Boss*),斯蒂芬妮·菲尼(Stephanie Feeney)——《幼儿教育领域的专业性》(*Professionalism in Early Childhood*),罗伊·鲍迈斯特(Roy Baumeister)——《意志力》(*Willpower*)和里克·基尔施纳(Rick Kirschner)——《与你所不能容忍的人相处》(*Dealing* with People You Can't Stand）。他们的回答发人深省。

多亏了这些采访，本书揭示了在其他地方看不到的被访者的直接回复及其洞察力。我问了大多数人想问但觉得不应该问的问题，被访者敞开心扉，说出了真相。你可以在线查看这些访谈的内容。

说真话是本书的核心要点。当你翻到每一页的时候，你会被邀请解决棘手的困境，找出潜在的天赋，激发幽默感，明晰盲点，并应用最新的领导理论，成为你所能成为的最好的领导者。

本书包含文字和实践资源等内容，尊重读者的个人学习风格。下列资源在文中空白处有所说明，也在正文中有所凸显：

- 评估关于某一问题的立场的机会
- 需要思考和解决的案例研究
- 激励你的名人名言
- 采访领导力专家的播客
- 对"你从自己的经验中收获了什么"的反思邀请
- 下一步你将采取的步骤

此外，如果你要组织研讨会或者你是教师教育工作者，那么每章末尾有一些问题可供你思考。团队项目可以让参与者参与到专业发展的讨论中，并在幼儿教育课程中延伸所学的内容。

最后，作为一名律师，我特别关注幼儿教育领导者所面临的法律难题：为求职者提供和获取可信的证物，在合理的时间里处理保管纠纷，建立无保姆政策，允许吸烟者与幼儿一起工作，面对带着孩子外出喝醉的父母，以及避免机密或其他破坏性材料出现在网上。书中介绍了相关政策、程序，最重要的是介绍了明确的（非法律术语）、直接的信息。伴随着情绪智力和准确的信息，你会收获每一页所引导的内容。

对我来说，读者的反馈很重要。我重视你的反馈、见解、问题和改变的想法。如有需要，请联系我。

现在，请继续读下去，探索领导力的未知领域吧！

目　录

译者序 ·· I
作者简介 ··· V
前言 ·· VII

第一部分　形成：制订计划，为成功做好准备 / 1

第一章　五项基本的领导能力：你在这里听到了 ························· 3
　　领导力中的坦诚对话 ··· 4
　　不可缺少的意外教训 ··· 5
　　一个想不到的关于权力的问题 ·· 15
　　正直："只有平庸的人才是最好的" ································· 15
　　你在这里听到了 ··· 16
　　反思性问题 ·· 17
　　团队项目 ··· 17
　　参考文献 ··· 18

第二章　聪明的、真诚的领导：尊重情绪智力 ·························· 19
　　日复一日的领导：完美是最好的敌人 ······························ 20
　　幼儿教育：不是你的典型事务 ·· 21
　　什么是情绪智力或情商 ·· 23
　　情绪智力的神经生物学 ·· 27
　　恢复理智的大脑能力 ··· 30
　　怎样在压力下做出明智的决定？ ····································· 33
　　聪明的幼儿教育领导者 ·· 35
　　反思性问题 ·· 35
　　团队项目 ··· 36
　　参考文献 ··· 37

第三章 做出艰难的决定：决策的艺术与科学 ... 39
做出艰难的决定 ... 40
做出正确决定的技巧 ... 42
伴随着不可能的决定前进 ... 43
剖析一个不可能的决定 ... 44
承认决策过程中的弱点 ... 46
从合乎法律的历史中学习 ... 47
决策过程 ... 49
处理自我怀疑 ... 54
让他者参与决策过程 ... 56
决策结构 ... 58
等级式、扁平式、混合式决策制定的动力系统 ... 60
责任到此为止 ... 62
反思性问题 ... 63
团队项目 ... 63
参考文献 ... 64

第四章 有目的地领导：一条成就卓越之路 ... 65
目的，我们存在的心跳 ... 66
迈尔斯-布里格斯领导力问卷 ... 76
从我们的弱势偏好中学习 ... 92
领导气质 ... 94
自知之明的力量 ... 97
反思性问题 ... 98
团队项目 ... 98
参考文献 ... 99

第二部分 调整：识别、预防和应对变革的阻力 / 101

第五章 开始：无论你在哪里，都是开始的地方 ... 103
从教师到主管 ... 104

通往领导的三条道路 ··· 109

　　组织发展阶段 ··· 111

　　我们是一家人：成为家族式组织的主管 ··························· 114

　　创始主管：创建儿童保育组织 ······································ 116

　　幼儿教育项目的类型 ··· 117

　　你准备好了吗？ ··· 121

　　反思性问题 ·· 121

　　团队项目 ··· 121

　　参考文献 ··· 122

第六章　与变化为伴 ·· 125

　　大脑和变化 ·· 126

　　变化的定义 ·· 127

　　谁是变化的主人？ ·· 128

　　领导力和控制力 ·· 129

　　与变化为伴 ·· 135

　　变化进程 ··· 138

　　韧性 ·· 144

　　反思性问题 ·· 150

　　团队项目 ··· 151

　　参考文献 ··· 152

第七章　预防法律问题：政策和程序 ·································· 155

　　诉讼行使权 ·· 156

　　预防政策和实践 ·· 158

　　计划意料之外的事情：危机预防 ·································· 166

　　反思性问题 ·· 170

　　团队项目 ··· 171

　　参考文献 ··· 171

第八章　创建问题解决者共同体：做人生赢家，而不是抱怨者 ······ 173

　　开放式交流，热情的共同体 ······································· 174

谣言 ······176
消除工作场所的抱怨 ······182
问题解决的实践 ······185
解决冲突的策略 ······186
多元文化下的问题解决方案 ······191
共同体 ······192
反思性问题 ······194
团队项目 ······194
参考文献 ······195

第三部分　规范：建立管理系统 / 197

第九章　监督与员工发展：社会情商在起作用 ······199
监管的成分 ······201
监管类型：指导性监管和反思性监管 ······204
运用指导性监管 ······213
何时使用反思性监管 ······218
创建你的监管系统 ······224
评估时间 ······225
监管是一种进化过程 ······227
监管与员工发展计划 ······227
反思性问题 ······228
团队项目 ······229
参考文献 ······229

第十章　财政管理：掌握财政大权 ······231
金钱：承载的远不止一件事情 ······232
坦白与洗钱不同 ······234
作为政策和计划的预算 ······235
预算报告 ······242
追收欠款 ······244

	为非全日制入园的儿童和兼职教师的预算	246
	固定成本和变动成本	248
	考虑工资和工时	249
	从头开始:你的第一笔预算	250
	反思性问题	253
	团队项目	254
	预算术语表	255
	参考文献	256
第十一章	杜绝伤害:建设安全、可持续、健康的学习环境	259
	指导原则	261
	自下而上的建设:资源、专家、顾问和支持者	261
	安全与健康的基本要素	264
	确保健康和安全的政策与实践	271
	平安无恙	286
	反思性问题	286
	团队项目	287
	参考文献	288
第十二章	课程选择:根和翼	291
	站在前人的肩膀上:幼儿学习理论的根源	292
	大脑发育研究和学习理论	299
	关系是学习的核心	300
	动乱和完美的"应试教学"	307
	学习型组织	310
	作为环境和课程的管理者	312
	反思性问题	312
	团队项目	313
	参考文献	313
第十三章	市场营销与发展:只要你有影响力,顾客就会来	317
	不再"固着"	318

	营销101：做好策略	322
	发展员工和客户	326
	对"不可能"说"不"	335
	反思性问题	335
	团队项目	336
	参考文献	337

第四部分　执行：把原则应用于实践 / 339

第十四章	与每个孩子的家庭建立伙伴关系	341
	我们是一家人	342
	情商和理解家庭	343
	家庭：并不是我们所想象的那样	345
	预防和反对家庭虐待和忽视	347
	家园联系的做法	350
	没有两个人是一样的：不断变化的美国家庭	354
	家庭友好政策	360
	反思性问题	363
	团队项目	364
	参考文献	364
第十五章	追求质量：professionalism（专业）不仅仅是一个由15个字母组成的单词	367
	不仅仅是一个由15个字母组成的单词：克拉伦斯标准	368
	追求质量：谁定义了我们行业的质量？	371
	从伦理学的角度解决困境	375
	功能正常与功能失调的团队	379
	全面质量管理	383
	评估幼儿教育质量的系列工具	393
	向所有人表明质量和专业精神的立场	394
	如果professionalism（专业）不仅仅是一个由15个字母组成的	

单词，那么它是什么？ ··· 397
反思性问题 ··· 397
团队项目 ··· 398
参考文献 ··· 398

第五部分　重组：更新、振奋、期待可能实现的事情 / 401

第十六章　**处处可用的领导原则：学会热爱问题** ······························· 403
领导力与冒名顶替综合征 ··· 405
主管是什么：领导者、管理者、行政主管，还是所有人的
　一切？ ··· 406
看待旧事物的新方式 ··· 408
领导原则与你同在 ··· 412
21世纪的领导力 ··· 414
你的选择从这里开始：学会喜欢这些问题 ····································· 419
反思性问题 ··· 420
团队项目 ··· 420
参考文献 ··· 421
儿童文学书目 ··· 422

第一部分

形成：制订计划，为成功做好准备

第一章　五项基本的领导能力：你在这里听到了　3

第二章　聪明的、真诚的领导：尊重情绪智力　19

第三章　做出艰难的决定：决策的艺术与科学　39

第四章　有目的地领导：一条成就卓越之路　65

第一章

五项基本的领导能力：你在这里听到了

> 真理和信任之间有着密切的关系。
>
> ——弗雷德·罗杰斯，《你很特别》

案例研究——瓦妮莎

瓦妮莎陷入了困境。她被提名为机构的主管，但她担心自己无法胜任。她在幕后工作得很好，喜欢追求结果，深受每个人的喜欢。然而，她知道，作为主管，必须解决机构里长期存在的权力斗争，并在数百人的面前发言。这两种情景把她吓傻了。有时，她感觉自己像个冒名顶替者，心想："每个人都认为我可以应付一切。如果他们知道我犯了严重的错误，那么他们会把我踢到路边去！"

考虑到将会面临的机构内部和外部的挑战，瓦妮莎应该担任主管吗？为了取得成功，领导者需要呈现出完美的"假象"吗？

如果我告诉你，幼儿教育领导是任何人都能从事的最重要的工作之一，你会相信吗？还有谁能激励孩子们终身热爱学习？还有谁会欢迎、拥抱每个孩子的家庭（包括新移民家庭、单亲家庭、祖辈家庭等）？还有谁能够直面并解决那些可能为每个教育机构树立先例的法律问题？还有谁会在一天结束后回到家时，虽然疲惫不堪，但清楚地知道他（她）自己已经改变了别人的生活？

> 领导者不一定是组织中最聪明的人，但他们是人性学最好的学生。领导者真正的工作是提出问题，而不是得到答案。
>
> ——亚当·布赖恩特（播客）

成功的领导者永远都在学习，他们了解自己的优势和面临的挑战，学习如何拥有成功的人际关系。我们学习到的经验并不都是完美的。例如：在监督冥顽的员工时，我们会发现自己的不足；我们可能无法帮助每一个有特殊需要的孩子，或者阻止预算被削减到极点。然而，不管发生什么，我们都可以选择自己的态度。

在幼儿教育中，我们通过人际关系进行领导。像他人感动我们一样，我们也深深地感动他人。建立健康、快乐的人际关系既是一门艺术，也是一门科学。

从现在开始，我们是否应该开启一场寻宝之旅，以发现我们需要如何领导？是谦逊而优雅的，还是有力而温柔的？我们将停下来探索令人瞠目结舌的神经科学研究，了解领导力理论，以及经验丰富的同行所积累的智慧。我们的追求是什么呢？我们要发现有效人际关系背后所隐藏的动力，这样我们才能以睿智和真诚的方式来领导。你准备好了吗？下面是第一条线索。

领导力中的坦诚对话

你想成为一名领导者吗？在没有准备的情况下，我们中的一些人发现自己必须做出一个选择：要么站出来领导，要么永远怀疑自己可能错过了什么。

2009年年末，我收到了一封奇怪的电子邮件，里面有一个更奇怪的问题——你是否会为教育领域的领导者们创建并主持一个在线广播节目？获得艾美奖的BAM广播网（BAM Radio Network）执行制片人埃罗尔·圣克莱尔·史密斯（Errol St. Clair Smith）承诺，我可以采访任何我想采访的人，问任何我想问的问题。他说："加入我们，挑战教育新闻的极限。"

谁喜欢失败（尤其是在公共场合下失败）？肯定不是我。然而，除非冒着失败的风险，否则我还能如何学习呢？尽管学习之路非常艰难，但我知道我需要进步。

我接受了埃罗尔的挑战。正如我常说的："人生苦短，不能无聊待之。"

2010年，《关于领导力的心连心对话：你的改变指南》开始在领导者频道直播。你可以收听广播，倾听领导者、专家、作家和同行讲述他们的故事，分享他们关于领导者成功要素的最新研究。

> 如果把悲伤编成一个故事或者讲一个关于它的故事，那么所有的悲伤都是可以承受的。
>
> ——伊萨克·迪内森，《走出非洲》

人们通常会按照要求来分享重要的内容。我的每一位嘉宾都坦诚地讲述了他（她）来之不易的领导经验——我们需要抛弃什么，我们需要承担什么。这些领导者的经历和研究表明，成功的领导者是通过关系而不是控制来管理的。事实上，领导就是联系。

本书是为聪明、真诚、日常在职的领导者（关系的建立者）准备的。它揭示了领导者最好的品质，并引导我们绽放自己的光芒。

不可缺少的意外教训

普利策奖得主、《纽约时报》记者亚当·布赖恩特想知道领导者获得成功的原因。在2011年出版的《拐角地带：CEO必修的领导力课程》（*The Corner Office: Indispensable and Unexpected Lessons from CEOs on How to Lead and Succeed*）一书中，布赖恩特记录了70多个对不同领域领导者的访谈。这些领导者包括"为美国而教"（Teach for America）的创始人兼首席执行官温迪·科普（Wendy Kopp）、美国舞蹈剧院艺术总监朱迪思·贾米森（Judith Jamison）、哈佛大学校长德鲁·吉尔平·福斯特（Drew Gilpin Faust）、迪士尼首席执行官罗杰·艾格（Roger Iger）。在访谈中，

> 受过教育的人知道去哪里发现他不知道的东西。
>
> ——格奥尔格·齐美尔

布赖恩特抛出了一些常见的问题，例如："领导者最需要的能力是什么？"此外，他也提出了尖锐的问题，例如："你如何做到你想做的事情？""你怎么学会做你现在做的事情？""你从中学到了什么可以与他人分享的经验？"

布赖恩特发现了成功领导者的五大特质，这些特质都不可或缺，并让人出乎意料。当你处理人际关系时，这些特质对你很有帮助。让我们来看看布赖恩特的发现（见表1.1）。

表1.1　成功领导者的五大特质

强烈的好奇心：对世界的深度参与感，急切地想知道"这到底是怎么回事？"。

久经沙场的自信：直面困难，并从逆境中学习，变得更加坚强。

团队智慧：通过使用或修改组织的不成文规则，使团队发挥出最佳水平。

简单化的思维模式：能够看穿过多信息中的核心问题。

无畏：尽管有压力或惰性，但愿意以不同的方式思考，并愿意冒险做出更好的改变。

▶ **培养你的EQ**：你有哪些特点？你最大的优点是什么？你的哪一方面需要改进？

强烈的好奇心

比起害怕失败，你更喜欢学习吗？你愿意抛开假设，挑战自己的想法吗？热情好奇的领导者：

> 处理棘手的问题，解决重大的问题。他们好像是渴望知识的学生，对周围发生的一切都非常感兴趣。他们想知道为什么事情会以这样的方式进行，以及这些事情是否可以改进。他们想知道他人的故事和行为。
> （Bryant，2011，p.13）

布赖恩特在接受我的采访时说，领导者不必是公司里最聪明的人。相反，高效的领导者是"人性学最好的学生"。

虽然现行的方法仍然有效，但是无限的好奇心所培养的思维敏捷性会促使领导者敢于承担风险，并设想替代方案。出于保持新鲜感和提高效率的动机，充满热情和好奇心的领导者会质疑别人认为理所当然的事情。他们通常先组织领导，再分析原因。在书中，布赖恩特引用了英伟达科技公司首席执行官黄仁勋（Jen-Hsun Huang）的话，"我实际上喜欢凭直觉做决定。我喜欢用分析来验证决定。我不相信你能靠分析获得成功。我觉得太复杂了。你必须使用直觉，也就是你的艺术敏感性、理智敏感性和经验"（2011，p. 15）。

罗杰·纽格鲍尔（Roger Neugebauer）是世界论坛基金会（World Forum Foundation）的联合创始人，他与妻子邦妮（Bonnie）共同创办了该基金会。纽格鲍尔说，他们想亲自看看全世界的幼儿教育工作者都在为儿童做些什么。

> 我们现在照料的儿童将来会继承一个完全不同的世界。我的祖父母在南达科他州长大，从未离开过他们的家乡。我的父母直到60多岁才出国旅行。我和邦妮直到22岁开始出国旅行。我们的孩子在21岁前就去过爱沙尼亚、印度、土耳其、俄罗斯、中国和新西兰。我无法想象子孙后代的世界会是什么样子的。（播客）

每次当纽格鲍尔和邦妮为下一届世界论坛做准备时，他们都会周游世界，与来自阿富汗、肯尼亚、南非、马来西亚等国的教育工作者见面、对话。在旅途中，他们充满无尽的好奇心，对发现正在改变世界的领导者充满热情，因而他们一直在学习。

▶ **培养你的EQ**：是什么激发了你的好奇心？你总是在学习和理解更多的事情吗？是什么让你坚持终身学习？

久经沙场的自信

在本章的案例研究中，瓦妮莎曾取得过一些成果。她受到同事们的推崇，并被提名担任重要的领导职务。但她怀疑自己，觉得自己是"杰出的伪装者"。怎样才能让瓦妮莎克服自我怀疑，自信地领导下属呢？

> *逆境是最好的教育。*
> ——本杰明·迪斯雷利

布赖恩特发现,成功的领导者都有一个共同特点——他们对自己在逆境中学习和面对逆境的能力有难得的信心。自信不等同于自大。与谦逊不同,自我怀疑并不总是有效的。领导者必须对自己的能力有怎样的信心?在书中,布赖恩特这样评价这些领导者,"他们克服逆境与失败,并能从逆境中站起来继续工作。他们有久经沙场的自信"(2011,p. 24)。他们可能会在职业生涯或个人生活中遭遇困境,或者同时面对这两种情况。但无论在哪里遇到困难,领导者都不会逃避。引用黄仁勋的话,布赖恩特指出"有些人在面对逆境时变得更加冷静"(p. 25)。

"为美国而教"的创始人温迪·科普想知道成功的教师所具有的个人特点(Bryant,2011,pp. 30-31)。科普的研究人员发现,对于成功的教师来说,坚持不懈是最重要的品质。科普将坚持不懈的教师描述为:

> 在面临挑战时,教师要本能地找出自己可以控制的东西并承认它,而不是责怪组织中的其他人。你知道这样做的原因。因为包括孩子及其家庭在内,整个组织中有太多的人要受到责备。这种思维方式非常重要,这是内在控制和在面对挑战时保持乐观的本能(Bryant,2011,p. 31)。

> 智者无须找寻有意义的生活,他们就是这样生活的。
> ——佚名

也许,简历上的瑕疵与不足比完美的履历更能显示出深度。面对最坏的情况,展现出最好的状态,这体现了坚定的信心。在战斗中幸存下来后,领导者知道每个新问题都是一系列挑战中可以处理和学习的好问题。毕竟,正如俗话所说"钻石是经压力历练的煤块"。

西点军校的伦理学教授格斯·李(Gus Lee)将"久经沙场的自信"总结为一个词——勇气。李将勇气定义为"识别自己可能采取的最高道德行为,然后不惧自身危险而采取行动"。李认为要有勇气地行动,领导者需要敏锐的洞察力和批判性思维。为了辨别在面对逆境时该做什么,李提出了三个适合自我反思的问题:

- 我能做的最自私的事情是什么?(李认为答案总是显而易见的)
- 我能做的最实际的事情是什么?是能解决问题,并在这个过程中让自

己看起来不错吗?(李认为这个问题也很简单)
- 我可能的最高尚的道德行为是什么?我的目标是什么?我的最高目标是什么?(凭借久经沙场的自信,选择最高尚的道德行为会变得更加简单)

李指出,我们往往不会充分利用这种资源——我们的识别能力。

有了久经沙场的自信,我们更有可能在必要时孤军奋战,做正确的事情。如果缺乏久经沙场的自信,那么我们很少会做出勇敢的决定。李说:"当员工意识到我的行为出于私利、恐惧或懦弱时,我就不能再领导他们了。"领导者必须激励他人做最好的自己;如果领导者不能激励员工,那么他只是一个管理者。与科普的"为了更大的利益而冒险"的观点一致,李补充道,"一旦我们决定把保住工作作为自己的首要任务,那么我们就失去了勇气"。

> 想想你和同事各自经历了什么。你为什么在这里?是什么让你值得被了解和信任?是什么激发了你的创造力?是什么让你变得真实而有价值?如果我不知道你的感受,不知道什么对你很重要,那么我们对彼此来说不过是一张脸和一个名字。我们对彼此的了解都不深刻。
>
> ——罗伯特·库珀,艾曼·萨瓦夫,
> 《行政情商:领导和组织中的情商》

团队智慧

团队智慧始于"理解团队合作建立在人与人之间互动的基础上,是一份与名片、组织排名榜或头衔无关的不成文的合同"(Bryant,2011,p. 41)。有了团队智慧,领导者就会"知道如何创造使命感,如何让员工觉得每个人都得到了荣誉,如何在团队中建立责任感"(pp. 40-41)。

许多团队智慧听起来像是运用情绪智力或像读书一样解读他人的能力,然后根据这些信息采取明智的行动。布赖恩特引用了吉尔特集团(Gilt Groupe)首席执行官苏珊·莱恩(Susan Lyne)的话,"我认为,我现在对那些将成为公司毒瘤的人有很强的感知力"（2011，p.50）。相信我们对员工的直觉感知通常是有用的。我们中有多少人会因为期待员工改变或担心找不到更好的员工而留住眼前的这个员工？团队智慧意味着我们相信自己的直觉会向表现不佳的员工说再见，并为更合格的应聘者敞开大门。

在我们的采访中，利兹·怀斯曼和格雷格·麦基翁（Liz Wiseman & Greg McKeown）邀请我们所有人评价激励员工的团队智慧。他们的研究显示，48%的领导者未能让员工发挥出最佳水平。这些被称为"贬低者"（Diminishers）的领导者认为员工无法独自完成困难的任务。贬低员工的领导者做出了一个错误的假设，他们错误地认为，员工只能参与无关紧要的事务。缺乏团队智慧，领导者可能会埋没促使团队表现得更好的动力。

相比之下，拥有团队智慧和情绪智力的领导者会淡化自己的"开明"形象，让员工的潜力成为众人关注的焦点。

怀斯曼和麦基翁表示，拥有团队智慧的领导者是"倍增器"（Multiplier）。为了成为"倍增器"，领导者需要投入大量的时间来倾听和观察他们的员工，还需要带着强烈的好奇心，花时间发现什么对员工来说是重要的。雷金纳德（Reginald）喜欢职业橄榄球吗？问问雷金纳德，他最喜欢的美国橄榄球联盟教练的团队智慧如何适用于小孩子。

为了培养团队智慧，怀斯曼和麦基翁鼓励我们：

- 走出"回答模式"，进入"问题模式"。成功的领导者知道，最好的问题能让人们思考。
- 评估你是否可能会在无意中打击员工的积极性。
- 以求知欲的方式行事，学会倾听学习。
- 超越舒适圈，努力发现每名员工的潜在价值，尤其是那些你认为有所欠缺的员工。

就像布赖恩特（2011）所说的，一个有团队智慧的领导者不仅知道组织中的不成文规则，也会明智地推翻这些规则。一个不成文的规则可能是：主管会重写员工的任务，所以员工不必费心写好。有团队智慧的领导者知道通过言语和行动改变这种潜在的规则。例如，对员工说："尽你所能，我很欣赏这一点。"

你的领导能力能否激励教师在课堂内外都成为领导者？有团队智慧的领导者会走出聚光灯，让他们的员工发光发热。怀斯曼告诉我们，甚至要降低领导者的高涨热情，从而为教师的热情腾出空间。如果这样做，你可能会发现并凸显员工的价值。

简单化的思维模式

面对纷繁的数据，你是否感到有压力或分心？如果你感到不知所措，那么想象一下你如何用大量的信息淹没自己的团队。信息太多了！每个人都欣赏叙述简单的人。通过言简意赅、开门见山的方式，领导者可以凝聚团队的注意力。

> 只要点击几下鼠标，我们就能访问互联网上的海量数据。领导者应有能力分析大数据，然后找出13件重要的事情。作为领导者，你需要提炼信息。
>
> ——亚当·布赖恩特

布赖恩特（2011）说，最好的领导者会避免信息"超载"，而只提取一两件重要的事情。举个例子：他指出，大多数人都不太注意那些没完没了的幻灯片演示。表格、图片和可爱的卡通图案可能会让人放松，但它们能传递重要的信息吗？布赖恩特给这种不必要的复杂性贴了标签——"死于幻灯片"。为什么要演讲1小时，而不是有效地利用5分钟呢？简单化的思维模式是成功领导者的第四个特征。

布赖恩特说的"简单"是什么意思？想想那些干脆跳过幻灯片的演讲者，他们只是简单地演讲，简短地陈述自己的想法，同时用三个关键事实作为支撑（2011, p. 52）。

> 恐惧会让我们变得模棱两可，或者用冗长、令人费解的解释来掩盖不确定性。勇气可以让我们实事求是。

我们都面对太多的信息。大量的数据从计算机屏幕上向我们涌来。我们如何在超载的信息中确定什么是最重要的？开门见山的领导才能为员工减少阻碍。

简洁干练的领导者是受人尊敬、具有影响力的。商业领袖盖伊·川崎（Guy Kawasaki）抱怨道：

> 学校可以更好地教授言简意赅的价值……在学校里学到的东西与

现实世界中所发生的事情是相反的。在学校里，你总是担心不足。你可能会做20～50页幻灯片。学校应该教会学生如何通过5句话的电子邮件和10页幻灯片进行交流。没人想看像长篇小说一样的电子邮件。谁有时间呢？用60页幻灯片来组织1小时的会议也是同样的道理。（Bryant，2011，p.55）

作家拉塞尔·毕晓普（Russell Bishop）认为，项目工作和家庭工作经常因冗长、恼人、过时的程序或政策而变得繁重。当然，我们可以要求新员工签写名字的首字母，表明他们已经阅读并理解这些政策。但是，新员工能否完全理解具体政策的含义呢？领导者有能力用简单化的思维方式来简化这些政策，并使之成为有意义的目标。

毕晓普将简单化的思维模式转化为"停止，开始，继续"的流程。你可以与你的团队成员一起使用这个方法，在冗长、难以理解的文档中删除多余的内容。减轻员工负担，简化家长手册，这样每个人都会清楚自己的期望。想象一下：员工手册上写着已经"阅读并理解"所有内容的员工名字的首字母，实际上他（她）也认真地阅读并理解了！

启动"停止，开始，继续"的流程以简化策略：

- 停止使用不必要的或冗长的策略
- 开始思考简单的策略
- 继续使用有效的策略

毕晓普认为烦琐的文档可以被简化为有意义的简短声明，这样每个人都能理解并支持它。我们可以将毕晓普的"停止，开始，继续"流程应用于线上交流规则。很多互联网使用规则都是长页面的，参考了每个可以想象到的社交网站及其相关术语。例如，脸书（Facebook）可能会列举哪些人可以加为好友，而哪些人不可以加为好友。当简短的使用规则发布时，新的社交网站将迅速流行起来，而现有的网站将一败涂地。

用毕晓普的流程简化互联网使用规则：

- 停止——问："为什么需要制定互联网使用规则？"

- 开始——明确使用互联网的底线
- 继续——保留当前使用规则中有意义的内容

互联网使用规则要求员工在线上工作时像在现实生活中一样专业。一个简单的专业使用规则（第七章会详细介绍）比冗长的清单更有利于明确线上行为标准。

当拿起使用手册时，你需要用力举起才感觉舒适吗？如果是这样，那么现在是时候像梭罗（Thoreau）在19世纪时建议我们的那样"简化，再简化"了。

▶ **培养你的EQ**：这种简单化的思维模式需要时间来培养。你能在1分钟内解释你的工作吗？你的哪些政策可以开始、停止或继续修改？

无畏

你认为自己是一个无畏的领导者吗？无畏是不顾后果地做正确的事情的意愿。你可能会失去同事，可能会被嘲笑，可能会听到"你被解雇了"。我在开端计划项目（Head Start）中的同事丹尼斯·市川（Dennis Ichikawa）将无畏描述为"在自我内心光芒的引导下步入黑暗"。

为了评估我们的无畏程度，布赖恩特问道：

- 你觉得不舒服吗？
- 当情况非常稳定时，你会感到无聊吗？
- 如果没有路线图或指南针，你会喜欢吗？
- 当事情进展顺利时，你是否会希望事情有所变动？
- 你愿意为了学习新技能而跳槽吗？
- 你喜欢走出舒适区吗？
 （2011，p.62）

> 在职业生涯中，我有9000多个球没有投进，输掉了近300场比赛。在决定比赛胜负的关键时刻，我失误了26次。在生命中，我失败了一次又一次。这就是我成功的原因。
>
> ——迈克尔·乔丹

施乐公司的厄休拉·伯恩斯（Ursula Burns）将无所畏惧描述为：

> 即使没有遭到破坏，也要看到存在的机会。当公司没有走向绝境，也没有遭到破坏，但有更好的方法时，有人会说，"事情进展良好，但我要突破，因为事情可以变得更好，而且应该变得更好"。（Bryant，2011，p. 63）

要变得无所畏惧，领导者需要放弃"安全比真理更重要"的信念。从来没有人说无所畏惧是容易的。

瓦洛拉·华盛顿（Valora Washington）是青年学习者社区倡导者学院的创始人，也是专业认证委员会（Council for Professional Recognition）的主席兼首席执行官，她愿意采取行动，改变现状。在我们的采访中她指出，小学教育工作者和早期教育工作者之间的差异可能会恶化为两个极端的僵局。她认为，在历史上，在每个领域内都有很多偏见。

华盛顿指出，"我们必须通过改变来发挥领导作用。我们必须承认，小学和早期教育两个阶段在成果表现方面存在差异。我们需要合理解决问题"。小学教师可以学习更多的发展适宜性实践的内容，早期教育教师可以学习帮助儿童成功过渡到小学的方法。在《准备好了吗：早期照护和教育的领导选择》（*Ready or Not: Leadership Choices in Early Care and Education*，2007）一书中，华盛顿和斯泰西·戈芬（Stacie Goffin）倡导要勇敢地为未来的成人创造一个更友好的环境。

记者梅甘·麦卡德尔（Megan McArdle）把无畏提升到了一个新的高度。在采访中，她问道："领导者会失败，也会成功，对吗？"对麦卡德尔来说，失败是领导力的重要组成部分。她认为，我们必须树立失败的榜样，哪怕只是为了让孩子们知道如何学习，如何跌倒了再爬起来。无所畏惧实际上有时会导致失败。

当被问及当今普遍存在的"疑难杂症"因素时，麦卡德尔表示，领导者需要逆转"一击就出局"的现象，并营造失败是学习过程中的天然组成部分的文化氛围。哈莱姆儿童地带（Harlem Children's Zone）的创始人杰弗里·卡纳达（Geoffrey Canada）在改善儿童、家庭和社区学习环境的20多年中一直失败。如果卡纳达在第一次失败时就退出，那么他将永远无法提高千千万万人的生活水平。无所畏惧，虽然充满了风险，但却创造了我们需要的改变。

一个想不到的关于权力的问题

布赖恩特的"成功领导者的五大特质"为成功的领导者树立了标准，但没有直面关于权力的问题。成功的领导者与权力的关系是什么？领导者是如何行使权力的？员工如何判断领导者是否强势？

巴蒂亚·维森菲尔德（Batia Wiesenfeld）和同事的研究（2011）探讨了这些问题——领导者是否保持公平，是否有能力取得成功？作为教育工作者，我们认为领导者需要保持同情心、参与感、尊重和公平。在幼儿教育中，如果不是被动抵抗，那么专制的领导者难道不会很快被推翻吗？

维森菲尔德发现，维持公平和尊重员工的领导者实际上是削弱了自己的权力。她说："我们的结果与直觉相反。尊重员工并给其机会表达意见的领导者被认为拥有较小的权力。"她的研究表明，最公平的领导者不太可能被提升到更有权力的职位。她担心时代架构允许公正的领导者在体制内爬上权力的宝座。

维森菲尔德和同事的研究关注的是领导者的上司如何看待领导者。换句话说，上司可能会提拔一位强势的领导者，而不是一位富有同情心的领导者。奇怪的是，研究表明，员工也有同样的看法。权威型领导者对员工关心较少，但员工会认为他们拥有更多的权力。衡量领导者的标准是他们的工作效率，尤其是他们在赢得资金、获得上司青睐方面的成功程度。如果你没有能力高效地工作，那么不管你多么公平、多么关心下属，教师都可能会反对你。

维森菲尔德反直觉的结论可能会令人不安。但是，更有可能的是，幼儿教育领导者需要用同情心和韧性来行使权力。一个公正、有礼貌的领导者还必须保持足够的正直，做出那些"责任止于此"的决定。

正直："只有平庸的人才是最好的"

成功领导者的核心特质是正直。正直是一种令人钦佩的品质，它能够确保个体的言行一致，价值观一致，行动可信。领导者的正直是金，而真实是正直的试金石。

一个正直的领导者可能是不完美的，但他（她）是独一无二的，是自我定义

> 在某种程度上，我们可以在情感上诚实——释放我们的头脑，亲近内心，用经过认真思考的词语说出我们的真实感受。一旦我们找到自己的声音，我们就会变得真实。
>
> ——罗伯特·库珀，艾曼·萨瓦夫，
> 《行政情商：领导和组织中的情商》

的。不管环境多么艰难，领导者都可以在自己的经历中成长。每个有所作为的人都有失败的时候。大多数领导者也有令人尴尬或不完美的过往。谁没犯过错误？谁没撒过谎？谁没做过让自己后悔的事？

> 在组织团队工作以实现共同目标时，真实是最有效的。
>
> ——正当·布赖恩特，
> 《拐角地带：CEO 必修的领导力课程》

一个正直的领导者不会伪装成他人。正如一句标语所说，我们的秘密多么令人厌恶，我们自己就多么令人厌恶。不足和错误是客观存在的，我们应该拥抱它们，感激它们所带来的经验。

你在这里听到了

无论我们怎么定义或理解领导力的理论，都只是纸上谈兵，除非我们真正了解正直是什么。你的正直决定了你作为领导者的功绩。马丁·路德·金（Martin Luther King Jr.）认为，"当做正确的事情时，时机总是正确的"。

我们的寻宝行动正在进行。你能收获什么？愿你的付出能够得到回报，愿你面临的挑战不再那么令人生畏。

反思性问题

1．你有多么勇敢？你能说出自己冒着风险做的、结果很好的事情吗？如果冒险导致失败，那么这段经历对你未来的行为有什么影响呢？当别人因你的冒险而感动时，你应该勇敢地为他们着想，还是谨慎行事呢？你需要承担但一直规避的风险是什么？

2．你具备简单化的思维模式并能看出问题的关键吗？这是你必须培养的技能，还是与生俱来的技能？如果很难直接地思考问题，你会采取什么方式来培养简单的思维模式呢？请你说出本章中培养简单化的思维模式的最有说服力的观点。

3．你是充满好奇的人吗？如果是，你的动力是什么？如果不是，是什么阻碍了你的好奇？回想一个你为了打破假设以达到全新状态的事件。充满强烈好奇心的领导者重视安全的环境吗？他们能创造让员工感到安全的环境吗？

4．你如何定义正直？你怎么判断一个人是否正直？你认为自己正直吗？正直是人类一直拥有的品质吗？还是我们有时能正直地行事，有时却不能？说出你认识的两个正直的人，一个可以是名人，一个可以是生活中的普通人。他们的真实和正直是不同的，还是相同的？

团队项目

1．你如何看待领导者的失败与成功？了解一下领导者从失败中振作起来的经验。至少访谈三位领导者，了解他们的经历、感受以及从失败中吸取的教训。他们是否认为领导者可以在不失去工作或事业的情况下失败？

2．怀斯曼和麦基翁的研究显示，许多领导者没有意识到他们可能会威胁或以其他方式阻碍员工做好工作。阅读他们的研究和结论（参见本章末尾的参考文献），你认为他们的发现适用于幼儿教育领导者吗？如果是这样，领导者需要做出哪些改变来鼓舞员工，而不是阻碍员工？

3．阅读你所崇拜的领导者的历史。本章中的几句话是否可以描述那个领导者？（每个有所作为的人都有失败的时候。大多数领导者也有令人尴尬或不完美的过往。谁没犯过错误？谁没撒过谎？谁没做过让自己后悔的事？）我们如何接受自己的失败和缺陷，并努力让它们更新我们对领导的理解？

4．作为团队中的一员，思考如何指导案例研究中的领导者瓦妮莎。你想问她什么问题？你认为瓦妮莎是否应该接受提名？再读一遍罗杰斯先生开篇的那句话——真理和信任之间有着密切的关系。这对你帮助瓦妮莎有什么启示？

参 考 文 献

Bishop, R. 2011. *Workarounds that work: How to conquer anything that stands in your way at work*. New York: McGraw-Hill.

Bruno, H.E. 2010. Creating relational sanctuaries for children who suffer from abuse. *Child Care Exchange* Jan/Feb: 64–68.

Bryant, A. 2011. *The corner office: Indispensable and unexpected lessons from CEOs on how to lead and succeed*. New York: Times Books.

Cooper, R.K., & A. Sawaf. 1997. *Executive EQ: Emotional intelligence in leadership and organizations*. New York: Putnam.

Kellerman, B. 2006. When should a leader apologize—and when not? *Harvard Business Review* 84 (4): 72–81.

Lee, G. 1994. *China boy*. New York: Penguin Books.

Robinson, B.E. 2007. *Chained to the desk: A guidebook for workaholics, their partners and children, and the clinicians who treat them*. 2d ed. New York: New York University Press.

Schwartz, T., with J. Gomes & C. McCarthy. 2010. *Be excellent at anything: The four keys to transforming the way we work and live*. New York: Free Press.

Washington, V., & S.G. Goffin. 2007. *Ready or not: Leadership choices in early care and education*. New York: Teachers College Press.

Wheatley, M., & D. Frieze. 2011. *Walk out walk on: A learning journey into communities daring to live the future now*. San Francisco: Berrett-Koehler.

Wiesenfeld, B., N. Rothman, S. Wheeler-Smith & A.D. Galinsky. 2011. Why fair bosses fall behind. *Harvard Business Review* 89 (7–8): 26–30.

Wiseman, L., & G. McKeown. 2010. Managing yourself: Bringing out the best in your people. *Harvard Business Review* 8 (5): 117–121.

第二章

聪明的、真诚的领导：尊重情绪智力

> **案例研究——维多利亚**
>
> "你知道主管要我们做的那些乏味的课堂档案吗？我不想做了，我们都假装做一做吧。她最后就会忘记这件事的。"当主管维多利亚走进教职工大会的会场时，学步儿班教师罗克西抱怨道。罗克西感受到了主管的愤怒，脸上立刻挂上获奖式的微笑，叽叽喳喳地说："嗨，维多利亚，我敢打赌你和你亲爱的家人度过了一个愉快的周末！"
>
> 所有人的目光都急切地在这位圆脸主管和微笑着的教师之间来回切换。面对罗克西公开表示的不尊重，维多利亚会说些什么、做些什么呢？

关于幼儿教育领导者的一个真相是每一刻都是一场冒险：你乐观而充满活力地、早早地到了工作场所，却发现愤怒的幼儿父母在门口踱步；你在婴儿室里抱着一个婴儿，而婴儿却吐出了早餐；你收到了一条来自厨师的短信，他说自己遇到了梦中情人，并且私奔到了希腊；你认为认证正是幼儿教育所需要的，然后在无意中听到罗克西在教师间煽动不满情绪。要想领导幼儿教育机构，你必须是聪明的、真诚的，并且时刻拥有幽默感。

▶ **培养你的EQ**：我们都有盲区，有时可能意识不到批评或分歧。你什么时候被别人的行为震惊过？有什么巧妙的方法可以防止或应对罗克西的无礼行为？

日复一日的领导：完美是最好的敌人

我们都有自己的挑战，例如，我恐高。这不是一种停止并深吸一口气就会恢复的恐惧，而是一种伴随着跃出胸膛般的心跳、膝盖颤抖、让我瞬间逃离的恐惧。更复杂的是，我无法预测恐惧何时会袭来。所以，我过着悠然自得的生活，忠于冒险的灵魂。

9月的一天，在苏格兰边境探险时，我驱车行驶在一条没有护栏的弯弯曲曲的单车道上。一只母羊挂着一副"别自以为是，女士，这是我们的路"的表情，可谁有时间往下看呢？我开车绕过了这只看向我的母羊。在苏格兰最高的瀑布——灰马尾瀑布（Gray Mare's Tail）——的指示牌旁，我把车停在满是紫色石楠花的山脚下。在香槟味空气的诱惑下，我和伙伴爬上了峡谷的两侧，隆隆的水声和正在筑巢的鸟儿的誓言召唤着我们。

> 唯一的出路就是离开。
> ——罗伯特·弗罗斯特

我不知道为什么我会转过身，直视着下面的峡谷。在这次的心跳中，我的喉咙紧闭，膝盖都软了。我僵住了，直到我能够煞费苦心地把一只脚放在另一只脚的前面来停止攀登。当恐慌消失的时候，我再次停下脚步，注意到石楠花离我很近，它们是那么可爱，我多么庆幸自己爬到了这么高的地方。

从那次苦乐参半的意外经历中，我吸取了教训。"领导"就像苏格兰远足，或者像遇到案例研究中的罗克西。我们的目标是登上山顶。我们要把注意力集中于奖品，在风景中呼吸。然而，即使有最崇高目标的鼓舞，我们仍然会被意想不到的事情蒙蔽。

成功不是用"完美"的领导者来衡量的，成功是通过每天的真诚交流来衡量的。领导者有时会把事情搞砸，有时会成功。我们会犯错，但我们仍然会全力以赴地改变。领导者每天都在前进的过程中学习。在学习的过程中，我们要原谅自己没有到达每一座山的顶峰。本章旨在帮助你克服盲区，享受你在一个不同寻常的领域内取得的成就。

幼儿教育：不是你的典型事务

描述幼儿教育领域的领导者在一天中所做的每一件事可能会让人头晕目眩。我们谈判合同，监督建设项目，掌握质量评估与改进系统，冲厕所，倾听愤愤不平的教师，平息愤怒的家长，与立法者为更合适的教育预算据理力争。我们要在上午11点前完成这一切！

典型的企业有独立的部门，如人力资源部、市场部、开发部、运营部、质量保证部和财务部。而幼儿教育领域的领导者承担这些部门的所有工作。在本书的后面，

> 很少有人具备伟大的力量去改变历史。但是，我们每个人都可以努力改变一些小事，所有这些行为的总和将被写入这一代人的历史。
>
> ——罗伯特·肯尼迪

我们将研究如何很好地执行这些功能。现在，我们意识到哈里·S. 杜鲁门（Harry S. Truman）总统办公桌上的座右铭"责任止于此"的适用性。

我们的"产品"不是喷气式发动机或计算机屏幕。我们支持和培养每一个孩子和成人，让他们成为自己想成为的人。即使资金削减或婴儿房被洪水淹没，我们也会这样做，因为幼儿及其家庭的需要是第一位的。虽然薪水或地位不高，但是我们所做工作的回报很高。

我们与无形的事物打交道，而且它们往往是无法确定的事物。一个蹒跚学步的孩子的微笑值多少钱？当一个难相处的孩子长成一个快乐的成人，然后对你说"谢谢你，你让我的生活有了改变"时，你能够量化自己内心的感动吗？在一天结束的时候，尽管我们的待办事项清单令人抓狂，但是当细数幸福的点滴时，我们会睡个好觉。

当我们和孩子们在一起时，他们的大脑是最容易接受学习的。我们的课程能够帮助他们探索和理解世界。我们见证了奇迹：沉默的孩

> 这些天最让我担心的是，有些人认为我们必须（甚至可以）抛开感情来培养国家的未来资源——儿童。
>
> ——弗雷德·罗杰斯，《你很特别》

子在歌唱，害羞的教师表明了立场，移民父亲注意到他的儿子结交了新朋友。我们的工作就是为接下来的每一次教育经历打开大门。

所有的教育工作者都致力于儿童的学习。但是，幼儿教育者为孩子将来的学习树立了标准，培养孩子的好奇心，帮助他们组织问题、相信自己的天赋、学习如何与不同的人和平相处。孩子会吸取这些经验教训，反过来，这些经验教训也会帮助他们渡过难关。

我们不能平庸地领导这一切。

当我们以别人的眼光看待自己时

幼儿保育和教育工作者还有另一个特质——只有幼儿教育工作者才会被称为"保姆"。我们经常听到这样的说法："和孩子们一起玩耍就能得到报酬，这一定很不错。"罗德尼·丹杰菲尔德（Rodney Dangerfield）说得对，如果我们得不到任何尊重，那么我们最好提醒自己：别人怎么看与我无关。

在某些人眼中地位低的领域以及每个人眼中低薪的领域担任领导者是一项严峻的挑战。毕业生会选择薪水更高的职业，员工需要努力养家糊口，小学会雇用最好的教师，这些都是显而易见的。

看不见的后果往往更伤人。即使是最有天赋的教师，如果没有学位，那么他们也会认为自己是二流的。教师的流动率很高，尤其是在经济下滑的时候。为了使师幼比符合规定，我们可能会雇用那些不符合理想的资质要求的人，并且在他们身上投入过多的时间。我们将花费更多的时间、精力和宝贵的资源，向那些可能永远不会理解我们的人解释我们在做什么以及我们的工作多么有价值。在一个被低估的领域内，最糟糕的结果就是我们开始相信那些反对者，我们怀疑自己。当别人向我们询问专业知识时，我们觉得自己像个冒牌货。

当世界的价值观似乎颠倒时，我们需要勇气来保持信心。为了成功，我们需要由内而外而不是由外而内地建立自尊。

宣扬我们的领导品牌

幸运的是，心胸狭窄的偏见正在受到挑战，徒劳无益的教唆正在被推翻。知识的进化和传播速度超过了一只青蛙的跳跃速度。科学研究正在揭露长期持有的信念。关于智力和自我价值的根深蒂固的定义已经确定了长达一个世纪的标准,正逐渐形成新的定义。神经生物学和神经内分泌学等新兴科学领域的科学家正在开展不可忽视的研究。

> 只有用心去看,才能看得清楚。重要的东西用眼睛是看不见的。
> ——安东尼·德·圣-埃克苏佩里,《小王子》

对于幼儿教育领导者来说,最具解放性的发现之一就是"情绪智力"。多亏了情绪智力的相关研究,对幼儿教育专业人士的理解才焕然一新:

- 肯定我们工作的重要性;
- 重新看待领导力;
- 掌握提高效率的技能;
- 当所有人都失去理智并责备我们的时候,我们应该采取一些保持头脑清醒的策略;
- 掌握保持幽默感和创造力的方法。

什么是情绪智力,它怎么会如此有帮助呢?让我们一起来看看。

什么是情绪智力或情商

用一句话来说,情绪智力就是像读书一样读懂别人并明智地处理信息的能力。情绪智力是关注在我们的言行举止之下发生的一切事情的力量。高达93%的人类情感是在非语言的情况下交流的(Borg, 2008)。如果你曾经被给予过"眼神",那么你就会知道非语言交流的影响。我们无法在不影响他人身体和情绪状态的情况下与其共处。掌握如何理解和明智地处理这些时刻、动态和信息的变化即是情商。

神经学家路易斯·科佐利诺(Louis Cozolino)在其开创性著作《人类关系的神经系统科学》(*The Neuroscience of Human Relationships*)中鼓励我们认识到,"尽管我们珍视个性的理念,但我们生活在一种悖论之中,即我们不断地调节彼此的内在生物状态"（2006，p. 3）。他补充道："作为一个物种，我们只是意识到大脑的复杂性，而对大脑是如何连接在一起的一无所知。"（p. 3）

要想成为高情商的人，我们不仅需要阅读人与人之间不断传递的未曾言明的海量信息，还需要通过这些渠道练习巧妙的沟通方式。为了达成这一目的，我们将回顾有关成人大脑如何工作的新研究。但是，首先我们需要弄清楚智力的定义，这样我们就可以区分情商和智商的定义。

定义情商

> 神经科学已经发现，大脑本身的设计使它具有社会性，每当我们与另一个人接触时，它就不可避免地卷入一种亲密的脑与脑的联系中。这种神经联系使我们影响着大脑，进而影响着身体，就像它们影响我们一样。
>
> ——丹尼尔·戈尔曼，《社交商》

约翰·迈耶和彼得·沙洛维（John Mayer & Peter Salovey, 2004）是情绪智力领域的先驱，将情商（也称为情绪智力）定义为：

- 准确地感知情绪；
- 评价和表达情绪；
- 当感觉促进思考时，获得或产生感觉；
- 理解情绪和情感知识；
- 调节情绪以促进情绪和智力的发展（p. 35）。

霍华德·加德纳（Howard Gardner, 2011）在智力的多维定义中包含了"个人智力"。他把"内省智能"和"人际关系智能"都纳入了多元智能。

鲁文·巴昂（Reuven Bar-On）是首个标准化情商测试的创建者，提供了最具常识性的情商定义："情商指理解自己和他人，与人相关联，适应和应对周围环境，以便更成功地处理环境的需求的能力"（2004，p. 1）。

心理学家兼科学记者丹尼尔·戈尔曼（Daniel Goleman）做了很多工作，将情商的概念推向世界，他解释说："从某种意义上说，我们有两个大脑、两种思想和

第二章 聪明的、真诚的领导：尊重情绪智力

两种不同的智力，即理性和情感。我们在生活中的表现不仅取决于智商，更重要的是情商。事实上，没有情绪智力，智力就无法发挥其最佳作用。"（2006a，p. 28）

> 极少有情感会阻碍或麻痹推理。
> ——安东尼奥·达马西奥，
> 《笛卡尔的错误》

在情商概念出现之前，把头脑（智力）和心灵（情感）分开是必要的。看待智力的常见方式是重视不受情感束缚的智力。现有证据表明，如果没有情感，那么智力往往是有限且无效的。

定义智商

智商（智力商数）这个词很常见。自20世纪初以来，智商一直是衡量思考能力的公认标准。智商能够衡量我们的下列能力：

- 合并和分离概念
- 判断和推理
- 进行抽象思维

想想法官在法庭上的责任：他（她）阐明法律或法律标准，倾听案件事实，并将法律应用于事实来做出客观决定。古希腊哲学家苏格拉底（Socrates）这样总结这个过程：

- 礼貌倾听
- 明智回答
- 冷静考虑
- 公正决定

公正是最重要的词汇。公正就是客观。客观思维是不受情感支配的逻辑思维。没有情感，我们就有纯粹的理性。"带着情感思考"听起来有点矛盾。几个世纪以来，人们更容易珍视纯粹的逻辑，蔑视情感。

智商测试一直是并将仍是衡量人类智力的公认方法。大多数学校会在高中阶

段对学生进行智商测试,有时甚至会更早。大学入学考试——美国初步学术评估测试(Preliminary Scholastic Assessment Test,PSAT)和高中毕业生学术能力水平考试(Scholastic Assessment Test,SAT)是智商测试的两种形式。通过美国法学院入学考试(Law School Admission Test,LSAT)是进入法学院的先决条件,这是智商测试的另一种形式。

戈尔曼(2006a,p.29)指出:"旧的(智力)范式带有一种不受情感影响的理性理想。"这导致那些关注他们情绪的人被刻板地认为是"流血的心""优柔寡断的"或"过度敏感的"。他们被认为是"蛋壳头骨",因为他们可能很容易崩溃。在旧的范式下,只有头脑冷静、逻辑清晰的思考者才能做出重大决策。

比较情商和智商

情商是一种考虑感情因素的智商。戈尔曼提出:"新的范式促使我们协调头脑和心灵。要做到这一点,我们首先必须更准确地理解理智地运用情感的含义。"(2006a,p.29)幼儿教育领域中的领导便需要我们"理智地运用情感"。

没有一种智力高于另一种。然而从历史上看,许多人仅仅因为智商分数而被贴上"聪明"或"不聪明"的标签。在日常生活中,智商为我们的学业考试做准备,情商为我们的生活考试做准备。有趣的是据估计在我们做决定时,智商发挥的作用只占20%(Goleman,2006a)。我们在日常生活中的绝大多数决定和互动都需要情商。一个情商高的人即使是一个无名小卒,他也是一个天才。

想想你在小时候认识的那些有天赋的实践者。你觉得他们的智商分数决定了天赋吗?他们为什么拥有做出合理选择的优越能力呢?你如何解读这些有天赋的从业者能够很好地读懂别人,并明智地使用这些信息呢?在情商被科学研究证实和支持之前,那些"人际型聪明人"(people smarts)或"街头型聪明人"(street smarts)常常被看不起或被认为不如那些"读书型聪明人"(book smarts)。如今,这种对智商的偏见需要与八音轨磁带和留声机一起被消除。天才的实践者需要情商和智商。

情商测量:情商量表

情商可以测量吗?据鲁文·巴昂的观点,答案是肯定的。根据巴昂的研究

(2007)，他的标准化测试 EQ-i®（情商量表）测量了情商的六个组成部分：
- 情感自我意识
- 自信
- 共情
- 人际关系
- 压力耐受性
- 冲动控制

该测试以自我报告的形式进行，要求报告者用5点计分描述自己，从"不真实的我"（1）到"真实的我"（5）。我参加了 EQ-i® 测试，并获得了资格认证。结果是非常有益和引人注目的，尤其是对于领导者而言。还有更多的好消息。根据心理学家史蒂文·斯坦（Steven Stein）和精神病医生霍华德·布克（Howard Book）的研究，情商可以在个人基础上准确地确定和有效地提高（2011，p. 4）。

作为领导者和实践者，我们不断锻炼人际交往能力。任何重视和修炼智商的人也可以成为情商的修炼者。前提是谦卑。高情商和傲慢是一种矛盾。（在第四章中，我们将识别有效领导者的其他特征。）

> 尊重每个人（孩子、家庭成员和同事）的尊严、价值和独特性。
> ——全美幼教协会道德行为准则

当开始研究情商如何为领导力测试做准备时，我们先回顾一下成人大脑的神经科学研究。神经科学是研究人际关系如何影响身体的每一个细胞，以及大脑和其他神经系统如何影响人际关系的学科。

情绪智力的神经生物学

在这一章的案例研究中，维多利亚主管发现自己受到了攻击。领导需要在激烈的竞争中，以及在安静、反省的时代，采取明智的行动。正如全美幼教协会的道德行为准则（NAEYC，2005）中的核心价值观所反映的那样，尊重是职业精神的核心。奇怪的是，尽管我们的本意是好的，但生理构造却会影响我们明智行事的能力。最近关于大脑功能的研究在神经生物学中，发现了帮助和阻碍我们开展专业行为的因素。

被威胁激活的生物机制

我们都知道有些人会让我们心烦。就像案例研究中的罗克西的"分裂"行为一样，有些人的行为冒犯了我们所珍视的东西。从早期开始，人类就已经习惯于对感知到的威胁不假思索地做出反应（Cozolino, 2006）。狼、老虎和火灾是对我们祖先的威胁。今天很少有人每天面对真正的狼、老虎或熊熊大火。然而，从隐喻的角度来说，我们也确实如此。我们的大脑仍然以同样的强度记录感知到的威胁。被遗弃、羞愧或羞辱的感觉可以激活我们大脑中的某一部分，就像被打了一记耳光一样。

直到在无意中听到罗克西的诋毁，维多利亚主管都希望参与每周一次的员工会议。在全美幼教协会认证过程中，维多利亚热情地承诺。但维多利亚还没来得及控制自己，她的脸就红了，下巴紧绷。

让我们看看罗克西的"威胁"对维多利亚的生理影响。多亏了社会神经科学领域的不断发展，我们现在知道了更多的关于"爆炸"的原因，以及我们可以做些什么来预防和缓解"爆炸"。

杏仁核：内在的爬行动物

想象一下窥视自己的大脑。在它的深处，你会看到四个杏仁状的腺体，它们叫作杏仁核。杏仁核的工作是通过刺激肾脏上方的肾上腺释放触发心脏跳动的肾上腺素，使其进入血液，从而保护我们免受伤害。你的心跳加快，血压升高，血液涌向肌肉（远离大脑）。肾上腺素的激增，就像潮水一样，冲走了我们的思维，使我们的身体做好行动的准备。这是我们的战斗或逃跑反应（fight-or-flight response）。

当周围的人或事物"按下"你的"按钮"时，杏仁核是最热的"按钮"。它促使我们保护他人和自己。如果我们看到一个2岁的孩子要咬另一个孩子的胳膊，那么我们就会赶紧把两个孩子分开。南加利福尼亚大学的研究人员称之为"趋向和结盟反应"（tend-and-befriend response）。在危机中，人们很快就会把马车圈起来互相帮助（Taylor et al., 2000）。

无论你用什么术语来描述杏仁核的作用，其结果都是一样的，即瞬间的冲动和激情行动。用科佐利诺的话来说，"杏仁核的工作速度如此之快，以至于它能在意识觉醒之前将刺激和恐惧反应配对，这远远超过了意识的感知"（2006，p. 60）。

镜像神经元：我们如何捕捉彼此的感觉

我们也有被称为镜像神经元的神经细胞，它允许我们在不思考的情况下模仿周围人的感觉和动作。为了了解镜像神经元是如何工作的，可以想象一群闪闪发光的鱼群以完全同步的动作游来游去。一种生物的力量迫使这种完美展现在我们的面前。类似地，如果你在体育赛事中感受到了人群的兴奋，那么你就会体验到镜像神经元的活动。

无论好坏，镜像神经元都能使我们模仿周围人的感觉和身体运动。如果你在员工会议上表现得乐观，而其他人都表现得很严肃、很消极，那么你的乐观情绪很可能会随着这种沉闷的情绪而消减。同样，如果每个人都仰望天空，那么你将发现自己也会不自觉地仰望。

镜像神经元在群体中可以产生积极或消极的影响。它们可以帮助我们感受到团队精神和生活乐趣，也可以让我们深深地同情他人。但镜像神经元会让少数具有腐蚀性的消极情绪破坏团队士气。

"杏仁核劫持"是戈尔曼提出的术语，指当我们的按钮被按下时，我们的身体会准备快速行动（2006a）。如果维多利亚的杏仁核破坏了她的冷静，那么员工的镜像神经元很可能会感受到她的强烈的惊恐感。

这和领导力有什么关系呢？戈尔曼解释道："在情感的人际流动中，权力很重要。"员工普遍更关注领导者的信息，而不是同事的信息（除非同事是团队的实际领导者）。正如领导者可以积极地影响员工的态度和行为，成人的欺凌者也会产生负面影响。例如，一个爱说闲话的人可能会运用相当大的力量以非语言的方式传播他人的威胁。人们会开始想："如果她跟我说别人的闲话，那么她也会说我的闲话。"一个团队中最有权势的人，不管有没有领导头衔，都会对团队成员的镜像神经元产生最大的影响。

镜像神经元在领导者与员工的沟通中发挥着重要作用。科佐利诺提醒我们："我们大大低估了自己与周围人交流信息的程度。虽然我们看不见自己的无意识过程，但这对其他人来说往往是显而易见的。"（2006，p. 112）

镜像神经元和杏仁核的作用可能是好事，也可能是坏事。它们能让员工深切地感受到领导者的鼓励和远见。这赋予了领导者促进积极变化和抚慰感情的力量。然而，如果一个领导者失去了对自身情绪的控制（杏仁核劫持），那么她释放出来的情绪可能会迅速打击员工的士气。

我们怎样才能避免失去它呢？

恢复理智的大脑能力

当2岁的儿子尼克无法说服另一个孩子让他玩梦寐以求的玩具时，他有时会咬对方。尼克的老师和我会介入，并告诉他："尼克，用你的语言。"随着尼克的大脑变得成熟，解决问题的能力取代了冲动反应。即使在受到威胁的情况下，我们也可以依靠大脑的不同部位来恢复理智，就像希望尼克所做的那样。

调用执行功能

人类的大脑在进化过程中有了一个有益的发展。大脑的前部、顶部区域（前额叶皮层）慢慢发育，我们在面临威胁时后退并重新审视的能力也随之增强。这些能力（如计划、参与、解决问题、抑制和监控）统称为"执行功能"。虽然杏仁核仍然可以凌驾于执行功能之上，但是前额叶的大脑皮层能够让我们有意识地采取措施，重新激活大脑中较平静的部分，特别是控制决策的部分（眶额皮层）。

情绪智力，即像阅读书籍一样读懂他人的能力，可以帮助我们在压力下保持冷静。情绪智力有助于我们觉察自己的感受并从中学习。我们需要情商来准确地了解他人和自己。我们可以磨炼自己的情绪智力，而不是被无意识的生物力量支配，比如杏仁核劫持或镜像神经元模仿。

- 承认并倾听我们的感受："我的身体现在怎么了？""我从别人那里获得了什么感受？"
- 承认感受可以提供有用的信息："这些感受告诉我什么？"

- 站到一边，重新审视自己并确定选择："如果我的心不狂跳，该怎么办？"

智商通常与大脑的执行功能有关。正如本章前面提到的，智商被认为是不受情感影响的智力。纯粹的逻辑分析被认为优于由感觉所引起的"混乱思考"。

逻辑思维仍然是至关重要的。然而，仅靠执行功能本身远远不够。我们需要情绪智力来帮助发挥执行职能。来自情绪的数据可以为我们的理性分析服务。戈尔曼（2010）认为，80%的人生重大决策需要情商，而不是智商。

由于镜像神经元的作用，我们无法向其他人隐藏情绪，当我们沮丧、紧张或快乐时，他们可以感知到。我们的心跳可以通过电磁脉冲向1.5米内的人传递信息（McCraty，Atkinson，& Bradley，2004）。心跳加快可以传达"欢迎"或者"退后"的信息。虽然我们无法阻止情绪的交流，但是我们可以注意到情绪的几个指标（参见表2.1）。

表2.1 我们如何识别情绪？

情感	身体反应
恐惧	口干，手心出汗，吞咽困难；肌肉紧张，尤其是脖子后面的肌肉（想象一只拱着背的猫）
愤怒	面部发热，心脏跳动，肾上腺素激增；产生立即行动（"战斗或逃跑"）的冲动
悲伤	喉咙肿痛，胸闷，眼睛"冒烟"或充满泪水，精力丧失，心脏周围疼痛（科学家最近记录了"心碎综合征"，即挤压心脏肌肉的实际生理变化）
孤独	冷漠，渴望接触/联系，心痛；与世隔绝，感觉被抛弃、拒绝、冷落
内疚	产生俯视的冲动，远离他人；需要保护身体
羞耻	产生强烈的想要消失的冲动，或者交替的需要消除的羞耻感；没有价值感，有无用感和不值得的感觉；感觉像内疚，但更难摆脱
欢乐	有轻松的心情和无忧无虑的感觉，信心提升；昂首、挺胸、阔步，感觉呼吸自如，热情洋溢，热血沸腾；感觉"世界是美好的"，有"感恩的态度"

在前面的案例研究中，维多利亚的"红脸"向工作人员传达了她的愤怒，出汗的手掌说明她感觉到了环境中的恐惧。在那一刻，带着有价值的情感信息，维多利亚深呼吸，放松肩膀，并调用执行功能。

为了了解工作中的执行功能，想象一下太极拳（一种自卫的武术）的练习者。

当攻击者出击时，太极大师闪到一旁。这会导致攻击者失去平衡，转移暴力能量。我们的情绪智力就像练太极拳一样，让我们在情感层面远离伤害。执行功能可以让我们保持冷静。如果你能回忆起某个本该被触动但未被触动的时刻，那么可能是你的前额叶皮层发挥了作用。

相信直觉

当杏仁核失去执行功能时，我们需要依赖大脑的其他部分。幸运的是，其他的大脑能力可以让我们采取适当的行动，尤其是在面对危险时。记者马尔科姆·格拉德威尔（Malcolm Gladwell）将其中一种直观的过程称为"薄片撷取"（2005，p.23）。当我们根据经验中最薄的一部分来判断情况或个人时，"薄片撷取"就会出现。格拉德威尔解释说："当我们遇到新的人，必须快速理解某事，或遇到新的情况时，我们就会进行薄片撷取。进行薄片撷取是因为我们不得不这样做，而我们也已经开始依赖这种能力。"（2005，p.44）"薄片撷取"现象并不罕见，它是"人类意义的核心部分"（p.44）。

我们都听说过在日常生活中表现英勇的人，比如：一个男性像羚羊一样跳起，拯救一个跌入纽约地铁轨道的病人；或者美国航空公司的飞行员切斯利·苏伦伯格（Chesley Sullenberger），依靠"薄片撷取"的引导在哈德逊河安全降落飞机。这些英雄大多只是简单地说："我只是在做任何人都会做的事。"

在危险的情况下，要相信我们的直觉是可靠的。依赖直觉的决定不是非理性的行为。它们利用了我们从以往的困难经历中学到的一切。当把幼儿从咬人转向另一种活动时，我们会依靠本能来保护幼儿免受伤害。

对大脑活动的研究并没有表明，当我们做出直觉性决定时，大脑的眶额皮层会"亮"起来。相反，大脑中与情感和直觉相关的三个部分会被激活，可以帮助我们做出即时的直觉性决定。

- 脑岛：有助于情感处理。
- 前扣带回皮质：允许我们根据先前的经验和评估做出决定。
- 颞上沟：通过分析他人和自己的感官刺激（包括视觉、听觉、触觉、嗅觉），预测他人的想法和情绪。

用外行的话说，在做直觉性决定时，我们会注意到内心的智慧。执行功能本身不能促使我们形成最好的问题解决方案（Gilkey，Caceda，& Kilts，2010）。关注直觉，我们可以做出全面、有效的决策。

格拉德威尔将"适应性无意识"（adaptive unconscious）称为"一种巨大的计算机"，"它能快速而安静地处理我们需要的大量数据，以保持人类的功能"（2005，p. 11）。拉迪亚德·吉卜林（Rudyard Kipling）称之为"当周围人都失去理智并把责任归咎于你时，你还能保持头脑清醒"。

怎样在压力下做出明智的决定？

基于最近的神经科学研究，我们知道人类可以在压力下同时调用理性过程和直觉。举个例子，回想一下当你不顾来自内部和外部的可怕压力挺身而出"做正确的事情"的时候。

关于在压力下明智地行事，我们能从同事和其他专家那里学到什么？

深呼吸：调整你的理性自我

我有幸就吉卜林的问题采访了幼儿领域的领导者和其他专家。以下是他们对在压力下让大脑发挥自愈功能的一些见解。

> 我问自己：我生气了吗？我心烦意乱吗？我感到担心吗？我承认这些感觉是我的一部分。然后，我和它们对话："我知道你很难过。我能帮忙吗？"（播客，布赖恩·罗宾逊）

> 正如我们告诉孩子的，"你可以生气，但你的行为不必在愤怒中进行"。（播客，德布拉·沙利文）

> 把呱呱叫的鸭子变成翱翔的老鹰。看看发生了什么，很多人的生活中都有"障碍"。要问他们"你为什么这么反对？"，与他们共同制订行动计划，让他们参与进来。（播客，内拉·康纳斯）

> 好好听一次，抓住他们的要点，深入了解要点，把注意力转移到解决问题上。问"你认为我们应该怎么做？""你觉得我该怎么办？"，同时表达"我想帮助你，但我也需要你的帮助"。（播客，里克·基尔施纳）

运用幽默：情绪智力的有力搭档

幽默能缓解最严重的情况。当我嘲笑自己的时候，我更有可能在那一刻"战胜自己"。斯图尔特·布朗（Stuart Brown）建议，"当人们能够在工作中找到这种乐趣时，他们就会成为真正有影响力的人物"（2009，p. 154）。欢笑和嬉戏让我们的杏仁核、眶额皮层和"薄片撷取"协同工作。

> **案例研究——莉莉**
>
> 当女儿莉莉上学前班的时候，我和她参加了她的朋友的生日聚会。莉莉穿着她最喜欢的圆点泳衣，看上去很可爱。
>
> 在毫无预兆的情况下，一位爸爸当面对我喊道："你对你的女儿做了什么？"大家都转过头来看。我很生气。我想当面教训他一顿。不知为何，我注意到了内心那个安静、理智的声音，说道："谢谢你对我女儿的关心。莉莉是韩国人。一些韩国孩子的身上有斑点，看起来像瘀伤，但莉莉身上的并不是真的瘀伤。她背上的皮肤色素暂时是黑色和蓝色的，它们都会消去。"我缓和了气氛。
>
> 人们笑了，孩子们又开始玩了。我的心还在怦怦地跳，然而，我没有失去它。直到今天，我仍会像看彩色录像一样回忆起这件事。尽管我想大声回应，但内心有一个温和的声音在说话。我听着。这一切都不同了。

想一想维多利亚如何运用幽默和所有的大脑资源来专业地处理罗克西的抱怨。

罗克西的破坏性评论像毒镖一样飞向维多利亚，但维多利亚站到一边，让它飞过去。她停顿了一下，深呼吸，坚定地注视着罗克西，说："听起来，我们需要就课堂教学档案进行一次坦率的讨论。"

然后，她夸张地叹了口气，接着说："你们都知道，我永远不会成为最佳主管。"其他教师都放松了，有几名教师给了她一个微笑。她接着说："但是，我可以在你们的帮助下完成项目，我相信我们可以一起工作，这样你们每个人都能完成自己的课堂教学。"

"相信我，伪造不是一个选择。罗克西，跟我们说实话。你的课堂教学的真正问题是什么？你需要什么来完成这项工作？"

聪明的幼儿教育领导者

下次当你按下按钮时，要知道大脑具备强大的能力帮助你明智地行动。科佐利诺说："随着我们的成熟，杏仁核也随之成熟。它似乎对我们更温和，更不易被恐惧和焦虑激活。"或许领导者一直都能察觉到这一点。

幼儿教育领导者需要一套复杂的能力来有效地领导。我们需要了解人们，知道如何处理这些信息。我们需要有逻辑和公正地评估软件包和施工投标，并保持完美的预算。我们需要以温和的态度（反思性监督）和果断的态度（指导性监督）监督员工（第九章将对此做更多的介绍）。我们需要维护幼儿及其家庭的最高利益，在大幅度地削减资金的同时保持质量。就像伊丽莎白·斯皮尔斯（Elizabeth Spires）的诗描述的被寒风吹得无所畏惧的知更鸟一样，我们需要有"对着还没开放的花儿歌唱"的信念。

> 最后，但绝不是最不重要的，是勇气——道德上的勇气，坚信自己的勇气，坚持到底的勇气。这个世界一直在密谋抵抗勇敢者。这是古老的斗争，一边是群众的呼声，另一边是你良心的呼声。
> ——道格拉斯·麦克阿瑟

这就是我们所有的领导。

反思性问题

1. 回顾一下你的导师、领导和同事，描述那些表现出高情商的人。哪些优秀的例子可以说明，他们是如何做到坦诚相见的？与这些人在一起时，你学到了哪些知识或人生经验？

2. 列出你认为幼儿教育领导者需要的五项技能。写下后，回顾并描述情绪智力是不是每项技能的一部分。

3. 想想当你的按钮被按下时，是谁或什么触动了你的按钮，以及你是如何回应的。根据本章中的信息，回想你可能做了哪些不同的事情。

4．我们都有缺点。回顾我在苏格兰峡谷的故事，你是否也曾因自己的缺点而面临类似的挑战？在你看来，有多少领导能够原谅自己不够完美？你原谅自己了吗？正如弗雷德·罗杰斯（Fred Rogers）所说，"最难的是原谅伤害过我们的人，尤其是当那个人是我们自己的时候"。

团 队 项 目

1．根据表2.1，阅读以下案例并回答问题。

波希亚对有特殊需要的孩子很"心软"。她在转任主管前曾担任了8年的特殊教育教师。有时她会"接管"伊内兹的教室，那里有很多患有注意缺陷多动障碍的孩子。虽然波希亚认为自己在帮助伊内兹，但伊内兹因为被波希亚"贬低"和"排挤"而生气。波希亚经常拖延其他行政任务（比如订购供应品和编制预算）的完成。她说她只是爱那些孩子。

（1）描述伊内兹可以采取的方法，用情商来解决她与波希亚的矛盾。

（2）从伊内兹和她自己的身上，波希亚否认了哪些可能的情感线索？

（3）如果波希亚觉得有什么不对劲，向你寻求建议，你会对她说什么？你觉得波希亚会怎么运用她的感受？你建议她采取什么方法？

2．采访幼儿教育主管，了解他们在处理挑战性人物（如家长、工作人员或社区成员）方面的成功经验。首先，你可以和团队成员一起列出3～5个希望主管回答的问题。采访一位主管（每个团队成员选择不同的主管），与其他团队成员讨论你们每个人都学到了什么。具体来说，主管如何运用情商来处理他们的困境？

3．想想"天才"这个概念，你和团队成员如何定义它？幼儿教育领导者能成为天才吗？如果能，该怎么做？在你的经历中，你认识有资格被称为天才的幼儿教育专业人士吗？

4．在一个低薪的领域中担任领导，有些人会觉得自己地位较低，有些人会感到气馁。与团队成员分享你被低估的经历。明确以下回应策略：

（1）直接用饱含优越感的态度与人交流

（2）处理自己被贴上"保姆"标签的不适感

（3）确保领域的专业性

参考文献

Borg, J. 2008. *Body language: Seven easy lessons to master the silent language*. Upper Saddle River, NJ: Pearson Education.

Bar-On, R. 2004. *Emotional Quotient Inventory: Technical manual*. Toronto, Ontario, Canada: MultiHealth Systems.

Brown, S. 2009. *Play: How it shapes the brain, opens the imagination, and invigorates the soul*. New York: Penguin Group.

Bruno, H.E. 2011. The neurobiology of emotional intelligence: Using our brain to stay cool under pressure. *Young Children* 66 (1): 22–26.

Cozolino, L. 2006. *The neuroscience of human relationships: Attachment and the developing social brain*. New York: Norton.

Gardner, H. 2011. *Frames of mind: The theory of multiple intelligences*. 3rd ed. New York: Basic Books.

Gilkey, R, R. Caceda, & C. Kilts. 2010. When emotional reasoning trumps IQ. *Harvard Business Review* 88: 27.

Gladwell, M. 2005. *Blink: The power of thinking without thinking*. New York: Little, Brown.

Goleman, D. 1998. *Working with emotional intelligence*. New York: Bantam.

Goleman, D. 2006. *Social intelligence: The new science of human relationships*. New York: Bantam Dell.

Goleman, D. 2010. *Emotional intelligence: Why it can matter more than IQ*. New York: Bantam.

Mayer, J.D., & P. Salovey. 2004. What is emotional intelligence? In *Emotional intelligence: Key readings on the Mayer and Salovey model*, eds. P. Salovey, M.A. Brackett, & J.D. Mayer, 29–60. Port Chester, NY: National Professional Resources.

McCraty, R., M. Atkinson, & R.T. Bradley. 2004. Electrophysiological evidence of intuition: Part 2. A system-wide process? *The Journal of Alternative and Complementary Medicine* 10 (2): 325–336.

NAEYC. 2011 [2005]. NAEYC Code of Ethical Conduct and statement of commitment. Position statement. Rev. ed. 2005, updated and reaffirmed 2011. Washington, DC: Author.

Rogers, F. 2005. *Life's journeys according to Mister Rogers: Things to remember along the way*. New York: Hyperion.

Stein, S.J., & H.E. Book. 2011. *The EQ edge: Emotional intelligence and your success*. 3rd ed. Mississauga, Ontario: Wiley.

Taylor, S.E., L.C. Klein, B.P. Lewis, T.L. Gruenewald, R.A.R. Gurung, & J.A. Updegraff. 2000. Biobehavioral responses to stress in females: Tend-and-befriend, not fight-or-flight. *Psychological Review* 107 (3): 411–429.

第三章

做出艰难的决定：决策的艺术与科学

> 当你将自己的直觉与对他人的情感和情绪的敏感性结合起来时，你可能就接近了慷慨、利他、同情、共情等人类宝贵品质的起源。
>
> ——弗雷德·罗杰斯，《你很特别》
>
> 决定什么是你生活中最重要的，并根据那些非常重要的标准做出决定……真正成为你自己生命中的创造力。
>
> ——史蒂芬·柯维，《高效能人士的第八个习惯：从效能迈向卓越》

案例研究——玛格达

每个人都知道这一天的到来，立法者早就削减了教育预算。主管玛格达认为她已经经历了最糟糕的情况。由于当地企业迁往海外，超过一半的养家糊口的父母都下岗了。玛格达迫切地利用一切可能的资源，把这些工人的孩子留在她的幼儿园里。

"当晚的新闻播音员宣布，立法委员会今天投票决定削减州政府提供的儿童保育服务资金，当地的幼儿园即将面临关门的困境"，玛格达气喘吁吁地说。接下来她听到了对面小镇的一位主管索莱达的声音，她对着新闻播音员的麦克风说道："上次他们把儿童保育服务资金削减到了最低限度，这一次他们彻底切断了资金来源。如果我们不能照顾孩子，那么没有工作的父母怎么能找到工作呢？"

玛格达知道她必须决定哪些忠诚的教师会被解雇，哪些苦苦挣扎的家庭会被终止服务。她垂下肩膀，放下防备，不禁落下眼泪。她拨通了索莱达的电话。

在法律生效前的三个月，如果玛格达和索莱达邀请你参加一个紧急会议来帮忙解决这个危机，你能提供什么建议？你是否经历过"跌到谷底"又看不到出路的情况？什么能够帮助你克服这些不可能的困难？

做出艰难的决定

一位教龄较长的教职工坦言："希望是永恒的。但你能有多少次被打倒后又爬起来呢？"领导者在度过困难的阶段时是痛苦的。为了对自己的选择有信心，我们需要洞察什么能够促使我们做出好的或足够好的决定。在第二章中，我们研究了如何在当下采取明智的行动。在这一章中，我们将在有足够的时间来反思的时候做出决定。

我选取了这个问题："我们如何明智地做出困难的决定？"在一次探索中，我采访了专家，阅读了研究报告，听取了同事的意见。以下是我的发现。

放自己一马吧

当我们面对这样一个问题——"在风险很高、决策艰难的情况下，我们如何做出好的决策？"时，我发现了一个新的且简单的方法——放松点。正如我们将看到的，大脑每天都有一个有限的时间——一个机会之窗——来做出需要一定程度的自我控制的高效决定。我们需要确定"最佳时间"，然后，当大脑超负荷运转时，我们会选择休息或者承担一项重复性任务。我们并不是不管工作需要什么，天生就能应付一整天的连续决策。

约翰·蒂尔尼（John Tierney，2011）在《纽约时报》上发表的文章《你是否患有决策疲劳症？》（Do You Suffer from Decision Fatigue?）揭示了做出艰难决定的有用研究。让我们来看看如何从这些发现中获益。

决策疲劳

在了解了罗伊·鲍迈斯特的研究（Baumeister & Tierney，2011）之后，蒂尔尼发现，"做决定的行为本身就会耗尽我们做出正确决定的能力"（Tierney，2011，p. 1）。鲍迈斯特的研究表明，在白天，我们做出的需要自我控制的决定越多，随着时间的推移，我们就越难做出抵制其他诱惑的决定。我们能够足够准确地监控自己，并且知道大脑什么时候正常运转，什么时候没有动力吗？

挑战在于了解我们的局限性。在一天中的哪个时间点，我们会从警觉和自我控制滑入精神疲惫，进而难以做出明智的选择？正如蒂尔尼所说，"无论你试图变得多么理性和高尚，你都不可能在不付出生物代价的情况下做出一个又一个决定"（2011，p. 1）。在某种程度上，我们的意志力会屈服于诱惑，在决策的过程中我们最终会变得草率和粗心。

为了了解大脑在一天中做出明智决定的能力，乔纳森·列瓦夫和沙伊·丹齐格研究了几位法官的假释决定。他们发现，囚犯获释的机会并不取决于案件的是非曲直，也不取决于"这些人的种族背景、罪行或判决"（Tierney，2011，p. 1）。那些在清晨由法官审理的囚犯，有70%的概率可以获得假释。另一个极端是，那些在晚些时候被审理的囚犯，获得假释的概率要低得多（不到10%）。尽管法官经过专业训练，具备专业能力，但囚犯被假释的概率在一天中波动很大。

决策疲劳不同于正常的身体疲劳。我们可能精力充沛，但仍然精神疲惫。我们不可避免地需要连续做出很多决定，以至于精神能量变得低下。做出一个又一个决定的影响是产生了不计后果的决定。如果不是有意控制，我们最终会筋疲力尽，无法做出明智的决定。

我们的大脑会寻找捷径。这就是为什么节食者可以整个上午甚至整个下午都严格节食，但是到了晚上，当她的大脑厌倦了做决定和自我控制时，糖果看起来是个不错的选择。在假日购物时，你有没有觉得商店里的东西看起来都不错？这就是决策疲劳。因此，我们在做出艰难决定前需要休息。

自我损耗与决策

决策疲劳与一种类似的现象有关,该现象也影响领导者持续地做出最佳决策。这种现象被称为"自我损耗"(Tierney,2011,p. 1)。当我们因疲劳失去自我时,自我损耗就会发生,从而使我们失去自我控制。人类有一个"有限的精神能量储备来实现自我控制"(p. 2)。幼儿教育领导者需要有很强的自我控制能力,以便透过父母的愤怒看到他们潜在的悲伤,或者保持这样的信念:一个害怕回到大学的员工可以一次完成一门课程,最终拿到学位。

一旦精神疲惫,自我意识就很容易受到自我消耗的影响,我们就失去了继续正确行事的意志力。当自我损耗悄然出现时,我们会变得不愿意谈判。我们安于平庸,变得容易自我放纵。请再来点糖果。

做出正确决定的技巧

决策者该怎么做呢?我们不得不做出决定,通常在一整天的时间里面对一个又一个决定。责备自己做了草率的决定是没有用的。我们的大脑只能做这么多。

威廉·霍夫曼(Wilhelm Hofmann)的一项研究发现,如今人类每天能够抵制诱惑的时间是3～4小时,在这段时间里,我们适合做出正确的决定(Tierney,2011)。在那之后,"当大脑的调控能力减弱时,挫折感似乎比平时更令人恼火。吃饭、喝酒、花钱和说蠢话的冲动感更强烈(酒精会导致自制力进一步下降)"。一旦自我控制和大脑警觉的时间过去了,我们该如何做出艰难的决定呢?

鲍迈斯特和蒂尔尼(2011)在《意志力:重新发现人类最伟大的力量》(*Willpower: Rediscovering the Greatest Human Strength*)中提出了如下的实用建议。

- 不要安排背靠背的会议。即使只是短暂的休息,也要有一些精神上的休息。
- 养成习惯,比如有计划地散步或锻炼,这样可以消除做出选择的心理负担。
- 不依赖棉花糖或糖块等甜食来保持血糖水平。
- 避免诱惑,比如自助餐和快乐的时光。

关于如何坚持做出困难决定的最好建议，也许来自鲍迈斯特和蒂尔尼的文章结语："最好的决策者是那些知道什么时候不要相信自己的人。"（2011，p. 7）

▶ **培养你的EQ**：什么指标告诉你何时应该延迟做决定？当大脑已经达到做出明智决定的极限时，你能感觉到吗？什么诱惑可以让你失去平衡？你能养成什么习惯来避免自我消耗和决策疲劳？

伴随着不可能的决定前进

既然知道在做决定时要休息，或者牺牲明智地做出艰难决定的能力，我们就可以提防决策疲劳和自我消耗。面对另一种威胁：由于各种各样的破坏而无法做出选择时，我们如何才能做出明智的决定？

> 很多事情在完成之前似乎是不可能的。
>
> ——金伯利·威弗林

2011年日本发生海啸后，日本领导人不得不做出不可能的决定。我向国际商务顾问冯美琳（Mei Lin Fung）和作家金伯利·威弗林（Kimberly Wiefling）请教了在最糟糕的情况下做出不可能的决定的秘诀。冯强调："冲突是一个很好的机会，你能看到自己以前可能没有看到的东西。"冲突和危机可能看起来是我们的对手，但如果看法不同，它们就成了我们的盟友。在冲突中，我们看得更清楚，因为我们的选择是有限的。我们不能在乌云密布或海啸即将来临时自欺欺人。

威弗林补充道：当你陷入困境时，开始做决定。当你再次陷入困境时，继续前进，把抵抗看作一种运动。根据她的经验，她发现以下指示很有价值。

- 语言和思维影响现实。思考事情的可能性，而不是失败，思考我们拥有什么资源，而不是永远失去什么。
- 从未来开始，向后思考。设想一下，如果问题解决了，那么世界会变成什么样子。做出决定，以帮助实现这个愿景。
- 不要理会那些批评你的愤世嫉俗者。把他们置于身后，迈出你的下一步。"很多事情在完成之前似乎是不可能的"，威弗林强调说。开始，继续前进，把阻力视为前进道路的一部分。下定决心，然后继续下去。

先问问题

丹尼尔·卡尼曼、丹·洛瓦洛和奥利维尔·西博尼（Daniel Kahneman, Dan Lovallo, & Olivier Sibony, 2011）提出了一系列问题，以确保我们的决定是最好的（这些问题实际上与财务决策有关，但可以适用于任何重大决策）。他们提醒道，危险的偏见可能潜入每一个决定。因此，他们敦促我们在用12个步骤得出结论之前，对自己的动机和准备进行一次审计。以下是其中的3个步骤：

- 我是不是爱上了自己的想法，以至于看不到它的缺陷？当评估自己喜欢的东西时，我们都倾向于最小化风险和夸大好处。
- 我是否愿意听取不同的意见？
- 我是否因为过于谨慎而限制了自己的决定？（Kahneman, Lovallo, & Sibony, 2011）

回顾案例研究中玛格达的挑战，这份清单上的哪些项目可能对她有帮助？考虑第三个问题：我是否因为过于谨慎而限制了自己的决定？玛格达过去的经历让她觉得自己已经耗尽了所有的资源，这可能使她不愿意或谨慎地尝试任何新的东西。她似乎处于鲍迈斯特描述的"自我耗损"的状态，如果不是"决策疲劳"，她甚至可能准备放弃。除了认输，她还有什么选择？有时候，如果我们询问他人或者至少接受新的可能性，那么我们会在意想不到的地方得到帮助。

剖析一个不可能的决定

针对玛格达所面临的困境，在金伯利·泰斯－科罗比（Kimberly Tice-Colopy）的领导下，全美幼教协会俄亥俄州附属机构（the Ohio State NAEYC Affiliate, OAEYC）提出了解决方案。州立法机构再次采取措施为幼儿教育服务提供资金，提供者也受到了冲击。OAEYC的领导团队没有假设最坏的情况，也没有互相同情，而是决定将该州所有最好的问题解决者聚集在一起。他们召开了一次研讨会，研讨会的主题是"在困难时期做出艰难的决定"。我受邀参加了研讨会。

研讨会以"实事求是"为出发点,也就是说,把所有已知的有关改革的信息都明确地呈现出来。州教育部的一位高级代表分享了她所知道的一切。她一直在回答问题,直到每个人都了解新的法案及其可能的影响。我们觉得对每个人来说,掌握所有可能的信息是非常重要的。

接下来,与会者通过表达个人的感受和想法来梳理自己的损失。与会者组成小组,分享每个人及其幼儿教育项目可能受到的影响。一些与会者确信他们将不得不关闭机构,停止帮助贫困儿童。虽然同事的同情不能消除痛苦,但是受伤的人会感受到关心和安慰,而感受到一个富有同情心的共同体的支持会增强我们做决定的力量。

我们在小组中进行午餐。私立照护中心、家庭服务中心、特许经营项目、"开端计划"项目、多站点项目以及研究和推荐机构的领导者分别讨论如何相互帮助,并为即将到来的专家准备问题。

小组成员经过精心挑选,涵盖了成功地应对预算削减状况的群体和个人。小组成员分享了对他们有效的方法,与会者也提出了其他建议。没有人感到孤独,几乎每个人都听到了一些有价值的内容。

> 研讨会使成员有机会:
> 1. 建立支持网络,确定应对挑战的实际战略;
> 2. 向专业人士学习,与他们交流管理和财务问题;
> 3. 与来自全国各地的同事合作,制定预算管理策略。
>
> ——金伯利·泰斯-科罗比,
> 《投资人员:俄亥俄州重新定义其宗旨和服务》

最后,我们承诺尽一切努力为所有儿童提供优质的照护和教育,特别是在最艰难的时期。OAEYC 团队创建了一个邮件列表,以确保讨论继续进行。直到今天,当那场研讨会的与会者聚集在一起时,我们仍怀着敬意。我们一起尽己所能地面对这个令人生畏的挑战。OAEYC 团队做出的打破常规的决定改变了一切。

当你面临一个艰难的决定时,考虑一下你信任谁的帮助。有了他们的支持,你可能会发现决策过程不那么烦琐。

承认决策过程中的弱点

即使在最理想的时候,我们也会做出让自己后悔的决定。这些决定可能是不明智的,或者完全是错误的。害怕做出错误的决定会侵蚀我们的信心。事后批评自己,只会像用喋喋不休的静电噪音干扰大脑。

因为没有做出正确的决定而受到羞耻的攻击,会使我们的勇气偏离轨道。因为我们不可避免地会做出令人失望的决定,所以我们应该提前考虑如何处理一个糟糕的决定,以及如何利用这些经验在未来做出更好的决定。当我们继续讨论如何做出艰难的决定时,让我们也看看如何处理出错的决定。另一种描述这部分决策过程的方法是"损害控制"。

▶ **培养你的EQ**:回想一下你做出错误决定的时候。你只是弄错了,但其他人可能已经受到了不利影响。之后,你和自己进行了怎样的内部对话?你决定做什么来弥补自己的错误?你从那次经历中学到了什么?

当领导者失败时,员工有多宽容?领导者是否可以犯错并从中吸取教训?还是"逮到了"的心态占据上风,因为那一击对你不利,所以你就出局了?与电影明星不同的是,教育领导者很少因为入住康复机构而获得即刻的宽恕。一个领导者的道歉能达到什么目的?为错误道歉的最好方式是什么?最重要的是,在未能做出一个好的决定时,如何能让我们成为更好的决策者?

如何道歉

芭芭拉·凯勒曼(Barbara Kellerman,2006)为如何做出有效、令人信服的道歉给出了明确的指导方针。真实性是凯勒曼的标准。一个领导者必须言出必行,从她的错误中吸取教训,改变她的行为,并采取行动补救。凯勒曼解释说,为一个错误的决定进行有效道歉包含下列行为。

- 承认你的错误。
- 承担责任,不要指责别人。

第三章　做出艰难的决定：决策的艺术与科学　　47

- 表示遗憾并认真对待。
- 把你的道歉时间用来叙述往事，而不是对批评表现出抵触或不及时做出反应。
- 公开承诺不再犯同样的错误。
- 卷起袖子，采取行动以确保问题不再发生。
- 尽一切努力使受到伤害的各方得到恢复。

评论员贾斯廷·斯奈德（Justin Snider）指出，道歉的好处远远大于代价。设想未来，想象如果我们搞砸了重大决定，那么我们会在道歉时说些什么。衷心的悔恨对于恢复员工的信任大有帮助。

什么时候道歉

当确定你是否需要为一个糟糕的决定道歉时，凯勒曼建议你思考：

- 它的功能是什么？
- 谁会从中受益？
- 这有什么关系呢？
- 如果你道歉会发生什么？
- 如果你决定不道歉会发生什么？

通过指导自己如何道歉，我们可以为糟糕的决定负责，让自己做出越来越好的决定。

从合乎法律的历史中学习

当研究这些关于做出艰难决定（以及处理这些决定带来的后果）的信息时，我认为自己已经经历了决策疲劳，或者至少是决策信息超载。这时，我发现回头看看历史会有所帮助。让我们回顾一下历史上人们做出艰难决定的过程。

> **案例研究——威廉**
>
> 想象你是12世纪的一位法官，在封建体制下的英国乡村掌管一个法庭。威廉是一个向当地领主租用农场土地的佃户。他出现在你面前，要求你允许他和他的家人留在他租用的土地上。
>
> 法律规定：租赁者每个季度都必须按时缴纳租金。如果不按时付款，土地将被没收。威廉租用的土地将于4月15日到期。如果威廉在4月20日交了租金，你会怎么说？

21世纪的幼儿教育专业人员就像12世纪的法官一样，需要经常做决定，就像需要深呼吸一样。决策既是一门艺术，也是一门科学。研究合乎法律的历史（法官是如何做出判决的）可以为"如何做出'足够好'的决定"提供观点。

什么是"公平"或"公正"的决定？

据说，法官对威廉的判决是，威廉应该"被没收财产，离开土地"。威廉未能遵守法律，违反法律的后果十分明确（即没收）。法官没有考虑威廉的个人情况，采用了一种符合逻辑的、合法的和"科学的"方法。

尽管威廉已经按时付了5年租金，还要照顾妻子和11个孩子，但是这又有什么关系呢？尽管3月份的洪水冲毁了威廉交租金时必须经过的桥梁，他夜以继日地赶路，希望找到另一座可以通过的桥梁，但是这又能怎么样呢？"法律条文"并不涉及个别情况。在法律决策过程中，"法律就是法律"。公平体现为法律对每个人都适用。

法律决策，还是公平决策？

法律判决书要求公平——通常是非个人意义上的公平。根据法律，每个人都应得到相同的待遇。考虑到个人情况的、富有"法律精神"的决定被称为"公平的决策"。公平的决策要求将每个人视为独特的个体。做出公平的决策与其说是一门科学，不如说是一门艺术。没有一个放之四海而皆准的法律裁决模板。

虽然法律条文（法律）的决策是权宜之计，但法律精神（公平）的决策需要时间和思考。同样，法律的判决更多地依赖我们的智商，而公平的判决则要求我们同时使用情商和智商。辨别哪种类型的决策过程更合适，需要领导者的智慧和熟练的能力来感知非语言信息。我们做这两种决定都基于更深层次的目标——做对孩子和家庭最好的事。

法律裁决的精神可能比援引法律的条文更恰当、更人道。当你以法律的精神做出决定时，你要考虑到个人的整体情况。这样你才能更深入地寻找问题的根源，做出最适合每个人的情况的决定。

想想如果你能像12世纪的法官那样做出所有的决定，那么你的工作会多么高效。威廉离开了，无依无靠。作为21世纪的高情商的专业人士，我们会投入大量时间来满足个人需求。在法律和公平之间是否存在一条"中间道路"？公平决策可以花费更少的时间吗？和我一起回到12世纪，找到一些答案。

可疑决定的追索权

在伦敦，衡平法院（Chancery Court，后来被称为 Court of Equity）是一个像威廉所遭遇的类似有争议的案件可以上诉的地方。在那里，国王内阁的教会成员被任命代表教会用法律的精神来判决案件。衡平法院也被称为星室法庭，因为天花板上用油漆缀满了闪耀着的星星。在这些星光下，大法官（或称衡平法官）推翻了法院（下级法院）的判决，并将财产归还给了威廉。当衡平法官支持威廉的诉求时，他运用了一个巧妙的决策过程，从公平的另一种定义中得出结论。如此一来，作为官方决策过程，法律的精神变得合法化。

决 策 过 程

以法律精神做出决策

衡平法院创立的格言，如"做出真诚的努力"，至今仍然是常用的说法。从衡平法院演变出的公平原则包括以下内容。

- 公平会让错误得到补救。
- 公平看重实质而非形式。
- 追求平等的人必须做平等的事。

- 公平是针对个体而言的（考虑到个人的情况）。
- 公平乐于伸张正义，不会半途而废。

几个世纪以来，威廉和其他人都从这种"温和"的决策过程中受益。

在21世纪的复杂旋涡中，幼儿教育领导者仿佛掌握着正义的天平，寻求公平与正义之间的平衡。我们常常觉得自己被蒙住了双眼，不清楚应该使用什么标准，一想到意外的后果就感到茫然。我们可能渴望回到那个简单决策的时代。那时，法律就是法律，无须考虑其他事情。

事实上，事情从未如此简单，也从未如此困难。我们必须权衡两个相互矛盾的现实：公平意味着既要考虑个人情况，又要坚持专业标准。在某些情况下，客观的、分析性的决策过程是合适的。在其他情况下，富有同情心的、个性化的决策过程更合适。那么我们该如何区分呢？

通过权衡利弊做出决策

基于法律条文的决策是通过权衡每个选项的利弊（正反两方面）而做出的法律决策。传统上，决策是通过以下步骤做出的。
- 客观地列出这种情况的利弊。
- 对列出的清单进行分析：哪一方有更多的实质性因素？
- 做出支持更重要一方的合理决定。

有时，这个过程运行良好。受到一系列决策压力的管理者发现这种客观的方法非常有用。当领导者做出公正的决策时，他可以很快地做出决定。他不必考虑人类情感的复杂性。领导者根据既定的政策和程序做出决定，遵循先例或坚持传统，他进一步提高了既定程序的可预测性和稳定性。所有的期望得到了一致的满足。

然而，领导者的公正决定往往会受到质疑。管理者可能会听到投诉，理由是她在决定之前没有征求每个人的意见，或者没有通知工作人员即将发生的变化。如果决策过程没有运用社会智力，那么法律文书上的决定往往会遇到阻碍。思考下面的例子。

幼儿园教师乔安妮决定告诉阿丽莎的妈妈，她的女儿需要进行学习

障碍的评估。乔安妮煞费苦心地记录了阿丽莎值得评估的所有行为。乔安妮觉得她的决定利大于弊，因为所有的因素都表明阿丽莎需要帮助。

当乔安妮把自己的理性决定告诉阿丽莎的妈妈时，她惊讶地发现自己的决定立即被拒绝了。家长痛苦地哭着说："阿丽莎在家里从来不这样！你一定是让她感到心烦了！"乔安妮的决定纯粹是理性的，但在情感上是盲目的。她没有用自己的情商来发现和理解家长看待世界的方式，尤其是家长对阿丽莎的看法。

接下来，乔安妮会更加注意与家长建立关系，同时不断与他们交流信息。乔安妮会试着站在父母的角度来理解他们的处境。

与像阿丽莎妈妈这样的家庭成员合作不仅是一门科学，也是一门艺术。在教师决定如何更好地帮助孩子及其家庭时，需要考虑家长们的骄傲、恐惧、否认、愤怒和羞耻感。

领导者需要在这两种类型的决策方面培养技能，更重要的是辨别在什么时候使用哪种类型的决策。当需要做出不直接影响他人的决策时，领导者最好通过法律程序的字面意思来确定；对于直接影响他人的决策，领导者应该更好地运用法律精神。这两种方法都需要情商和智商，都要求我们读懂别人。

没有一种决策过程优于另一种决策过程。迈尔斯-布里格斯（Myers-Briggs）类型指标数据（见第四章）有助于我们理解，为什么员工对于领导者使用哪种决策过程会有强烈的感受。情感型的人期待得到个性化的对待，更有可能将公平与同情联系起来。理智型的人期待得到一致性的对待，往往做出没有人情味的决策。使用迈尔斯-布里格斯类型指标数据的领导者能够更好地预见自己所选择的决策

> 薄片撷取并不是一种奇特的天赋。这是生而为人的核心本能。当我们遇到新的人，必须快速理解某事，或遇到新的情况时，我们就会进行薄片撷取。进行薄片撷取是因为我们不得不这样做，而我们也已经开始依赖这种能力。
>
> ——马尔科姆·格拉德威尔，《眨眼之间：不假思索的决断力》

风格的后果。

▶ **培养你的EQ**：回想一下你最近做的一个决策。这个决策基于法律条文，还是法律精神？当做决策时，你是否更倾向于一种方式，而不是另一种？你能够看到这两种决策过程的局限性吗？你采用一种决策过程，而不是另一种的标准是什么？

让我们看看其他决策过程。

凭直觉做出决策（薄片撷取）

最近的决策研究，可以让我们采取21世纪的方法来解决这个古老的困境。马尔科姆·格拉德威尔（Malcolm Gladwell）在2005年出版的《眨眼之间：不假思索的决断力》（*Blink: The Power of Thinking Without Thinking*）一书中认为，我们最好的决定都是在"眨眼之间"凭直觉做出的。根据格拉德威尔的观点，反复思考可能会适得其反。出于本能，我们就知道需要做什么。我们的工作就是相信自己的直觉，不拖延地采取行动。

正如在第二章中所讨论的，格拉德威尔称这种决策过程为"薄片撷取"。我们的"大脑得出结论而不立即告诉我们它正在得出结论"（2005，p. 10）。大脑的薄片部分是"适应性无意识，是一种巨大的计算机，可以快速而安静地处理我们需要的大量数据，以保持人类的机能"（p. 11）。薄片撷取就是在自我怀疑的嘈杂声中倾听自己内心的声音。

如何辨别你内心的声音，而不是其他雷鸣的声音？格拉德威尔说，我们可以"教会自己做出更好的快速判断"（2005，p. 16）。

"天才即兴创作"的决策

除了"事后批评"这种问题之外，薄片撷取还提出了另一个危险信号——偏见。为了顺利地实现薄片撷取，决策者需要一个丰富的内部景观。内心的风景是我们迄今为止的生活经历和决策信息的总和。当我们与不同的人互动或进行冒险活动时，我们内心的"风景"就会变得"茂盛"。否则，我们倾向于以自己的形象看待这个世界，期望别人持有相似的价值观和观点。一个准确的形容词就是"唯我论"，即我们是宇宙中心的错误信念。为了消除唯我主义和偏见的态度，我们需要全面而真诚地开放自己，接触不同的人、文化和环境。

滋养内心世界是一个终身的过程。在哈佛大学，博士生被要求参加一项研究，他们要采用薄片撷取的方式进行决策。研究者给每个学生呈现一些照片，并要求他们对每张照片做出即时回应。无论是黑种人，还是白种人，这些学生都一致地表现出对白人形象的偏好。当得知研究结果时，学生们都感到震惊。

如果我们眼前的世界不够大，无法拥抱、见证和体验他者的文化，那么该怎么办？正如哈佛大学的研究所证明的那样，当更广阔的世界既存在显性偏见，也存在隐性偏见时，我们该怎么办？我们的薄片撷取能力会受到经验以及大量不明确信息的限制。

格拉德威尔提出了一个令人耳目一新的超越偏见的建议。他邀请我们把目光从自己的领域投向另一个领域——即兴戏剧。他研究了成功的即兴表演的基本规则后发现，重点在于不管前一位演员的话听起来多么荒谬，后一位演员都能接上话茬。如果后一位演员批评前一位演员的陈述，那么即兴时刻就失去了。不管怎样，如果即兴表演者找到一种创造性的方式来"跟上"前一位演员的话，那么奇迹就会发生。随着能量的积累，观众便被吸引了，创新也就发生了。生活中的难题可以用幽默和独创性来解决。下次当你有机会体验即兴戏剧时，观察一下建立在他人陈述基础上的行动原则。

为了支持这个原则，格拉德威尔引用了即兴表演专家基思·约翰斯通（Keith Johnstone）的话："在生活中，我们大多数人都非常擅长压抑行为。所有的即兴表演教师要做的就是改变这种习惯，创造出非常有天赋的即兴表演者。糟糕的即兴表演者经常以高超的技巧阻碍自己的行为，但优秀的即兴表演者会放任自己的行为。"（2005，pp. 114-115）转眼之间，我们可以从提供的东西中找到价值，也可以转身离开，放弃这次机会。

考虑一下这个即兴表演原则对我们职业的影响。当一位父亲描述，自己用"按压"的方式治疗孩子的咳嗽时，你会如何反应？你是该惊奇，还是该做出判断呢？如果我们判断父母的行为是错误的，那么我们就将失去了解其文化，了解这个家庭和孩子的机会。如果我们抓住了这个机会，那么就能与对方建立信任，并共享知识。

作为一个决策者,为了摆脱偏见,我们可以探索和接纳差异,而不是拒绝差异。珍妮特·冈萨雷斯-米纳(Janet Gonzalez-Mena, 2001)建议:"做一个冒险者。如果你有足够的安全感,那么你可能就会觉得自己经得起犯错误。当你冒险和犯错时,拥有良好的支持系统会很有帮助。提出问题,验证假设,承认你的好奇心,但要尽可能秉持尊重的态度。"

幼儿教育专业人士也擅长即兴表演。处理多重任务是我们的特点。每次当教师运用生成课程的方法时,她就是在进行即兴表演。孩子们为此而着迷,渴望能学到更多东西。教师就抓住了教学的时刻。当主管与父母交流时,她可能会放弃某种方式,而自发地采用另一种更适合的方式。

为了更好地即兴做出决定,我们应该更多地了解这个世界,把自己暴露在我们不知道的事情面前,暴露在我们避开的人面前,暴露在我们尚未经历的生活经历面前。在这个过程中,当丰富经验,扫除盲点,发现内心的声音时,我们就丰富了内心的"景观"。

作为幼儿教育专业人员,我们坚决鼓励孩子珍惜自己,相信自己的独特价值。如果我们按照我们告诉孩子的去做,那么会怎样呢?安全专家加文·德·贝克尔(Gavin de Becker, 1997)提出:"我们具有一种内部守护者的天赋,随时准备发出警告,并指导自己躲避危险。"(p. 13)作为领导者,首先要自信,相信自己是一位足够好的决策者。也许,经过薄片撷取的方式,法律条文和法律精神终于可以被结合运用。

处理自我怀疑

在做决定的时候,反复思考太长时间或者事后怀疑别人对我们的看法会降低我们采取行动的能力。我们会担心:"如果我错了怎么办?如果人们误解了我的意图怎么办?如果有人的感情受到伤害怎么办?"这样的反复思考会浪费时间,消磨信心。虽然一些问题是有价值的,但过多的事后批评会损害我们做决定的能力。员工会怀

> 我完全不完美。
> ——皮娅·梅勒迪

疑这种类型的主管能否做出决定。格拉德威尔说:"我认为这种方法是错误的,如果要提高自己做决定的质量,那么我们需要相信自己可以快速地做出判断的神秘本质。"(2000,p. 52)

我们如何走出自我怀疑的陷阱?答案在于积极的自我对话。当重复的、令人担忧的声音妨碍你的决策能力时,可以用自信的话语来平息那些消极的声音。

▶ **培养你的EQ**:当发现自己陷入事后批评时,每个人都可以运用自己的话语或自我肯定来拯救自己。反思那些侵蚀你的自信的情况,然后大声说出这些话:

- 每一个决定都是正确的,因为我可以从每一个决定中学习。
- 我对孩子做出即刻的决定,我的判断是好的,我也可以对成人做同样的事情。
- "你一旦做了决定,全宇宙即会共谋来实现它。"(Ralph Waldo Emerson)
- 别人怎么看与我无关。

建立属于你自己的积极肯定的方式:＿＿＿＿＿＿＿＿＿＿＿＿＿＿＿＿。

积极的自我对话取代了自我怀疑,令人相信自己有能力做出"足够好"的决策。事后批评作为一种习惯,是大脑的一种思维方式。通过有规律的练习,形成积极的自我对话,可以帮助我们走出困境。要提醒自己"我是一个足够好的决策者",然后在当下尽最大的努力,并继续前进。

以下是对领导者的一些建议:

- 为决策设定一个明确的最后期限,遵守这个期限,然后继续前进。
- 好好考虑一下。在下班前做一个初步的决定,然后带着这个决定入睡,很可能在醒来时你就已经做好决定了。
- 停止事后批评,选择在当下做出决定。写下凭直觉做出的决定,然后抽离,投入别的事情,过会儿再来看你写的东西。你可能会发现自己已经做出了决定。

正确或足够好的决定往往已经存在于我们的内心之中。这种消除自我怀疑的过程有助于领导者直接地揭开决定的面纱。领导者有很多机会用积极的自我对话来避免担忧。许多领导者发现，他们需要放弃为自己设定的不可能的或过于完美的标准，尽管这些标准可以令他们做出永远不会受到质疑的正确决定。真正好的决定可以让我们迎接下一个挑战。

> 正当程序受到美国宪法第十四条修正案的保护。正当程序给予利益相关者：
> 1. 通知可能影响其权利的变化。
> 2. 有机会听到他们的声音，允许他们说出修改提议的想法。
>
> 如果领导者没有对员工行使正当程序，那么她可以预测到决策时会遇到阻碍，即员工会说"你从来没有告诉过我们"。

让他者参与决策过程

在研究如何做决定时，我们还需要考虑让他者参与重要的决策。

我的，我们的，你们的

幼儿教育领导者在利益相关者的共同体中工作。利益相关者是与决策结果有利害关系的人。教师、家长、董事会成员、厨师和公交车司机都可以成为幼儿教育领域中的利益相关者。在领导者做出决策前，那些受决策影响的人希望被征求意见。利益相关者要求采取"正当程序"（将在第七章中讨论），即他们有权发表意见并使自己的意见被纳入考虑范围。

出于这个原因，有经验的领导者需要与员工就"谁将做出决策"的问题达成一致。在领导者做出决策前，他需要确定：这个决策是我们一起做出的，还是你们一起做出的？对"谁将做出决策"有明确期望的领导者可以避免许多误解。

涉及群体的决策可分为三类：我的、我们的、你们的。为了对"谁有权在每种情况下做出决策"设定明确的期望，需要告诉每个人有决策权的是哪个团体或个

第三章　做出艰难的决定：决策的艺术与科学

人。下面的建议可以让员工知道谁负责做出决策。

我的：

- 这项决策由我负责。一旦我做出决策，我会尽快通知你们。
- 在我做出决策前，我会感谢你们的建议。
- 给我三条你们认为最重要的建议，我会在做决策时加以考虑。

我们的：

- 我们将以团队的形式做出这项决策，希望我们达成共识。我们先逐一听听大家的意见。
- 在决策的过程中，我们都有平等的投票权。你喜欢举手表决，还是书面表决？

你们的：

- 你们可以决定如何处理这种情况，我会支持你们。
- 你的团队将是这个问题的最终决策者。让我知道你们的决定。

▶ **培养你的EQ**：想想你目前面临的一项涉及其他人的决策。在这三个类别中，哪一个最好地描述了谁将做出决策？你认为每个人都清楚谁有权做出决策吗？

集体决策

对于自己参与做出的决策，员工更具有责任感去执行。正如个人需要了解自己的决策过程一样，团队也需要了解团队的决策过程。团队通过两种方式做出决策——协商一致或少数服从多数。领导者希望确保每个人都明白将使用哪种方式。

当各个团体就采取什么行动达成一致意见时，他们就会达成共识。

团体成员凝聚在一起，准备作为一个整体开展行动，不需要进一步辩论。如果达成共识，就不必进行表决。在每个人都针对问题发言后，最好能达成共识。在达成共识前，需要确保每个人都表达了自己的关切，所有的疑虑都得到了解决。

运用你的情商来感知团队准备好达成共识的时机。仓促地达成一致可能会导致不温不火的承诺，或者妨碍做出决策。

投票表决的方式允许多数人参与整个团队的决策制定。但是，这会导致少数人心怀不满。由于这个原因，通过协商一致做出的决策通常更具有统一性。但是，如果团队足够成熟，那么投票表决的方式也是可行的。那些在表决中失利的人会选择"放弃"，然后继续前进，支持最终的投票结果。要再次确保所有的投票者都同意这个决策，询问大家："是否有人预料到执行这一决策会遇到问题？如果是这样的话，那么在离开房间之前我们需要再讨论一下，以达成共识。"

决 策 结 构

你的决策风格预示着你将如何组织你的团队。通过了解如何做出影响员工的决策，领导者在内部"组织"项目，让每名员工知道他（她）在组织中的位置。期望越清晰，权力斗争就越少。如果决策权是模糊的，那么权力斗争就会经常发生。

你选择的结构影响了你的行政管理系统。在行政管理系统中，每个人都是决策链中的一环。每名教师都认识自己的上级，也知道自己的上司将向谁汇报。这个行政管理系统告诉我们谁负责什么决策。

一个组织的行政管理系统明确了谁向谁报告。"流动"的教师尤其需要知道自己向谁汇报。每名教师都想知道谁对自己进行年度评估。董事会的人事委员会由董事会主席指定并对其负责。一个明确的行政管理系统为重要决策者提供了安全性和可预测性。

有了清晰的决策链，领导者可以选择自己想要使用的组织结构。三种类型的组织结构如下：

- 等级式结构
- 扁平式结构
- 混合式结构（等级式和扁平式的结合）

▶ **培养你的EQ**：当你研究这些结构时，要注意你在每种结构中的责任。你是否发觉自己比较喜欢其中的某一种组织结构？

第三章　做出艰难的决定：决策的艺术与科学

等级式结构

偏爱自己做决策的领导者倾向于采用"自上而下"的结构，或者说等级式结构。在等级式结构中，领导者位于行政管理系统的顶端，其他员工通过某种方式向领导者汇报。在等级式结构中，位于组织最高层的人将做出重要的决策。这种结构的管理形式就像军队将领发布命令一样，每个人都必须遵守。

扁平式结构

在扁平式结构的组织中，团队共同做出决策。评委会、贵格会[1]和十二步小组都采用扁平式结构。扁平式结构依赖团队成员达成共识。在扁平式结构中，成员的参与度和归属感最强。

混合式结构

在采用混合式结构的组织中，一些决策由领导者做出，一些决策由团队做出。例如：领导者制定预算决策（等级式结构），而团队决定如何规划家长活动（扁平式结构）。

▶ **培养你的EQ**：你如何看待组织中的决策制定？绘制图表来表示你所在的组织如何看待局外人。

用圆圈来代表做决策的团队。在每个团队的圆圈顶部画一条指向团队负责人的竖线。在每条竖线的顶部写下决策者的职位和姓名。例如，画一个圆圈代表婴幼儿教学小组。接下来，从圆圈向上画一条竖线指向写有相关决策者的职位或姓名的文本框。重复上面的操作，直到每个人和团队都出现在图表中。

绘制完组织是如何做出决策的图表后，请将它与组织结构图进行比较。在申请资助时，这些图表往往是必需的。每名领导者都应该有一个组织结构图以供查

---

[1] 贵格会（Quaker meeting）是基督教新教的一个派别，成立于17世纪的英国，创始人为乔治·福克斯。——译者注

看。你画出的图表与官方的图表一致吗？这种感知上的差异可能会引起生动且有益的讨论。

等级式、扁平式、混合式决策制定的动力系统

等级式结构：由高层、中层和基层决策

在等级式结构中，自上而下的决策过程对团队士气有很强的影响。中层和基层人员可能会感到不安全和被轻视，因为领导者可以随意雇用和解聘员工。较低级别的员工有时对团队的忠诚度不高。他们认为自己仅仅是为孩子和薪水而工作。只有具有特色的领导者，或者具有吸引力的项目使命，才能激发员工对等级式组织结构的忠诚。

等级式结构等专制结构有优点，也有缺点。优点体现为便于决策，有清晰的指挥系统和明确的角色分工；缺点表现为僵化、停滞、沟通的有限性。

管理顾问巴里·奥什里（Barry Oshry, 1986）描述了等级式结构中的可预测动态。他将等级式组织中的员工分为高层、中层和基层。

高层

行政决策制定者或高层，拥有很大的权力。高层（机构所有者、主管、董事会）在决策时几乎不需要他人的参与，通常使用基于法律条文的方式做出决策。在决策时采用"正当程序"，听取下属的意见，则会降低制定决策的速度。

根据奥什里的说法，高层被认为是"以数字为导向的、疏远的、武断的、脱离实际的、没有人情味的"（1986, p. 21）。他们似乎专注于自己的利益，而不是组织中其他人的利益。

中层

中层（副主管、部门负责人和课程主管）向高层汇报工作。中层能够做出的决策是有限的。中层的工作是在组织的高层和基层之间进行协商。如果你曾经感受过"夹在中间"，那么你就知道中层管理者的职位处境。其他人认为中层管理

者是勤奋的、负责的、善良的，但也是易叛变的、软弱的，无法做出关键的决策（Oshry，1986）。中层管理者做出的决策往往是试探性的，需要等待上级的批准。中层管理者可能会说，"我会回复你的"或"我看看我能做些什么"。

基层

基层（教师、教师助理、公交车司机和家庭支持工作者）觉得自己没有能力做出有意义的决策。不幸的是，他们把自己贴上了受当权者摆布的"棋子""苦工""工蜂"的标签。高层不需要关注基层想要什么或需要什么。基层的决策权只是罢工或离职。基层可以放下一切，走出大门。沮丧的基层员工会用这样的话来抵制权威："这不在我的职责范围内，你没有付钱让我这么做。"

扁平式结构与决策

在扁平式结构中，每个人都参与决策。领导者认识每个人，每个人都可以接近领导者。员工最大限度地参与其中。员工间保持信息畅通，信息可以快速地传递给组织中的每个人。正当程序是扁平式结构的核心。领导者很少采取行动，除非每个人都被告知需要就每个问题进行发言。幼儿教育组织几乎都采用扁平式或团队式结构。

扁平式结构就像等级制度一样，历史悠久。美国印第安人使用"发言棒"来确保每个人都有发言的权利。陪审团成员围坐在一起，直到做出达成共识的判决。我们的法律制度假定，陪审团的扁平式结构能够确保"人民的声音"被听到。

幼儿教育组织通常采用扁平式结构。家长咨询委员会、教师团队和其他协作形式往往是决策的首选模式。扁平式结构的优势包括高水平的员工投入、归属感、授权和参与性。

然而，扁平式结构也带来了一些挑战，特别是对那些在等级制度中成长起来的员工来说。通过协商一致做出的决定要求每名团队成员都是成熟和负责任的。没有成熟度，扁平式结构中的个体可能会陷入权力斗争，操纵他人遵从自己的领导。与等级式结构不同，在扁平式结构中，分工可能并不清晰，决策链可能模糊不清，团队决策往往比个人决策要花费更多的时间。领导者很可能会听到这样的呼声："不要再开会了！"

混合式结构组织的决策

正如你可能想象的那样,很少有组织是纯粹的等级式结构或扁平式结构。大多数幼儿教育领导者会采用团队决策的形式。那些想要培养未来领导者的主管们会鼓励员工自己做出决策。反思性监督(将在第九章中讨论)就是混合式决策的例子。员工在指导下会更加自信和积极地参与到日常决策中,而主管则保留了评价员工的权力。

混合式结构的另一个例子是团队教学。在课堂如何运作方面,两位教师拥有平等的发言权,助教也被鼓励分享他们的观点。在课程决策的过程中,主班教师与其他教师扮演着同样的角色。尽管如此,每名教师最终仍要向主管汇报工作。主管最终会决定是否留用或解雇员工。

谁会希望由委员会来进行一场脑部手术呢?当然,我们需要一个有能力的人来负责。同样,在没有听取教师的意见和感受的情况下,大多数主管不会愿意修改教师手册。很显然,毫无争议的紧急疏散计划是必要的。然而,如果没有员工参与制订计划,那么就只有少数员工知道这个计划。

责任到此为止

主管有权决定分享或保留多少决策权。作为一名领导者,不管你选择怎样的决策方式,请记得告知你的员工这个决定是"我的""我们的",还是"你们的"。员工会对此心存感激,这样项目会运行得更加顺利。

我们如何做决策会影响团队士气、效率和组织结构。现在你知道了自己的观点,那么哪一种方式对你来说是最好的?在做出决策时,你是更倾向于基于法律条文,还是法律精神?在做出决策前,你会权衡每个选择的利弊,还是更容易激发自己的直觉?根据具体情况而言,许多管理者喜欢综合使用多种方法。当然,选择权在你的手中。

在这个过程中要记住,领导者可能会出现决策疲劳。当你做决策时,可以让自己休息一下。这种善意的行为会驱散思考的迷雾,让你在下一次的决策马拉松中变得更有动力。

反思性问题

1. 如前文所述，完成组织结构图。你认为你所在的组织是等级式的、扁平式的，还是混合式的？行政管理系统是否清楚？你认为自己在这个结构中处于高层、中层，还是基层？如果要改变组织结构，你会做出哪些改变？这对幼儿教育项目将产生什么影响？请把组织结构图和你对这些问题的思考都记录下来。

2. 反思你所做的一个重要决定。例如，你如何决定到哪里上学？你如何解决最近的冲突？选择谁作为你最亲密的朋友？在这些决定中，你基于法律条文做出了哪些决定？你基于法律精神做出了哪些决定？你是否从你的决策偏好中发现了一种模式？对年幼的孩子来说，是基于法律条文的决策，还是基于法律精神的决策更有效？

3. 在口头陈述或写作中描述你对自己的了解。你对薄片撷取的决策感觉如何？举一个你采用薄片撷取的方式做出成功或失败决策的例子。格拉德威尔认为，我们越擅长直觉思维，就越容易将自己暴露在陌生和未知的环境中。尽可能详细地列出可以提高你运用薄片撷取的方式做出决策的方法。

团队项目

1. 将你的组织结构图与团队成员的组织结构图进行比较。幼儿教育组织中的决策结构有哪些共同点？至少研究和分享一篇关于如何促使幼儿教育团队富有成效的文章。为了确保团队决策在组织中得到有效执行，你将做出哪些方面的改变？

2. 员工参与决策的程度和质量可以提高或损害士气。请讨论在幼儿教育中哪些决定应该是"我的"（主管或管理员的）、"我们的"或"你们的"。组织中的员工是否清楚谁负责哪个决策？你所在的组织包括高层、中层、基层吗？如果是这样，那么这种结构是如何影响团队士气的？请列出三种可以提升团队士气的方法，并就此进行小组讨论。

3. 请现场观看或在网络、电视上观看一个当地的即兴表演［例如观看即兴表演电视节目《台词落谁家》（*Whose Line Is It Anyway*）］。和团队成员一起观看即兴表演,并根据本章讨论的即兴表演理论分享你的观察与感受。最后,在小组中练习即兴表演,快速接上别人的话。记录下小组成员在即兴表演中为改善幼儿教育日常决策所做出的努力。

参 考 文 献

Americans with Disabilities Act of 1990, as Amended, 42 U.S.C. 12101 et seq (2008).

Baumeister, R.F., & J. Tierney. 2011. *Willpower: Rediscovering the greatest human strength.* New York: Penguin.

Bruno, H.E., & M.L. Copeland. 1999. Decisions! Decisions! Decision-making structures which support quality. *Leadership Quest* (Spring).

Bruno, H.E., & M.L. Copeland. 1999. If the director isn't direct, can the team have direction? *Leadership Quest* (Fall).

Buchanan, L., & A. O'Connell. 2006. A brief history of decision making. *Harvard Business Review* 84 (1): 32–41, 132.

de Becker, G. 1997. *The gift of fear: And other survival signals that protect us from violence.* New York: Dell.

Dobbs, D.B. 1993. *Law of remedies*. 2nd ed. St. Paul, MN: West Publishing.

Gladwell, M. 2005. *Blink: The power of thinking without thinking.* 2nd ed. New York: Little, Brown.

Goleman, D. 2010. *Emotional intelligence: Why it can matter more than IQ*. New York: Bantam.

Gonzalez-Mena, J. 2001. *Multicultural issues in child care.* 3rd ed. New York: McGraw-Hill.

Greenspon, T.S. 2002. *Freeing our families from perfectionism.* Minneapolis, MN: Free Spirit Publishing.

Kahneman, D., D. Lovallo, & O. Sibony. 2011. The big idea: Before you make that big decision … *Harvard Business Review* 89 (6): 50–60, 137.

Kellerman, B. 2006. When should a leader apologize—And when not? *Harvard Business Review* 84 (4): 72–81, 148.

Oshry, B. 1986. *The possibilities of organization*. Boston: Power & Systems.

Senge, P.M. 2006. *The fifth discipline: The art and practice of the learning organization.* Rev. ed. New York: Doubleday.

Tice-Colopy, K. 2010. Investing in members: Ohio redefines its purpose and services. *Young Children* 65 (5): 66–68.

Tierney, J. 2011. Do you suffer from decision fatigue? *New York Times*, August 17.

第四章

有目的地领导：一条成就卓越之路

> 对我来说，生命中的主要工作之一似乎是，认识到每一个人都是那么珍贵和有价值。每一个人都拥有他人不曾或不将拥有的一些东西——这些内在的东西一直都是独一无二的。
>
> ——弗雷德·罗杰斯
>
> 树林里分出两条路，而我选择了人迹较少的那条。这就是改变一切的力量。
>
> ——罗伯特·弗罗斯特，《很少被选择的路》

案例研究——杰米拉

杰米拉的教室里气氛十分活跃。经验丰富的志愿者梅茜女士给凯茜读她最喜欢的故事；乔舒亚和特里正在用闪闪发光的珍珠色颜料和金色颜料画一个太阳系；伊丽莎和咪咪思考着在哪里挖一个小池塘来放青蛙的卵。虽然杰米拉对自己的工作很满意，但她已经准备好迎接更多的挑战。她梦想建立自己的学校。她会把它命名为"杰米拉社区"。

环顾社区，杰米拉看到了一些幼儿教育机构、"开端计划"项目，以及基于信仰建立的幼儿教育机构和家庭式教育机构。她心想："他们都想帮助孩子，那么我的梦想有什么不同吗？"她可能会开诚布公地说："这些机构的愿景和使命是什么？这些机构听起来都一样！我希望'杰米拉社区'能够脱颖而出，与众不同。"

在情商和社会智力理论产生之前，明确目标、愿景、使命和核心价值观的普遍做法是直线式的、理性的。领导者首先要明确她想要产生的影响，然后集中精力地制定她的工作任务，并不断调整。然而，最近的管理理论包含了社会智力——包括社会意识（我们对他人的感觉）和社会能力（我们利用这种意识做什么）(Goleman, 2006, p. 84)。找到我们的愿景和使命是一个更加内在的、主观的和个人的过程。卡特和柯蒂斯（Carter & Curtis, 2010）鼓励我们用心去寻找重要的东西。本章邀请你进行一次冒险，在内心深处寻找你有潜力成为的那种领导者。

目的，我们存在的心跳

> 那些给别人的生活带来阳光的人不会不让自己看到阳光。
> ——詹姆斯·巴里

领导者必须首先找到并挖掘灵感之源，才能依靠灵感来领导。目标是我们最大的动力。从我们的人生故事中衍生出来的目的，被我们面临的困难进一步深化。那些做得很好的领导者并没有逃避失败或试图掩盖自己的不足，反而更愿意接受生活中的挫折和失望（Bryant, 2011）。

员工会信任那些忠于自我、在困难时期仍能保持适应力的领导者。"听到教师们描述那些有远见的主管和那些满足于现状的主管之间的差异，是令人震惊的。他们并不常用'愿景'这个词，但是他们仍然兴奋地描述主管是如何激励他们在幼儿教育机构中工作的，'她通常眼睛里闪烁着光芒'，总是'通过展示图片或者引述话语来扩展我们的思维'，或者'尽管预算不足，但是她仍然关注奖品'"（Carter, 2000, p. 99）。目的赋予我们生活的意义，赋予我们工作的意向。目的让我们在困惑中变得清晰，让我们在争论中收获希望，给予我们勇气去做正确的事情。

请思考案例研究中的杰米拉的目的如何影响她的行动。如果你问她的目的是什么，那么她可能会告诉你，她"天生"是为了给儿童带来快乐、尊重和自信。这个目的将激励她离开舒适的教室，建立自己的学校。随后，当她为幼儿教育机构确立了愿景、使命和目的时，她会一次又一次地回归目的，就像一个徒步旅行者

第四章 有目的地领导：一条成就卓越之路

拿出指南针找到目的地一样（见表4.1）。

表4.1 有用的定义

1. 目的是你生活的理由，是你最深切的热情。
2. 愿景是你如何改变世界的梦想。
3. 使命是你将梦想变成现实的实际方法。
4. 目标是完成任务的具体的里程碑。
5. 客观化是你采取的步骤，也是衡量你完成目标进度的方法。
6. 核心价值观提醒我们，在做决定的时候，我们为什么而努力奋斗。

找到你的目的："内心的渴望"

你如何发现你的目的？作家史蒂芬·柯维（Stephen Covey）认为每个人都能直观地知道自己的目的。柯维建议道："在我们每个人的内心深处，都有一种内在的渴望，希望过一种伟大而有贡献的生活——真正有所作为，真正与众不同。"我们中的一些人必须比其他人更加努力地挖掘内心的渴望，而发现的过程往往需要花费一生的时间。不管你花费多少努力和时间去挖掘，都要对自己温柔一点。你的努力总有一天会得到回报。正如孔子曾经说过的那样："知之者不如好之者，好之者不如乐之者。"

▶ **培养你的EQ**：为了更清楚地了解自己的目的，请探索以下每一种活动。

- 说出你从小就有且现在仍然拥有的三种品质。这些品质将帮助你识别自己的天赋和优势。
- 回想一下生命中的某个时刻：你觉得你正在做你应该做的事情。这就是"有目的地"生活的感觉。
- 找出一个注意到你的潜力的人。那个人看中你的什么？其他人经常充当信使，帮助我们看到自己看不到的东西。
- 描述你体验到的一个"心流"（flow）（Csikszentmihalyi，1991）的时刻，即你不需要考虑自己必须做什么，只需做即可的时刻。你可能觉得一切都是自然而然的。

> 当我们的内心渴望捕捉到个人愿景的火种时，我们就会成为自己的领导者。

- 询问三个你信任和关心你的人："你觉得我什么时候最开心？""你认为我能对周围的世界产生什么影响？"
- 你最想做出什么贡献？有些人发现，这个问题对书写墓志铭有帮助。其他人则会考虑在退休聚会上说些什么。

> 只要你相信自己，你就会知道如何生活。
> ——约翰·沃尔夫冈·冯·歌德

轮到你了。放宽对完美的要求，放下取悦他人的任务。这一刻就属于你。完成下列句子。

我来到这个世界上的目的是：_____。

对于一些人来说，目的就像一条从笔尖流出的溪流。其他人会觉得自己被困住了，还有一些人会发现自己正眯着眼睛看一个似乎超出他们视野的目的。请善待自己。在这个过程中，无论你在哪里，都是命中注定的。儿童需要时间来成长，你的目的也需要时间来展现。问问自己"我应该做什么？"，这会帮助你发现目的；然后问问自己"知道目的如何让我成为自己想成为的领导者？"。

愿景

当你忠于自己的目的时，愿景就是你对未来世界的梦想。有愿景意味着有远见，能够着眼大局。如果你希望世界变成自己所设想的样貌，那么在与他人互动并做出日常决策时，请忠于你的目的。有目的的领导者每天都带着承诺生活，让梦想成真。回想本章的案例研究，杰米拉的目的是孩子们获得快乐、尊重和自信。她接下来的行动是，想象在一个特殊的世界里，每个孩子都觉得自己是有价值的、被关爱的。

史蒂芬·柯维在畅销书《高效能人士的七个习惯》(*The 7 Habits of Highly Effective People*, 2004a) 中分享了如何在个人和职业情境中成功地解决问题的方法，这也是幼儿教育管理者需要的至关重要的技能。柯维在另一本书《高效能人士的第八个习惯》(*The 8th Habit*, 2004b) 中讨论了"发现你的心声"。他邀请你

第四章 有目的地领导：一条成就卓越之路

培养下列良好习惯。

习惯1：积极主动。

习惯2：从开始就记住目的。

习惯3：把重要的事放在第一位。

习惯4：采取双赢思维。

习惯5：首先理解他人，然后寻求被理解。

习惯6：协同合作——创造性地合作。

习惯7：不断更新——保持清晰，敞开心扉，接受各种可能性。

习惯8：发现你的心声，并激励他人发现自己的心声（Covey，2004ab）。

这些习惯会帮助你发现并锤炼自己的愿景。

> 每个人的工作就是他自己的一种画像。
> ——塞缪尔·巴特勒

每个人都有一条独特的道路。在如何改变世界的问题上，没有人和你有完全相同的想法。作为幼儿教育专业人士，我们的愿景往往集中于使儿童和家庭的世界更美好、更安全、更幸福。当你知道自己的目的，并且知道该如何实现愿景时，你就已经准备好完成使命的实际步骤了。

阐明你的使命

使命是你实现梦想的实际方式，从而实现你独特的目的。杰米拉的目的是帮助每个孩子认识到他（她）的珍贵。她的愿景是创建一个幼儿教育机构。在这个机构中，孩子们被视为珍宝。该机构的使命是："孩子们通过探索周围的世界来了解自身的价值。"

当使命符合以下标准时，它就是强大而真实的。

- 激励每一个听到使命的人。
- 授权员工在更大的使命中找到自己的目的。
- 使命的光泽像咆哮的暴风雨中的灯塔一样稳定。
- 为确保绩效质量设定标准。
- 反思最深刻的核心价值观。
- 告知他人每一项决定。
- 自始至终，坚定不移。

最重要的是，使命是个人的，请忠于自己的目的和愿景。

▶ **培养你的EQ**：《富有远见的主管》（*The Visionary Director*，2010）的作者玛吉·卡特和德布·柯蒂斯（Margie Carter & Deb Curtis），可以帮助你发现作为一个幼儿教育领导者的使命。思考你会优先选择哪些事情：

- 为工作的家长提供服务。
- 给儿童一个良好的开端——为入学和学业的成功做好准备。
- 提高儿童的自我认知和社交技巧，使他们学会与世界和睦相处。
- 确保儿童有一个充满游戏、冒险和探索的童年。
- 创建一个共同体，使成人和儿童体验到归属感，使世界变得更美好。
- _____（请在横线上写下你认可的使命）。

▶ **培养你的EQ**：找到并考察你所在的组织、机构、学院或大学的使命宣言。这些宣言在多大程度上反映了其使命的目的？现在想象你是一个幼儿教育机构的主管，请写下你的使命宣言。你的使命如何支持你的目的和愿景？

"核心价值"的价值

> 梦想是我们本质的试金石。
> ——亨利·大卫·梭罗

我们都需要试金石。试金石让我们脚踏实地。我们触摸它们以提醒自己什么才是最重要的。试金石是有价值的对象，可以帮助我们反复明确自己的目的。我们可以把试金石想象成宝贵的蓝宝石、红宝石或者光滑的大块绿松石。触摸试金石，我们可以感到安心、冷静、舒缓。核心价值是工作的试金石。

核心价值就像一块试金石，提醒你是谁，以及你想如何引导自己的生活。以自己的核心价值为指导的领导者行事正直。正直可以让你的决策与核心价值相一致。

诚实就是一种核心价值。拥有这种核心价值的领导者不会对自己所面临的机会、挑战和盲点视而不见。将诚实作为试金石的领导者不会用否认或拖延来掩饰

第四章 有目的地领导：一条成就卓越之路

自己。轻松愉快，保持洞察力，不把自己看得太重，是另一些核心价值。轻松愉快的领导者拥有持久的幽默感，乐观向上，充满希望。

> 领导是一门艺术，让别人做你想做的事，并相信他也想做。
> ——德怀特·艾森豪威尔

其他核心价值包括：

- 尊重
- 勇气
- 包容性
- 同情
- 谦逊
- 希望和乐观

- 努力工作
- 创造力
- 及时解决冲突
- 融入社区
- 家庭优先

▶ **培养你的EQ**：与我共事的一名幼儿教育领导者的目的是"让人们知道什么是错误的，这样我们就可以做得更好"。你可以想象，她的核心价值就是勇气。你的不可或缺的核心价值是什么？当你命名这些核心价值时，考虑你的目的。请列出你的核心价值：_____。

表4.2　幼儿教育使命宣言样例

"我们的使命是为那些父母必须工作以满足社会需求的孩子们提供充足的爱。我们的儿童保教中心的使命是创建优质的，充满教育、爱和引导的，远离家的'家'。"

——贝克雷斯特学院儿童保教中心

"'有目的的游戏'指导我们开展独特的、针对特定年龄的方案和课程。每一个方案和课程都是为了在一个温暖、丰富、有趣的环境中推动孩子在智力和社交方面的发展。"

——拉帕蒂学院

"一个塑造和激励未来儿童的社区。"

——儿童学院

"一个致力于提高生活质量的教育社会。"

——"开端计划"第十九区

"提供一个安全、丰富和充满刺激的环境，让幼儿在其中学习和成长，同时通过爱、支持和稳定来治愈幼儿曾遭受的创伤。"

——救世军港湾儿童保教中心

你所在团队的目的和核心价值

与领导者一样，团队也需要使命和核心价值。让工作人员写他们的个人核心价值可能会有所帮助。他们可以通过集思广益来实现团队的核心价值。高效运作的团队通常会发现，个别团队成员的核心价值与团队整体的核心价值是一致的。

顾问和前主管鲁比·马丁（Ruby Martin）通过寻找集体的愿景、使命、目的来领导幼儿教育组织：

> 我使用的过程非常简单。首先，中心主管召开员工会议，让所有员工思考他们理想中的中心。在会议期间，有人负责记下所有员工设想的关键要点。然后，主管把从会议中获取的所有信息放到长远的声明中。所有员工都会收到一份复印件以进行审查和编辑，并将反馈意见提交给主管。
>
> 在下一次工作会议上，大家将以这一愿景为基础来制定目标。目标来源于大家的愿景，以及需要改进、启动和终止的领域。每个目标被分解为行动步骤，在这些步骤中，员工被授权承担实现目标的责任。待时间表确定后，整个过程就开始了。
>
> 在整个行动阶段，我总是鼓励中心经常举行集体会议，以确保不偏离目标。在愿景完全实现后，我鼓励他们下一年再重复这一过程，以确保大家不断改进、成长，并继续关注重要的领域。这个过程也可以用于为每间教室创建愿景，只不过它需要教师和主管的参与。（个人信件，2007年9月19日）

鲁比每年都可能会邀请团队确定他们的核心价值，并把团队的核心价值和宗旨张贴在办公楼的显眼位置，以激励员工。当基于已商定的核心价值时，团队决策要容易得多。许多潜在的冲突可以通过回顾这些核心价值来解决。

S.M.A.R.T.方法

S.M.A.R.T.五步法可以帮助领导者将他们的梦想变成日常现实。彼得·德鲁克（Peter Drucker，1954）提出了"目标管理"的概念，而S.M.A.R.T.方法就是从

第四章 有目的地领导：一条成就卓越之路

这一概念发展而来的（表4.3）。第一步是确定与使命宣言相关的目标。为了成功，领导者将创建可衡量的行动项目，并设定时间表。

S：制定具体的（specific）目标，让你离目标更近。

M：确定如何衡量（measure）成功。

A：列出一系列可以更接近目标的行动（action）项目。

R：确定需要的资源（resources）。

T：建立时间表（timeline）以实现目标。

表4.3　S.M.A.R.T. 方法

1. 我想实现的具体目标是什么？
2. 我如何衡量成功？
3. 我需要采取什么行动？
4. 我需要什么资源？
5. 我的时间表是什么？

检查与本章案例研究相关的 S.M.A.R.T. 方法。运用 S.M.A.R.T. 方法，杰米拉的目标可以逐步变为现实。

S：杰米拉希望社区成员参与学校的日常运营。

M：她将通过家长和社区志愿者的每周签到表来衡量成功。

A：她需要给父母和社区组织写电子邮件和信件来招募志愿者。

R：她将阅读有关建立有效的志愿者项目的书籍和文章，并在员工的帮助下确定需要支持的领域。

T：她和员工将在6个月内建立一个持续的志愿者项目。

▶ **培养你的EQ**：尝试运用 S.M.A.R.T. 方法来设定和完成一个目标。你可以把这种方法应用于多种情况（比如，学校作业，工作项目，或者同学、同事之间的问题）。使用这五个步骤，确定一个目标，并计划实现它的途径。

愿景、目的和领导力

对做出改变充满信心的领导者,会鼓励其他人加入他们的行列,从而有所作为。高效的领导者拥有强大的愿景,足以涵盖与其共事的其他人的愿景。领导者清楚自己的目的,从而激发别人最好的一面,邀请别人"有目的地"生活。正如玛吉·卡特所言,"我们不能没有梦想"。

思考一下本章的案例研究,现在假设杰米拉带着她的热情和商业计划前往当地的银行。杰米拉的愿景和 S.M.A.R.T. 方法,促使银行的贷款官员满足她的要求。那位银行官员乐于听到杰米拉取得的进步,并将出席她的项目的开幕式。

领导者是真实的、"完全不完美"的人(Mellody & Miller, 1989)。教师是班级的带头人,父母是家庭的领导者,孩子是学习世界的领导者。领导者与其他追随者保持联系,共同创造

> 最美好、最高尚的生活属于那些追求崇高理想的人。
> ——勒内·阿尔梅拉斯

成长环境。管理专家彼得·圣吉(Peter Senge, 2006)在《第五项修炼》(*The Fifth Discipline*)一书中将这些环境称为"学习型组织",这是每个人成长、学习并支持他人成长和学习的空间。这听起来还是幼儿教育专业吗?这当然是。

服务型领导:"先行付出"

在认识到自己作为领导者之前,请先思考另一个有价值的管理理论。这个理论被称为"服务型领导"(servant leadership)(Greenleaf, 1970)。了解服务型领导将有助于你从认识自我转向了解激励他人的动机,就像情商会增强你的社会情绪智力一样。

服务型领导致力于倾听和造福身边的人。谦卑是服务型领导的核心价值。服务型领导关心自我提升。他们知道帮助别人成长对每个人(包括他们自己)都有好处。服务型领导会问:"那些被服务的人会成长为个体吗?他们在接受服务的同时,是否变得更健康、更聪明、更自由、更自主?他们更有可能成为服务者吗?"

对于女性和有色人种来说,"服务者"这个词通常不具有积极的含义。在历史上,这些群体曾被强迫为其他人服务,而那些被服务的人将服务视为理所当然。

第四章 有目的地领导：一条成就卓越之路

当你是一个服务者时，你就把自己的个人梦想留给了别人。"服务型领导"这个词反映了领导的复杂性。

那些被迫成为领导者的人很少会感到满足或高效。然而，当你主动选择成为一个领导者时，你就会自然而然地做自己应该做的事情。从最友善的角度来讲，服务型领导随时都准备为更大的利益服务。服务型领导的服务出于主动选择，而不是被人胁迫。他们承认自己所服务之人的价值。幼儿教育中的服务型领导者致力于改善儿童、家庭和工作人员的生活。

利他主义者为他人着想，如果能够摆脱相互依附，那么他们就会获得解放。利他主义者慷慨、自由地回馈世界，而不期待赞美或认可。相互依附就是依赖他人来实现自我价值。有依附性的人会操纵他人来获得称赞和认可。

> 生命中最重要的是做自己。
> ——约瑟夫·坎贝尔

服务型领导者摆脱了强迫和相互依附。服务型领导是最好的利他主义。"先行付出"是描述服务型领导的另一种方式。就像你为自己和身后的人付通行费一样，你无私地照亮了别人的生活。当"有目的地"工作和生活时，我们用自己的天赋美化了世界。通过无私地为儿童、家庭、工作人员和社区奉献最好的自己，服务型领导展现了英雄主义。利他主义者的内心怀有一种宁静感和成就感。

> 你梦想什么，你就会成为什么。
> ——拉尔夫·瓦尔多·爱默生

未来学家玛格丽特·惠特利和德博拉·弗里兹（Margaret Wheatley & Deborah Frieze）提出了"服务型领导"的新观点。她们敦促我们抛弃原来的期望——领导者应该成为拥有所有答案的英雄。惠特利指出："我们目前解决问题的方式不是解决问题。没有人知道该做什么。但是总的来说，我们都知道该做什么。"惠特利和弗里兹提议由领导者代为主持。领导者作为"主持人"邀请员工站在领导变革的最前沿，"主持人"则退后一步，提供便利和支持。例如，让所有利益相关者参与其中。无论领导者是"服务者"，还是"主持人"，他们都邀请我们深入探索，促使我们的个人愿景与所服务社区的远大愿景相一致。

回顾你的目的、愿景、使命和核心价值。清晰地阐明每一点，就能明确你作为一个领导者的身份。现在你可以看看自己的领导风格了。了解自己的风格有助于向他人传达自己的愿景和目的。

迈尔斯-布里格斯领导力问卷

我们每个人都有一个高度个人化的领导风格。主管是不可替换的，但他们可以有相似的偏好。了解你和其他人的共同点以及你的独特之处是很有帮助的。研究领导风格，找到你在领导力方面的定位，可能会对你的领导有所启发。通过学习领导风格而获得的洞察力将提高你的领导情商能力。

瑞士心理学家卡尔·荣格（Carl Jung）周游世界，观察不同的文化和人。他总结道，尽管我们是独一无二的，但我们也有共同点。例如，其中一个共同点就是我们每个人不是右利手，就是左利手。

荣格（1961）开始识别人类的共性，或者"偏好"。他发现：有些人更喜欢过安静和沉思的生活，倾向于从内心收集能量（内向型）；其他人则更喜欢社交，性格外向、奔放，倾向于从环境中收集能量（外向型）。荣格把这些偏好放在有两个相反极点的连续体上。右利手和左利手位于利手连续体的两端。类似地，内向和外向位于倾向性连续体的两端：

右利手————————————————————————左利手
外向——————————————————————————内向

母女团队（Mother-daughter team）的凯瑟琳·库克·布里格斯和伊莎贝尔·布里格斯·迈尔斯（Katherine Cook Briggs & Isabel Briggs Myers）将荣格的研究成果翻译成了一个可高度验证、易于掌握的领导力问卷。自1943年迈尔斯-布里格斯问卷（Myers-Briggs Type Indicator，MBTI）问世以来，全世界已有数百万人采用了该问卷。她们的研究为我们了解领导者和团队成员如何运作提供了重要的见解。

在接下来的章节中，你将有机会探索自己的个人偏好和气质类型。虽然这些材料并不是作为一个经过科学验证的评估工具来使用，但其提供了关于MBTI的深入概述。下面的描述基于我作为 MBTI 从业者和认证管理员的 25 年来的经验。（如果想了解更多关于 MBTI 和在线工具的信息，请访问相关网站。）

使用以下信息，你将能够评估你的领导风格和气质。你也可以利用这些信息使自己成长为一个领导者，并帮助他人成长。

你的领导风格和气质

让我们来看看世界各地的人们所展示出的四种不同的偏好（Kroeger，Thuessen，& Rutledge，2002；Myers et al.，1998）：

外向（extraversion，E）————————内向（introversion，I）
感知（sensing，S）————————直觉（intuition，N）
理智（thinking，T）————————情感（feeling，F）
判断（judging，J）————————感觉（perceiving，P）

当读到这些信息时，你可能会发现你对每一个偏好都有所认同。例如：一个即将离职的领导者也可能需要一段"安静时间"；一个天性率真、自由奔放的教师也可以在截止日期前完成任务。然而，荣格发现，大多数人都有偏好，这些偏好使我们更倾向于一个连续体的一端，而不是另一端。

领导者每天面对的环境要求他们真实、可信。荣格称之为"真实的自我"。当你研究下面的偏好时，问问自己："当不扮演我的角色（教师/主管、家长、学生、女儿）时，我是谁？"现在看看 MBTI 概述中的每一种类型，评估哪种类型描述更符合你。

内向和外向

案例研究——古斯塔沃和薇洛

精力充沛的古斯塔沃深受家长的喜爱，不断为放学后的孩子设计新的活动。他所在团队的教师薇洛更喜欢待在幕后。她最舒适的时刻是帮助孩子完成家庭作业。当古斯塔沃和薇洛一起计划课程时，薇洛会安静地坐着，而古斯塔沃会热情地分享一个又一个想法。

> 如果请你帮助这两位教师互相取长补短，你会给出什么建议来帮助古斯塔沃倾听薇洛的声音，并帮助薇洛说出对她来说什么是重要的？

你有没有注意到有的工作人员很少说话？就像薇洛一样，当她最终分享自己的想法时，她深刻的洞察力让所有人都惊叹不已。这个人是内向的人，她从内心获得能量，喜欢静静地思考问题。

> 你是E，还是I？你的E/I偏好确定了你的能量来源。

表4.4　MBTI概述

偏好	特点	优势	挑战
外向（E）	友好，喜欢社交，慷慨，受欢迎度高	喜欢团队会议，头脑风暴，爱与他人分享	不甘于沉默，难于倾听他人讲话，召开太多会议
内向（I）	安静，反思性，有一两个关系深厚的朋友，喜欢独处	有技巧的倾听者，会安慰人，言简意赅的交流者	在公众面前讲话时易被他人误解，被视为清高的人
感知（S）	运用五种感官去观察，注意力集中，脚踏实地，很现实	注意事实和细节，文件记录准确	易错失"大局"，讨厌冗长乏味的会议
直觉（N）	有远见，对所有可能发生的事情持开放的态度，"眼睛盯住真正有价值的事物"	喜欢变化，总想做"大事"	忽略细节，对实践缺乏兴趣
理智（T）	客观，爱挑剔，具有任务指向性	客观一致的决策者，直接的交流者	忽略人际动力，爱"责备"他人
情感（F）	有人情味，注重过程，以人为本	能"站在他人的立场"思考，能促进工作氛围和谐	事必躬亲，逃避冲突
判断（J）	喜欢清晰和秩序，守时，有序	制订计划并坚持，满足期限要求，整洁	武断，完美主义，不喜欢意料之外和模棱两可
感觉（P）	随和，对所有可能发生的事情持开放态度，倾向于把事情堆积在一起处理	善于发明替代品，营造有趣的工作环境	犹豫不决，无序，办事拖沓

最新的 MBTI 数据显示，性格内向的人占美国人的51%（Myers et al., 1998, pp. 157-158）。性格外向的人以精力充沛、友好和健谈的天性而出名。他们喜欢社会交往，喜欢和别人谈论事情。

内向型领导者

内向型领导者的优势。内向型领导者能够为解决问题提供深思熟虑的方案。一个内向的人善于创造安静的、反思性的工作环境，在这样的工作环境中，个体能够自由地专注于他们的工作或游戏。内向型领导者平静的接近方式使孩子们感到特别安心。内向的人往往是熟练的倾听者，家长和教师觉得内向型领导者会倾听自己。内向型领导者经常"精心设计"自己的语言，花时间选择最准确、最简洁的交流方式。内向型领导者喜欢安静。

内向型领导者的挑战。持续不断的口头交流会消耗内向者的能量。公共演讲（即使是在家长小组中讲话），也会让他们疲惫不堪。内向的领导者可能看起来对别人的想法漠不关心。一些员工认为内向的领导者会隐瞒信息。内向的人需要私人时间来充电。他们可能会避免许多人同时交谈的头脑风暴型会议。内向的人有时候会"假装"是外向的人，以便能够履行他们的职责。

给内向型领导者的建议：

- 每天给自己一段安静的时间。给自己充电。散散步，读读书，关上门静坐。
- 告诉员工："谢谢你告诉我这些，我需要时间来考虑你说的话。我明天早上给你回复。"
- 提前告知工作人员会议议程。内向的员工需要时间来思考会议议程。
- 召开会议时，邀请员工以小组的形式工作，尤其是两人一组。这种做法确保了内向者有机会说话。

与外向者交流的技巧：

- 向外向者请教问题。听听对方的主要观点，不要指望自己能听懂外向者所说的每一个字。
- 寻找外向者的优点，而非刻板地认为他（她）是"大嗓门""爱出风头者"或"恐吓者"。

- 找到接纳外向者的乐观能量的方法,对其想法表现出热情。
- 尽可能自然地交流,避免长时间的沉默。

外向型领导者

外向型领导者的优势。外向型领导者友好、合群、热情好客。外向型领导者积极地与每个人互动,为工作场所带来乐观、积极、热情洋溢的能量。外向者能够自如地表达自己的想法,通过说出想法来确信自己的观点。(相比之下,内向者在说话前会先思考。)性格外向的人在头脑风暴会议、团队会议和社交活动中都很自在。外向的人在活跃的环境中会茁壮成长。

> 外向的人通过与周围的人交往和活动来获得能量。内向的人通过独处发现内心的能量。

外向型领导者的挑战。性格外向的人,由于其高能量和需要与他人交流,可以压倒性格内向的人。性格外向的人虽然只占少数(占世界人口的49%)(Myers et al.,1998,pp. 157-158),但他们认为每个人都应该是外向、活跃的健谈者。外向者倾向于提出问题,而不是等待内向者深思熟虑的回答。事实上,性格外向的人通常认为性格内向的人就是性格外向的人。外向者经常召开会议,而不会想到内向的员工会对团队活动感到多么不舒服。性格外向的人可能会对沉默感到不耐烦,并在与他人分离时失去活力。

给外向型领导者的建议:

- 在机构外,与不同的朋友和熟人保持关系。
- 如果你主要和内向的人一起工作,那么可以使用电话、电子邮件或者即时通信来让自己保持精力充沛。
- 练习积极倾听的技巧,与内向者建立联系。记住,65%~90%的情绪是通过非语言来沟通的(Myers et al.,1998,pp. 157-158)。
- 用你的社交情商来欣赏内向的员工。倾听内向的人有助于他(她)信任你。

第四章 有目的地领导：一条成就卓越之路

与内向者沟通的技巧：

- 在回答内向者的问题前，慢慢数到10。给内向者一些思考的时间。
- 在召开会议前分发议程，给内向者充足的准备时间。
- 安排个人和一对一的活动，以平衡小组会议。
- 花时间邀请内向的人来了解和信任你。

评估你自己

▶ **培养你的EQ**：你从哪里获得能量？你喜欢积极地与人交往，还是安静地自我反省？你可能强烈地喜欢其中一种类型，而不是另一种类型，或者你可能两者兼而有之。对于下面的评估问题，请选择更符合你的一项。如果你在这个偏好上处于中间位置，问问自己："哪个偏好是我在生活中不可缺少的？"其中，外向的人必须有人在他们身边；内向的人如果没有频繁的、有规律的独处时间，就无法生存，所以他们会远离喧嚣。

问题1：你更像外向者，而不是内向者吗？ E＿＿＿或 I＿＿＿？

请在下面的第一个空格填写表明你偏好的字母。

我的MBTI类型：＿ ＿ ＿ ＿

你现在已经确定了25%的MBTI类型。

案例研究——塞雷娜和莫琳

塞雷娜专注于准确地记录教室里发生的每一个细节，而莫琳则倾向于不断提出新的想法。塞雷娜觉得莫琳"打乱了一切"，莫琳则认为塞雷娜是一个"扫兴的人"。事实上，当不得不关注细节时，莫琳感到无聊，而她的不断创新会让塞雷娜感到很困惑。

她们如何在发挥彼此优势的基础上为家庭提供每月的课堂记录？

感知和直觉

荣格说我们用两种不同的方式来观察世界。一些人善于观察，运用五种感官来理解事实和细节；另一些人更喜欢在观察时使用想象力，善于寻找意义、灵感或不断发展的故事。

荣格提出的第二个偏好确定了我们如何接受信息和感知世界。75%的美国人更喜欢以"感觉"的方式获取信息，注意事实和细节（Myers et al.，1998，pp. 157-158）。感知型的人更加关注周围环境中的形状、大小、气味、味道、质地、颜色和声音。其余的美国人被称为"直觉型的人"，更加善于利用自己的直觉。直觉型的人就像色彩鲜艳的升向天空的气球，感知型的人就像把气球固定在适当位置的绳子。直觉型的人和感知型的人彼此需要。

> 注重具体细节的观察者被称为感知型的人（S）；注重意义和可能性的观察者是直觉型的人（N）。

感知型领导者

感知型领导者的优势。感知型的人倾向于记住细节（包括名字）。具体而言，感知型的人是现实的。他们准确、详细地报告所观察到的情况。在学习风格方面，当信息按顺序呈现详细步骤时，感知型的人学习得更好。感知型的人活在当下，倾向于用常识来提出实用的解决方法。大多数美国总统都是感知型的人。

一个"开端计划"项目的标语是："如果没有文档记录，那就相当于事情没有发生！"文档记录了事件的主体、内容、时间和地点，但很少记录事件发生的原因。以事实的方式准确地描述发生了什么，是报告儿童行为的关键。感知型的人以这种具体的方式感知世界。

与感知型学生不同，直觉型学生不需要教师依次介绍信息。当指导者或主题激发他们的想象力时，直觉者就会学习。

感知型领导者的挑战。由于感知型的人会注意到细节，所以感知型领导者可能会忽略"大局"。对于感知型的人来说，对未来进行规划是不舒服的。他们专注于自己正前方的东西。当感知型教师和非感知型教师搭档时，感知型教师可能认

第四章 有目的地领导：一条成就卓越之路

为她的队友不切实际，或者不着调。当工作指示模糊或缺乏时，感知型的人可能会迷失。如果要求感知型的人计划一个假日聚会，但不给予她所有的细节，那么她会感到无所适从。（相反，直觉型的人更有可能喜欢不那么详细的要求。他们会被所有的可能性吸引。）

给感知型领导者的建议：
- 想办法接纳直觉型同事的自由奔放。
- 让他们帮助你看到森林，而不仅仅是树木。请他们帮助你理解他们是如何看待事物的。
- 感知型的人往往是悲观的，专注于未来的直觉型的人往往是乐观的。要学会享受直觉型的人的乐观态度。
- 重视你的偏好，实事求是，准确地观察眼前的事物。
- 记录文档对你来说可能比其他人更容易。运用你的优势来创建有用的模板和报告表单。

与直觉型的人沟通的技巧：
- 首先总结你的主要观点，然后做出详细的解释。
- 识别你的想法将如何创造一个更光明的未来。
- 不要指望直觉型的人能够有条不紊地工作，但他们能够在新奇和创新中茁壮成长。
- 允许直觉型的人发挥想象力，不要坚持提供详细的、有序的解释。
- 向直觉型的人学习，了解你可能会错过的事物之间的联系。

直觉型领导者

直觉型领导者的优势。 直觉型的人更喜欢关注大局，总是关注自己的责任。直觉型领导者把目光放在奖励上。感知型的人更喜欢开展熟悉的实践，而直觉型的人则喜欢新奇和变化。尽管只有26.7%的人是直觉型的人，但作为有远见的人，他们有很大的影响力（Myers et al., 1998, pp. 157-158）。马丁·路德·金、甘地、肯尼迪和林肯都是直觉型的人，他们梦想着让世界变得更美好。直觉型领导者能够带领员工退后一步，以获得积极性，展望积极的变化，使组织摆脱低迷的状态。

直觉型领导者的挑战。如果说感知型的人"只见树木，不见森林"，那么直觉型的人则是"只见森林，不见树木"。直觉型的人侧重寻找更深层次的意义，错过了在他们面前的水坑。喜欢新鲜事物的直觉型的人，可能不太适合采取实用主义的方法。直觉型的人和感知型的人对对方语言的理解有所不同。直觉型教师和感知型教师可能有这样常见的争论：直觉型教师会说"我不是那个意思"，感知型教师会争辩道"但你就是那样说的"。

给直觉型领导者的建议：

- 承认大多数人看待事物的方式与你不同。
- 注意情况的细节，寻找事实。
- 如果你想被更好地理解，就要准备好像感知型的人那样说话。
- 即使周围的人不那么热情，你也要保持富有远见、乐观的特质。记住，情绪是会传染的。保持对未来充满希望的特质，你将振奋和鼓舞他人。

与感知型的人沟通的技巧：

- 保持实际、务实的态度。
- 使用事实和数字来支持你的观点并给出具体的例子。
- 详细记录你的经验。
- 按顺序说明实现目的所需采取的步骤。

评估你自己

▶ **培养你的EQ**：你认为观察情况的最佳方式是什么？你是注重真实和现实的人，还是具有想象力、寻找更深层次的意义的人？你可能倾向于其中一种类型，而不是另一种类型，或者你可能两者兼而有之。对于下面的评估问题，请选择更符合你的一项。在文档记录方面，幼儿教育者需要学习感知技能，但是这样的技能并不能使你成为一个感知型的人。如果你在这个偏好上处于中间位置，问问自己："当看到新的东西时，我倾向于看到细节，还是可能性？"

问题2：你是感知型的人，还是直觉型的人？__S__或__N__?

首先在下面的第一个空格填写问题1的答案，然后在第二个空格填写问题2中能表明你偏好的字母。

我的 MBTI 类型：E/I __ __ __

你现在已经确定了50%的 MBTI 类型。

> **案例研究——菲利普**
>
> 主管菲利普对一切事情都漠不关心。他没有时间闲聊，也不在乎告诉别人他的想法。事实上，当菲利普和另一个人产生问题时，他会直接走到那个人的面前说："我们需要谈谈。"教师们因菲利普的直率而受到伤害，或者对他的直率感到不舒服，从而避免与他接触。因为菲利普对其他人的情绪如此"不敏感"，所以雷琳完全拒绝和他说话。
>
> 你将如何指导他们进行交流？

理智和情感

荣格提出的第三个偏好揭示了人们不同的决策方式。一些人喜欢用客观的、批判性的方法来决定事情（荣格将这种偏好命名为理智型）；另一些人则更倾向于个人性决策，考虑每个人的需求、处境和历史（这种偏好就是情感型）。在美国，43.5%的男性和75.5%的女性是情感型的人，这意味着56.5%的男性和24.5%的女性是理智型的人（Myers et al., 1998，pp. 157-158）。

理智和情感并无优劣之分。然而，由于男性比女性更理智，所以男性主导的商业世界可能会让女性觉得她们的人际关系决策方式不受赏识。理智型领导者可能更像"血管里流着冰"。情感型的男性在童年早期就因为他们的同情心和敏感性而受到赏识（可能在我们的职业之外，人们对他们有着消极的刻板印象）。努力适应这两种决策模式，这样就可以调用任何一个你所需要的模式。

理智型领导者

理智型领导者的优势。理智型的人可以使决策客观、清晰，避免情感的干扰。

我们可以期望理智型的人公平地对待每个人，也就是说，他们不会过分地偏爱一个人。他们会"公平地"决定事情，也就是说，决策具有一致性。

理智型的人可以迅速做出决定，不会当"事后诸葛亮"。他们往往能够直接表达自己的观点，不会担心"真相"是否伤害人们的感情。但这并不是说理智型的人没有感情。理智型的人能够"超越"自己的感觉，做出客观的决定。事实上，他们在追求客观真理的过程中是孜孜不倦的，更注重任务而不是过程。

> 理智型的人使用"法律文字"，而情感型的人使用"法律精神"。这一话题在第七章中还会出现。

理智型领导者的挑战。专注于完成工作的理智型的人往往会忽视个人情况和动态。那些相信因果关系的理智型的人，可能会把责任归咎于他们认为对此负有责任的人。他们常常忽略同事身上的非语言信息。理智型的人可能没有意识到在个体或团队中建立信任的微妙动力。他们把情感型的人视为"烂好人"。专注于任务而非人际关系的理智型的人会发现，与情感型的人一起工作过于复杂。

给理智型领导者的建议：
- 如果你在人际关系高度关联的领域中工作，那么你可能会被认为是"冷漠的"或"较真的"。
- 研究如何提高你的情商和社交能力。练习思考和解读非语言行为。
- 更多地表扬员工。认可员工的优点和贡献。
- 练习主动倾听的技巧。
- 放慢你的步伐。同事们需要时间来决定他们将如何一起工作。
- 要明白，当你建立起信任的关系时，任务会更容易完成。

与情感型的人沟通的技巧：
- 花时间建立人际关系，找出并询问对他们来说什么是重要的。情感型的人可能会微笑，但是如果她不信任你，那么她就不会轻易与你合作。
- 关注决策如何提高人们的生活质量，而不是仅仅关注决策的逻辑。
- 承认你的大多数同事对冲突感到不舒服。帮助情感型的人在解决分歧的过程中关注共同目的。
- 注意你的沟通方式。
- 员工们可能会"把事情融入个人和情感色彩"。给他们一些时间与你谈谈他们的感受。尊重他们的感受。

情感型领导者

情感型领导者的优势。情感型的人致力于建立一个和谐、舒适和支持性的工作环境。他们会自动站起来欢迎一个新人,帮助她感到轻松。他们注意非语言的线索和迹象(如语调、眼睛和身体语言)。他们可以在许多层面上解读个体。他们致力于做出富有同情心的决定,往往会考虑到每个人的需要和情况。

情感型领导者的挑战。对于情感型的人来说,面对冲突往往是痛苦的,他们比理智型的人更容易受到伤害。情感型的人试图不惜一切代价来避免正面冲突。避免冲突会导致误解、疏远和间接的行为,比如直接和她谈论另一个人。情感型的人能够和他们信任的人相处得很好。信任是通过分享个人信息、喜好和厌恶而建立起来的。

给情感型领导者的建议:
- 随身携带一个标签,提醒自己"不要把问题放在个人身上"。不是每个问题都和你有关。
- 不要因为过分关注别人的需要而忽视自己的需要。花点时间做你喜欢做的事情,尽管这意味着不要对别人有求必应。带着新的"精气神",你会发现自己有更多的能量以与他人分享。
- 不要把自己暴露出来,否则你最终会觉得自己像个殉道者和怨恨者。
- 练习直接处理冲突的方法。怨恨会让你失去平时亲切友好的沟通方式。

与理智型的人沟通的技巧:
- 列出你提出的每个想法的优点和缺点。理智型的人会根据客观分析做出决定。
- 简明扼要地阐述你的主要观点。
- 用客观的观点和事实来支持你的观点。

- 致力于直接解决与他人的冲突。设定一个时间限制，在这个时间限制内，你将会站出来面对冲突。
- 运用情商来识别你的感觉，并且接纳感觉所提供的信息。
- 如果你发现自己正在抚慰受伤的感情，那么"站到一边"，客观地看待这种情况。
- 练习从理智型的人的角度看问题。以批判的眼光和客观的态度分析问题，就好像你是一个遵循"法律条文"的法官。
- 要想成功，领导者需要同时运用理智和情感两种思维模式。

评估你自己

▶ **培养你的EQ**：你最喜欢的决策方式是什么？基于客观事实，还是人际关系动态？你可能强烈地偏好其中一种类型，而不是另一种类型，或者你可能两者兼而有之。在下面的问题中，请选择能够更准确地描述你的字母。

问题3：你是理智型的人，还是情感型的人？__T_或__F_?
现在将问题3中能代表你偏好的字母填入第三个空格。
我的 MBTI 类型：E/I S/N __ __
你现在已经确定了75%的 MBTI 类型。

案例研究——朱吉和泰瑞

主管朱吉别无选择，只能将任务委派给副主管泰瑞。尽管朱吉认为他并不能指望泰瑞达到较高的标准，但他不得不承认，即使拖到最后一刻，泰瑞也还是完成了工作。泰瑞一副无所谓的态度让朱吉很苦恼。

朱吉把一份电话回访清单交给泰瑞，他在后面盯着泰瑞打了多少个电话。朱吉担心清单可能在泰瑞桌子上的一堆文件中丢失。

泰瑞声称她知道所有东西都放在哪里。她对朱吉"不屑一顾、假仁假义"的态度感到恼火。他俩怎样才能找到发挥彼此优势的方法呢？

判断和感觉

"生活方式"偏好表明我们更喜欢如何生活。可能是习惯于有组织的、有计划的方式（判断型），或者倾向于自发的、"随波逐流"的方式（感觉型）。根据 MBTI 的数据，54.1% 的人喜欢有条理的生活方式，而 45.9% 的人喜欢"无忧无虑、保持快乐"的生活方式（Myers er al., 1998, pp. 157-158）。在幼儿教育领域中，许多人宁愿顺其自然，也不愿担任领导职务。尽管我们更喜欢自发地与孩子交流，但我们可能已经教会了自己保持组织性。

任何行业中的高级经理大多是判断型的人，即兴喜剧的专业人士和发明家更多地属于感觉型的人。感觉型的人可以从判断型的人的可预见性和可靠性中受益，判断型的人可以从感觉型的人的随和、好玩的态度中受益。

判断型领导者

判断型领导者的优势。多亏了判断型领导者，他们完成了认证表格，没有超过截止日期，并确保一切都在正确的轨道上运行。判断型的人喜欢计划。他们喜欢有组织和有序，通过在最后期限前完成任务来避免压力。判断型的人"谨小慎微"，他们的教室整洁、干净、有条理。判断型的人清楚自己的立场，可以迅速做出决定。他们以完成清单上的每一件事而自豪。

判断型领导者的挑战。判断型的人可能会对需要时间检查所有选项的同事失去耐心。杂乱无章会令判断型的人烦恼。他们在收集所有相关信息前就会快速地做出决定。他们会提前到达会议场所，当其他人迟到时，他们会翻白眼。偏向判断型的人发现生活在模棱两可的环境中很不舒服。判断型的人不喜欢惊喜，具有灵活性对他们来说可能很困难。完美主义是判断型的人的致命弱点。判断型领导者通常难以委派任务，因为很少有人能达到朱吉为自己设定的高标准。

给判断型领导者的建议：

- 活在当下，你可以学到很多东西，并通过活动安排和休息来放松自己。
- 委派任务时退后一步，并假定任务将会完成，只是可能并非以你原来的方式完成。
- 你的担心不会帮助别人完成工作。要知道，与你不同的是，其他人更喜欢多重任务，喜欢在空中抛接许多圆球。

与感觉型的人沟通的技巧：

- 学会欣赏同事的创造力和趣味性。
- 请感觉型的人帮助你识别替代品和选择。
- 向感觉型的人表明你相信她能够完成任务，哪怕她在最后一分钟完成任务。
- 留出时间去探索所有的可能性，并自发地对计划做出改变。
- 在员工会议中加入轻松有趣的活动。

感觉型领导者

感觉型领导者的优势。感觉型的人倾向于保持对选择的开放性，善于创造替代品，能够考虑到多种可能性。他们可以在工作中获得乐趣。轻松的工作环境更适合他们。他们能够将自发性和幽默感带到工作场所。他们享受旅程，而不仅仅是到达目的地。生成课程通常是感觉型的人的首选。他们把自己描述为活生生的人，而不是"只会干活的机器"。

感觉型领导者的挑战。为了保证选择的开放性，感觉型的人会推迟做决定。对他们而言，整洁有序不是优先考虑的事情。他们常堆积事物，但知道在哪里可以找到事物。他们认为会议在他们到达那里时就开始了，这可能会使讲究准时的判断型的人感到沮丧。感觉型的人会抱怨他们在判断型的人身上察觉到的紧绷感。他们经常在最后时刻完成任务。

给感觉型领导者的建议：

- 将任务分解成易于处理的任务。为每个任务设定一个最后期限。当你提前完成一项任务时，要庆祝一下。
- 当你改变计划的时候，不要让你的同事吃惊，尽可能多地通知他们调整计划。
- 因为灵活性对你来说更容易，所以你可以尝试一些不同的东西，并构建一个任务。做出努力会增加你对判断型的人的理解。
- 用你的幽默感帮助你的同事放松心情。

与判断型的人沟通的技巧：
- 清楚地知道你什么时候会完成一个项目。
- 比平时更快地做出小的、无关紧要的选择。
- 展示你完成任务的能力。
- 自愿清理，收拾东西，组织活动。

评估你自己

▶ **培养你的EQ**：哪种更符合你的生活方式偏好？你倾向于更有条理和结构化，还是懒散和随性？你可能侧重于其中一种类型，而不是另一种类型，或者你可能两者兼而有之。在下面的问题中，请选择能够更准确地描述你的字母。

问题4：你是判断型的人，还是感觉型的人？ ___J 或 ___P？

请将你对问题1—3的回答填写在下面的前三个空格中。在最后一个空格填写问题4的答案。

我的 MBTI 类型：<u>E/I</u> <u>S/N</u> <u>T/F</u> __

你属于哪种类型？

祝贺你！你已经确定了 MBTI 类型的四个字母。在 MBTI 类型汇总表中查看你的类型。

如果想了解关于每种类型的更多描述，可以在网上查询，或者阅读奥托·克勒格尔、珍妮特·休森和海尔·拉特利奇的《赢在性格》（*Type Talk at Work*，Otto Kroeger，Janet Thuesen，& Hile Rutledge，2002）。在《复合型领导力》（*Leadership Equation*，Barr & Barr，1989）中，你会发现关于每种类型的领导风格的深入描述。

要做简化版的 MBTI 测试，可以登录相关网站进行测试。完成问卷后，你会得到一个关于你的类型的描述。MBTI 专业人士还可以为你提供一份完整的评估清单。你通常可以在学院或大学的职业发展办公室或 MBTI 认证管理员那里获得这项服务。

从我们的弱势偏好中学习

荣格注意到,除了我们的偏好之外,每个人都有一个"影子"。我们的影子是自身最不发达的部分,我们对大多数人都隐藏了它。压力把我们推向自己的影子。当遇到困境时,我们便会陷入一种觉得自己不擅长的偏好中。在压力下,友善的人会变得孤僻,随和的人会成为监工。我们对自己的弱势了解得越多,就越能接受那些与我们截然相反的人。

现在你知道了自己的 MBTI 偏好和类型,你就可以识别自己的弱势了。用大写字母写出代表你的四个字母类型。在每个字母的下面,用小写写下对应的 MBTI 字母。例如:

ESTJ	ISFJ	ENFP	ISFP
infp	entp	istj	entj

这四个小写字母就是你的弱势偏好。"ESTJ"的对立面是"infp","ISFJ"的对立面是"entp"。现在,回到 MBTI 的十六种类型描述,请阅读弱势偏好类型的相关表述(见表4.5)。用你的情商来注意你的反应。当看到自己的弱势偏好时,你会提醒自己想起别人吗?情绪失控是描述处于弱势偏好中的另一种方式(Quenk,1993)。

处于自己的弱势偏好中,我们最开始会感到暴躁和尴尬。为了证明这一点,请在一张纸上签名。现在,用你的另一只手再签一次名。签名看起来怎么样?当在这样的不利环境下时,即使感到不舒服,我们也能够完成任务。把你的弱势偏好看作学习如何和与你有相反偏好的人进行交流的途径。

虽然一开始会不舒服,但外向的人可以练习冥想,内向的人通过公开演讲会变得更自在,感知型的人可以变得更像一个梦想家,直觉型的人可以变得更有条理,理智的人可以表现出同情心。

荣格指出,当接纳自己不发达的弱势偏好时,我们会发现更深层次的灵性。对自己的弱势了解得越多,我们就会变得越开放,并能接受不同的存在方式。为了进一步发展情商,领导者可以练习使用自己的弱势偏好。

表4.5 MBTI 类型汇总

ISTJ	ISFJ	INFJ	INTJ
"做应该做的事" 组织者、强迫、私人、值得信任、规则、实用 最负责任的	"高度责任感" 可亲、幕后工作、愿意牺牲、负责、行动者 最忠诚的	"他人的激励者" 反思、默默关怀、创意、语言上有天赋、超能力者 最沉思的	"一切都有改善的空间" 基于理论、怀疑、"我的方式"、高能力需求者 最独立的
ISTP	**ISFP**	**INFP**	**INTP**
"随时准备尝试" 善于观察、冷静且超然、实际操作、为即将发生的事情做好准备、朴实无华 最实用的	"看到很多，但很少分享" 温暖而敏感、不张扬、做好短期计划、好的团队成员、与自我和自然接触 最具艺术性的	"为援助社会提供崇高的服务" 严格的个人价值观、保留、追求内心秩序或和平、创意、非指令性 最理想化的	"热爱解决问题" 让他人思考、心不在焉、能力需求、社交谨慎 最概念化的
ESTP	**ESFP**	**ENFP**	**ENTP**
"终极现实主义者" 非传统的方法、乐趣、合群、活在当下、善于解决问题 最自然的	"生命只有一次轮回" 善于交际、自发、喜爱惊喜、简化程序、多任务、讽刺大师 最慷慨的	"给生活多一份额外的挤压" 以人为本、创意、追求和谐、派对式生活、出发次数多于结束次数 最乐观的	"一个又一个激动人心的挑战" 思考观点的两面性、边缘技巧、尝试极限、热心、新想法 最具创意的
ESTJ	**ESFJ**	**ENFJ**	**ENTJ**
"生活的管理员" 秩序和结构、善于交际、注重结果的生产者、传统的 最苛刻的	"女主人" 客气、良好的人际交往能力、周到、适当、渴望取悦他人 最和谐的	"说话流畅的说服者" 具有超凡魅力、富有同情心、人的可能性、忽略不愉快、理想主义 最具说服力的	"生命的自然领袖" 有远见、合群、好争辩、负责、对没能力低容忍 最具命令性的

资料来源：2012 Otto Kroeger Associates LLC. 经许可后使用。

领 导 气 质

MBTI 类型可以很容易地转化为四种气质（Bates & Keirsey，1984），这将帮助你更好地理解领导力。气质是我们最喜欢的行为方式。当你确定了 MBTI 测试的类型，你也就确定了自己的气质。这四种气质分别是 SJ、SP、NT 和 NF。

▶ **培养你的 EQ**：为了确定你的气质，请再次写下代表你的 MBTI 类型的四个字母。

现在，写下你的四个字母类型中的第二个字母（S 或 N）。如果你的字母是 S，请紧接着写下代表你的类型的最后一个字母（J 或 P）。如果你的第一个字母是 N，请紧接着写下代表你的类型的第三个字母（T 或 F）。

恭喜你！你已经确定了你的 MBTI 气质。

请在表 4.6 中找到你的气质。了解你的 MBTI 气质的优势和挑战可以提高你的情商。特别注意有关"如何成长为一个领导者"的提示。想要了解关于四种气质

表 4.6 MBTI 气质类型

SJ	NT
工作努力 注意集中 传统主义者 完美主义者 例如：乔治·华盛顿	有远见 有大局观，善于系统思考 独立且注重科学性 有威严 例如：埃莉诺·罗斯福
SP	NF
问题解决者 谈判高手 着重实践经验，行动导向 喜欢动手类工作，不喜欢文字工作 例如：西奥多·罗斯福	乌托邦式的思想家 变革的推动者 以人为本 试图拯救每个人 例如：莫罕达斯·甘地

资料来源：2012 Otto Kroeger Associates LLC. 经许可后使用。

类型的更多信息，请参阅大卫·凯尔西的《请理解我 II》（*Please Understand Me II*，David Keirsey，1998）。

SJ型的领导风格

SJ 型的领导者是传统主义者，能够给组织带来稳定、有序和可预测性。他们以权威的方式领导，指导其他人做什么。他们重视努力工作和忠诚，以及严肃和"我能做"的态度。他们尊重权威，并散发出责任感。他们非常善于细致入微地跟进。乔治·华盛顿总统是 SJ 型的领导者。

致命的弱点

SJ 型的人期望卓越，甚至追求完美主义。有时，他们会忘记向出色的工作人员表达认可，而把重点放在审查错误和劝告工作人员仍需努力上。一些 SJ 型的人可能对没有努力工作的人缺乏耐心。SJ 型的人可以像军事将领一样出现。

如何成长

SJ 型的人会从授权和放弃期待完美结果中获益。如果你是一个 SJ 型的人，那么你应该专注于发展员工的优势。观察那些"顺其自然"型性格的领导者所能够产生的有效结果。表扬并嘉许员工的努力。

SP型的领导风格

SP 型的领导者是创造性的问题解决者。他们善于在持有不同观点的人之间谈判。他们有能力处理好烂摊子。他们是实用主义者，喜欢活动，尤其喜欢亲力亲为地工作。和他们一起工作很有趣，他们很容易相处，并且能够快速地保持工作环境的平稳运行。他们爱玩、身体灵活、随性，很容易吸引孩子。被誉为"莽骑士"的西奥多·罗斯福就是 SP 型的领导者。

致命的弱点

事实上，在四种气质类型中，只有 SP 型的人对自己并不十分苛刻。其他气质都会导致严格的自我批评。如果没有烂摊子需要处理，那么 SP 型的人就会制造麻烦。他们的致命弱点是不爱活动和从事文字工作。他们在静坐听课时很容易感到厌烦。关注细节并不是他们的强项。

如何成长

如果你是 SP 型的人，请退后一步，寻找其他解决问题的方法。教同事如何解决问题，而不是总做一个纠正错误的人。SP 型的人通常是艺术家。SP 型的领导者需要花时间来完成自己的手工艺项目，或者找到让同事和家人参与这些创造性工作的方法。

NT 型的领导风格

NT 型的领导者是有远见的逻辑学家，追求胜任力和精通。NT 型的人能够给组织带来客观性、理智主义和长远的眼光。他们善于将系统概念化，以简化工作。

> 不管你的天性是什么，都请坚守它，永远不要放弃你的天赋。做你自己，你就会成功。
> ——悉尼·史密斯

与 SP 型的人一样，NT 型的人也是务实的。NT 型的领导者希望其他人通过观察 NT 型的人来学习如何做事。NT 型的人很少能够给予他人安慰的表扬。希拉里·克林顿就是 NT 型的领导者。

致命的弱点

对理论的专注使 NT 型的领导者显得冷漠和高傲。他们低估了人际关系的动力系统。NT 型的人通常会判断其他人是否有足够的能力，以赢得他们的尊重。他们对社交和团队建设缺乏耐心。

如何成长

NT 型的领导者可以通过学习和提高情感与社会智力，以获得成长。如果你是 NT 型的人，注意同事对自身工作的感受，而不仅仅是工作本身。NT 型的人可以从研究和学习如何阅读非语言交际线索中受益，思考发展高效团队的基本原理，找到促进团队成长的方法。

NF型的领导风格

NF 型的领导者是一个有远见的变革推动者。他们的核心愿望是为孩子们及其家庭服务，让世界变得更加美好。他们具有乌托邦式的想法，对为更大利益而改变事物抱有理想主义和乐观的态度。他们通过鼓励其他人发挥潜力来进行领导。与独裁的 SJ 型的领导者不同，NF 型的领导者注重平等，善于通过表扬和热情的支持，让每个人都展现出最好的一面。他们是鼓舞人心和富有魅力的领导者。莫罕达斯·甘地就是 NF 型的领导者。

致命的弱点

负罪感和不可能实现的高尚理想会让 NF 型的人筋疲力尽。他们属于回避冲突型。对于 NF 型的领导者来说，直面不当行为是很困难的。当时代是保守的、社会变革不受欢迎时，NF 型的人会失去乐观的情绪。

如何成长

如果你是一个 NF 型的人，可以学习冲突解决和有效的对抗技巧。因为 NF 型的人喜欢采用道德至上的方式，所以他们不太可能会与 SJ 型的人建立联盟。虽然 SJ 型的人也喜欢说教，但他们不站在实用主义的立场上。

自知之明的力量

领导者必须学会如何与每个人沟通，尤其是那些最不喜欢他们的人。一个了解自己的 MBTI 类型、气质和弱势偏好的领导者，会更好地尊重他人的不同特质。MBTI 可以帮助领导者理解他人，并提高自己的情绪智力。

有目的地领导，将决策建立在核心价值的基础上，并且理解领导风格，能够使个人成为真实的、有天赋的领导者。自知之明是情绪智力的核心，是领导幼儿教育机构所需要的。杰米拉知道她想要什么，那你呢？希望这一章能帮助你更清楚地了解作为一个领导者要做出什么改变。借用一句座右铭："主管，请了解你自己。"

反思性问题

1. 当我们做决策时，核心价值观是我们的基础。我们可以根据自己的核心价值观来衡量决策，以确定我们是否忠于自己的价值观。想一个你需要做的决策。现在至少写出三条核心价值观。接下来，写下你的目的。然后，做出你的决策。你可以使用任何对你有用的方法（如法律条文、法律精神，或者薄片撷取）。回顾你的核心价值观：你的决策是否符合你的价值观？你的决策是否与你的目的一致？回想一下你最近做的另一个决策。这个决策是否符合你的核心价值观和目的？写一份反思报告（或者记录一份陈述），说明你在做决策的过程中学到了什么。

2. 让 S.M.A.R.T. 方法成为你的工作方法。这种方法可以帮助你把梦想变成现实。思考一个你想要完成的具体目的。针对 S.M.A.R.T. 方法的步骤，写下你为达到目的而采取的行动。承诺在本周末之前迈出第一步。按照你为自己设定的时间表行事。与你的同学或同事分享，S.M.A.R.T. 方法如何帮助你成为一个领导者。

3. 思考对立面如何吸引他人。探索你的弱势偏好和类型。首先，阅读你的每个弱势的代表字母的信息。接下来，阅读你的弱势类型。当读到这些信息时，你有什么感觉？你如何回应像你的弱势面一样行事的人？你的弱势行为会在你遇到烦心事的时候出现吗？弱势面是你不太为人所知的一部分。你对自己的弱势面了解得越多，就越能适应那些与你有着截然相反的偏好的人。回顾一下如何与你的弱势面交流。写下或者记录你的想法，了解弱势将如何帮助你成为一个领导者。

团队项目

1. 前文列出了我们发现目的的步骤。两人一组完成这个过程，一次提出一个问题。在这个过程的最后阶段，请写下你的目的。与你的同学讨论一下你的工作或学习与你的目的相一致的程度。通过头脑风暴的方式，你可以改变自己的日常活动，以更好地适应你要做的事情。一些人发现，为了实现"有目的地领导"，我们需要进行职业转换。如果你是这些人中的一员，你的选择是什么？

2. 团队就像个人一样，会表现出 MBTI 偏好。向你的同事解释 MBTI。邀请有意愿的团队成员在线进行 MBTI 测试。问问他们是否愿意和你分享他们的 MBTI 结果。收集并统计结果。相较内向型的人，你的团队是否拥有更多的外向型的人？是不是更多的同事喜欢感知，而不是直觉？继续列出四个选项中的每一个字母。四个字母便表示团队的倾向和类型。写下团队的四个字母类型。识别团队的弱势字母。研究一下团队的类型。反思每个主要偏好对团队的描述是否准确。你的偏好如何与团队的类型相一致？可以向团队成员报告你的发现。

3．在一个小组中，确定每个人的领导偏好、类型和气质。讨论每种气质所面对的优势和挑战。你的气质表现占小组总体的百分比是多少？讨论你的偏好和气质如何帮助或阻碍你成为一个领导者。你可以采取哪些步骤来更好地同偏好和气质与你相反的人进行交流？通过使用 MBTI 信息，说出你可以采取的五个步骤，以改善与团队成员的沟通。

参考文献

Barr, L., & N. Barr. 1989. *The leadership equation: Leadership, management, and the Myers-Briggs*. Austin, TX: Eakin Press.

Bates, M., & D. Keirsey. 1984. *Please understand me: Character and temperament types*. 5th ed. Del Mar, CA: Prometheus Nemesis Book Company.

Brown, J., & D. Isaacs. 2005. *The World Café: Shaping our futures through conversations that matter*. San Francisco: Berrett-Koehler.

Bryant, A. 2011. *The corner office: Indispensable and unexpected lessons from CEOs on how to lead and succeed*. New York: Henry Holt.

Carter, M. 2000, November. What do teachers need most from directors? *Child Care Exchange* pp. 98–101.

Carter, M., & Curtis, D. 2010. *The visionary director: A handbook for dreaming, organizing, and improvising in your center*. 2d ed. St. Paul, MN: Redleaf Press.

Covey, S. 2004a. *The 7 habits of highly effective people*. Rev. ed. New York: Free Press.

Covey, S. 2004b. *The 8th habit: From effectiveness to greatness*. New York: Free Press.

Csikszentmihalyi, M. 1991. *Flow: The psychology of optimal experience*. New York: Harper Perennial.

Drucker, P. 1954. *The practice of management: A study of the most important function in American society*. New York: Harper & Row.

Greenleaf, R. 1970. *The servant as leader*. Published essay.

Jung, C.G. 1961. *Memories, dreams, reflections*, ed. A. Jaffe. New York: Vintage Books.

Keirsey, D. 1998. *Please understand me II: Temperament, character, intelligence*. Del Mar, CA:

Prometheus Nemesis Book Company.

Kroeger, O., J. Thuesen, & H. Rutledge. 2002. *Type talk at work: How the 16 personality types determine your success on the job*. Rev. ed. New York: Delta.

McCaulley, M.H. 1982. *Jung's theory of psychological types and the Myers-Briggs Type Indicator*. Gainesville, FL: Center for Applications of Psychological Type.

Mellody, P., & A.W. Miller. 1989. *Breaking free: A recovery workbook for facing codependence*. San Francisco, CA: HarperOne.

Myers, I.B., & P.B. Myers. 1995. *Gifts differing: Understanding personality type*. 2d ed. Boston: Nicholas Brealey.

Myers, I.B., M.H. McCaulley, N.L. Quenk, & A.L. Hammer. 1998. *MBTI manual: A guide to the development and use of the Myers-Briggs Type Indicator*. 3d ed. Palo Alto: Consulting Psychologists Press.

Quenk, N. 1993. *Beside ourselves: Our hidden personality in everyday life*. Mountain View, CA: Consulting Psychologists Press.

Senge, P.M. 2006. *The fifth discipline: The art and practice of the learning organization*. New York: Doubleday.

Thoreau, H.D. 1854. *Walden: or, life in the woods*. Boston, MA: Ticknor and Fields.

Wheatley, M., & D. Frieze. 2011. *Walk out, walk on: A learning journey into communities daring to live the future now*. San Francisco: Berrett-Koehler.

第二部分

调整：识别、预防和应对变革的阻力

>>

- 第五章　开始：无论你在哪里，都是开始的地方　103
- 第六章　与变化为伴　125
- 第七章　预防法律问题：政策和程序　155
- 第八章　创建问题解决者共同体：做人生赢家，而不是抱怨者　173

>>

第五章

开始：无论你在哪里，都是开始的地方

> 在我看来，无论在哪里锻炼，胆识都是领导者的主要品质。它通常意味着冒一些风险，尤其是对全新的事业而言。
>
> ——沃尔特·迪斯尼

案例研究——塞尔吉奥

塞尔吉奥的母亲任命他管理她的一个幼儿教育机构。不久，塞尔吉奥就发现了凭证报告、支出和许可证报告中的错误。其中有些错误严重到接近违法。塞尔吉奥的母亲是创始董事，她认为自己的记录没有问题。她说塞尔吉奥应该做个好儿子，并听从她的领导。

如果塞尔吉奥向你求助，你会建议他怎么做？

对于新上任的管理者来说，迈出第一步既令人兴奋，又令人畏惧。尽管迫不及待地要完成那间柔和的、柠檬色的婴儿房，但他还是担心婴儿保教费用。当第一次有机会领导一个幼儿教育中心时，他的兴奋之情油然而生；然而，他可能仍然心系教室里的孩子们。当我们面对新的挑战时，这种复杂的情感经常出现。为保持清醒，我们需要使用社会和情绪智能。保持自己的目标，尽量追求卓越，让自己保持活力。

实用的工具可以帮助你。在本章中，清单和指导方针将帮助你记住成为一名幼儿教育管理者的过程。在讨论每一个潜在的挑战或困境时，记住有目的地领导

的乐趣远远超过所带来的困难。你将会改变孩子们的生活。

从教师到主管

大约90%的主管最初都是教师（McCormick Center，2011）。在课堂上，他们有与孩子们相处的丰富经验，并学会了如何与家长和同事合作。通过承担幼儿教育机构中的其他角色（如顾问、首席教师、活动策划人、工会代表或教师代表），教师可以获得管理经验。通过帮助安排日程、监督课堂师幼比、更新免疫记录，以及在主管休假时作为助理主管临时代其履行职责，教师可以获得额外的管理经验。许多教师把行政管理看作自己做出系统性改变的机会，而这些改变无法在教室里实现。

> 大约90%的主管最开始都是带班教师。但只有20%的人报告说，他们一直希望自己成为中心的主管，并积极谋求这个职位。
>
> ——《研究笔记》，
> 麦考密克幼儿教育领导力中心

尽管如此，大多数直接过渡到行政管理岗位的教师感觉自己还没有在管理上做好准备。四分之三的主管说，"他们没有为晋升为主管时遇到的问题做好准备"（McCormick Center，2011，p.1）。动力在一夜之间发生了变化，就像地球表面下的构造板块一样。成为领导者会改变一切。

突然间，那些曾是你的朋友的教师会偷偷审视你。有些人会期望得到特殊帮助，有些人拒绝接受你的新权威。他们可能想让你成为他们中的一员，为他们的欲望开方便之门。有些人可能会嫉妒，甚至试图间接地搞破坏。菲利斯·切斯勒（Phyllis Chesler，2009）的研究证实，担任领导职务的大多数女性都面临来自其他女性的破坏。

为了让自己做好准备以迎接潜在的挑战，在开始新的工作前，要采取措施来强化信心和信念。那些成为现有组织的主管的教师可能会发现"从教师过渡到管理者的步骤"清单（见表5.1）很有用。这些步骤将提升你的资历，帮助你评估自己的管理才能，为你提供更广阔的视角，并鼓励你建构外部支持系统。当你有效地应对领导者面临的每一个挑战时，你将获得新团队的尊重和支持。随着你的信心的增长，团队成员也会对你产生信心。

表5.1　从教师过渡到管理者的步骤

1. 列出你作为教师执行过的管理职能，明确你所获得的"可转移技能"。
2. 评估你的管理优势和缺点，计划如何解决这些缺点。迈尔斯-布里格斯类型指标将对你有所帮助。
3. 请主管（特别是那些与你有类似经历的主管）分享他们的经验。
4. 研究如何满足认证机构和国家对主管认证的要求。
5. 通过当地学院或在线报名参加幼儿管理课程。
6. 寻找并参加关于领导和行政的讲习班和会议。
7. 每周至少阅读一篇关于领导力的文章或书籍。（请参阅本章末尾的参考文献，以获取想法。）
8. 寻找导师或教练。如果合适，请你的主管来指导你。
9. 邀请值得信赖的同事和朋友作为你的支持团队。

直面并接受领导的阻力

▶ **培养你的EQ**：学步儿班的主班教师塔尼娅受到其他教师的尊敬。塔尼娅和前任主管玛吉意见不一致。塔尼娅认为主管不关注教师的建议或需求。当玛吉第一次把你介绍给塔尼娅时，你感觉到塔尼娅不愿意和你联系。玛吉小声地对你说："塔尼娅是个麻烦制造者。"然而，家长们告诉你，他们选择这所学校的原因之一就是塔尼娅作为一名优秀教师的良好声誉。你会采取什么措施来赢得塔尼娅的信任？为了确保权力的顺利过渡，你会采取什么行动？

要缓和这种局面，你需要的不仅仅是管理策略，更重要的是"政治"或"街头智慧"的情商，以解决领导层变动时经常加剧的动荡的权力斗争。丹尼尔·戈尔曼强调："优秀的员工管理不能忽视这些潜在的情感潮流。它们会对人产生真正的影响，而且它们关系到员工发挥最佳水平的能力。"（2006，p. 456）

尽管幼儿教育机构是一个充满关爱的环境，但它特别容易受到私下冲突的影响。传统上，女性组织中的冲突是在私下间接处理的（Chesler，2009）。提醒自己

> 要真诚面对自己离开教室的后果和回报……因为两者共存。如果你希望每天都在教室里，那就回去吧！事实上，工作是永无止境的（就像当老师一样），所以你需要设定尊重自己和校外生活的界限。总有一天，你不得不放弃所有你束之高阁的课程材料。
>
> ——温迪，主管和前任教师

不要把反抗当作针对个人的，你可以说："这与我无关。"任何一个步入领导层的人都可能会面临一些反抗权威的事情。变革具有挑战性。我们的神经网络总是与新事物做斗争。为了成功，需要做到：

- 把提醒人生目标的事物放在心里
- 整合并利用内部和外部支持系统
- 提出一个将权力斗争转化为生产性行动的过程
- 坚持完成这个过程

> 昨天已成历史，明天是个谜。那么，今天呢？今天是个礼物。所以我们称之为"当下"。
>
> ——巴巴通德·奥兰图吉

想象一个组织像山涧小溪一样流畅而清澈。除了成为一个"伟大的工作场所"（Bloom, Hentschel, & Bella, 2010），幼儿教育组织还可以站在积极的社会变革的前沿。一旦出现问题，就要面对面临问题的恐惧。富兰克林·罗斯福（Franklin Roosevelt）总统提醒我们，在面临最大挑战的时候，"除了恐惧本身，我们没有什么可害怕的"。你的团队将感谢你的勇气，尽管也许不会立即感谢。正直是你的奖赏。退而求其次，有目的地领导就是解放。

赢得舆论领袖的支持

要整合你的内部支持系统，首先要评估谁是舆论领袖。舆论领袖在组织中有追随者，他（她）的言论往往影响他人的想法。最好在办公场所外单独与舆论领袖建立强有力的、积极的关系。带他（她）到一个第三方场所喝咖啡，远离同龄人的观察目光，和他（她）重新开始建立关系。

一旦和像塔尼娅这样的舆论领袖建立了个人联系，你就更能够和他们讨论问题。当舆论领袖为你回答以下问题时，请仔细倾听他们的回答。

- 为了有效地领导这个组织，你感觉什么对我来说是重要的？
- 你希望我了解组织的哪些历史或挑战？
- 你对组织的梦想是什么？你个人的期望是什么？
- 在履行组织承诺方面，我可以寄希望于你以什么方式与我合作？什么会妨碍你的支持？

舆论领袖对这些问题的回答（无论是口头的，还是非口头的），都充满了关于你可以信任谁，需要解决哪些困难，以及你的愿景如何与他人的希望相一致的信息。这些信息将为你提供很多可借鉴的东西。

如果你发现自己的领导受到抵制，那么你要持有欢迎的态度。通常，同事会因为你被选为领导，他（她）没被选中而怀有怨恨。关注这些人的优势，把他们看作你最有力的潜在支持者，让他（她）知道你计划如何帮助其发展和运用领导技能，以换取其对你的愿景的积极支持。

有礼貌地、直截了当地告诉塔尼娅，当她不同意你的意见时，你希望她先来找你。要让她知道，你相信分歧会带来创造性的解决方案，而隐藏分歧会导致工作中断。毕竟，你和塔尼娅正朝着同样有价值的目标而努力——为幼儿和家庭提供优质的护理。

应对员工的反抗

通过询问以下问题，解决有抵触情绪的员工所带来的差异。

- 描述问题的性质。采用"置身事外"的方式客观地倾听潜在的问题，同时利用其他情商技能来解读情感信息。
- 请他（她）告诉你，他（她）需要什么帮助来建设性地解决这个问题。
- 讨论尊重组织使命、你的愿景和他（她）的需求的解决方案。
- 尽可能找到并执行你们的共识。

> 作为一名主管，我经历了很多挑战。什么帮助了我？至少有一个你可以信赖的、告诉你真相的人；有愿意追随你梦想的人，他们会帮助你实现梦想；雇用那些致力于幼儿教育和自身专业发展的人；理解你不能让所有的事情同时发生；保持好心情，"拥抱"所有的孩子、家庭和关系。每天和3—5岁的孩子一起吃早餐是最美好的！
>
> ——洛丽，幼儿教育主管

如果舆论领袖的行为破坏了你的领导职能，那就立即打电话给他（她），并采取循序渐进的纪律措施（见第八章）。如果他（她）不能直接找你表达担忧，那就再给他（她）打电话。记住，法院认为不服从命令是解雇雇员的正当理由。"指导性监管"（见第九章）为你提供了一种礼貌的、严格的、循序渐进的方法，以应对这些有不专业行为的员工。

> 任何一个想行善的人，都不能指望别人清理他前进道路上的障碍；如果别人增添了障碍，那么他必须冷静地接受命运。
>
> ——阿尔伯特·施韦策

注意文化差异。有些员工受到文化的影响，比较好面子，可能不会直接与你分享他（她）所关注的事情。其他人可能会同意你的决策，但暗藏疑虑。直接表明自己的不同意见，可能会令很多人感到不舒服。花点时间观察和倾听每名工作人员和教学团队的意见。用你的社交情商来注意他们的期望和你的愿景有什么不同。提出可能的方法，以促进员工的期望与你的愿景相一致，并寻找其他可供选择的做事方式。当尊重个体和文化差异时，领导者会获得专业成长，并建立一个更好地反映共同诉求的团队。

等待过渡期

组织是一个有机体。生物体在适应变化之前往往会排斥"外来物"。一旦你采取了这些必要的步骤来清除这条道路上的障碍,你就可以与所有员工建立个人和团队关系。记住,幼儿教育组织是一个充满关系的组织。通过情商来建立和维护人际关系,你就打开了一个引入你的组织愿景的空间。一定要把你的总体愿景与工作人员的个人使命联系起来。

为了其他的组织系统都能正常工作,你需要使用这些指导原则来理清发展路径。财务、物资设备、市场营销和课程体系都取决于员工体系的有效性。作为一名新的领导者,你需要时间、耐心和长远的眼光。你会在过渡期感到孤独(特别是与你离开舒适的教室相比)。但请关注你所能获得的成果。

通往领导的三条道路

走"内部路径"

那些在组织内部成为主管的人走的是"内部路径",这条道路有其优缺点。内部人员受益于对组织、家庭和社区的了解。但同事们有时会对内部人员升任管理职位感到不满。

要在组织中成功晋升,请考虑以下内部人员的指导原则:

- 在接受成为主管的提议之前,请密切关注竞聘流程。竞聘过程如何?其他内部申请人是谁?在这个过程中,教师们有哪些"谣言"?
- 与现任主管合作,计划并召开员工会议,概述并讨论向新领导层的过渡。在会议上,分组了解员工的恐惧、希望和实际问题,并直接解决出现的任何问题。
- 与以前的同事单独会面。让他们描述一下,他们需要作为主管的你做什么。如果这个问题太直接,那么就问:"当我成为主管后,你会怀念哪些事情?作为一个新的团队,我们将如何继续合作?"
- 明确并专业地解释做主管和做同事的区别。你将做出不同的决定,首

> 内部员工苏珊这样描述自己的转变:"与董事会成员不断会面是非常有价值的。在董事会的支持下,我度过了一个原本孤独的过渡期。保持幽默感,让别人知道我可以嘲笑自己的错误,也缓解了我的紧张。3年后,我的领导能力才能被完全接受。"

先关注组织的需要。工作中的友谊会变得更加专业化。但这并不意味着你会停止关心每个人。

成功进入领导岗位的内部人士告诉我,以专业的方式陪伴前同事渡过难关,有助于确认你的领导能力。

走"外部路径"

作为一个局外人,你会面对另一系列的机遇和挑战。你可能听过这样一句格言:"明枪易躲,暗箭难防。"像宗族一样,组织倾向于偏爱内部人士并怀疑外来者。同样,在组织适应新的领导之前,一个"异物"可能不得不忍受不舒服的融入过程。入会仪式通常包括测试和一些不适感。外来者需要耐心,尽管这种美德很难获得,但它最有帮助。在等待适应的过程中,请保持长远的眼光。

> 创始人和父母一样,用个人模式和期望给组织烙上印记。创始人的愿景、身份和风格构成了组织的愿景、身份和风格。取代创始人可能是通往领导力的最棘手的途径之一。

作为一个局外人,你能够体会被拒绝或抛弃的痛苦。你可以求助于你的外部支持网络。当这种感觉和挫折出现时,与信任的同事分享它们。同时,你需要积极主动。你的员工可能会为失去前主管而悲伤,这种情绪会让你既愤怒又悲伤。记住,一次只联系一个人。你的正直将会逐渐被大家知晓。

创始人综合征

幼儿教育项目通常像从一个人的梦中萌芽的丁香花蕾。创建一个有前途的新项目需要一种浓厚的生活激情。项目的创始人会成为首位主管。这位创始人,就像公司的"父母"一样，认为这个项目是"我的宝贝"，最初的员工感觉自己更像是家庭成员。强烈的忠诚感就这样形成了。回忆过去的美好时光，每个人都在不辞辛劳地创建这个组织，唤起人们渴望的表情和湿润的眼睛。一个有很强的依恋性的"内部"团体就此形成。任何不参与组织创立的人都会觉得自己是个局外人。

当你担任主管职位并代替项目的创始人时，你可能会面对一些行为、期望和事件的模式，这被称为"创始人综合征"。在这种情况下，无论是书面的或非书面的，即将离职的主管的风格都已经牢固地形成了对下一任管理者应如何运作的期望。创始人综合征可能是一种失败的预兆。任何后来的领导者都不能成为创始董事。向创始人道别可能会对员工造成干扰。员工可能会感觉失去一个家庭成员，或者更像是失去有爱心的"父母"。为他们的损失而悲伤是必要的。即将离任的主管可以通过仪式和员工会议来结束工作，为他（她）的继任者扫清障碍。

如果你接替了创始人的职位，那么你会发现这些指南很有用：

- 当创始人还是主管时，注意观察组织动态。
- 评估你的个人风格和愿景是否与创始人的风格和愿景一致。只有当你的新愿景与创始人的愿景紧密一致时，你才能被员工接受。
- 与创始人就他（她）计划的离任活动进行讨论。
- 确定创始人希望与你和项目继续保持怎样的关系，并明确你觉得什么接触程度是合适的。
- 与创始人一起创建活动（包括员工、家庭、社区和团队会议），这些会议将标志着领导力的变化。
- 承诺你对组织的领导将开创一个与众不同且非常重要的阶段。

组织发展阶段

当你步入领导层时，无论你走什么道路，了解组织动态都将是一个有用的工具。在这里，我们关注两个组织进化理论。

组建、冲击、规范和执行

布鲁斯·塔克曼（Bruce Tuckman）提出，从课堂小组到家庭，再到幼儿教育项目，都经历着可预测的发展阶段。塔克曼将这些阶段确定为组建、冲击、规范和执行（1965）。你以某种方式参与的每一个团队或项目，都有类似的动态变化。通过识别组织的当前阶段并引导组织进入下一阶段，领导者可以了解组织的"成长痛苦"。了解组织的发展阶段是一个有用的社会情商工具。

组建

在这个"蜜月"期间，每个人都处于他（她）的最好状态，看起来很好，感觉很有希望，对未来充满期待。团队中的教师互相问候，渴望分享自己关于孩子的期待和想法。

冲击

"蜜月期"结束后，那些以前看起来很迷人的小事物开始困扰我们。在欢迎新主管时微笑的员工回到了"一切照旧"的状态，拒绝任何变化。从组织的角度来看，需要解决某些可预测的动态问题，以使团队成员继续前进。这些问题涉及：

- 领导（谁负责）
- 任务（我们的工作是什么）
- 基本规则（明确的书面合作期望，特别是如何做出决定和由谁做出决定）
- 成员资格（谁是团队成员，谁不是团队成员）
- 完成任务的时间框架（目标和可衡量的对象）

规范

在规范阶段商定的决议需要形成本组织的准则并付诸实践。对谁做什么的期望变得更加清晰。

执行

随着系统的形成和问题的解决，每个人都准备开始做组织的工作。

再组建

实际上，第五个阶段开始出现：再组建。当新问题出现，雇用新员工，或者随着变化提出新的政策或实践时,组织将回到开始阶段。随着新员工的到来,团队重新组建,新的挑战可能带来雷雨和冰暴。同样的问题需要解决,新团队才能有效运作。

解散

几年后,塔克曼和詹森(Tuckman & Jensen,1977)提出了另一个可能的阶段:解散。并非每个团队、合作伙伴或计划都注定要持续。当一个委员会完成工作时,该委员会将解散。随着新教师的聘用,教学团队也会发生改变,主管们也会更换。在某些情况下,学校和项目都会关闭。解散类似于重新形成一个新的阶段。然而,解散是一些组织的最后阶段。与任何变革一样,领导者需要关注个体的感受和集体的情绪,以便更好地引导他们度过转型期。

▶ **培养你的EQ**:反思一段长期的友谊、关系或曾待过的团队,看看他们处于上述阶段中的哪一个阶段。你经历过组织的"蜜月期"吗?你是如何应对冲击的?你现在处于哪个阶段?

起始阶段和管理阶段

下面是关于组织如何在组建、冲击和规范阶段演变的详细描述。这提供了关于领导者在这些阶段中的工作的见解(Greiner,1998)。

初创组织将经历起始和管理阶段。起始阶段是描述组建阶段或"蜜月期"的另一种方式。管理阶段发生在"蜜月期"结束后,包含组织长期繁荣所必须做的事情。正如你想象的,并不是所有的组织都能在新主管取代创始人或主管的情况下存活,进入管理阶段。当创始人离开时,一些组织会土崩瓦解。

起始阶段

起始阶段是组织的诞生阶段。这个起始阶段的特点是具有高能量、强烈的承诺感和工作流动性。每个人都沉浸在创造新事物的兴奋中。创始人的言行成为组织的核心价值。员工努力履行必要的职能,但角色和责任尚未明确。工作程序和策略、表单和职务说明需要依据工作需求来创建。决策和解决问题的过程都是现场制定的，起始阶段适合有远见、灵活和精力充沛的领导者。员工经常说他们觉得自己是创始人家庭中的一员。

管理阶段

在创始人离任后，稳定组织以持续生存是至关重要的。这是组织的"整顿"阶段。在这一阶段，自发完成的每一项重要任务都必须写下来。政策和程序需要编制，工作细则需要记录，员工和家长手册需要创建或重写，会议日程需要提前安排。一系列的行政命令取代了临时（或现场）决策。管理阶段最适合一个具有稳定性、可预测性和结构化的领导者。

对组织发展动态的了解将对你成为领导者很有帮助。通过了解任何团队或组织在成长过程中的可预见的痛苦阶段，你可以为更优雅地进入下一阶段提供视角和实用工具。

记住这些原则，让我们看看通往领导的其他途径。

我们是一家人：成为家族式组织的主管

家族式组织的主管在开始工作时会面临一系列问题。你注意到在同一个幼儿组织中工作的兄弟姐妹、叔叔阿姨、表亲和姻亲的数量了吗？家族式组织经常雇用他们最了解、最信任的人。从家族成员升为家族企业的主管，这带来了一系列的机遇和挑战。

决心保持企业的"家族模式"，家族继承计划才可能发挥作用。当其他因素无效时，什么可以让家族继承计划发挥作用？作为人类系统中的一部分，大多数家庭都有功能性和功能失调的特点。功能失调会影响项目的质量和日常运作。通过强调专业精神，新主管可以把家族式组织的重点放在提高质量上。

> 家族式组织中的新主管的工作是扩建功能性的家庭动力系统，同时取消或削减功能性较差的家庭动力系统。

> 我的三个姐姐都是我的教职工。我们合作得很好，因为我们都有幽默感。不过，有时感觉我对他们比对其他教师更严厉。我这样做是因为不想让任何人觉得我偏袒家人。我的姐姐让我知道什么时候应该这样做。
> ——特雷莎，项目主管

家族式组织中的领导技巧

- 首先邀请所有人参加家族企业会议。
- 邀请一名外部促进者，以保持讨论富有成效。
- 让参与者思考这些问题："组织的优势是什么？我们需要以什么方式重塑自己？"邀请每名家庭成员分享自己的经历。
- 用你的情商"倾听"那些口头表达的和没有表达的声音。谁的贡献最引人注目？家庭成员中有一两个意见最重要的成员很重要。你的工作是和他们一起合作，以确保领导权顺利过渡给你。如果你使用导师服务，那么一定要征求他（她）的意见和建议。
- 与家庭成员讨论专业精神。如何在决策时保持客观公正？如果家庭会议不是项目文化的一部分，请单独会面并遵循类似的步骤。
- 最后，注意"内部人对外来者"的动态。非家族员工可能会觉得自己是局外人。与员工单独会面，讨论他们对组织和自身的期望和目标。将他们纳入组织的发展，尊重他们的合理期望。指导有前途的员工。引入员工评估体系，并将其持续地应用于每个人。

最重要的是，保持幽默感。幽默能够带来新的视野，并缓解尴尬的家族局面。

创始主管：创建儿童保育组织

每年，我的学生中都有一小部分人打算开设自己的中心。这一趋势遍及全国范围。如果你想成为一个献身于这个事业的创始人，那么启动项目清单（见表5.2）可以指导你。记住，你不必重蹈覆辙。要从其他走同样道路的人的经验中获益，他们希望你站在他们的肩膀上前行。

> 你必须知道自己的使命，并坚信自己的使命，这是最重要的。
> ——格温，有33年经验的项目创始人兼主管

表5.2　启动项目清单

1. 扪心自问："我的梦想是什么？"设想机构在5年、10年和25年后的运营情况。
2. 联系州许可部门和立法部门以获取信息、法规和帮助。
3. 评估需求。你的中心将如何补充社区内现有的幼儿教育项目？询问当地的资源和转介服务机构以及其他主管："哪些需求没有得到满足？"
4. 会见当地的小企业协会；利用他们的服务建立新的组织。
5. 学习认证标准。
6. 与值得信赖的房地产经纪人合作，评估可建设、升级或利用的场所。
7. 在律师的帮助下，决定什么"法律实体"最契合你的目的。
8. 制订商业计划。
9. 寻求融资。哪种选择最适合你？
10. 加入当地商会。寻求帮助（特别是在市场营销和网络建设方面）。

每一个新主管都可以从了解创建程序所需涵盖的基本情况中获益。并非所有的创始人都有课堂教学经验。创始主管们往往会为了追逐自己的创业梦想而放弃另一份职业。零售商、会计师、父母、律师、财务规划师和音乐家都可能创立幼儿教育组织。这些职业中的许多技能可以转移到幼儿保教工作中。

幼儿教育项目的类型

幼儿教育项目的创建者可以从各种组织类型中进行选择——从非营利的到特许经营的中心。每种类型都已正式成为一个法人实体。法人实体是什么意思？"实体"一词可以指为经营而负责的个人、组织或公司，可以签订合同协议（如租用场地或接收凭证），也可以被起诉。法人实体的形成在个人领域和专业领域之间设定了一个有用的界限。

多年来，不同形式的幼儿教育项目已经（并将继续）被创建。每种类型的实体都不同。每种法人实体都必须符合专门为其制定的一套标准。

美国政府对企业进行监管，以确保其达到基本的公共安全标准。在决定什么组织最适合你的目标时，可以寻求当地的小企业协会帮助你研究自己的选择，与律师一起起草并提交所选项目类型需要的法律表格。

在考虑你的选择时，扪心自问：

- 自己承担风险，还是与他人合作？
- 创建自己的项目，还是参与一个既定的项目（如特许公司）？
- 向董事会报告吗？
- 与股东一起举办年会并做年度报告吗？
- 有资格申请政府补助金吗？

你对这些问题的回答表明了最适合你的法人实体类型。各选项的具体内容如下所述。

独资经营企业

如果创建自己的项目，并有责任做出所有的决定，那么你就是该项目的独资经营者。这相当于你是一个独自经营的商人。"业主"这个头衔表明你拥有这家企业。你不需要成立董事会，也不需要满足更大的赞助机构的要求。独资经营者自由设计项目，以符合他们的个人愿景。如果喜欢在没有老板的情况下工作，那么成为独资经营者会非常幸福。

因为独资经营属于商业范畴,所以你必须遵守当地、州和联邦的法律和要求。你必须填写法律表格并向某些机构备案。独资经营者有权给自己的企业命名。你需要先检查一下,以确定这个名字还没有被使用;否则,可能会被指控商标侵权,也就是说,所使用的是一个已被其他企业注册的名称。你可以联系小企业协会或律师,以获得有关事项的指导。

▶ **培养你的EQ**:在第四章开篇的案例研究中,运用你的情商来考虑商标法对杰米拉的影响。如果杰米拉担心在开始项目前另一个中心已被命名为"杰米拉社区",那么她接下来该怎么做?

独资企业可能面临被孤立的挑战。独立的所有者往往渴望与同行有更多的接触。在会议和研讨会上与其他主管(或所有者)会面可以提供一个创建同行共同体的机会。与其他主管组成所有者(或主管)支持小组也可以避免孤立。虽然独资经营者拥有其项目,但他(她)不一定担任主管。他(她)通常会雇用一名向其汇报的主管。当工作职责和界限明确时,所有者和主管的关系可以发挥最大的作用;否则,员工可能会搞不清楚谁是真正的负责人。

合伙制企业

如果你不想独自冒险建立一个中心,可考虑与另一个(或多个)人联手。两个或两个以上的人可以组成一个被称为"合伙制企业"的法人实体。当大家一起开发项目,或者一个人无法独自承担项目经费时,合作关系就形成了。

合伙人可以选择谁在财务和行政方面承担最大的责任。有些合伙人会平均分配。想象一下,有三位教师想整合资源并建立一个新的中心,那么每个人都要承担33%的责任。

合伙人也可以拥有不同的经济利益。例如,一个合伙人拥有60%的企业股份,另两个合伙人各拥有20%的企业股份。另一个选择是有一个"沉默"的合伙人。该合伙人只在财务上进行投资,而不需要在项目的日常运作中发表意见。家庭成员经常会充当沉默的伙伴,提供启动资金,以开启一个新项目。

特许经营中心

如果你在国家税务服务分支机构的帮助下申报所得税，那么你可能对特许经营很熟悉。快餐店通常是特许经营的。在特许经营中，客户可以期望在每个地点都有一致的服务。

幼儿教育组织可以特许经营。最初的组织方可以特许经销其物资设备、课程设计、任务、标语、员工和家长手册。其他人可以购买特许经营权以及所附带的一切。买方必须合法地遵守原组织的惯例和标准。此外，特许经营权的购买者需要向原组织支付一部分利润。

特许经营最适合一个成熟的、准备在多区域扩展业务的组织。保证每一个新的特许经营中心的质量可能是一个挑战。

公司

组建公司必须满足多项标准，所以可能特别复杂。成立一个公司需要管理者填写并归档公司章程。一个组织遵守的规章制度，必须向州政府办公室备案。公司必须成立一个董事会，明确写出项目监督责任（确保每件事都做得妥当）。

公司设有股东，并非个人即为所有者或合伙人。股东可获得公司利润的一部分，并选举主管来管理公司。这些主管和中心主管不同。公司主管为董事会挑选成员，董事会是指被赋予组织监督权的一群人。主管对公司运营负责，并可能被追究责任。如果你正在考虑建立一个公司法人实体，请与现有幼儿教育中心的主管讨论你的计划，并从他们的经验中学习。

幼儿教育领导者杂志《交流》（Exchange）的罗杰·纽格鲍尔每年都会列出大型公司的幼儿教育项目。光明地平线家庭解决方案（Bright Horizons Family Solutions）和让·帕蒂特项目（La Petite Academy）一直位列公司项目排名的前五名。

非营利组织

非营利组织可以盈利，然而其利润必须用于实现组织的目标。例如，想象一下圣巴特勒梅奥（St. Bartelmeo）家庭服务系统的盈利多于开销，那么额外收入必须直接用于资助其项目。教师奖金、教科书或设备以及新网站的扩展，都是非营利的幼儿教育项目需要运用利润的地方。董事会负责管理和监督组织的工作。

非营利组织的例子包括：

- 机构赞助的项目。例如，基于信仰而聚集在一起的社区机构（如圣巴特勒梅奥）和社区服务机构（如社区行动计划）。
- 个人赞助的项目。这些组织依靠拨款并为公益服务。马萨诸塞州多尔切斯特市的希望工程就是一个例子。希望工程主要为无家可归的幼儿和家庭服务。

在联邦税法规定非营利组织应遵循的标准后，非营利组织被称为"501c3"[1]。申请并被批准为501c3组织后，你可以申请仅适用于非营利组织的补助金。

营利组织

营利组织的目的就是盈利。如果一个营利组织在本财政年度末结算后还有1万美元的余款，那么这些钱可以分配给其所有者/股东。有的股东会将这些钱进行重新投资，如升级游乐场或增加婴儿房；有的股东则把这些钱作为红利进行分红。

对非营利组织和营利组织抱有成见是无用的。因为利润并不是"只为自己，只为服务于盈利底线"，事实上往往也会回报社区。例如，光明地平线家庭解决方案为提高目标地区项目质量提供资金。相反，非营利组织并不是"经营不善的烂好人"的组织。非营利组织会运用良好的商业实践，并拥有有效的领导者。无论是哪种类型的组织，都可能为了更大的利益而肩负使命。

---

[1] 501c3是美国税法的一项条款，该条款明确规定给慈善、教育等组织免税。——译者注

第五章　开始：无论你在哪里，都是开始的地方

你准备好了吗？

准备成为一个新的领导者，意味着在追随梦想的同时做出实际的选择。带领英国渡过世界大战困境的温斯顿·丘吉尔（Winston Churchill）说："悲观者认为每一个机会都有困难，而乐观主义者在每一个困难中都能看到机会。"有关大脑的研究再次肯定了乐观主义的力量（Kliff，2007）。你的乐观可以带你走向领导之路吗？

反思性问题

1. 思考成为一名幼儿和学龄儿童教育项目领导者的所有途径，你最有可能选择哪条途径？以文字或音像的方式记录在成为领导者的过程中，什么最具挑战性、最令人鼓舞、对你最特别。

2. 回想第四章中的迈尔斯-布里格斯类型指标，并反思你的领导风格。确定你的领导风格将如何有助于你成为一名领导者。什么步骤对你来说最具挑战性？当想象自己与新的团队成员建立关系时，你会如何使用这些技巧来与不同偏好的人沟通？写下你的思考：你学到的迈尔斯-布里格斯类型指标如何帮助你成为一名领导者？

3. 法律和法规很难用通俗易懂的语言来表达。查阅网站资料和企业协会的小册子。写一份3～5页的常识性指南，指南可以针对组织的不同类型，或者选择最适合你的法人实体的技巧。

团队项目

1. 根据你已采取或期望采取的领导方式，与其他人一起组成具有亲和力的小组。回顾本章中适合你的路径。与小组成员一起研究并讨论常见问题和可用资源。准备并向其他小组提交你的发现。当你听他们演讲时，寻找你们的异同点。

2. 要了解更多有关进入领导层的信息，请（与你的团队）制作一份访谈问卷并采访现任主管。你想了解他们进入领导层时的情况吗？每人至少进行一次采

访。最后，总结并在课堂上报告。

3. 讨论创始人综合征或家族式组织的动态变化。哪一模式会面临更多的困难？对这些特殊情况做一个专题研究。与同学或同事分享，并探讨可能的解决方案。把你的情况与塞尔吉奥的情况进行比较（第五章开篇）。在演示文稿中使用全美幼教协会的道德行为准则或美国儿童保育协会的专业道德准则。

4. 莎士比亚说过："位高心不宁。"对变革（特别是领导层的变革）的抵制，可能是激烈的。研究、讨论、记录并为潜在的新主管准备一个指导课程或视频，教他们如何有效地应对新领导层的阻力。思考来自内部以及外部的阻力。请分享你的观点。

参考文献

Bloom, P.J., A. Hentschel, & J. Bella. 2010. *A great place to work: Creating a healthy organizational climate.* Rev. ed. Lake Forest, IL: New Horizons.

Brinkman, R., & R. Kirschner. 2002. *Dealing with people you can't stand: How to bring out the best in people at their worst.* 2nd ed. New York: McGraw-Hill.

Carter, R.T. 2000. *Addressing cultural issues in organizations: Beyond the corporate context.* Thousand Oaks, CA: Sage Publications.

Chesler, P. 2009. *Woman's inhumanity to woman.* Rev. ed. Chicago: Lawrence Hill Books.

Click, P., & K.A. Karkos. 2011. *Administration of programs for young children.* 8th ed. Belmont, CA: Wadsworth, Cengage Learning.

Goleman, D. 2006. *Social intelligence: The new science of human relationships.* New York: Bantam Dell.

Gonzalez-Mena, J. 2001. *Multicultural issues in child care.* 3d ed. Mountain View, CA: Mayfield Publishing.

Greiner, L. 1998. Evolution and revolution as organizations grow. *Harvard Business Review* (May).

Jordan, J.V., ed. 1997. *Women's growth in diversity: More writings from the Stone Center.* New York: Guilford Press.

Kliff, S. 2007. This is your brain on optimism. *Newsweek* (October 23).

McCormick Center for Early Childhood Leadership. 2011. Research Notes.

Neugebauer, R., & D. Hartzell. 2011. "For profit organizations showing signs of turnaround." *Exchange: The Early Childhood Leaders' Magazine* 197.

Sciarra, D.J., A.G. Dorsey, & E. Lynch. 2010. *Developing and administering a child care and education program.* 7th ed. Belmont, CA: Wadsworth, Cengage Learning.

Shapiro, A. 2010. *Creating contagious commitment to change: Applying the tipping point to organizational change.* 2nd ed. Hillsborough, NC: Strategy Perspective.

Shoemaker, C.J. 2000. *Leadership and management of programs for young children.* 2nd ed. Upper Saddle River, NJ: Merrill.

Tuckman, B.W. 1965. Developmental sequence in small groups. *Psychological Bulletin* 63: 384–399.

Tuckman, B.W., & M.A. Jensen. 1977. Stages of small-group development revisited. *Group & Organization Studies* 2: 419–427.

第六章

与变化为伴

> 如果你不喜欢什么事情,那就改变它。如果你不能改变,那就改变自己的态度,请不要抱怨。
>
> ——马娅·安杰卢
>
> 人类的成长充满了跳跃和倒退;这一过程一定包含退步、对抗和愤怒等时刻,就像它包含眼泪,也包含笑声一样。
>
> ——弗雷德·罗杰斯

案例研究——艾米莉

新任主管艾米莉忙于提出数百个新点子,以活跃"挚友幼儿园"。当艾米莉召开第一次员工会议时,她充满着希望,心怦怦地跳着。"我们将引入一个令人兴奋的新课程。研究表明孩子们喜欢它。"艾米莉滔滔不绝地讲着。

她充满期待地在房间里四处张望,以寻求认同,但她震惊地发现教师们僵硬得像墓碑一样。艾米莉自怨自艾:"他们怎么了?"

改变包括很多事情,对于像艾米莉一样主动改变的人来说,变化是充满活力的。对于那些感到任由变化摆布的人来说,变化可能是一种威胁,是不受欢迎的。我们对待改变的态度来自所面对的创造、接受、拒绝或修改的机会的数量。

尽管我们渴望稳定和安全,但每时每刻都面临着变化。希腊哲学家赫拉克利

> 变化就是现状。
> ——格温·摩根

特（Heraclites）曾经说过："人不能两次踏进同一条河流。"河水川流不息，一去便不再复返。每天当我们到达工作地点时，一些事情就已经发生了变化。霸王龙玩具可能引发幼儿之间的争吵；游乐场野餐桌上已晾干的手指画可能被雨水溅湿；厨师可能要求休产假。

不管我们做何感想，河水依然不舍昼夜地奔流不息。本章提供了一些有用的模型，以帮助我们应对不可避免的变化。

大脑和变化

人类之所以拒绝改变，是因为我们的大脑通路在新的事情发生时会进入高度警觉状态。创新可能是一种威胁。肾上腺素会加速反应系统的运作，我们会从轻松的状态跳跃到紧张的状态。像赛车手和跳伞运动员这样的肾上腺素爱好者，体验心跳加速的肾上腺素激增会令人愉快。但对其他人来说，改变的生理反应就没那么吸引人了。自我保护是一个古老的机制："如果它没有坏，那就不要修理它。"

> 凡事往好处想，这样你才能享受它。
> ——埃塞俄比亚谚语

为了亲身体验这种抗拒的力量，请像平常一样紧握双手，这感觉很"正常"。现在，用不同的方式握住你的手，用新的方式系住手指。感觉怎么样？如果握手方式的一点点改变都会让我们感到不舒服，那么想象一下我们的身体对一个重要改变的反应。

我们的大脑回路已经进入了常规模式。这些模式的改变会让人感觉不正常。每个新模式都需要建立新的大脑通路。新的模式需要时间和练习才能像旧的模式一样令人感到舒适。你最近有没有搬到新的住处或重新布置房间？你还记得自己需要多么清醒和警觉去适应吗？你的大脑正在建立新的联结。

第六章　与变化为伴

变化的定义

根据《韦氏大词典》(*Merriam-Webster's Collegiate Dictionary*),"变化"这一名词是指:

- 改动
- 转变
- 替换
- 通道
- 更年期

作为一个动词,韦伯斯特将变化定义为"开关、转移、打破"。在这些关于变化的定义中,哪一个引起了你的注意?对我来说,"打破"和"更年期"唤起了身体反应。哎哟!小时候,我的两个手腕都摔断了。我从学校操场的秋千上摔下来,摔断了左手腕,又在和最好朋友的哥哥的摔跤比赛中摔断了右手腕。现在,每逢阴天,两只手腕都会向我发出"警告"。

更年期?哦,天呐!女人用会意的眼神谈论"改变"。你听说过百老汇音乐剧《更年期》(*Menopause*)吗?编剧兼制片人珍妮·林德斯(Jeanie Linders)将一段不可避免的(且通常令人迷惑的)女性生活转变为一系列幽默的歌曲和舞蹈。有传言说,林德斯是在"喝了一瓶葡萄酒和经历了一次潮热之后"创作了这部音乐剧。林德斯对"不请自来"的应对方式让我想起了幽默的疗愈力量。

显然,改变虽然是不可避免的,但可能让人感到不舒服。这种动态让我们再次同时拥有两个对立面。一方面,改变发生了;另一方面,我们拒绝改变。意识到这种矛盾的领导者如何能以一种有益的、实用的、有用的方式顺应或发起变革?你准备好了吗?让我们来看看。

谁是变化的主人？

当我还在上小学时，我的妈妈告诫我："在这个世界上，你唯一能确定的事情就是死亡和税收。"当环顾四周时，我看到了一个充满可预见性的社区。我们家的榆树一百年来不是"挺直了腰板"吗？每年十二月，山坡上不是都会下雪吗？这样我就可以以惊人的速度滑下去了。妈妈无法否认马杰里·塞奇农场的紫丁香每年五月都会开花，也无法否认热巧克力圣代是最美味的甜点。棕仙小精灵也可能会变成真正的小姑娘。每年九月，我遗憾地告别采摘黑莓的夏日，跋涉数千米去上学。根据我年幼的眼睛所能看到的，我所在的街道上并不存在死亡和税收。

当然，我的妈妈说得也有道理。我的年轻的大脑还没有准备好去适应"所有事情都会改变"的观念。正如我的同事格温·摩根（Gwen Morgan）所指出的："变化就是现状。"在年轻的时候，我会列出一个长长的清单来回答教师的问题——"你可以控制什么？"现在再来思考这个问题，我只能把一件事写在我的清单上。你会如何回答这位教师的问题呢？

> 人类的最后一种自由是有能力在任何特定的环境下选择自己的态度。
> ——维克多·弗兰克尔，《活出生命的意义》

尽管我倾向于认为自己可以控制结果、事件和其他人的行为，但我已经开始明白，我唯一能够控制的就是我自己的坚忍。我钦佩作家维克多·弗兰克尔（Viktor Frankl）。尽管在第二次世界大战期间，作为一个集中营的囚犯，他遭受了巨大的痛苦，但他仍然清楚自己的自由。尽管他无法控制身外的任何人或任何事，但他在自己的心中找到了希望。

▶ **培养你的EQ**：想想你曾经试图改变的或者希望改变的事情。把这些事情写下来。接下来，静下心来思考问题：你有什么能力去改变？什么超越了你的能力？

第六章 与变化为伴

对尼布尔的话进行分解，找出对"改变"清单有用的见解：

- 当我不再去想我可以控制别人（人、地方或事物）的时候，平静就是我的。这些都是"我无法改变的事情"。
- 勇气是一种美德，我需要它来改变思想、态度和行动。"我能改变的事情"就在我的内心里。我的力量更多地来自放弃试图去控制，而不是坚持我可以控制别人的信念。
- 智慧源于学会识别哪些是我能够改变的，哪些是超出自我能力范围而需要放弃的。

对于经理、主管和任何类型的领导者来说，控制对管理至关重要。他们必须控制预算支出，按时完成任务，遵守许可条例，并与董事会保持积极的关系。然而，如果仔细观察这些职能，你会发现你能控制的是自己的行为，而不是别人的反应。

> 漫步在彩虹小径……
> 踏在歌声的小径……
> 你的周围将充满美丽……
> ——纳瓦霍歌曲

例如，主管可能会努力与董事会成员建立富有成效的关系，但她无法控制董事会成员对其所做出的努力的反应。同样，主管可能认为自己对开支保持着严格的控制，然而三月的风把一棵树吹倒在学校的面包车上。运输预算崩溃了！尽管主管在账户中存入了足够的资金，以应付不断上涨的汽油价格。

实际上，管理者的控制权在于承认他（她）无法控制的事情。

领导力和控制力

谁是变化的主人？让我们回到领导力挑战的话题：每一方面都可能存在相反的事实。一方面，主管们对预算负责；另一方面，他们不能完全预测费用。一方面，主管们认为自己已经安排

> 珍藏值得拥有的东西，用温和的气息把其余的都吹走。
> ——黛娜·马洛克·克瑞克

得面面俱到，以便应对许可人的随机检查。多年后，许可人和主管可以建立一种强有力的合作关系。另一方面，当一个新的许可人出人意料地出现时，事情立即就会发生变化，其重点与前任不同。期望就破灭了！

许多主管告诉我，刚担任管理者时，他们相信"如果工作得足够努力，有足够长的时间，我最终会把一切都安排妥当且可控"。新上任的主管工作勤奋，把一项又一项的任务从他们的"待办事项"中剔除。但是就像暴风雨后的蘑菇，一个接一个的突如其来的挑战会陆续出现。学步儿班的主班教师在开学的第一周就辞职了；能源成本上涨到了极限；重新认证的标准改变了；蝉吃掉了为操场遮阴的树木上的叶子。

> 领导者的工作永远做不完。不管是组织的，还是个人的事务，"扑灭一场火""登上峰顶""杀死一个怪物"，都是为迎接下一个更大的挑战清除障碍。
>
> ——唐·莫耶，《哈佛商业评论》

安迪·根泽（Andi Genser）在谈到她的早期主管生涯时说："对我来说，作为一名主管，最艰难、最重要的是挑战永远不会结束。当升到这个职位的时候，我认为自己会一直努力，直到事情得到解决。幼儿园将不会出现问题。最终，我学会了适应新的挑战将随时出现的事实。"（见表6.1）

表6.1 变化带来的挑战

1．变化是恒定的。
2．无论是否准备好了，改变都会发生。
3．面对变化，唯一能控制的就是选择自己的态度和行动。

如果一位疯狂的家长大发脾气，对教师大喊大叫，那么教师也要大喊大叫吗？不管家长的行为多么令人不快，教师都需要选择一种专业的回应方式。还记得第二章中的杏仁核劫持吗？肾上腺素可能会在我们的血管中流动，导致我们在那一刻失控。尽管如此，在采取可能会后悔的行动之前，我们可以选择等待激烈的、惊心动魄的时刻过去。这样，我们才能成为"变化的主人"。

第六章　与变化为伴

📄 知道何时以及如何"关注自己"

"把注意力集中在自己的身上"可能听起来很自私。"这就是我的一切"这句话意味着不成熟。例如，在忙于解决生存问题的阶段，教师只能看到自己的需要（见本书第111—114页的内容"组织发展阶段"）。想象一下，一名新手教师正在焦虑地准备明天的课程，无法注意到父母所问的关于孩子一日生活的问题。在这个阶段，对于这名教师来说，"这就是我的一切"是一种真实的描述。

> 当你深陷旋涡时，要想改变旋转的所有方面，你只需要改变一件事。
> ——克里斯蒂娜·鲍德温

即使是主管，也会陷入"这就是我的一切"的思维。想象一下，主管因害怕碰到说闲话的员工而陷入困境，无法超越自己的恐惧。与此同时，流言者肆无忌惮地散布具有破坏性的不实谣言。以自我为中心的"这就是我的一切"的思想会导致一个人不知道周围发生了什么，并剥夺其观点。如果不能看到自己的烦恼之外的东西，那么她就无法看到自己应对消极行为的责任。

新泽西州的一位主管曾经告诉我："内疚是一种自私的情绪。"我震惊了！我一直认为感到内疚是承认自己需要改变的第一步。对于这位主管来说，长期的内疚感阻碍了其采取行动，以便做出更好的改变。内疚就是"这就是我的一切"，在这种情况下，它会让人麻痹。我们来看看她的观点。正如作家、励志演说家韦恩·戴尔（Wayne Dyer）所言："担忧会尝试控制未来，内疚会企图控制过去。"视角是主管最好的朋友。

> 别人怎么看我，不关我的事。
> ——十二步宣言

说到改变，"这就是我的一切"标志着一个更积极、更成熟的视角。把注意力集中在自己的身上，集中在改变能改变的事情的能力上，是一种财富。等待别人改变的主管需要等一辈子。把重点放在自己和自己能够采取的行动上，主管才是真正有影响力的人。花费精力来担心别人会做什么或不会做什么只是浪费宝贵的时间。正如一位员工所说："这就像试图推一根绳子一样。"把注意力集中在你能改变的事情上，不要试图改变别人。

当与一大群人谈论变化时，我喜欢问："谁已经结婚或结婚很长时间了？"起初，许多人会举手。"好吧，谁谈恋爱超过20年了？"许多人的手放了下来。"30年？35年？"我继续问，直到举手的人数减少到只有几个。观众总会为仍然举手的人鼓掌。然后，我询问关注长期关系方面的专家："你会改变你的伴侣吗？"他们总是回答"不"。有些人会补充说，"我不想"或"我们已经一起发生了改变"。作为主管和团队成员，学会共同改变是有目的地领导的回报之一。

改变有多受欢迎？

改变我们所能改变的，放弃试图修正或改变他人，这是一位有魄力的主管的工作方式。根据你的经验，想想一个新想法有多受欢迎。有多少百分比的人受到这个新想法的影响？"但是我们一直都是这样做的！"听起来耳熟吗？让我们来看看人们如何应对变化的信息。你的经验是否与下面的内拉·康纳斯（Neila A. Connors，2000，p. 47）对变化所带来的结果的描述相符？

　　5%的人会立刻接受；

　　25%的人会慢慢适应和接受；

　　60%的人会采取"让我们拭目以待"的方法，如果这个新想法对他们有利，那么他们最终会接受；

　　10%的人永远不会接受改变。

当另一个人想要改变一些影响你的事情的时候，想一想你会怎样回答。你是立刻充满热情、慢慢地接受、以观望的态度坐在后面，还是拒绝让步？这个问题的答案通常取决于是谁发起的变革，以及变革是如何进行的。当感觉别人在给我们施加改变时，我们更有可能抵制。

许多能够激励员工接受新想法的领导者，在某些时候会拒绝改变自己。由于自身经历，最后这些领导者明白了"正当程序"的力量。他们从一开始就让其他人参与到改变的过程中，从而避免阻力。还记得案例研究中艾米莉的经历吗？当她的员工感到自己被排除在外时，他们坚守阵地，拒绝改变。如果艾米莉先征求并听取他们关于新课程的想法，那么教师们很可能会更加开放。事实上，他们的投入可能有助于集中精力，创新思维，或以其他方式改进她的提案。接受改变取决于一个开放、积极、肯定和欣赏的过程（见表6.2）。

表6.2　与员工沟通过渡期时应记住的4P要点

1．目的（purpose）：为什么我们必须这样做。
2．蓝图（picture）：当我们达到目的时，会是什么样子和感觉。
3．计划（plan）：我们如何一步一步地实现目的。
4．角色（part）：你们能够（也需要）做什么来推动我们前进。

资料来源：W. Bridges & S. M. Bridges, 2000. "Leading Transition: A New Model for Change." *Leader to Leader* 16: 30–36.

创伤和转变

经历过创伤的儿童和成人，可能会发现变化尤其令人痛苦。经历过不可预测的事情、被忽视或暴力养育的孩子，渴望安全的地方、可靠的日常生活和抚慰的关系。不幸的是，统计数据显示，孩子的年龄越小，越有可能受到虐待（社会政策研究中心，2004）。事实上，在1999年被证实的82.5万起虐待或忽视儿童的案件中，14%的孩子不满1岁，24%的孩子年龄为2—5岁。幼儿教育专家认为可以采取方法来帮助受创伤的儿童，见《为遭受虐待的儿童创建关系避难所》（*Creating Relational Sanctuaries for Children Who Suffer from Abuse*, Bruno, 2010）。

> 错不在我。
> ——卡罗尔·塔夫里斯，
> 艾略特·阿伦森

如果你注意到某项创新会让员工极度焦虑，那就花点时间邀请员工和你谈谈他（她）的恐惧和意见。当日常问题压垮了成人时，这提醒我们过去的问题尚未解决。最适合帮助受创伤的人是治疗师，而不是主管。然而，以关心的方式来倾听可能会大大地有助于员工从紧张中得到放松。这样员工可能会成为这一变化的强有力的支持者。

改变与认知失调

一天,在下班后开车回家的路上,我收听了国家公共广播电台对艾略特·阿伦森(Elliot Aronson)的采访。他与卡罗尔·塔夫里斯(Carol Tavris)合著了《错不在我:人们为什么会为自己的愚蠢看法、糟糕决策和伤害性行为辩护?》[*Mistakes Were Made (But Not by Me): Why We Justify Foolish Beliefs, Bad Decisions, and Hurtful Acts*,2007]。阿伦森使"认知失调"这个词流行起来,这一词语意味着当我们的行为不符合自己的价值体系时,我们会感到内在的、不自在的紧张。

想象一下,主管的核心价值是正直。当他发现自己更喜欢某名幼儿教师,而不是另一名教师时,他可能会感觉到认知失调的紧张。他也许能够说服自己——他没有偏袒。尽管他脸上挂着微笑,但是员工们能够读懂他的非语言暗示,感觉到他的内疚和不自在。

在幼儿教育环境中,认知失调并不是一个可以通过沉默来保守的秘密。虽然我们可能宁愿隐藏情感,但是高情商者仍能读懂它们。根据塔夫里斯和阿伦森的观点(2007),当我们的焦虑与内心冲突变得无法忍受时,有些人会假装或忘记我们有麻烦。否认是描述认知失调的另一种方式。对于觉得自己必须完美无缺的主管来说,犯错误会引起认知失调。即使工作中已经出现了失误,那位主管也一定不会认错!当我们无法面对自己并不完美这一事实时,否认就开始了。

变化可能像地震一样令人不安。大地在我们的脚下移动。我永远不会忘记1980年缅因州奥古斯塔市地震时我的办公椅在地板上"行走"!我现在仍能回忆起那把椅子的样子。我们的大脑具有非凡的能力,能够回忆起生活细节中有关情感的巨大变化。

在地震后,一些人像什么都没发生一样立刻回去工作。否认现在可以让你觉得自己很有成效。然而,否认并不能否定正在发生的事实。生活在认知失调或否认中会消耗我们的精力。想想这个:

> 凯茜感觉到主管对她打电话沟通方面的礼节不满意。主管没有直接对凯茜说什么,凯茜试图忘记那种不被认可的感觉。她尽量避免在主管在场时打电话,但是她对这个问题的否认并没有使问题完全消失。因为凯茜和主管都没有讨论这个问题,所以问题就在他们之间滋生了,就像

第六章　与变化为伴

豚草和臭菘一样。信任化为乌有。

下面的"与变化为伴"的模式提供了一些方法来帮助我们认识内在冲突，摆脱否认，并采取行动以拥抱变化。拒绝改变虽然是不可避免的，但其可以转化为接受，并最终转化为具有建设性的行动。首先要认识到问题，然后才能接受并采取行动。

与变化为伴

你有没有给一幅熟悉的画作换过新的画框？如果是这样的话，你可能会发现重新构造可以凸显你以前没有注意到的颜色和形状。在过去，组织发展顾问通常会提出"管理变化"的战略作为一种可接受的程序。过去流行并沿用至今的想法是，"你可以掌控变化，而不是让变化掌控你"。成为变化的主人看起来似乎很理想。谁愿意在意想不到的激流中像皮划艇一样被击中？

> 我们没有权利强迫别人以我们的方式看到真相。
> ——莫罕达斯·甘地

这些年来，不管我是否阻止了暴风雨，我开始欣赏暴风雨的降临。如今，我更喜欢的改变方式是顺其自然，而不是相信自己能够预见和管理洪流。"如果生活给了你柠檬，那就把它做成柠檬水"，这句格言对我很有用。

我的儿子尼克教会我许多东西。当尼克年龄尚小且力不从心时，他会耸耸肩，并摊手说："我真傻。"当他的实验没有按照预期的方式进行时，他又会说："我真傻。"我一直很喜欢尼克这种自我接纳的方式。这一章是从多年的"愚蠢"经历演变而来的，当时我认为自己知道如何应对变化。现在我享受与变化为伴。

选择与变化为伴，而不是管理变化，能够让我们抓住机遇。我可以肯定的是，只有我自己可以选择我的态度。

保持对变化的看法

即使在最不可预测的时代，模式也会出现。玛格丽特·惠特利（Margaret Wheatley, 2006）提醒领导者要透过表面看本质。惠特利的深层观点提供了一个全新的视角，她的作品揭示了一个又一个的"分形"。分形是一种永无止境的模式，不断向内且越来越小，或不断向外且越来越大。我们认为雪花就是一种分形。冰晶的每一个离散部分都无限地重复着相同的元素结构，而且越来越小。分形无处不在。

▶ **培养你的 EQ**：看看你的周围，你是否能识别出一种分形或重复的图案（比如蜂窝或蜗牛壳上的螺旋）。

从变化中寻找模式可以让人放松。人们对变化的反抗是可预料的，紧接着是不情愿地接受，最终接受变化，并且这种变化会成为一种新的规范。于是，一种模式似乎出现了。理解这种模式可以帮助我们指出我们所处的位置，以及我们有什么选择。保持洞察力是与变化合作的第一步。

情感分形的例子是这样的：每一个变化都会带来损失。可以肯定的是，改变可能会带来新的收益。但必须留下一些东西，让新思想来取代它。当关上熟悉的那扇门时，我们常常会感到失落。伊丽莎白·库布勒－罗斯（Elisabeth Kübler-Ross, 1969）在她的经典著作《论死亡与临终》（*On Death and Dying*）中，描述了当我们失去亲人（尤其是亲人死亡）时的悲痛过程（否认、愤怒、讨价还价、沮丧、接受）。

> 你看到事物时会问："为什么是这样的？"但我会想象许多陌生的东西，并反问："为什么不是这样呢？"
>
> ——乔治·伯纳德·肖

第六章　与变化为伴

有时我们喜欢惯例和熟悉的想法，就像我们爱生活中的某个人一样。当这种制度发生改变，或者一种观念变得过时了，我们会感到失落。下一部分所描述的"与变化为伴"的模式包含了库布勒－罗斯所描述的悲痛的五个阶段。

正如库布勒－罗斯关于悲伤的描述，威廉·布里奇斯（William Bridges，1991）关于改变的写作，提供了另一种变化的分形。布里奇斯特别写道，"我们需要勇气去改变"。他发现人类更喜欢坚持已知的东西，甚至以寻找更好的东西为代价。"已知的"（即使是麻烦的或不充分的）仍比那些"未知的"更受人青睐。但是，如果没有足够的勇气，那就不可能找到一个未知的、更健康的、更愉快的、更有成就感的选择。

布里奇斯用高空吊索演员的挑战来比拟人们对变化的抗拒。为了"以最轻松的姿势在空中飞行"到马戏团帐篷的另一边，"空中飞人"必须松开抓着的吊架，抓住另一个吊架。他只有勇敢地放手，才能抓住即将面对的新吊架。由于害怕承担风险而变得麻木，他会紧紧地抓住自己的吊架，不停地来回摆动，以致手指关节发白，胳膊酸痛。

就像高空吊索演员一样，许多人会紧紧地抓住我们所知道的东西。有时，这样做需要付出巨大的代价。布里奇斯（1991）将新旧之间的空间称为"中立区"。为了缩短在中立区的时间，布里奇斯提供了如何实现"信念飞跃"的指导：

- 学会描述这种变化，以及为什么它必须在1分钟或更短的时间内发生。
- 了解谁必须放弃什么，让员工明白哪些是即将结束的，哪些是即将开始的。
- 采取措施帮助员工以尊重的态度放下过去。
- 列出员工需要的技能和态度，并提供培训和资源，帮助他们培养新的技能和态度。

与变化为伴可以让你从发白的关节、疼痛的手臂和疲惫的灵魂中解脱出来。

变化进程

▶ **培养你的EQ**：花点时间来确定一个你需要做但可能已避免的改变。你在想什么？你感觉如何？如果可以的话，你想做什么？查看模型（见图6.1），以确定你处于变化过程中的哪一阶段。

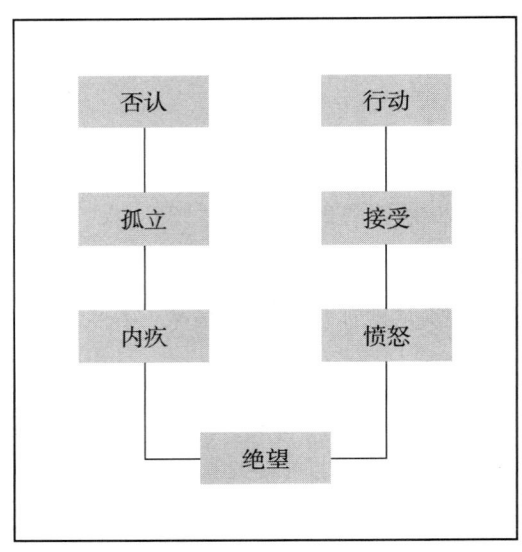

图6.1　对变化的可预测反应

要与变化为伴，第一步就是认清我们的现状。一旦在改变的过程中确定了自己的阶段，我们就可以更容易地选择自己想要去的地方。这个模型中的观点可以解放我们，让我们带着自信和舒缓的幽默感更迅速地采取具有建设性的行动。根据库布勒－罗斯、布里奇斯的观点和我自己的观察，这里所阐述的内容就是我的建议。

我企图回避很多事情，你呢？这样会引发麻烦。这里有一个方法可以给我能量，让我直面自己回避的事情，这样我就可以正常地工作和生活。

假设我对老板的管理风格感到不满意。具体来说，每当老板发脾气和大喊大叫时，我就会变得焦躁不安。这是一种模式，通常是可预测的。当一个挑战出现时（比如一个大喊大叫的老板敲我们的门时），很多人都会遵循这种模式。以我自己为例，我会有以下几种反应。

- 否认：回避问题，想象一切都很好。如果我不去想它，问题就会消失。否认类似于打盹。此刻，我逃避了自己必须面对的事情。我对自己说，我的老板只是今天发型不太好。
- 孤立：把自己与他人隔绝，不告诉任何人你的问题。在独处阶段，我在别人面前会显得很自在。但是，我知道自己的心中藏着秘密，我害怕老板的脾气。这个秘密使我变得孤立，让我产生了孤独感。
- 内疚：为自己没有做过的事或做过的不恰当的事而责备自己。当我违背自己的核心价值观时，负罪感就会出现。诚实是核心价值。在我关心的问题上，我对自己和老板都不诚实。内疚还包括责备他人，这样我就可以避免改变。
- 绝望：陷入低谷，感到无助和绝望。当一个问题被忽略了，它只会变得更严重。随着这个问题的加剧，我的自尊心也会荡然无存。大多数人都不能长期忍受绝望。我们厌倦了生病和疲惫。
- 愤怒：因未能面对问题而感到愤怒。愤怒使人清楚谁该负责什么任务。我负责和老板讨论我的问题。我的老板负责有效地处理情绪。
- 接受：承认问题（与否认相反），愿意面对问题。接受会带来平静和决心。我为自己不喜欢的行为承担责任。我决定我需要做什么。
- 行动：处理和解决问题，从无所作为转变为采取富有成效的行为。我问老板，是否可以讨论一下彼此不同的工作风格，这样我们就可以尽可能高效地一起工作。在会议上，我告诉她，如果她提高嗓门，那么我的工作效率就会下降。在问题变成危机前识别并解决它对我来说更有效。

注意我花了多长时间才采取行动。你能想象我在逃避、恐惧和孤立中浪费了多少时间吗？谁都不需要走这条曲折而漫长的路。思考一下：每个阶段（否认、孤立、内疚、绝望、愤怒）都提供了一条通向接受和行动的直接路径。领导者可以跨越这个鸿沟，而不是陷入绝望的深渊。

以下是主管可以使用的工具。

- 承认胜于否认：面对事实，承认我有问题，承认我否认了一些困扰自己的事情。当承认和老板一起工作让我感到不安时,我其实就接纳了这种感觉。这让我做好了采取行动的准备。

- **联系取代孤立**:伸出双手,寻求帮助。足智多谋的同事们在等我向其寻求帮助。当向另一个人伸出求助之手时,我就获得了采取行动的能量。
- **承担责任胜于内疚**。沉溺于内疚中不会使任何事情变得更好。当承担起行动的责任时,我就能够打破僵局,转向行动。
- **信任可以缓解绝望**。你是否曾感到痛苦和疲倦?很少有人能够忍受长时间的疲惫。任何行动都比虚弱和不堪重负感觉更好。信任或相信事情必须得到改善,将我们从困境中解救出来。每个人都有自己的信任、信仰或两者兼有的源泉。
- **澄清是愤怒的礼物**。你是否曾为自己终于可以生气而心存感激?愤怒的肾上腺素为我们指明行动的明确方向。大脑的右侧前额皮质使我们能够远离愤怒的肾上腺素,以获得清晰感。
- **接受带来内心的平静**。我曾与俄亥俄州的一名女性共事,她形容自己对即将面临的手术极度紧张。似乎没有什么能使她感到安慰。她吓得要死。但去医院的那天,她却出奇地平静。她已经接受了不得不做手术的现实。研究表明,减轻手术前的紧张感有助于病人康复。
- **让我们采取行动**。当把一个未解决的问题扛在肩上时,我们就会弯腰。当释放这一重量时,新罕布什尔州"开端计划"的主管叹了口气:"我站得高了。"

> 如果一个人不怕改变,拥有永不满足的求知欲,对事情感兴趣并能在小处发现乐趣,那么尽管疾病缠身,面临大敌之患,他也能在艰难转型的日子里生存下来。
>
> ——伊迪丝·华顿

▶ **培养你的EQ**：运用情商来描述你正在面临的变化或需要解决的问题，这样你才能"站得更高"。回顾变化过程的各个阶段。你现在处于哪个阶段？你是否否认这个问题？你对此感到内疚吗？在任何阶段，你都可以使用刚才讨论的七种工具之一，跨越鸿沟，付诸行动。现在，请选择对你最有帮助的工具。

你需要采取哪些步骤与变化为伴？就像空中吊索演员一样，信念的飞跃会把你带到另一边，让你永远不会后退或坠落到底部。

注意损失。要跳跃，领导者必须放弃已知的、可预测的事物。要跳跃，领导者需要勇气。对失去的恐惧会阻碍个体前进。我可以告诉自己失去是生活的一部分，但是失去的痛苦仍然会让我流泪。如果我继续前进得太快，没有为过去的损失感到悲伤，那么我可能会对将来再次面对损失产生恐惧。通过这种方式，与变化为伴包括接受悲伤、愤怒、恐惧、孤独和绝望的感觉。

没有人愿意去感受这些情绪。情商，即了解我们的优势和局限性会有所帮助。通过承认对改变和失去的感受，我们更清楚地知道自己需要在哪里成长。这是找到我们需要的帮助的第一步。

例如：如果倾向于孤立自己，那么我知道自己需要向另一个人伸出求助之手；如果倾向于否认，那么我需要面对事实。通过建立一个支持系统，主管可以简化与变化为伴的过程。

当与老板的关系需要改变时

"向上管理"或试图改变与老板的关系，需要很高的社会情商。我们小心翼翼地行走在超越自己的界限以及加强和老板保持有效关系之间的钢丝上。对于老板来说，我们可能被认为是不服从的、相对诚实的，或者介于两者之间。幼儿教育专家经常告诉我，他们面临着这样的困境。他们问："如果老板说闲话，而我的职责是因员工说闲话而惩罚他们，那么我该怎么办？""如果我的老板，因员工向其抱怨而推翻了我的决定，那么我该怎么办？"

当你觉得自己和老板的关系有问题时，可以使用下面的情商小贴士进行管理。

- 尽可能地花精力与你的老板建立坦诚的关系。
- 问问你的老板，他（她）希望你怎样提出新方法。

- 向你的老板询问分享担忧的最佳时机和方式。
- 说明你希望做出的改变。
- 明确改变带来的利弊。
- 尽可能保持客观,听听老板的观点。
- 如果老板认为没有理由做出改变,那么判断你能否在没有上级支持的情况下有效地工作。
- 如果你觉得自己没有取得进展,那么就准备好放手,继续前进。

当被监管者主动要求改变监管关系时,并非所有的监管者都能接受。在这种情况下,可以以这样一种方式展示变化,让老板觉得这种变化对其最有利。老板可能需要感觉到这种改变是他(她)的主意,而不是你的。

你是否曾越级向老板的上司报告?一些领导者冒险把自己的困难告诉老板的上司。约翰·J. 加巴罗(John J. Gabarro)提醒道,"只有当星星排成完美的一条直线时",才能行事。否则,你很有可能被炒鱿鱼。

领导组织的变革

加巴罗坦率地说:"能够跳伞进入任何状态并取得成功的万能总经理是一个神话。"(2007,p. 116)尽管加巴罗的研究样本是17名男性企业主管,但在许多方面,他的研究与幼儿教育领域有关。正如表6.3中描述的成为管理者的五大发展阶段,新管理者在尝试做出改变时会经历可预测的阶段:

- 抓住
- 沉浸
- 重塑
- 巩固
- 精练

"对新发展保持开放性"和"解决遗留问题的潜在原因"的要求是苛刻的,但开放和勇气是必需的。

在选择挑战的时候,问问自己:"它有多重要?"对这个问题的回答几乎可以

表6.3　成为管理者的五大发展阶段

抓住 定位和评估 改进的措施	**任务** • 理解新形势和新情境 • 采取改进措施 • 发展最初的优先事项,以及厘清新形势"地图" • 确定最初的对主要下属的期望 • 建立有效工作关系的基础 **困境** • 如何快速地应对显而易见的问题? 行动太快的风险: • 因为缺乏足够的信息和知识,导致决策失误 • 所采取的行动限制了不可预料的后续决策 行动太慢的风险: • 丧失了最佳时期的优势 • 因为明显的优柔寡断而失去信誉 • 失去了宝贵的时机
沉浸 细化,探索学习, 管理企业	**任务** • 对新情境和新员工形成更深层次的、更细化的理解 • 评估站稳脚跟阶段所采取行动的结果 • 重新评估优先发展的事项 • 解决主要人员的疑问和难题 • 重新布局新形势"地图",丰富或修订一些观念 • 准备重塑措施
重塑 基于修订的观念采 取行动	**任务** • 在更深入理解的基础上对组织重新布局 • 解决遗留问题的潜在原因 • 对第二轮变革所产生的不可预知的问题持开放态度
巩固 评价性学习,坚持, 改进措施	**任务** • 坚持重塑措施 • 处理重塑阶段出现的不可预知的问题 • 对新发展保持开放性
精练 精练运营,寻求新 的机会	**任务** • 专注于需微调的运营 • 寻求新的机会,例如员工发展、课程改革和技术整合

资料来源:John J. Gabarro, Taking Charge: Tasks and Dilemmas, in "When a New Manager Takes Charge"(2007,p.114).

帮助你应对每一个领导力挑战。凯瑟琳·里尔登（Kathleen Reardon，2007）问道："这种情况需要立即采取高调行动，还是需要更多的资金和更少的风险？勇气不是在不重要的问题上浪费政治资本。"（p. 61）使用"政治资本"的例子就是找你认识的人帮忙。那个人可能反过来期望你帮他（她）的忙。

韧　　性

> 休息吧。田有休耕，方得丰登。
> ——奥维德

韧性[1]是多么神奇的属性啊！它是一种能够反弹，保持希望，看到光明的一面，永远不会失去信任，并保持精神的能力。韧性是主管必备的情商能力。主管如何变得有韧性？他们如何在挑战中保持韧性？

> 当别人都失去理智并责怪你的时候，如果你还能保持理智，那么你比我更强大。
> ——拉迪亚德·吉卜林

对韧性的研究是令人振奋的。哈佛大学的一项研究表明，成人无条件的爱的支持可以使一个经历过虐待或疏忽养育的个体恢复韧性。同样，对于暴露在子宫内（出生前）受到皮质醇破坏性影响的儿童来说，成人无条件的慈爱可以治愈孩子的神经末梢，孩子可以健康地成长和发展。他（她）的情商和智商的发展在很大程度上要归功于一个充满爱心的成人的照顾。

乐观在韧性中的作用

我很高兴地发现，孩子们的乐观情绪比他们的学术能力评估测试能更好地预测其在大学第一学期的总体成绩。我可爱的女儿，莉莉·珍熙，是一个优秀的学生。虽然她很有天赋（难道不是每个孩子都有自己的天赋吗？），但她的标准化考试成绩不好。幸运的是，她的分数足以让她被中意的大学录取。在大学的第一学

---

[1] 原文为 resilience，又译为"复原力"。——译者注

期，莉莉在化学和微积分课程上取得了优异的成绩，这也使得她在第一学期的总体成绩达到优异水平。当发现这个研究结果成为现实时，我并不感到惊讶。

乐观在生活中的每个阶段都具有一股强大的力量。研究表明，乐观的人能够看到更多的选择，回忆起更多的事情，更灵活地进行思考。乐观者有幽默的天赋。毕竟，幽默提供了不同的视角，允许我们重新看待事物。

> 开怀大笑犹如照进屋内的一缕阳光。
> ——威廉·梅克皮斯·萨克雷

> 成功不是幸福的关键，但快乐是成功的关键。如果你热爱你所做的事情，那么你就会成功。
> ——艾伯特·施韦策

乐观者寿命更长，疾病更少，如果生病了，他们会比悲观者恢复得更快。如果你认为杯子是半满的，而不是半空的，那么你将成为一个更有韧性的领导者。

研究人员指出，乐观者会寻求帮助，更好地应对困难，并坚持自己的医疗计划。乐观者会花更多的时间来愉快地回忆过去。研究人员还认为，每天花20分钟回顾快乐的记忆，我们会变得更加快乐和乐观。

情绪是会传染的。所有在你面前的人都会感受到你的乐观。1.5米以外的人可以感觉到我们的心跳。这种心跳传达出乐观或悲观、欢迎或拒绝。乐观的领导者在挑战中能够看到光明的一面，并为团队成员树立坚忍的榜样。

乐观可以习得吗？你是否曾将悲观的观点转变为乐观的观点？如果能做到这一点，那么你将在那个令人不舒服的"中立区"获得成长。在很大程度上，从消极到乐观的转变是通过选择实现的。俗话说："当改变看待事物的方式时，我们看待事物的方式也会改变。"这并不是放弃原有的信念和态度，从而对困难视而不见。放手从来都不是一条容易的道路。

> 一项对545名荷兰男性进行的长达15年的研究显示，乐观的男性死于心血管疾病的风险比悲观的男性低50%。
> ——《内科医学文献》

超级主管？不是！

那些认为自己应该为所有人做一切事情的主管，常常忽略了照顾好自己。正如休·鲍德温（Sue Baldwin）所说，"因为管理幼儿园的一整天的工作中都充满了人际关系，所以在个人生活中找出独处的时间是很重要的。正如我们的生活中需要他人一样，我们也需要时间独处，需要时间反思我们的个人价值观和目的，需要时间静静地待着"（1996，p. 5）。

你注意到空乘人员如何向乘客介绍氧气面罩的使用规则了吗？他们提醒我们："先把氧气面罩戴在自己的脸上。"我们中的许多人幼年时就会在照顾自己前帮助身边的人。这是情绪智力的一种缺陷，即那些能敏锐地察觉别人需求的人，可能太容易忘记满足自己的需求。这听起来是不是很熟悉？

支持系统使自我照顾更容易，更有趣。支持系统的成员出现在不同的地方，在我们的社区、专业组织、家人和朋友以及在我们的工作中。下面"变化的支持系统"明确了主管保持韧性需要具备的条件（见表6.4）。

表6.4 变化的支持系统

	个人生活中的人	职场中的人	社区中的人
无条件地支持你			
推动你走出否认			
为你庆祝			

▶ **培养你的EQ**：请在表6.4中填上你所依靠的支持者的名字。谁是你的"啦啦队队长"？谁让你保持诚实，并鼓励你面对你宁愿否认的事情？谁会用贺卡、电子邮件或派对来为你庆祝？

在表格上，你可以明确这些人所在的地方：在你的个人生活中、职场中或社区中。左边一列列出了我们必须满足的保持韧性的需求。主管们需要无条件的接

第六章 与变化为伴

受、"严厉的爱"或者摆脱否认的推动力，以及一个值得信赖的顾问团队。我们可以向他们寻求帮助，克服挑战。

你准备好了吗？请写下支持系统中的成员的名字。

你在表6.4中填写的那些人构成了你的支持系统。你有没有看到自己可能需要请求帮助的地方？你是否曾像我一样，依赖一个人来满足自己所有的需求？我差点把最好的朋友累垮了！如今，我的支持系统更加广泛，这要归功于电子邮件和邮递服务等技术。

请不要据此给自己下定论！把你的答案当作参考信息，在准备与变化为伴时以供思考。

提高他人的韧性

幼儿作家吉姆·格林曼（Jim Greenman）提醒我们，每一个被改变触动的人都会带来不同的视角。每个观点都需要被征求和倾听。主管需要听到每个观点，但"在规划、设计和实施中的参与过程并不意味着一个无休止的、平等的过程，否则最终会导致出现一个对任何人都没有好处的妥协产品"（Greenman，2005，pp. 334-335）。在会议前与员工进行非正式谈话可以减少会议时间。

当员工感到被承认、被倾听、被欣赏时，他们的韧性就会增强。如果员工感到被忽视、被否定、被低估，那么他们就会退缩。下面的实用小贴士将促进员工接受改变。

- 阐述你的愿景：清晰、坚定、明确地表达你对改变的愿景。
- 明确好处：说明改变将给员工和项目带来的好处。
- 使用正当程序：让员工参与变革过程的每个阶段。询问他们的意见、所预料到的问题以及所推荐的适应方法。
- 调动有影响力者的观点：雇用那些对变革充满热情的员工，并与那些抵制变革的人进行对话。
- 表现出调整的意愿：通过改变创新来接纳员工的有益意见，以此表明你已经听取了他们的意见。
- 一步一步来：我的学生格温·摩根提醒我，如果创新被分解成小块，那么员工会更容易接受变化。

高效的领导者在每个步骤中都会运用情商。他们不仅密切关注员工所说的话,还密切关注员工所表现出来的活力、行为举止和其他非语言信号。

照顾好你自己

> 如果可能的话,想象一个真实的场景:在日落时漫步在海滩上,泡在蜡烛环绕的泡泡浴中,坐在火炉旁看一本好书,或者给孩子唱摇篮曲。这些场景都可以。我想象着自己抱着黄色的拉布拉多寻回犬托比,它一看到我就会全身摇个不停。

幼儿教育管理者和领导者总会伴随压力。每天工作10~12小时,几乎没有休息和放松的时间。即使付出了这么多努力,我们也无法控制未来。然而,我们可以建立支持系统,为改进奠定基础,并采取措施使事情变得更好。当提倡做出具有建设性的改变时,我们需要花时间照顾自己,保持精力充沛。每个人都会找到自己的方式来恢复精力。

用安慰取代压力

主管需要身体上的支持来照顾自己。我们都知道良好的营养、充足的休息和有规律的锻炼的重要性。你知道我们有可能在30秒内降低血压吗?《哈佛女性健康通讯》(*Harvard Women's Health Newsletter*)介绍了我们可以在任何地方做的一种运动。在做这个练习之前,先评估一下你的感受。一旦你完成了这个练习,再检查一下你的感受。你很有可能会感到更加平静和踏实。对自己的幸福感感到安心可以缓解压力。

培养你的情绪智力:

- 去一个自由的地方,或者不会被打扰的地方。
- 告诫自己,杂念虽然存在,但不能占用你的清静时间。
- 想象你在某个地方,在那里你可以放松,感觉像在家里一样舒适,并且受到欢迎。如果你觉得安全,那就闭上眼睛。
- 想想那些气味、周围环境的质感、光线等任何特别的东西,以帮助你到达那个欢迎你的地方。

第六章　与变化为伴

- 吸气，呼气，同时把你的右手放在心脏上，感受呼吸时的心跳。
- 当杂念打断了你的安静时，只需要说："谢谢，不用了。这是我的放松时间。"
- 当你感到精神和心灵平静的时候，就在那个安静的状态中休息。这样你就能跟之前说再见，并回到现实的环境和责任中。
- 睁开你的眼睛，相信自己能在那一刻照顾好自己。

记住，你不能照顾任何人，除非你先照顾好自己。对于主管来说，这很难记住。从关心他人到关心自己的转变需要慢慢来。就像任何改变一样，一开始我们可能会感到不舒服。要知道，在实践自我照顾的同时，你也为员工树立了恢复韧性的榜样。

> 有一种活力、一种生命的力量和精神，通过你转化为行动的一种生机。因为自始至终你都是唯一的，而且这种表达是独一无二的。如果你阻止它，那么它将永远消失，再也不会通过任何媒介而存在。
> ——玛莎·格雷厄姆，舞蹈演员、教师、编舞者

激情燃烧，还是燃烧殆尽？

职业倦怠，即失去精力、激情和乐观精神，是服务行业的一个危险因素。一位心理学家建立了一个网站，提供了"照顾者综合征"的相关建议。当然，他的主要建议就是先照顾好自己。真实性或与真实的自我相一致的行为方式，可以帮助我们保持激情。真实是自我关怀的开始。

利用真实性来传达我们希望改变是至关重要的。一个项目的工作人员可以理解这个变化对主管来说有多么重要。根据《关键对话：紧要关头的谈话工具》(*Crucial Conversations: Tools for Talking When Stakes Are High*, Patterson et al., 2002)作者的观点，管理者需要做到以下几点。

- 开启关怀的、充满希望的内心。

- 坚持下去，远离进入权力斗争的诱惑。
- 问问自己："我真正想为自己、为他人以及为机构做什么？"
- 反思："如果我真的相信自己的梦想，那么我会怎么做？"

这在很大程度上取决于我们对待改变的态度和有目的地领导的勇气。认识那些成功改革的工作人员，对创建重视改变的学习型社区至关重要。埃伦·克利平格（Ellen Clippinger）在《学龄期笔记》（School-Age Notes，2006）中描述了预防倦怠的方法。由于意识到很少有工作人员能够通过成为项目主管而获得提升，克利平格为工作人员的专业成长创建了五步阶梯法。当员工报告他们的成绩、参加的工作坊和课程，以及孩子们在课堂上完成的项目时，项目审查小组要认真倾听。当一名员工升职时，这名员工就会得到认可和奖励。

葆拉·乔德·布卢姆（Paula Jorde Bloom）是幼儿教育领导力领域的作家。她向领导者们提出建议："剥离我们的动机并不总是一个舒适的过程，但如果我们的目的是成为一个以诚实著称的真正的领导者，那么这是必要的一步。这个过程的核心是弄清楚我们对生活目的的理解以及我们如何定义成功。"（2007，p.2）

当筋疲力竭时，我们的工作就失去了意义。在幼儿教育的职业生涯中，我们拥有很多现实生活中的机会，并且可以让事情变得更好。如果失去那些丰富的机会，我们就到了需要培育精神之时了。

谁是变革的主人？希望通过阅读这一章，你会觉得自己更有能力，也许会受到启发，进而改变儿童、家长和你自己。你就是那个做这件事的人。

反思性问题

1. 你是否一直在回避或推迟一个需要解决的问题？现在，回顾一下本章中提到的与变化为伴的模型。你现在处于什么阶段？是否认、内疚阶段，还是愤怒阶段？接下来，看看你需要做什么来突破那个"卡住"的地方，然后接受并采取行动。写一篇分析文章，说明如何利用与变化为伴模型来帮助你解决已经确定的问题和未来可能面对的问题。

2. 你会把自己描述成一个乐观的、认为"杯子满了一半"的人吗？你是否以一种"杯子空了一半"的方式想象改变将带来的问题？你的态度如何影响你冒险改变的事情向好的方向发展？每种立场的优点和挑战是什么？至少查阅两项关于乐观的研究。请写一篇文章，思考乐观在决策中所扮演的角色。

3．你能改变什么？你能举个例子说明自己曾经成功地改变了另一个成人的行为吗？就孩子的发展而言，你认为成人会改变孩子吗？当成人和孩子的行为困扰你时，写一篇反思文章，这也适用于你所面对的任何特殊情况。

团 队 项 目

1．自我照顾对领导能力具有不可估量的作用。把你正在做的保持和恢复韧性的事情列一个清单。在1—10的范围内，给自己打分（1=忽视照顾自己；10=好好照顾自己）。讨论你对自我照顾和自我指导的感受和想法。计算团队成员的平均得分。与你的团队成员一起呈现以下内容：①我们拒绝照顾自己的原因列表；②我们可以采取的日常自我照顾步骤；③将自我照顾和自我指导长期融入生活（尤其是在忙碌和紧张之时）的策略。

2．识别并分享你认识的人（包括你自己）试图做出改变的情况。期望做出的改变是什么？改变是如何呈现的？描述人们如何回应改变。作为一个团队，回顾一下内拉·康纳斯关于应对变化的表述。她的数据是否让你惊讶，是否证实了你的观察结果？重新阅读关于如何成功促进变化的指南。回顾你们每个人所认同的情况，展望你们面对或可能面对的情况。你如何对变化做出更积极的反应？

3．伊丽莎白·库布勒－罗斯列出了悲痛过程的各个阶段。威廉·布里奇斯把冒险比作高空吊索演员松开抓着的吊架并抓住另一个吊架。这两位作家都是在20世纪提出了上述观点。请仔细研究每个人所说的内容，他们的哪些观点在今天仍然适用？先进的技术如何影响我们的悲伤或冒险过程？你相信哲学或价值观是永恒的吗？在介绍库布勒－罗斯和布里奇斯的内容时，请参与讨论上述问题。

参考文献

Baldwin, S. 1996. *Lifesavers: Tips for success and sanity for early childhood managers.* Stillwater, MN: Insights Training & Consulting.

Bloom, P.J. 2007. *From the inside out: The power of reflection and self-awareness.* Lake Forest, IL: New Horizons.

Bridges, W. 1991. *Managing transitions: Making the most of change.* Reading, MA: Addison-Wesley.

Bridges, W. 2004. *Transitions: Making sense of life changes.* Rev. ed. Cambridge, MA: Da Capo.

Bridges, W., & S.M. Bridges. 2000. Leading transition: A new model for change. *Leader to Leader* 16: 30–36.

Bruno, H.E. 1999. Superdirector: All things to all people but one. *Leadership Quest* 8.

Bruno, H.E. 2010. Creating relational sanctuaries for children who suffer from abuse. *Exchange: The Early Childhood Leaders' Magazine.* Jan/Feb: 64–68.

Bruno, H.E., & M.L. Copeland. 1999. Professionalism in challenging times: A new child care change management model. *Leadership Quest* (Fall).

Center for the Study of Social Policy. 2007. *Strengthening families: A guidebook for early childhood programs.* 2d ed. Washington, D.C.: Author.

Clippinger, E. 2006. Staff "lifers" in after-school and summer programs. *School-Age Notes* September.

Co-Dependents Anonymous. 1995. *Co-Dependents Anonymous.* Phoenix, AZ: Author.

Connors, N. 2000. *If you don't feed the teachers, they eat the students: Guide to success for administrators and teachers.* Nashville, TN: Incentive Publications.

Frankl, V.E. 1959. *Man's search for meaning.* Boston, MA: Beacon Press.

Gabarro, J.J. 2007. When a new manager takes charge. HBR Classic. *Harvard Business Review* 85 (1): 104–117.

Gabarro, J.J., & J.P. Kotter. 2008. *Managing your boss.* Boston, MA: Harvard Business School Press.

Greenman, J. 2005. *Caring spaces, learning places: Children's environments that work.* Redmond, WA: Exchange Press.

Kellerman, B. 2010. *Leadership: Essential selections on power, authority, and influence.* New York: McGraw-Hill.

Kübler-Ross, E. 1969. *On death and dying.* New York: Macmillan.

Moyer, D. 2007. The final test. *Harvard Business Review* 85 (1): 128.

Patterson, K., J. Grenny, R. McMillan, & A. Switzer. 2002. *Crucial conversations: Tools for talking when the stakes are high.* New York: McGraw-Hill.

Reardon, K.K. 2007. Courage as a skill. *Harvard Business Review* 85 (1): 58–64.

Rogers, F. 2005. *Life's journeys according to Mister Rogers: Things to remember along the way.* New York: Hyperion.

Sanders, H.B. 2005. *The subconscious diet: It's not what you put in your mouth; it is what you put in your mind!* Azusa, CA: Liberation Press.

Tavris, C., & E. Aronson. 2007. *Mistakes were made (But not by me): Why we justify foolish beliefs, bad decisions, and hurtful acts.* New York: Harcourt.

Wheatley, M.J. 2006. *Leadership and the new science: Discovering order in a chaotic world.* 3d ed. San Francisco, CA: Berrett-Koehler.

第七章

预防法律问题：政策和程序

> **案例研究——卢佩**
>
> 　　卢佩·埃尔南德斯-琼斯在为女儿罗莎和伊薇特做入园登记时，只在接送名单上写了自己的哥哥和姐姐的名字。两个女孩对入园既渴望、兴奋、顺从，又有些害怕。卢佩每天都一如既往地接女儿，但她的哥哥和姐姐从来没有出现过。
>
> 　　第一学年结束时，卢佩焦急地来到你的办公室，要求召开一次秘密会议。她泪流满面地告诉你，她带着女儿逃离了佛罗里达州坦帕市虐待女儿的父亲巴斯特。入学时，卢佩没有提到孩子的父亲。当时主管并没有向卢佩询问有关情况。卢佩求你阻止巴斯特见女儿。你还没来得及回答，一个手拿棒球帽的、彬彬有礼的家伙就出现在你的门口，要求带他的女儿出去吃冰激凌。你会怎么做？

　　幼儿教育项目主管可以采取措施防止问题变成像蘑菇云一样的灾难。采取的预防措施越多，领导者就越自信和有效。主管可以通过事先计划来保护项目以及幼儿和家长。当然，有些问题是无法避免的。即使面临此类危机，主管也可以通过制定和实施典型的危机处理程序来做好准备（见表7.1）。

　　本章提供有关法律的指南、样本表格和背景信息，以帮助你为未来制定示范政策和行动方案。请注意，本章（或整本书）中的任何内容都不能作为法律建议。有关法律信息，请直接咨询律师。

表7.1　主管面临的六个共同问题

1．员工和（或）家长不恰当地使用互联网。
2．为以前的雇员提供推荐信。
3．在项目中，教师需要临时照看孩子。
4．了解《美国残疾人法案》何时可能影响员工纪律处分。
5．提出适当的面试问题。
6．结束一天的混乱。

通过制定预防措施，管理者可以把潜在的问题消灭在萌芽状态。如果不加以预防并处理好，那么每一个问题都可能演变成一场诉讼。如果事先计划好了，那么这个问题就不会对主管和项目产生不良后果。

诉讼行使权

仅仅是一个诉讼就有可能使一家幼儿教育机构倒闭。对不道德行为的指控，甚至是一个错误的指控，都会导致父母带走他们的孩子。对性虐待的指控必然会引起父母的激烈反应，这是可以理解的。那些多年来致力于与家庭和工作人员精心合作的优秀幼儿教育项目，甚至可能会在法院判决诉讼前就被摧毁。

舆论法庭

美国的法律制度保证直到被证明有罪为止都是无罪的推断。然而，公众舆论往往很快就在所有证据都出来之前就认定有罪。现场主管报告说，对诉讼的恐惧削弱了他们作为领导者的信心。

当一位教师被指控虐待儿童时，一位新英格兰的主管悲伤地说："我最害怕的事情已经发生了。"每个人（尤其是主管和被指控的教师）都想获得证据证明没有发生虐待。从孩子到教师、家长和管理者，每个人都对可能的诉讼感到焦虑。最终，指控被撤销了。尽管如此，该中心在被指控时还是失去了家庭的支持。但该中心通过不断为家长和工作人员提供公开论坛来讨论他们的担忧，最终得以生存并继续蓬勃发展。

常识性原则

常识性原则有助于预防法律危机。对与幼儿教育就业有关的判例法（由法院做出的决定）的审查揭示了基本的常识性原则。在制定政策或进行决策的过程中，遵循这些原则的领导者都能更加自信地认为自己走上了正确的轨道。这些原则反映了实践中的情绪和社会情绪智力：

- 保持一致。让所有员工遵守相同的标准。偏袒是可疑的。法院希望确保每名雇员都有平等的机会。
- 保持客观并合理行事。运用冷静旁观的方法，以防止你的大脑杏仁核劫持专业的观点。做决定时要盯住目标，心无旁骛，要着眼长远。如果可能，在采取行动之前，要等肾上腺素激增消退。
- 记录并报告事实。记住"开端计划"的一句话："如果没有记录，那么事情就没有发生过。"请记录具体而重要的事实。不需要写小说或短篇小说。记录事实就足够了。
- 遵循已有政策和程序。你的员工和家长手册应记录项目标准和实践。这些是根据需要添加和更改的"活"文档。
- 尊重公民权利。确保每个人都受到欢迎、尊重和不带偏见的对待，特别是在种族、文化和年龄差异方面（见表7.2）。
- 践行"正当程序"。在进行变革之前，向所有受影响的人发出通知或提供信息。通过提供"知情权"，让员工有机会分享他们对变革的回应。

表 7.2　尊重公民权利

检查你所在州和市对权利受到保护的定义。例如，新泽西州的就业和公共场所反歧视法律比联邦法律规定的范围更广。新泽西州防止歧视的保护类别包括：种族、信仰、肤色、民族血统、国籍、祖籍、年龄、性别（包括怀孕和性骚扰）、婚姻状况、家庭伴侣关系状况、非典型遗传性细胞或血液性状、遗传信息、责任兵役、精神或身体残疾（包括艾滋病和相关疾病）。

高情商的领导者在面临威胁的情况下可以保持正确的观点。高情商的领导者可以做出选择，而不是被危机摧毁。在这些原则的强化下，领导者可以更加自信地行事。高效的领导者不仅可以在面临威胁的情况下做出明智的反应，还可以制定预防性政策和做法，以尽量减少此类情况的发生。

预防政策和实践

在因害怕诉讼而瘫痪前，要问的问题是："除了我的即时反应之外，我还有哪些选择？"从潜在的压倒性威胁中退出来，领导者就可以自由地运用情商。你有选择的余地，所以要克制自己，而不是做或说一些令你后悔的事情。让我们来看看，作为领导者，你可以制定的一些政策，这些政策将为你提供更多的选择和更长远的视角。

> **案例研究——马洛里和梅茜**
>
> 中心的教师助手马洛里和梅茜在网上发布了一段贬损中心的视频，该视频在网站上疯传。她们在视频中将中心的教师描绘成无能的人，将你描绘成暴君。家长们很愤怒。当你叫马洛里和梅茜到你的办公室里去时，她们甩了甩头发，说："我们是用私下时间在公寓里发布的，宪法第一修正案表明我们有权这样做！"

员工不当上网

以下是马洛里和梅茜的声明：他们的视频是私人的，受言论自由保护，而不是在工作时制作的。这些说法都显示了错误的推理。

在社交网络上发布的信息不是隐私。还有什么比互联网更公开呢？律师罗伯特·佩克（Robert Peck）是就业法和网络行为方面的专家。他说："没有隐私。如果我们把东西放到网上，那么它就是公开的。"在社交网络上发布信息后，信息便立即不再是私有的。

第七章 预防法律问题：政策和程序

视频是"受保护的言论"吗？当然，员工可以发表自己的意见。然而，员工在网上发表不恰当的意见，会对你的项目产生负面影响。作为一个领导者，你有权提升职业精神，规范非职业行为。最后，在家里或工作中发表的言论（或制作的视频），一旦被上传到网上，便会公开。

领导者能做些什么来防止不当的公共行为呢？汤姆·科普兰（Tom Copeland）律师建议：

- 通过与员工讨论如何宣传项目质量，促进社交网站的积极使用。
- 保护儿童和家庭的隐私及秘密。
- 制定专业政策，禁止不恰当的公共行为（如互联网的消极使用）。

你的项目有专业性政策吗？如果没有，请考虑这样的政策：

[幼儿教育机构名称]中的雇员将以积极反映幼儿教育项目和教师职业的方式进行自我管理。在公共场合、互联网及员工行为可能合理反映幼儿教育项目或专业的任何其他情况下，都需要保持专业行为。

通过事先与员工讨论这些政策和做法，你可以提前防止恶意使用社交媒体（比如马洛里和梅茜发布的视频），你也有充分的理由在事后进行纪律处分。同时，你可以邀请所有员工（特别是那些精通网络的员工），在社交网站上以积极的方式展现你们的幼儿教育项目。

为前雇员提供推荐信

▶ **培养你的EQ**：思考在下面的情景中你会怎么做。接下来，想想你可以制定哪些政策，防止类似这样的问题出现。

对面小镇的一位主管伊万杰琳给你打电话，问你这样一个问题："詹娜说她之前在你那里工作，现在正申请成为我的主班教师。詹娜说你可以为她提供一份很好的推荐信。你觉得詹娜的表现怎么样？"在以下四种情境中，你会对伊万杰琳说什么？

- 你很庆幸詹娜辞职，你本就要解雇她，因为她总是迟到。
- 詹娜的课堂技巧很丰富，然而，她的闲言碎语和消极情绪困扰着其他教师。
- 詹娜是你们中心最好的幼儿教师之一。你相信詹娜已经准备好成为一名主班教师，但是，你并不能提供这样的职位。
- 詹娜的事让你很烦恼，你不太确定她是谁。坦白地说，她走后你反而放心了。

主管们常常希望能根据以往的经验，对离职员工做出真实而全面的评价。表现出色的员工应该获得推荐。主管也想提醒未来的雇主不要雇用表现不佳的员工。领导者的公正感告诉她，她应该分享准确、有文件记录的信息。毕竟，如果詹娜曾危及孩子们，难道我们不应该有义务提醒未来的雇主吗？不幸的是，在生活中有时法律和常识并不一致。

不管哪种情况是真的，主管对伊万杰琳的回复很可能都一样。大多数中心都由律师编写政策并遵守，就像表7.3列出的范例一样。这样的规定不允许你分享任何关于詹娜的具体信息，这意味着詹娜的潜在雇主伊万杰琳在做出重要的招聘决定时几乎没有获得帮助。另一方面，詹娜受到了保护。除了你不会重新雇用她之外，你没有透露任何关于她的负面信息。

表7.3　推荐请求回应范例

我方对现有或离职员工推荐请求的回应仅提供以下信息：

1．确认或否认个体就业情况。例如："是的，詹娜·赖特森女士为我方工作过"或"不，我方没有雇用过赖特森女士"。

2．说明个体的就业日期。例如："赖特森女士在2009年3月15日至2010年1月10日受雇于我方。"

当被问及我方是否会重新聘用一位前雇员时，回答是可选择的。例如："是（或否），我方会（或不会）重新聘用赖特森女士。"

这样的规定如何为幼儿和家长服务？什么附加政策允许主管在被要求提供推荐信时可以共享准确的信息？请参考"推荐同意书"（表7.4）。

第七章 预防法律问题：政策和程序

表7.4 推荐同意书

我是［雇员姓名］，［组织名称］的一名员工，同意［组织名称］免责提供我受雇于该组织时的信息。

（雇员，你授权我们讨论你在这些领域的表现。我们不会评论你未选择的选项。）

- ☐ 准时情况
- ☐ 教学准备
- ☐ 课堂管理能力
- ☐ 教学能力
- ☐ 发展适宜性实践的运用
- ☐ 与家庭的伙伴关系
- ☐ 接受多样性
- ☐ 专业化程度
- ☐ 团队合作能力

通过签署这份声明，詹娜会同意你分享关于其表现的准确信息。这可以让你更全面地回答伊万杰琳的问题，比如："你对詹娜的表现有所保留吗？""你在詹娜的身上观察到了哪些技能以表明她有能力成为主班教师？"根据詹娜选择的选项，她会授权你多说几句，比如："依我的专业意见，詹娜不总是很守时。""依我的专业意见，詹娜善于与家庭建立伙伴关系。"

管理者必须以准确、公正的方式传达信息，尊重员工的保密要求。使用推荐同意书可以使你的道德标准与法律标准保持一致。只要主管能根据准确的信息分享自己的专业意见，那么就不会出现造谣中伤。在法律上，诽谤是说一些虚假的东西，并导致个体的名誉在社会上受到损害。如果主管分享了关于前雇员的虚假信息且被起诉，那么他（她）可能会被定罪并被迫支付赔偿金。说真话是避免诽谤诉讼的最好方式。

为员工提供推荐同意书可以规避那些不能分享专业意见的问题。通过采取这一预防措施，被要求提供推荐信的主管可以更好地确保潜在雇主掌握准确的信息。

制定无临时保育政策

学步儿教师万达在她的教室里照看巴勒莫双胞胎——帕斯奎琳娜和马可。一天晚上，巴勒莫双胞胎到外面了，万达也出去了。帕斯奎琳娜和马可都受伤了，需要在急诊室里医治挫伤和骨折。心急如焚的父母起诉了万达和她所工作的幼儿教育机构。由教师临时照看孩子是个聪明的主意吗？谁对此事负责？

教师经常做两份甚至三份工作。在下班后照看孩子应该成为幼儿教育机构中的一项工作吗？如果孩子在被照看时受伤了，那么组织可能会承担责任。家长们可以理直气壮地对你说："我们之所以同意聘用万达，是因为她为你工作，意味着她有资格、有责任。"为了保护你的组织，可以考虑实施如下无临时保育政策。

无临时保育政策：教师不得为幼儿教育机构中有子女的家庭提供临时保育服务。

如果家长坚持请教师照看孩子呢？你可以让他们签署一份"临时保育免责同意书"（见表7.5），这可能避免你在孩子发生事情后承担责任。但在决定允许这一选择之前，要仔细考虑，因为协议可能并不总会得到法院的支持。免责协议可能会受到质疑，因为父母可能是被迫签署的。这种权力的不平衡是不公平的。一些使用协议的组织要求家长在每次雇用教师照看孩子时都在表格上签字。其他组织认为，同意书的有效期应该持续一个月或更长的时间。

表7.5　临时保育免责同意书

［家长姓名］是［孩子姓名］的家长，我们雇用［教师姓名］照看孩子，当发生事故时，我们不追究［机构名称］的责任。

我们理解，这一同意书不符合该组织的无临时保育政策。

（家长签名）	（印刷体姓名）	（日期）
（主管签名）	（印刷体姓名）	（日期）
（教师签名）	（印刷体姓名）	（日期）

确保遵守修订后的《美国残疾人法案》

1990年通过的《美国残疾人法案》(Americans with Disabilities Act，ADA)规定，残疾人有权平等地申请工作、被雇用和享受就业福利。这并不意味着个体因残疾而应被雇用或留用。但这确实意味着，残疾人士需要与无残疾申请人或雇员拥有同等的机会。为了确保这一点，雇主可能需要做出"合理的安排"，使不同的雇员都能够满足工作要求。

根据法案，残疾是一种严重限制一项或多项"主要生命活动"的损害。2009年1月1日，《美国残疾人法案》修订案生效。根据美国劳工部律师琳达·卡特·巴蒂斯特 (Linda Carter Batiste) 的说法，虽然原法案的精神保持不变，但经修订的《美国残疾人法案》扩大了"主要生命活动"的定义，并将下列身体功能包括在内：

- 免疫系统
- 正常细胞生长
- 消化道、肠道和膀胱
- 神经学
- 大脑
- 呼吸系统
- 循环系统
- 内分泌
- 生殖

巴蒂斯特在身心障碍者职务再设计网络 (Job Accommodation Network，JAN) 工作，他的工作涉及癌症和癫痫等致残状况，以及自闭症（包括阿斯伯格综合征）和学习障碍等智力残疾。看看下面的困境。

格特鲁德 (Gertrude) 是你最努力的员工，她为孩子们服务。然而，刺鼻的体味妨碍了她的工作。孩子们不想靠近她，家长们只和格特鲁德的主班教师说话，主班教师变得有些生气。其他员工也在说格特鲁德的闲话。

如果你是主管，你会如何解决这个难题？格特鲁德是否受《美国残疾人法案》修订案的保护？你的职责是什么？你采取了哪些措施？

对于体味，格特鲁德可能只需要改变自己的卫生习惯。然而，根据修订后的《美国残疾人法案》，体味方面的问题可能是由于残疾。根据该法案，雇主不能要求申请人或雇员表明任何残疾。然而，一旦申请人或雇员自愿提供这些信息，那么雇主就需要提供《美国残疾人法案》中所提及的援助。为了了解格特鲁德有体味的原因，你可能会问："格特鲁德，你的身上有一种刺鼻的体味，这会让人远离你。你有什么可以和我分享吗？"如果格特鲁德回应说，是手术导致她散发这种气味，她还带着结肠造口药袋，那么这表明了一个可能的残疾（消化、肠或膀胱疾病）。

一旦员工将残疾情况告知你，那么你的下一步就是与她一起商定并为她提供"合理的职务"，以便其能够满足工作要求。请员工提供医生对病症的描述和合理职务的建议。在和其他教师一起工作时，要对这些信息保密，这样她才能更好地履行自己的职责。格特鲁德的情况可能只需她所在班级的其他教师知晓，这样她可以更及时地去洗手间。

《美国残疾人法案》做出合理安排的例外情况

《美国残疾人法案》设想了一个工作场所，让每一个有资质的人（不论残疾与否）都可以平等地找到工作，并以有效的方式继续工作。然而，在某些情况下，残疾的潜在雇员所需要的职务条件是该组织不必要承担的困难，这意味着成本太高，组织无法承受。《美国残疾人法案》并不要求组织为了一名雇员而忍受不适当的困难。

管理者经常担心他们的预算能否支付特殊人员的职务费用。有趣的是，联邦统计数据显示，每个合理职务的年平均费用约为240美元，超过一半的职务费用为500美元或略低一点。

在其他情况下，申请人即使成功任职，也可能对自己或他人构成直接威胁。一名患有慢性多发性硬化症的员工如果不能抱好一个孩子，那么就很有可能把他摔下来，这对她自己和他人的安全构成了直接威胁。

如果上述任何一种例外情况造成不适当的困难或直接威胁，经修订的《美国残疾人法案》不要求雇主雇用或保留残疾雇员。在这些情况下，该组织的"福利"超过了个体申请人或雇员的需求。

提出适当的面试问题

《平等就业法》(Equal Employment Law)要求主管不论种族、年龄、性别或国籍（在大多数情况下），公平对待每位求职者。在面试申请人时，主管必须给每个人平等的机会回答同样的问题。如果有人问应聘者"你能描述一下你在课堂上面临纪律挑战的经历，以及你如何应对这种挑战吗？"，那么该职位的其他申请人必须有机会回答同一问题。如果面试官对不同的求职者使用不同的问题，那么她可能会被指控偏袒某个求职者。这就是许多主管会选择一套书面的面试问题和场景的原因，这样能够确保申请人之间是一致的。思考在下面的这种情况下你会做什么。

杰尔姆的书面申请表明他能胜任学前班教师这份工作。他在附近的一所社区学院获得幼儿教育副学士学位。他在求职信中指出，他曾在中东服兵役，这增强了他与幼儿共处的意愿。在面试时，他微笑着耸耸肩。他的右臂似乎被截肢了。面试团队开始担心他们能问杰尔姆什么问题。

你能提前做些什么来帮助所有的参与者都感到受欢迎并准备充分？

工作的基本职能

当主管们面试某职位的应聘者时，他们会从那些能履行工作基本职能的人中寻找最有资格的人。在儿童照护法律中心的小册子中的"雇用残疾人"部分，关于"基本职能"有这样的定义："描述工作的任务和职责，但这仅仅是履行工作中最基本的任务和职责"（1996，p. 20）。

例如，婴幼儿教师必须能够给孩子换尿布。如果发生火灾或类似的危机，教师必须能够协助孩子们从建筑物中疏散，或以其他方式及时应对紧急情况。婴幼儿必须被带到指定的安全地点。给孩子换尿布和在紧急情况下提供帮助都是婴幼儿教师的基本工作职能。

无论是哪种职位，其基本职能都应该在面试和工作描述中有明确的说明。面试时需要以员工将要完成的任务为依据，而不是以员工必须具备的身体素质为依据。这使得像杰尔姆这样的申请者能够以自己的方式证明自己能够完成所需的任务。杰尔姆只有一只胳膊，但他可以用不同的方式给婴儿换尿布或抱婴儿。重要的是他能否履行这项工作的基本职能。儿童照护法律中心建议：

> 在工作的基本职能列表中，应尽可能避免身体和精神技能以及相关技能（如举重、驾驶和阅读）。如果在开展工作时，不可避免地需要具备某个身体技能，那么在要求具备该技能的同时，需附上对要完成的任务或目的的描述。（1996，p.21）

例如，给一个9千克重的婴儿换尿布是教师的一项基本职能。这项技能不同于能够举起9千克重物的身体能力。在工作描述中，"必须能够给孩子换尿布"可以代替"必须能够举起9千克重的物体"。另一种方法是将身体技能直接与要完成的任务联系起来："必须能够举起至少9千克重的物体才能给孩子换尿布。"在将重点从身体属性微妙地转移到技能上时，领导者可以向潜在的合格候选人敞开大门。如果杰尔姆证明他可以安全、恰当地给婴儿换尿布，并满足其他工作职能的要求，那么领导者就应该将他等同于其他具有相同能力的申请人。

同时领导者需要邀请其他申请人展示他们将如何完成这些基本任务，因为一致性很重要。如果每个被面试的人都被要求演示给孩子换尿布的过程，那么杰尔姆就不会被单独挑出来。杰尔姆很可能会证明他可以用自己的方法来安全和恰当地给孩子换尿布。如果是这样的话，那么无论是面试官还是被面试者，每个人都能够从面试的过程中受益。

如果杰尔姆提出为了完成任务需要为其提供便利，那么面试官可能会更详细地探讨这些便利条件涉及哪些方面。但是，如果杰尔姆没有主动要求提供便利，那么面试官也不必先提及这一话题。

通过修改工作描述、将重点放在任务而不是属性上，主管可以避免工作面试中的困难时刻。面试也可以从问答形式调整为包括情景和演示的形式。这样，申请者可以分享自己满足工作基本职能的方法。

计划意料之外的事情：危机预防

主管不可能总会预防危机的发生。然而，他们可以利用自己的情商，尽可能有效地应对每一场危机。

玛格丽特·利奇·科普兰（Margaret Leitch Copeland, 1996）的"蓝色警报！建立育儿紧急预案"引导我们一步一步地为不可预见的事情做准备。她建议：

- 与员工集体讨论所有可能发生的危机。
- 在制订计划时利用当地危机管理专家的协助。
- 制定并定期执行危机预案。
- 建立与家长沟通的制度。
- 为组织指定一名发言人，最好不是主管。
- 预测和准备媒体可能需要的信息，并确保发言人可以获得书面信息。
- 通知其他人将问题提交给发言人。

> 如果不是让彼此的生活变得不那么困难，那么我们活着是为了什么？
> ——乔治·艾略特

定期与员工一起排练这七个步骤，有助于防止危机爆发时个人无法承受恐惧和焦虑。国家许可标准规定了处理自然灾害的程序。有时"非自然"的灾难同样令人不安。如果一条蛇爬到操场上，一辆危险的垃圾车停在草坪上，或者墨菲叔叔威胁教师怎么办？预先做好一切准备是最好的预防机制。

防止父母接孩子时发生监护权纠纷

有些离婚判决很明确。法院可以授予共同监护权，但不会明确细节。如果父母双方在同一天来接孩子，并且发生争执了，那么会怎么样？如果父母未结婚，那么谁有权填写孩子的接送授权表？父母一方能把另一方从孩子的接送表上删除吗？如果母亲在父亲能否接送孩子的问题上经常改变主意怎么办？在孩子离开幼儿教育机构的时候，教师们最不希望发生的事情就是孩子们感到不安。

为了防止幼儿教育机构和孩子们被夹在中间，主管可以采取预防措施。主管的工作不是决定谁有权得到孩子，法院已经这样做了。相反，主管的任务是支持孩子，这意味着需要在入学时获得完整的信息，以防止父母发生权利斗争。父母双方都有权接送孩子（见表7.6），需要将这个政策添加到家长手册中，以防止日后监护权发生破裂。在入学时可执行该政策，以便家长从一开始就提供相关的法庭文件。文件存档后，主管和教师将为日终监护问题做好准备。同时，需明确在授权名单上有权接送幼儿的父母（有监护权的父母）。

表7.6　父母双方接送孩子的权利

如果选择不将另一方父母的姓名列入孩子的接送授权表，那么父母必须提交法院的正式文件（例如，现行限制令、单独监护令、声明单独监护的离婚令、收养判决）。如无该文件，那么幼儿教育机构可将幼儿交给任意一方父母，但父母须登记幼儿亲生父母或收养父母的身份信息。

思考如果有这一明确的接送政策，那么本章案例研究的结果会发生什么变化。如果在入学时卢佩向你提供了对巴斯特的接送限制令，那么你就可以更好地做准备了。如果巴斯特出现了，那么你可以告诉他，卢佩已经对他下达了限制令，两个女孩不能被接走。如果没有适当的文件证明卢佩对这些女孩具有合法监护权，那么巴斯特可以声称卢佩绑架了她们；或者也许卢佩和巴斯特共同拥有孩子的监护权，但他们对彼此的愤怒让其很难计划谁来接送孩子。更糟糕的是，两个女孩可能会在幼儿教育机构的门口听到卢佩和巴斯特之间的激烈争吵。

为了保护所有幼儿免受伤害，共同监护父母协议政策可以写入共同监护父母的家长手册（见表7.7）。

表7.7　共同监护父母协议

［家长姓名］（家长1）和［家长姓名］（家长2）是［孩子姓名］的家长，家长1将在［星期几］接［孩子姓名］，家长2将在［星期几］接［孩子姓名］。

如果一方家长试图在另一方家长的接送日接［孩子姓名］，则该家长必须登记另一方家长对计划变更的同意。

如果持续发生变化，那么双方须立即向幼儿教育中心提交修改后的协议。

通过要求家长在登记时填写这些表格，主管可以防止每个人（尤其是孩子）经历头痛的事情。卢佩和巴斯特将负责遵循他们的书面协议。如果一方家长想要更改协议，那么在进行任何更改前，他（她）必须直接与另一方家长进行沟通。这种方法可以让主管和教师专注于自己的职责，而不是陷入一场令人不快的监护权之争。

防止醉酒的父母开车送孩子回家

有时,接触毒品或喝酒的父母会来接孩子。主管如何帮助幼儿教育机构为这种可能的情况提前做好准备?在下列情况中,你会怎么做?

> 离异父母克莱尔·麦克卢尔和菲尔·麦克卢尔共同抚养3岁的科尔。科尔以前是个活泼、好奇、爱开玩笑的男孩。最近,科尔变得孤僻、胆小,这让你很担心。父母都试图通过讲述对方的错误和缺点来获得你的支持。你觉得自己好像在看肥皂剧。你试图保持中立和理解。
>
> 今天是星期五下午,即将迎来12月份的假期,菲尔·麦克卢尔走进你的幼儿教育机构来接科尔。你觉得他的呼吸中有酒精味。他冲着遇到的每一个人"呵呵"大喊。科尔躲在教师的身后。

记住,在入学时与父母达成的协议是预防机制。主管可以考虑在家长手册中增加安全离园同意政策:

> 同意幼儿安全离开我们的幼儿教育机构——如果孩子和你一起离开,而我们担心孩子的安全,那么我们会打电话给授权名单上的另一个人来接孩子。

如果麦克卢尔签署了这项协议,那么他们就同意了一个有助于保护各方安全的程序。在入学时与家长讨论这项政策,并让他们在政策文件上签字,这是一种冷静的做法。领导者可以提醒家长注意这项政策及其协议,并在孩子入学前进行讨论。通过为家庭提供适当的程序,领导者可以避免令人痛苦的混乱。

编写危机化解程序

典型的危机化解程序有助于员工度过可能存在危机的一天。这个程序可以被添加到员工手册中,并在员工会议上进行实践。针对家人来接孩子的问题,员工可以开展头脑风暴式讨论,以避免任何可能发生的混乱。

如果最终出现这样的危机,那么主管可以采取以下措施来保障每个人的利益。

- 不要立即送走孩子。与接孩子的人讨论你的担忧。

- 让孩子与另一名教师一起参加活动。确保所有的幼儿都是安全的，并且远离危险。
- 联系授权名单上的其他父母或其他负责的成人。请他们来解决这个问题。
- 提供替代方案。主动打电话给授权名单上的其他人来接孩子。
- 有保留地送走孩子。作为法定报告人，请致电相应的州或市政府机构并报告你的担忧。例如，让警察监视可能在酒精或其他受管制物质影响下驾驶汽车的父母。
- 打电话给当地部门。当某人的健康或安全受到威胁时，可通知警察、社会服务部门、许可人以及其他恰当的权威机构。

> 授权记者是负责幼儿福利和安全的专业人员。州法律规定，如果幼儿可能被虐待或被忽视，或者有遭受虐待或忽视的危险，那么授权记者必须与当地机构联系。醉酒驾驶可以被视为虐待或忽视幼儿的行为。

"防患胜于补救"这句格言在幼儿教育管理中是正确的。主管们的目的是保持专业的观点。他们可以采取诸多措施来预防危机。员工手册和家长手册中的书面政策和程序有助于避免干扰。主管们还可以制定保障措施，指导幼儿教育中心渡过无法预防的危机。

不管担心是潜在的诉讼，还是情感的干扰，提前做计划的主管们都会有相应的应对措施，这样既能尊重每个人的权利，又能确保孩子们的幸福。

反思性问题

1. 回想一下你所面临的与工作有关的问题。描述那个问题以及你当时是如何处理的。你能想出一些政策、程序或方法来防止问题的发生或减少问题的破坏性吗？请描述相关的政策或程序。

2. 你想对应聘者提出哪些问题？请列出10个问题。复习并重新改写这些问题，体现出对残疾人的尊重和公正。你如何确保所提出的问题更多地集中于工作能力，而不是个人身体素质？列出这些问题后，你是否会建议重写工作表述以符合《美国残疾人法案》的要求？

3. 想象一个单身父亲托马斯想让他的双胞胎儿子瑞安和罗科在你的幼儿教育机构中学习。托马斯填写了双胞胎儿子的接送授权名单，但没有写上他们的妈妈。请描述你将采取哪些步骤来平衡父母双方的权利，同时确保双胞胎的最大利益。

团队项目

1．讨论你的职业经历，比如你觉得自己行动之快，但别人来不及反应。与他人一起集思广益，讨论你的选择，而不是立即做出反应。可以使用网站或其他关于压力管理的资源。制定一份包含五种方法的清单，以便你提醒自己需要冷静，而不是过度反应。准备并展示一个关于在压力下保持冷静的视频或其他演示。

2．大声朗读关于麦克卢尔的案例研究。通过角色扮演来表现如何应用关于麦克卢尔先生的危机化解程序。现在想想，怎样才能避免危机的发生。在这个案例中，你能找到多少潜在问题的迹象？请列出为防止事故发生，你和家长可以提前采取的措施。集思广益，共同探讨家长接送孩子时可能发生的其他潜在危机。选择一个最具影响力的危机，并讨论危机化解程序可能有何帮助。

3．研究你所在的幼儿教育机构的政策，为现任或前任员工提供推荐信。如果发生了什么事情，你会改变这项政策吗？想象一下你的手机响了：伊万杰琳打电话来让你给詹娜做个推荐。根据目前的推荐政策，你会怎么说？如果詹娜签署了一份免责协议，允许你自由发言，那么对于詹娜的每一个假设情境，你会如何回应？

参考文献

Americans with Disabilities Act of 1990, as Amended, 42 U.S.C. 12101 et seq (2008).
Bloomfield, D. 2012. *American Public Education Law*. 2nd ed. New York: Peter Lang.
Bruno, H.E. 2005. At the end of the day: Policies, procedures, and practices to ensure a smooth transition. *Child Care Information Exchange* (September–October): 66–69.
Bruno, H.E. 2010. "Hold harmless" option for staff babysitting and employee references. *Exchange,*

the Early Childhood Leaders' Magazine (May–June): 68–72.

Child Care Law Center. 1996. *Employing people with disabilities: The Americans with Disabilities Act and child care.* San Francisco, CA: Author.

Copeland, M.L. 1996. Code blue! Establishing a child care emergency plan. *Child Care Information Exchange* (January–February): 23–26.

Copeland, T. 2006. *Family child care contracts and policies: How to be businesslike in a caring profession.* 3rd ed. St. Paul, MN: Redleaf Press.

Copeland, T., & M. Millard. 2004. *Family child care legal and insurance guide: How to reduce the risks of running your business.* St. Paul, MN: Redleaf Press.

Podell, R. 1993. *Contagious emotions: Staying well when your loved one is depressed.* New York: Pocket Books.

Schimmel, D., S. Eckes, & M. Militello, 2010. *Principals teaching the law: Ten legal lessons your teachers must know.* Thousand Oaks, CA: Corwin Press.

第八章

创建问题解决者共同体：做人生赢家，而不是抱怨者

> 己所不欲，勿施于人。
>
> ——中国谚语
>
> 小时候当我从新闻中看到可怕的事情时，妈妈总是告诉我："去寻求帮助吧，总会有人帮助你。"
>
> ——弗雷德·罗杰斯，《你很特别》

案例研究——加布里埃拉和莫德

加布里埃拉是一个无拘无束的人。每当她走进教室时，孩子们都会激动地上蹿下跳。她非常喜欢生成式教学。有一次，贾维尔在操场上发现了一只跳跃的青蛙，她便邀请孩子们来想象青蛙的世界是怎样的。雷娜和埃丝特弯下腰来模仿青蛙跳动，泽维尔想要给青蛙喂食物。由于加布里埃拉需要在下午3点离开，准备她的第二份工作，所以她快速地给孩子们分发了一些颜料和纸张，并说："让我们一起想象一下青蛙先生的世界！"随后，她让孩子们把作品放在教室的地板上晾干。她笑着说："明天我们再来讲述青蛙先生的一天。"她向助教蒂雅挥手，很开心地离开了教室，却忽略了教师莫德。

莫德重视有序性和组织性，认为在有计划的教学环境中孩子们的学习效果最佳。在她的课堂上，孩子们很专注。因为她总会带来一些有趣的、可操作

的、有计划的活动。她为每一节课努力收集和组织材料，当看到教室的地板上散落的湿画纸时，她惊恐地说："有人会滑倒的！"很快，在家长来接孩子之前，她迅速地把这些湿滑杂乱的画纸扔进垃圾袋。"又一次避免了家长投诉"，她想。

加布里埃拉和莫德的不同教学风格和方法是产生分歧的根源。她们向其他同事抱怨对方并散布谣言。加布里埃拉称莫德为"刻板的控制狂"，而莫德向每个人哭诉，并表明和"邋遢的加布里埃拉"一起工作有多么痛苦。孩子们也能感觉到两位教师之间的分歧。

第二天上午，加布里埃拉懵了，生气地质问莫德："孩子们的手指画呢？"面对这种紧张的气氛，如果你走进教室，你会怎么做？

主管们经常说："我只是想让每个人都快乐。"在理想的世界里，人们互相欣赏，差异使我们互相吸引，我们想要学习很多未知的东西。当跌倒碰撞到他人时，我们会停下来，面对面地讨论如何尊重彼此的空间。我们尊重他人以自己的方式看待世界的权利。我们为儿童示范如何充满敬畏地解决问题。在《第五屠宰场》（*Slaughterhouse-Five*）中，作家库尔特·冯内古特（Kurt Vonnegut）缅怀了这样一个理想的世界："世间一切都是美好的，没有任何伤害。"

在这一章中，我们将探讨如何创建一个问题解决者共同体，以及由抱怨者转变为人生赢家的方法。

开放式交流，热情的共同体

把幼儿教育机构设想成开放的、充满关怀的、活泼的、多元的文化学习共同体是一种理想。为了实现这种理想，我们中的许多人都需要应对一些让人不安的挑战。对很多幼儿教育专业人士而言，冲突是一个可怕的概念。如果不能公开地识别、讨论并解决不可避免的分歧，那么我们怎么能形成一个热情且受欢迎的共同体？也许下面的实践将对我们有所帮助：

● 我们可以求同存异。

第八章 创建问题解决者共同体：做人生赢家，而不是抱怨者

- 我不必爱每一个人，只要做到尊重即可。
- 对我的盲点可以忽略不计。
- "我行我素"是走向孤立的快速通道。
- 我有犯错的权利。

我们应该如何创建一个问题解决者共同体？设想一个地方，在这里每个人都被尊重。

管理不同性格、传统、价值观和背景的教师就像养一群猫一样。每个人都认为自己是正确的，并坚持自己的方向。彼此之间的冲突被认为是粗鲁的、具有侵犯性的和令人厌恶的，教师们可能会拉帮结派，互相说长道短，向主管或儿童的家长抱怨。

儿童会模仿我们所做的一切。他们的"镜像神经元"使其努力地模仿成人的行为模式。设想学前儿童雷娜悄悄地对她的伙伴埃丝特说："今后的一百年我都不会和泽维尔玩了。"孩子们很快了解到这个不成文的规则——如果你对我说别人的闲话，那么你也会对别人说我的闲话。

▶ **培养你的EQ**：扪心自问——你相信我们的教育能够远离谣言、悲观、诽谤和抱怨吗？你认为我们必须逐步解决它们吗？

请考虑以下策略。通过使用这些策略，主管们成功地克服了谣言，从而建立了问题解决者共同体。做成功者，而不是抱怨者。援助马上就到。全美幼教协会的道德行为准则和美国儿童保育协会的专业道德准则都包含反对谣言的内容（见表8.1）。如果我们能用一个词总结这些准则的核心，那么这个词就是"尊重"。

表8.1 美国儿童保育协会专业道德准则

美国儿童保育协会是由儿童保育和教育领域中处于领先地位的人士组成的协会。作为协会成员，我们坚信儿童保育具有专业性，专业人士有责任用道德的方式管理机构。认识到协会在这一过程中的重要作用，我们决定这样做：

1．维护美国儿童保育协会提出的关于专业人员的道德标准，更有效地为儿童、家长和幼教领域服务。

2．要不断地记住，我们处于服务行业，致力于为儿童及其家庭提供高质量的教育服务，并把这项服务置于个人利益之上。

3．以一种既能在业界建立良好信誉，又能增强家长、社区成员和同行信心的方式开展业务。

8．避免在竞争对手的员工中播下不满的种子，以使他们难看或妨碍其业务。

9．避免故意误导家长、社区成员或同行等来损害竞争对手的形象。

11．任何时候都以一种能为协会和儿童保育领域带来荣誉的方式管理自己。

谣　　言

什么是谣言？

谣言是一种牺牲团体利益以获得和维持权利的过时方法。有些女性不能忍受自己暗淡无光，为了让自己更加闪亮，她们必须先除掉比自己更加优秀的人（Chesler，2009，p. 465）。对合作者的抱怨会使同事间产生隔阂。用小团体取代团队就会出现以保护自我领地为目的的孤立群体。权利斗争将代替问题解决。虽然我们建议儿童"运用语言"来解决问题，但是他们还没学会解决问题的方式。

表8.2　什么是谣言？

谣言是：
　　关于另一个人的交流；
　　当事人不在场；
　　故意伤害当事人的名誉；
　　听信谣言。

谣言不是：
　　分享准确、必要和恰当的信息；
　　对他人持有一种观点。

为什么会有谣言？

就像恃强欺弱者一样，谣言传播者掌握着权利。同事们都害怕对抗一个谣言传播者的后果。任何有勇气抵抗莫德的人都有可能被孤立、回避或被莫德的同伙嘲笑。当然，加布里埃拉也有支持自己的小团体。然而，谁考虑过孩子的感受呢？

> 原则3A-2：
>
> 当担心同事的专业性行为时，我们首先应该从尊重个人尊严和员工行为多元化的角度，让其知道我们的担心，然后尝试在保密的情况下共同解决问题。
>
> ——全美幼教协会道德行为准则

谣言传播者将自己凌驾于事实之上建立自己的权利。不像男性，女性通常会回避直接的冲突，并向其他女性寻求支持（Tannen，1990）。

不同民族群体间的谣言有什么差异呢？特雷莎·柏南德兹（Teresa Bernandez）对盎格鲁裔、拉丁裔和非裔三类美国女性进行研究。凭直觉，你觉得哪个群体传播的谣言最多？柏南德兹发现，盎格鲁裔女性传播的谣言最多，她们最常被教导："如果你说不出好话，倒不如不说。"拉丁裔女性也爱传播谣言。柏南德兹注意到宗教可能是影响因素之一。在这三类女性中，非裔女性最少传播谣言。贝弗林·格林（Beverly Green）在研究中评论："因为非裔女性遭受种族歧视和性别歧视，所以她们从中学会了直率。"

菲尼和弗里曼（Feeney & Freeman）在谈到运用全美幼教协会的道德行为准则时，指出"道德行为需要思考和反思、骄傲和谦逊、愿意改变以及保持坚定的勇气"（2005，p. 73）。小团体会播下敌对的种子，以阻碍问题解决者共同体的形成。

创建无谣言区

借用电影《阿波罗13号》（*Apollo 13*）中宇航员的一句台词："幼儿教育专业人士，我们遇到麻烦了。"在通常情况下，管理者和教师习惯回避冲突，并通过谣言、悲观和背后中伤等方式间接地解决问题。我们的组织文化需要改善。

你准备好考虑改变做事方式了吗？下面是一些实用的日常方法，它们能将琐

> 理念2.5:
> 　　创建并保持一种信任和坦诚的氛围，促进双向的沟通和交流，使家长或监护人从孩子利益最大化的角度说话和行动。
> 　　　　　　　　　　　　　　　——全美幼教协会道德行为准则

事变得更加专业化。

- 更新员工的工作描述。补充并强制执行这条声明——"保持无谣言的工作环境"，以作为一种工作职能要求。
- 直言不讳并明确地表明你反对谣言的立场。想象在主管的办公室门口贴一张标语——"这对孩子和家长都有好处吗？"主管能用更合适的观点评价每一条谣言："加布里埃拉，当你和泽维尔的妈妈谈论团队中的其他教师时，这对泽维尔和他的妈妈都有好处吗？"
- 使用五个步骤和原则直接监管散布谣言者（指导性监管详见第九章）。莫德用"邋遢的加布里埃拉"来指代团队中的教师，这是不符合规定的做法。本机构对传播谣言者零容忍。你打算如何改变你的行为？
- 明确地表达组织的使命宣言。莫城唱片的传奇人物艾瑞莎·富兰克林（Aretha Franklin）说得对，"尊重是关键"。幼儿教育的使命和哲学言论都应当把尊重别人和自己作为基础。将组织目标置于个人利益之上的有效交流体现了尊重。
- 在员工会议中，使用全美幼教协会的道德行为准则和美国儿童保育协会的专业道德准则来解决问题。在员工发展会议上专门讨论如何创建无谣言区。要求员工运用道德准则来进行案例研究（本章中涉及的一些案例）。
- 为员工提供授权声明并练习阻止谣言。"我需要马上把精力放在孩子身上""讨论不在场的人让我感到不舒服"等阻止谣言的声明都可以让谣言停止。（关于阻止谣言的更多内容详见下一节。）
- 教育和引导员工学习有效的问题解决技能。本章的后续部分将强调三种解决冲突的相关策略。

- 挑选和训练一个朋辈教练的团队。奖励那些通过任命、培训而展示出问题解决技能的员工,并把他们作为同龄人的教练。
- 签订一个无谣言的合约。接下来的部分是有效地解决问题,邀请员工阅读、讨论并签订问题解决协议。将这条政策添加到你的教师手册中,并将签订好的承诺声明放入员工档案。
- 修订教师手册。在政策中添加问题解决协议:"我们的机构对传播谣言零容忍。我们承诺尊重他人,沟通以解决问题为本。作为专业人士,我们没时间传播谣言。"

通过直接监管消除谣言和悲观

当道德准则未被强制执行时,谣言传播就像病毒一样。美国光明地平线公司马萨诸塞州分公司的一名主管特里什说,谣言对她所负责项目的破坏性影响让她感到身心疲惫。特里什和助理主管召开员工会议,致力于创建一种无谣言的工作环境。在充分讨论后,教师们开始签订"问题解决协议"(见表8.3)。

表8.3 问题解决协议

(雇员姓名)是(中心或机构名称)中的一名教师,同意立即并直接地提出我与同事间的任何问题,愿意与同事一起努力,以双方的优势为基础,找到双方都满意的解决方案。经过真诚地努力后,若冲突仍未解决,我将请求我的主管(或指定人员)和同事们一起召开会议。我同意在会议上提出两种以上的解决方案,这些方案尊重组织和矛盾双方的需求,我既不传播谣言,也不阻止解决影响幼儿保育和教育质量的问题。我会全身心地参与关于问题解决技能的员工发展大会。

签名_____ 日期_____

第二天,当谣言再次被传播时,特里什把每一名谣言传播者都叫到自己的办公室,使他们逐步明确指导性监管的五个步骤(见第九章)。特里什提醒每一名教师其行为已经被记录在案,下一步她们将面临进入试续期和被解雇。不到一个月,一名教师辞职了,另一名教师被解雇了。教师的士气提升了,孩子和家长也得到了激励。

用同事的力量阻止谣言传播

当发现监管者强制执行无谣言区的政策时，教师感到做自己分内的事情得到了支持。教师能够做什么来阻止谣言传播呢？思考一下本章中的案例研究，莫德可能决定将来她不再传播谣言，并发誓自己不再和别人讨论加布里埃拉。当其他的谣言传播者向她抱怨加布里埃拉时，她可以选择沉默。在主管的激励下，莫德决定改变自己的行为。

这些策略足以阻止谣言吗？还记得谣言的定义吗？听信谣言就是在传播谣言。听信谣言就会使谣言传播者毫无阻碍地继续传播消极消息。这些谣言传播者甚至会因别人的听信而感到自豪。

教师们需要有效的声明以阻止谣言传播，而不是听而任之。同时，一些同事并没有足够的自信来直接与谣言传播者对抗，他们害怕自己因挑战谣言传播者而变成其攻击的目标。

当下次有人向你传播谣言时，请尝试用下面的"谣言塞"（gossip stoppers）来回应。通过运用下面的声明，你不但能够对自己的行为负责，而且不会变成谣言传播者的下一个目标。谣言将减少，同时谣言传播者不得不怀疑自己的动机。作为主管，你可以给员工提供以下"谣言塞"：

- 讨论不在场的人让我感到不舒服。
- 我需要马上把精力放在孩子身上。
- 你愿意和某人谈论你对她的关心吗？
- 我愿意和你一起去找某人，这样你就可以分享你对某人的关心了。
- 我承诺过不传播谣言。
- 我们不要那样做。
- 因为我不能帮你解决那个问题，所以请不要再和我提及它。
- 黛安娜·罗斯（Diana Ross）说："在令我心碎前，以爱的名义，停下来。好好想一想。"
- 还记得吗？我们签过不再传播谣言的协议。
- 墙上的使命宣言告诉我们要尊重差异。
- 当我们努力达到全美幼教协会的标准时，我们同意不做对孩子有伤害的事情，你愿意让孩子学习散布谣言吗？

在阻止谣言和负面情绪的传播方面，上面的每一条声明都是令人尊敬的和有效的。作为一名领导者，通过在教师手册或员工会议中补充这些声明并展开讨论，可以帮助员工对谣言传播者说"不"。

教师能够克服他们反对谣言传播的恐惧吗？主班教师丹妮尔·多纳蒂·古尔登（Danielle Donati Gulden）回忆："我发现与女性共事最困难的问题就是谣言，我曾经像渴望毒品一样渴望谣言，但是我现在已经恢复常态了。我让合作的教师知道，我对谣言有分寸并能够从是非中脱身。无论什么时候听到谣言，我都对自己说'走开，离远一点'。最终，他们不会将我纳入谣言传播者队伍，而我从未因被忽略而感觉这么好。"

思考下面的关于拉沃达的案例研究。设想你是拉沃达团队中的教师，作为一名同事，你会做什么来阻止破坏行为？如果作为一名主管，你将如何预防或解决涉及新教师的冲突？

> **案例研究——拉沃达**
>
> 　　拉沃达被雇用来代替因偷小额现金而被解雇的贝蒂，教师们对贝蒂被解雇愤愤不平，没有人想要和拉沃达一起工作。他们回避拉沃达、编造关于她的谣言，并且在谈话时将她排除在外。今天下午，伊薇特和特丽克西邀请你下班后去购物。拉沃达站在你旁边，他们对她视而不见。
> 　　你会怎么做？

思考一下这种反应："这太无礼了，拉沃达也是这里的教师，请尊重她。"采取这种直接的方法能够阻止谣言传播，但并不是每一个教师都准备这么直接。管理者需要帮助员工们发展有效面对类似情境的勇气和技能，可以邀请他们在团队会议中通过角色扮演来进行案例研究。结合实践，每名员工都会在阻止谣言中形成自己的风格。

消除工作场所的抱怨

就像谣言会有害于工作场所一样，抱怨也会有害于工作场所。抱怨者叹气、卸下她的重担，期待你全神贯注。如果你为她的问题提供解决方案，那么抱怨者不会感兴趣。作家布林克曼和科施娜（Brinkman & Kischner）解释道："抱怨者被不公正的世界击败并感到无助。他们的标准是完美的，没有人能达到标准，痛苦往往偏爱他们，所以他们把问题带给你，提供解决方案的过程让你痛苦，而他们的抱怨会不断升级。"（2002, p. 11）

抱怨者有控制的需求，不仅要求你全神贯注，还必须掌控话题、谁来说、谁来听、结果变成什么——更多的抱怨。抱怨者期待自己的听众同情并确信事情有多么糟糕。抱怨者是受害者，整个世界都对他们做错了。任何人和事都帮不了他们。抱怨者认为你的工作就是抚慰并确认他们的麻烦有多么困难。

为什么我们要倾听抱怨者？我们认为自己是抚慰者和养育者。我们中的大多数人都害怕冲突。对一个爱抱怨者施以严厉的爱——也就是指导她采取行动并前进——是不可思议的，所以我们坐下、倾听、安慰，然后逐渐感到厌烦。

两种类型的抱怨者

作为领导者，你需要知道有两种类型的抱怨者——情境性抱怨者和习惯性抱怨者（Bruno, 2011）。

情境性抱怨者独自在无法解决的特定困境中挣扎，他们的搭档帮其解决了这个难题。随着解决方案的出台和措施的实施，卸下压力的他们就会停止抱怨。换句话说，一旦你帮助狮子把爪子上的刺拔下来，它就会痊愈并回归日常的轨迹。

习惯性抱怨者会陷入没有解决方案的世界。他们严重地分不清什么是能做的，什么是应该做的，只能看到过去和现在的错误（Brinkman & Kischner, 2002, p. 169）。狮子爪子上的刺会变成你身上的刺。

管理情境性抱怨者

一旦情境性抱怨者在解决冲突时获得帮助，便会停止抱怨，你可以向其询问：

- 这些痛苦的原因是什么？你能给我一个具体的例子来帮助我理解吗？
- 让我们设想这个问题是可以解决的。你需要我提供什么帮助？
- 无论是多么小的一步，你会做什么来走出这个困境？

保持界限会帮助你决定做什么和不做什么。有了这些具体的帮助，大多数情境性抱怨者能够通过解决问题重新获得乐观。如果这个方法不起作用，这时同事们可能会说："既然我不能帮助你解决这个问题，请不要再向我提及它。"从我的个人经验来说，这种表达像施了魔法一样有效。

当我的同事莉·安第一次向我抱怨她的老板时，我说："莉·安，我们和他谈谈，解决这个问题吧。"她拒绝了。第二天，她又抱怨，我又重复了上面的话，让她帮我理解真实的情境（或许这样能有所帮助），让她确认至少做什么能改善这个问题。她又一次拒绝了。当她第三次重复这个问题时，我说："莉·安，既然我不能帮助你解决这个问题，请不要再向我提及它。"随后的几天，我看到她向我走来，停下来，然后走开，我真是松了一口气！

不幸的是，莉·安的消极态度最终导致她丢掉了工作。

管理习惯性抱怨者

对于习惯性抱怨者来说，感到受伤害是一种生活方式。作为一名管理者，对待习惯性抱怨者需要采取另外的措施。布林克曼和科施娜（Brinkman & Kischner）建议："如果你是习惯性抱怨者的管理者，那么采取措施并坚定地和抱怨者划清界限是重要的事情。因为这种行为比任何其他行为……更能够削弱士气和破坏团队精神。"（2002，p. 172）

的确，抱怨者的抑郁情绪会影响镜像神经元，进而影响他（她）遇到的每一个人的情绪。你曾经听到一名教师抱怨道："我们以前尝试过，过去都没起作用，现在能起作用吗？"这种"不可能"的态度使每个人的精神都萎靡不振。

《美国残疾人法案》修订案保护习惯性抱怨者吗？

在美国，大约10个人中有1个人患有抑郁症（疾病防控中心，2011）。习惯性抱怨者可能正遭受抑郁症的折磨。抑郁掠夺了我们的能量、乐观和希望。抱怨或许就是症状的后果。

琳达·卡特·巴蒂斯（Linda Carter Batist）告诉我们：在《美国残疾人法案》修订案中，临床诊断的抑郁被归为残疾。然而，从法律上讲，管理者不能问一个看似沮丧的员工："你是否有抑郁症之类的残疾？"但是管理者可以询问："你有什么想和我分享吗？你最近为什么这么沮丧和不知所措呢？"

一旦这个抱怨者告诉你她被诊断为抑郁症，那么她就打开了《美国残疾人法案》的援助之门。感谢她向你倾诉这个重要的信息，告诉她你愿意通过合理的安排来帮助她，使她用饱满的精力和热情完成工作以满足孩子们的需要。请她向你提供医生对残疾的（诊断）描述和合理的建议。补救方法可能很简单，就是在工作场所中提供一个安全、私密的地方为她储存药物，或改变她的工作时间以确保她按时服药。如果治疗成功，那么抱怨者很快就会变成"她自己"。她会更加感激自己的工作，而不是消极地回避。

> 原则3.1：
> 　　我们将为教师们提供具有安全性和支持性的工作环境，尊重他们的尊严、荣耀和信心，以便他们通过绩效评估、书面申诉程序、建设性反馈履行自己的责任，并获得持续的专业发展和进步。
> 　　——全美幼教协会道德行为准则：幼儿教育项目的补充，管理员

如果一个习惯性抱怨者对残疾只字未提，你该怎么办？如果他没有残疾，而只是一个专家反对者，你该怎么办？布林克曼和科施娜（2002）给出的答案是对抗："如果你不想讨论解决方案，那么这是你的决定。但是我不想再听到任何抱怨，也不想让你周围的人抱怨你的问题，并分散他们的注意力。当你准备好谈论解决方案时，我就在这里。"（p. 173）

对待习惯性抱怨者，你可能需要开始一个循序渐进的训练过程（见第九章）。你要传递的信息是："停止这种不专业的行为，否则就离开这个组织。"这听起来太严格吗？想象一下，当你的组织中没有习惯性抱怨者的持续抱怨时，你可以把大量的时间和精力释放并奉献给孩子和家庭，你会有更坚定的信念。

问题解决的实践

为儿童做出解决问题的榜样

值得记住的是：儿童通过观察成人如何解决分歧，来学习如何解决他们的冲突。回顾这一点让我们能够更恰当地看待问题。放下那种"我行我素"的态度，尽管会有困难，但是我们会从冷静的视角看问题。关键问题是："我们如何为幼儿树立解决问题的榜样？"如果儿童正在观察我们如何解决问题，那么我们要让他们观察什么呢？从给儿童做榜样的角度来解决问题，我们可能更有强烈的动力采取尊重的方式。

成人要求儿童使用"有效的语言"来解决问题。当孩子们学会使用语言，而不是推撞、击打或抢夺玩具时，他们就学会了一种自己解决困难的方法。作为成人，除非我们有效地使用语言，否则就不能向儿童展示成熟的、具有合作性的行为。

当儿童和成人感到愤怒、被伤害、怨恨、恐惧和无助时，找到合适的语言尤为困难。基于这些原因，分步（授权）的实践效果最佳。

宣泄提供的是帮助还是伤害？

一些员工需要发泄或表达自己的不安情绪，然后才能够平静下来和其他人解决问题。有些主管和监督者鼓励员工在解决问题前，公开地"发泄不满"和释放不安情绪。当员工感到受伤或对他人"怒气冲冲"时，我们怎么能期待他们有效地解决问题呢？

宣泄就像揭开一锅正沸腾的水的锅盖一样，释放出蒸汽以缓解沸腾的剧烈程度。请回忆第二章中提到的杏仁核劫持的概念。戈尔曼（Goleman, 2010）警告说，杏仁核腺体临时的力量能"劫持"我们的情绪智力和智商。当我们感受到威胁时，杏仁核会引发肾上腺素或皮质醇加速通过系统。如果你要逃离或对别人吼叫，那么你可能就知道杏仁核劫持是什么感觉。我们进入"战斗或逃跑"的状态。职业化地暂时远离冲突，直到我们能够"后退一步"让自己平静下来。

尽管用语言攻击来宣泄能让个体得以释放，但这样并不能解决问题。因为宣泄是富有成效地解决问题的第一步，它需要：
- 限定时间（例如，不超过5分钟）
- 私下在监督者在场时进行（不是和同事们）
- 履行承诺和行动方案以解决潜在问题

宣泄不仅不能解决问题，还会制造谣言。然而，如果按照上述的三个步骤来宣泄情绪，对那些处于杏仁核劫持中的我们来说是有益的。

禁止传播谣言和抱怨，是不是侵犯了员工的权利？不同的人有不同的观点。一名律师可能会争辩说反谣言政策、程序和行为规范违反了劳动法，员工需要在工作场所中自由地表达。一位主管说，她在之前工作过的医院里，因在工作期间传播上司的谣言而受到处罚。但是多亏了一位劳动法律师的努力，她得到了一笔经济赔偿金，以补偿其言论自由的权利受到侵犯。

包括我在内的其他律师都认为，组织可以为员工的行为设定最低许可标准。在教育环境中，教师要为儿童树立榜样。组织氛围会在儿童及其家长来到门前的那一刻影响他们。我们应该给儿童一个更积极、向上的环境，在那里每个人都能够自由地学习和成长。谣言和负面消息会伤害儿童、家长和教师，因此，反谣言和专业政策的高标准是有必要的。

如果你对劳动法或相关政策，以及它们是否适用于禁止传播谣言和禁止抱怨的政策和实践有所关注，那么你可以向律师咨询。

解决冲突的策略

Z方法

Z方法是一种有效解决问题的方法，它源于迈尔斯－布里格斯模型，遵循字母Z的轮廓（Kroeger & Thuesen, 1992, p. 163）。在Z的起点、终点和拐点上，我们提出不同的问题（见图8.1）。

当"对手"分享答案时，邀请每个人倾听他人是如何觉察这种情况的。在这个过程中，每个人将会放下"自己能控制别人"的信念。

第八章 创建问题解决者共同体：做人生赢家，而不是抱怨者

让我们使用 Z 方法的四个拐点陪加布里埃拉和莫德走一程。

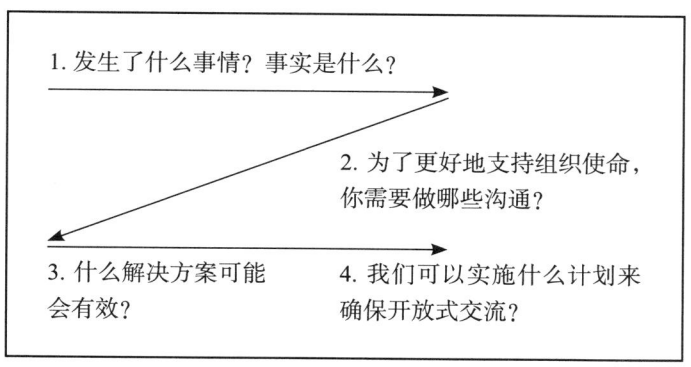

图8.1　Z 方法

1. 发生了什么事情？事实是什么？

专注于你的观察，不要责备、羞辱或激怒他人。面对他人的指责，采取共同解决问题的方式。始终关注你自己以及你经历了什么，领导者可以通过以下问题确保讨论不跑题：

"加布里埃拉，你能描述一下昨天下午你和孩子们在操场上开展了什么活动吗？"

"莫德，请尽可能如实地描述，昨天下午加布里埃拉离开不久后，你观察到了什么以及采取了哪些行动？"

当每个人都描述了自己的行为和观察时，我们将会看到一方或双方发生的变化，我们经常要提醒自己，当我们看到装有半杯水的玻璃杯时，有的人看到它是半满的，有的人看到它是半空的。事实是具体的、毫无批判性的。让每个人更开放地倾听别人是第一步。

2. 为了更好地支持孩子们，加布里埃拉和莫德需要做哪些沟通？

一旦我们引出了这个事实，领导者可能会问：

"加布里埃拉，如何才能让你觉得教室对自发式学习是开放的，同时能够给孩子们提供他们同样需要的可预见性？"

"莫德，如何才能让你觉得教室是安全和有组织的，同时能够开展生成式课堂？"

在这个步骤中，两方中的一方或双方也许仍然会攻击对方。加布里埃拉可能

会认为莫德是保守和僵化的。提醒她集中精力寻找解决方案。莫德可能会反复地看表，暗示这场讨论没有意义。询问双方："你们将如何共同努力，并以给孩子们做出榜样的姿态来解决这个问题？"

3. 头脑风暴法适用于这一步骤并建立在每个人的优势之上。

"加布里埃拉，关于莫德的教学，有哪些方面是你尊重的？"

"莫德，你能提出至少一种解决方案吗？既尊重加布里埃拉，又保持自己的教学风格。"

帮助每个人指出一些她真正觉得对方身上有价值的东西。当每个人从"对手"那里听到有关自己的积极方面时，对手看起来不再像"敌人"。要求每一名教师发现他人在工作中的价值，要求他们用头脑风暴的方法讨论如何更好地为儿童服务，从而分享各自的优势，满足彼此的需要。

4. 制订一份确保持续发展、开放式交流的计划。

领导将会问：

"加布里埃拉，未来你会如何与莫德更有效地合作？"

"莫德，你将采取什么措施与加布里埃拉更有效地合作？"

据我观察，98%的同事矛盾都是沟通不畅导致的。当一名教师感到被误解和不被欣赏时，她就会"诋毁"另一名教师。教师们需要能够持续沟通的系统。

通过搭建平台，莫德和加布里埃拉的问题暂时得到解决。邀请她们发现并认同能够使双方持续沟通的方法。每周五下午召开的例会？用一本公用的笔记本给对方留言？加布里埃拉可以给这个笔记本创设一个漂亮的封皮，莫德可以安排内部的结构。

朋辈教练法

朋辈教练就像一个随时待命的、值得信任的、长期居住的"专家"，他能够帮助同事解决冲突。主管可以号召这些熟练的问题解决者担任朋辈教练。

对于所有人来说，从间接到直接行为的转变可能是令人尴尬的。一些团队成员比其他人更快地掌握解决问题的技巧。问题解决的初学者可能需要主管用额外的时间协助他们练习技巧。朋辈教练通过加强相关的实践来支持主管们的工作。

除了用 Z 方法，朋辈教练还可以借鉴专业教练经常使用的"五步教练程序"：

- 你对如何有效合作的愿景是什么？
- 合作的障碍是什么？
- 说出你能改变局面的三个步骤。
- 每次进行一个步骤。
- 再次开会讨论："我们现在的愿景或希望是什么？"

> 即使运用最有效的交流方式，你也不可能总是做出正确的决策。在某些事情发生之后，你可以重新考虑并了解它们。
> ——珍妮特·冈萨雷斯-米纳

朋辈教练询问"对手"的希望、阻碍他们的屏障是什么，他们能够采取哪些措施保障项目顺利进行，以及将教室变成高度功能化的学习环境。在合作过程中要邀请同事来分担解决问题的责任。朋辈教练提醒每一个人把精力放在对儿童和家长最有益处的问题上。

▶ **培养你的EQ**：对加布里埃拉和莫德应用五步教练程序。你会问什么问题？他们会有怎样的反应？怎样才能让他们的讨论不跑题？

达成共识和艰难对话的方法

达成共识和艰难对话的方法产生于和平解决冲突的"哈佛谈判项目"（Harvard Negotiation Project），他们分享了三种强有力的概念：

- 与其浪费时间争论谁该赢，不如把精力放在理解和接受我们每个人看世界有不同的视角上。
- 妥协常常导致"半途而废"和怨恨。相反，更深层次地解决问题的方法是尊重每个人的价值。
- 如果我们看问题足够深刻，那么我们会找到对立双方的共同点。

就像下面的案例研究所描述的，吉米·卡特总统（Jimmy Carter）在1978年的和平谈判中使用了这些策略，谈判对象是以色列前总理和埃及前总统。请注意卡特总统如何帮助两位领导人找到他们的共识点。当用Z方法或朋辈教练法来解决矛盾时，你将如何操作？加布里埃拉和莫德共有的更深层次的价值是什么？哪些能够弥补偏见带来的问题？

> **案例研究——吉米·卡特总统**
>
> 卡特总统邀请埃及前总统安瓦尔·萨达特和以色列前总理梅纳赫姆·贝京到戴维营会晤。卡特总统的目标是通过谈判让两位领导人和解。然而，两位领导人之间存在深远、持久、不可调和的分歧，谁都不愿意改变主意，萨达特总统甚至想退出会晤。
>
> 这时，卡特总统问贝京："你有孙子或孙女吗？"贝京变得温和并回应说"有"。卡特又问："你能给我们看看他们的照片吗？"这位骄傲的祖父在会议桌上展示了他精力充沛的孙子和孙女的照片。卡特继续鼓励说："给我们讲讲这些可爱的孩子们吧。"当贝京生动地讲每一个孩子的故事时，萨达特开始靠过来看看这些孩子是什么样的。
>
> 接下来，卡特转向萨达特并问了类似的问题："你有孙子或孙女吗？这些优秀的孩子都是什么样的？"当萨达特自豪地讲述时，贝京也凑近来看和听。
>
> 在这一天快结束时，两位领导人达成了共识——他们要给孙辈更好的未来。他们签署了将两国人民从恐惧中解救出来的和平协议。他们从心底认同——所有的子孙后代都应该拥有充满希望的未来，远离恐惧和战争。

在回答"我能改变别人吗？"这个问题时，艰难对话法给出的答案是一个响亮的"不"！当尝试说服一个人，表明我们是正确的而他（她）是错误的时，我们不可能获胜。如果我们注意倾听别人观点的缘由，那么他（她）也会倾听我们对实际情况的观点，这样我们更有可能找到解决问题的方法。难道你曾经改变过别人？

在案例研究的情节中运用这些实践，当加布里埃拉听说莫德担心孩子们的安全时，她将有机会从莫德的视角考虑当时的情况。当听到孩子们的创造性艺术作品对加布里埃拉特别重要时，莫德也会关注什么对加布里埃拉来说是重要的。通过实践，团队成员开始期待差异，而不是试图拒绝或破坏差异。

艰难对话法促使问题解决者关注三个问题（Stone，Patton，& Heen，2010）：
- 发生了什么？
- 触发了你什么样的情感（包括表现和未表现出的）？
- 对你来说什么是最重要的？

卡特总统知道，领导人萨达特和贝京逐渐认识到，为子孙后代创建一个更加美好的社会非常重要。在幼儿教育中，什么最重要？当达成一致时，我们会从儿童的角度出发解决个人冲突。为了做到这一点，我们需要抛弃压倒他人的想法。当更加深刻地知道自己想要什么时，我们就会找到从事这个职业的初心。

多元文化下的问题解决方案

案例研究——恭子

当恭子读高中时，她跟随父母从日本搬迁到这里。现在，恭子成为一名光彩夺目、富有创造力和敏锐性的教师，她的同事很尊敬和关心她。恭子所接受的文化传统鼓励她帮助每个人"保全面子"。她小心地确保矛盾不公开出现。她宁愿倾听别人的抱怨和谣言，也不愿直接让他人终止或离开。她所在的幼儿保教中心对创建"无谣言区"刚达成共识。但最让恭子感到困惑的是新政策中的一条规定："如果你听信了谣言，那么你就是在传播谣言。"

作为一名主管，你如何既尊重恭子的文化，又支持中心的官方政策？

考虑到中心里的多元文化，我们应该欢迎和期待具有多样化的冲突解决方法。有的文化鼓励坦率，在这类文化中，人们在交流时几乎不需要保持身体之间的距离。以色列文化可能属于这类文化。另一些文化鼓励保守和含蓄。在这类文化中，身体距离太近可能会被认为是冒犯。日本文化可能属于这类文化。我们如何既尊重文化差异，又坚持所制定的问题解决政策呢？

第一个要问的问题是：制定的政策是否尊重文化差异？当介绍一项政策（如问题解决协议）时，可以邀请员工们在员工会议中讨论政策所带来的改变，并发

> 不要让道德感阻碍你做正确的事。
> ——艾萨克·阿西莫夫

表个人评论。如果你了解到某项政策可能和某位员工的文化相冲突,那么你要先邀请她分享她的想法和认识。

至此,一位领导者至少有两种选择:一是修改政策,使之更具有文化敏感性;二是寻找其他方法来制定政策,同时鼓励每一名教师基于自己的传统文化来实践这条政策。政策的精神同样需要重视,从这方面来说,问题解决协议的目标在于唤起成人承担责任并共同解决问题。关于案例研究中提到的恭子,你可以问她,在她的文化中人们在解决冲突时需要哪些过程,然后你可以尽可能多地吸纳这些做法。另外,你可以和恭子一起讨论怎么做或表达会让她感到舒服,以此来提升政策的精神。最后,你可能会发现一些从未想到的方法。

德布拉·沙利文(Debra Sullivan)曾经写过一篇关于多元文化的西北太平洋橡树学习共同体的报告,这个学习共同体是她和同事在华盛顿州西雅图市共同创建的。尽管知道预期目标无法完成,但是在接受红叶新闻社的线上采访时,沙利文(2005)仍然乐观地说:"当看到那些幼儿教育人士支持所有儿童都有权获得一个强壮、健康的人生开端的主张时,我很欣慰,因为不断成长的领导者和他们的领导力使这个世界千姿百态,这也是儿童最需要的。"

多元文化共同体中的问题解决者会引导一个更强壮且健康的生命的开端。

共 同 体

如果没有能力解决不可避免的差异,那么我们就不能生活在共同体中,共同体意味着:为了支持每名成员和共同体的利益而在一起生活和工作的一群人。非洲谚语"养育一个孩子,需要一个村庄"与幼儿保教机构的理念非常契合。

我咨询过相关的从业者:"为了充分融合到一个多元文化共同体中,最需要遵循哪三条基本原则?"针对这一问题,下面是来自三个地区的从业者的三种答案。

加利福尼亚州的唐娜·拉芬尼诺

1. 所有的贡献都是受欢迎和有价值的。

第八章　创建问题解决者共同体：做人生赢家，而不是抱怨者

2．参与者应该投入到过程中，愿意积极参与改变并愿意被改变。

3．参与到交流中，从而意识到其他人做事和思考问题可能与你一样好，甚至比你更好。

南卡罗来纳州的凯茜·琼斯

1．坚持共同体的核心是尊重存在差异的权利。

2．自由表达不同观点而不担心惩罚。

3．用爱和尊重解决问题，永不放弃，直到达成共识或实现方案。

俄勒冈州的阿瑟·拉弗朗斯

我们的共同体必须：

1．有超越自身的目的或功能。

2．开始之前要达成关于包含行动和解散的流程。

3．为领导设定期限。

4．承认我是共同体的领导者，任何人不喜欢，现在就可以离开。

▶ **培养你的EQ**：为了促进一个问题解决者的多元文化共同体，你至少需要制定的三条基本原则是什么？

反思这一章中的所有观点和方法，最打动你的是什么？建立一个问题解决者的共同体，你需要做什么？

我逐渐认识到，我的幽默感是最有价值的情绪智力。我也知道，当洒脱地想放弃，走到阳台，对热点问题理清思路时，我更认识到这不仅对我，而且对每个人都很重要。没有幽默感和洞察力，我不能闯荡江湖！至少当"我行我素"的观念再次冒出时，我会提醒自己。

> 感谢同为律师的阿特直言不讳（只是开玩笑）。

你认为情绪智力中最有价值的能力是什么？

反思性问题

1. 你能够在美国儿童保育协会专业道德准则中找到哪些短语和原则来支持主管为结束谣言、消极和其他无效行为而做出的努力？将这些原则运用到本章的案例研究中。

2. 反思你和女性一起工作、学习或生活的经历。你预测会出现什么样的力量和困难？当你与男性一起工作，或者同时与男性和女性一起工作时，这些经历是否不同？你把这些经历归因于先天、后天因素，还是两者兼具？至少找到一项支持你的理论的研究，然后至少找到一项区别于你的理论的研究。

> "先天还是后天？"这句话用来表述一些特征是遗传或天生（先天）的，而另一些特征是后期习得或从环境中产生（后天）的。

3. 了解一下你的文化背景。从你的名字开始反思（名、姓、中间名或者确认名）。为什么要选择这些名字？你的名字是以某个人来命名吗？你的名字中有哪些传统？在你的国家中，你的家庭有什么历史？这个家族的姓氏是否在某个时间被改变或丢失？写一篇关于文化背景如何影响你的家庭观、工作和成就，以及冲突解决的回顾性论文。

团队项目

1. 阅读下面关于贝蒂的案例。讨论下文中的问题。制订计划阻止贝蒂破坏相关流程并让她为改变自己的行为负责。贝蒂会用什么策略获得权利？她的行为会对团队成员和中心的士气产生什么影响？你曾经了解或处理过类似于贝蒂这样的情况吗？回顾一下本章中描述的方法，作为贝蒂的同事和监督者，你会采取什么行动？

> **案例研究——贝蒂**
>
> 如果艾丽斯冒犯了贝蒂,那么贝蒂会告诉卡罗琳和黛安娜——艾丽斯不仅冒犯了贝蒂,也冒犯了卡罗琳和黛安娜。通过这种方式,贝蒂说服她们反对艾丽斯。当然,艾丽斯可能没做这样的事。贝蒂会小心管理她对"过去事件"的陈述。她这么做是为了获得小团体的支持,通过灌输"正义的愤怒",从而让同事支持她在将来任何时候对抗或疏远艾丽斯。贝蒂没有任何痕迹地完成了这一切。(改编自:Chesler,2009,p. 111)

2. 研究其他解决问题的方法(除了本章所描述的),并选取两种最打动你的方法,准备向大家介绍每种方法,并在加布里埃拉和莫德的案例中应用这些方法。

3. 在至少两种不同的文化背景下,调查并讨论如何看待和解决冲突。你觉得这些方法如何?从其他文化背景的冲突解决策略中,你学到了什么?作为一名项目领导者,你会采取什么实际措施,以确保在产生冲突时尊重文化差异?

参考文献

Brinkman, R., & R. Kirschner. 2002. *Dealing with people you can't stand: How to bring out the best in people at their worst*. 2nd ed. New York: McGraw-Hill.

Bruno, H.E. 2007. Gossip-free zones: Problem solving to prevent power struggles. *Young Children* 62 (5): 26–27, 29–33.

Bruno, H.E. 2011. Eliminate whining in the workplace: Moving beyond "grin and bear it." *Exchange: The Early Childhood Leaders' Magazine* (July–August): 93–96.

Bruno, H.E., & M.L. Copeland. 1999. If the director isn't direct, can the team have direction? *Leadership Quest* (Winter).

Cahill, L., M. Uncapher, L. Kilpatrick, M.T. Alkire, & J. Turner. 2004. Sex-related hemispheric lateralization of amygdala function in emotionally influenced memory: An fMRI investigation. *Learning & Memory* 11: 261–266.

Centers for Disease Control and Prevention. 2011. An estimated 1 in 10 U.S. adults report depression.

Chesler, P. 2009. *Woman's inhumanity to woman*. Rev. ed. Chicago: Lawrence Hill Books.

Copeland, M.L., & H.E. Bruno. 2001. Countering center gossip: Guidelines for implementing an antigossip policy. *Child Care Exchange* March/April: 22–25.

Feeney, S., & N.K. Freeman. 2005. *Ethics and the early childhood educator: Using the NAEYC Code*. Rev. ed. Washington, DC: NAEYC.

Fisher, R., W. Ury, & B. Patton. 2011. *Getting to yes: Negotiating agreement without giving in*. Rev. ed. New York: Penguin Books.

Goleman, D. 2010. *Emotional intelligence: Why it can matter more than IQ*. London: Bloomsbury.

Gonzalez-Mena, J. 2007. *Diversity in early care and education: Honoring differences*. 5th ed. New York: McGraw-Hill.

Jordan, J.V., ed. 1997. *Women's growth in diversity: More writings from the Stone Center*. New York: Guilford Press.

Kirschner, R. 2011. *How to click with people: The secret to better relationships in business and in life*. New York: Hyperion.

Kroeger, O., J.M. Thuesen, & H. Rutledge. 1992. *Type talk at work: How the 16 personality types determine your success on the job*. Rev. ed. New York: Delta.

Kyle, A. 2007. *The god of animals: A novel*. New York: Scribner.

National Association of Child Care Professionals code of ethics. Nd.

NAEYC. 2011. *Code of Ethical Conduct and statement of commitment*. Position Statement. Reaffirmation of 2005 rev. ed. Washington, DC: Author.

Stone, D., B. Patton, & S. Heen. 2010. *Difficult conversations: How to discuss what matters most*. Updated ed. New York: Penguin Group.

Sullivan, D.R. 2009. *Learning to lead: Effective leadership skills for teachers of young children*. 2nd ed. St. Paul, MN: Redleaf Press.

Sullivan, D.R. 2005. *Interview with Redleaf Press*.

Tanenbaum, L. 2002. *Catfight: Women and competition*. New York: Seven Stories Press.

Tannen, D. 1990. *You just don't understand: Women and men in conversation*. New York: Ballantine Books.

Woolsey, L.K., & L.L. McBain. 1987. Issues of power and powerlessness in all-woman groups. *Women's Studies International Forum* 10 (6): 579–588.

第三部分

规范：建立管理系统

>>>

第九章 监督与员工发展：社会情商在起作用　　199

第十章 财政管理：掌握财政大权　　231

第十一章 杜绝伤害：建设安全、可持续、健康的学习环境　　259

第十二章 课程选择：根和翼　　291

第十三章 市场营销与发展：只要你有影响力，顾客就会来　　317

>>>

第九章

监督与员工发展：社会情商在起作用

> 我们都希望能够自力更生，希望有能力应对人生道路上的逆境。但是，大多数人都无法做到。我相信，接受他人帮助的能力与当我们变得强大时付出的能力是密不可分的。
>
> ——弗雷德·罗杰斯，《你很特别》
>
> 如果你的行为能激励别人梦想更多、学习更多、行动更多和收获更多，那么你就是一个领导者。
>
> ——约翰·昆西·亚当斯

案例研究——弗朗西亚和贾丝明

弗朗西亚是一位优秀的幼儿教师，也是一位对四个孩子尽心尽力的母亲。她的丈夫希望每天晚上在家里吃晚餐，房间整洁，并且拥有和妻子单独相处的时间。弗朗西亚非常想获得幼儿教育学位。由于英语是她的第二语言，而且她没有多余的钱，所以她对攻读学位没有太多信心。弗朗西亚向作为其主管的你寻求指导。

贾丝明是弗朗西亚所在团队中的一名教师。按照规定，每天早上她应该在6:30之前到达班级。但是她在星期一早上6:45到达班级，在星期二早上7:05到达班级。今天她是6:50到达班级的，并且毫无歉意。昨天，幼儿泰罗尼尔的父母告诉弗朗西亚，他们想和贾丝明沟通。在6:45时，他们告诉弗朗西亚，他们不能忍受了，并气冲冲地出门。贾丝明的所作所为给弗朗西亚带来了很大的压力。

为了保证每间教室内的师幼比，主管频繁地调整晨会和电话接访的时间，以迁就贾丝明。只要贾丝明能按时上班，她就是一位富有创造力和爱心的教师。

如果你是弗朗西亚和贾丝明的主管，你会如何看待这种情况？你会采取哪些步骤来解决？

监管就是帮助员工发挥出最佳状态，从而完成服务于组织的使命。监管可以培养每名教师和团队的职业精神。通过与每名教师和团队建立直率的、关怀的和尊重的关系，监管者可以创建问题解决者共同体。监管提倡并需要认真、富有创造力和专注的表现。

领导者的愿景将决定如何设定标准来实施监管。采用这种方式，监管就是实现领导者"愿景"的一条"超级"途径。就像情绪智力一样，监管是常识，但不一定是惯例。当一名主管有目的地领导时，他（她）的监管实践会很轻松。

本章将成功地调整你的监管以满足每名员工的需求。你将学习如何识别一名教师何时需要告诉她该做什么（指导式监管），以及何时需要她创新（反思式监管）。这在很大程度上取决于员工和团队的成熟水平。你还将学习如何使用有效的政策、程序和表格建立一套监管体系。因为监管实践需要符合法律要求，所以你需要在法律与主管行为之间建立紧密且必要的联系。

虽然监管是一项艰苦的工作，但也是一种乐趣和荣誉。熟练的监管者能够运用社会情商指导下一任领导者。帮助教师成长和提升就像帮助儿童发现新大陆一样令人满足。

第九章　监督与员工发展：社会情商在起作用

监管的成分

社会情商能力

对于幼儿教育和保育人员，监管需要的不仅仅是年度评估会议。监管是日常的，甚至是每时每刻的，是为每一名员工的职业发展提供支持，从而确保项目平稳运行。

> 我已经从事监管工作40多年了，但我好像刚开始找到它的诀窍。
> ——杰雷·保罗

监管的情商包括用心和真诚的工作态度持续进行评估，并以下面两点为基础：

- 什么可以激励员工的动机
- 员工的优势、盲点和发展需求是什么

在监管中，员工需要对自己的行为、态度和关系负责。俗话说："授人以鱼，不如授人以渔。"管理就是帮助员工学会"钓鱼"。

勇敢的、专业的监管者都非常重视质量。迅速采取行动来惩戒表现不佳的员工需要勇气。因为儿童通过观察和模仿成人来学习，所以他们会从教师的职业素养中受益。迅速处理员工的不当行为，对多数管理者来说是有困难的，但这是监管者基本的管理实践。

对于监管者来说，观察力与同情心和勇气一样有用。准确地解读员工，可以帮助我们看到尚未发觉的才能和天赋。为了支持每一名员工发挥已有的优势，同时克服自己的不足，监管者需要勇气、洞察力和同理心这三种美德。

> 如果你刚刚接受监管，请充满信心。考虑你所掌握的适用于儿童发展适宜性实践的知识。在与成人一起工作时，你也需要依赖这种知识。成人与儿童一样，也要经历不同的发展阶段，每个阶段都可以预测我们所使用的监管类型。

员工发展阶段

主管选择什么样的监管类型在很

大程度上取决于员工的成熟水平。就像教师对儿童采用发展适宜性实践一样，主管根据每名员工的发展阶段进行监管。

确定员工的发展水平，可以帮助主管确定哪种监管类型更为合适。不太成熟的员工可能需要被告知期望其做什么；比较成熟的员工已经能为自己负责，可以要求他们负责具有风险的新活动，以及从事更具有创造性的活动。年龄不是员工发展阶段的决定性因素。成熟和责任感才是更好的预测因素。一名实际年龄为53岁的员工，可能心理年龄只有14岁；而实际年龄为20岁的员工，心智可能更加成熟。

当与成人和儿童一起工作时，思考如何运用发展适宜性实践的原则。例如：我们可能需要通过不断调整发展方向的过程来指导儿童；我们可以通过在自主需求与坚持性之间取得平衡来指导青少年；我们可以指导一位具有天赋的教师，帮助其在幼儿教育研讨会上有自信的表现。如果我们是本章开篇的案例研究中的贾丝明的监管者，我们需要让其遵守守时和为他人着想等基本要求。

尊重个人，强调行为

不管发展水平如何，每名员工都像儿童一样，值得无条件地积极关注。尽管某个人的行为可能是不恰当的，但他（她）依然值得尊重。我们需要关注的是个人的行为，而非个人的价值。贾丝明上班迟到并不意味着她是一个"坏人"，然而她的行为是不能让人接受的。不管是否伤害到其他小朋友，蹒跚学步的伊斯雷尔咬人都是不能让人接受的，然而他是值得喜爱和尊重的。

没有一个人希望或应该被贴上"坏人"或"不值得的人"的标签。如果某名员工感觉自己被贴上了不称职的标签，那么不管监管者的意图有多好，他（她）都会抵制监管者的努力。

监管中的"愿景"

▶ **培养你的EQ**：问你自己："我赞成什么？"然后完成句子：我赞成_____。你是否赞成优质、平等、公平、友善、做正确的事情，以及让员工对自己负责？

毋庸置疑，无论你赞成什么，你的目标都暗示着你将如何监管他人。当遇到一些特殊的、让你头疼的情景时，你是否会忘记自己的初心，甚至后退一步，重新审视自己（见第二章）？回想一下你的核心价值观和你为什么做这份工作。明确这些问题后，你会重新受到激励，并面对那些你需要面对的问题。

至少，监管者要确保员工能够遵守许可和认证标准以及人事政策。在最繁忙的日子里，监管者可能觉得自己的工作仅仅是"看门狗"（watchdogs），监督员工以确保他们完成基本的任务要求。监管者就像边境牧羊犬一样，不知疲倦地巡逻，以保持羊群的边界，他们将高度警惕工作的核心职能。通过看门式的监管工作，信任不能被建立起来，同时长时间"处于警惕状态"，反而会令"看门狗们"感到厌倦。

监管意味着更多，具有远见和社会情商的监管是一种优雅的、动态的、具有创造性的、个性化的、系统化的以及有回报的努力。在"监管"一词中，拉丁语前缀"super"的意思是"高于、超过、超越"。运用情绪智力的监管，可以确保领导者在鼓励每名员工达到最佳表现时，始终注重品质关怀。领导者对品质的独特愿景，会影响和激励其与员工的每一次互动。每一个人都忠于自己的"超级"愿景，我们才能做到更好。

洞察力是监管者的核心能力

主管需要做决策，需要识别采取哪种行动是领导力的全部。不管我们采用法律条文还是法律精神的策略进行决策，决策的有效性都是检验决策的标准。在监管时，主管会针对员工的特点采用不同的监管方法。在创建和实施监管制度的过程中，主管会运用法律条文的明辨力。不管你怎么"分割"它，监管都是一个持续的判断。

根据主管的管理和行政职责，他们如何才能抽出时间有效地识别每名员工的权利？主管有权利创建一个问题解决者共同体，创设一种让每名员工和儿童都获得成长的环境。从事儿童保育工作的员工报告说，为了促进职业成长，他们需要从主管那里获得更多的反馈、互动和关注（Kilbourne，2007）。因为主管的时间是有限的，所以监管需要宝贵的时间。

▶ **培养你的EQ**：思考本章开篇的案例研究，弗朗西亚和贾丝明分别代表了监管者面临的两种挑战。

- 主动的员工：他们需要重要的支持来实现自己的职业发展。
- 被动的员工：他们对自己的行为不负责任。

你更愿意监管哪种类型的员工？为什么？对于你不想监管的员工，你会如何处理？

贾丝明可能不太看重职业发展，所以她的主管必须通过监管帮助她变得更具有职业精神，或者帮助她找到更适合其风格的职业。能识别何时将员工"劝退"也是一种有用的监管能力。

幼儿教育领域正朝着更高的职业资格认证标准发展。当你确定对弗朗西亚和贾丝明采取什么监管策略时，请记住，监管发生在职业标准和职业期望不断发展的背景下（见第十五章）。例如，全美幼教协会提出的领导力认证标准和管理标准（NAEYC，2005b），要求幼儿教育项目为教师的专业发展制订适当的计划。弗朗西亚的目标是获得学位以达到主管的目标——截止到2013年，确保团队中有75%的员工拥有儿童发展副学士学位、学士学位或更高的学位。

监管包括很多方面的内容：愿景、承诺、风格、系统和关系。当识别你将采取何种策略时，可以依靠监管为你提供每一个成长的机会。

监管类型：指导性监管和反思性监管

指导性监管是指当员工没有表现出有能力、潜力或意愿对其自身行为负责时，指导员工为自己的职业行为负责的过程。

反思性监管是一种在坦诚、注重培育关系的基础上，邀请并授权员工检查自身职业表现和职业发展的过程。

▶ **培养你的EQ**：针对弗朗西亚，你将采用哪种类型的监管？针对贾丝明，你将采用哪种类型的监管？如果你被监管，哪种类型的监管对你会更有效？

第九章 监督与员工发展：社会情商在起作用

在本章的后面，我们将详细探讨指导性监管和反思性监管，并回顾你对教师所做的选择。

监管体系不仅包含指导性监管，也包含反思性监管。将两种实践放在更广泛的监管系统中，可以帮助主管构思和制订监管计划。监管系统应包括：

> 第一个要问的问题是："每名员工需要做什么才能做到最好？"

- 定期的、持续的检测和评估实践
- 自发的干预措施

反思性监管在主管的持续性评估、指导和考评体系中发挥着重要作用。指导性监管需要不定期的纠正性干预，并辅助一系列循序渐进的纪律程序来进行。建立好标准的监管体系后，员工就会知道他们对主管的期望以及主管对他们的期望（参照表9.1）。

表9.1 辨别监管的对象和时间

在指导性监管中，我们告诉员工怎么做；在反思性监管中，我们对员工提要求。
当员工的表现不符合预期时，采用指导性监管让员工为其行为负责。
反思性监管能促进员工和监管者在支持性、反思性的关系中共同成长。

评估员工需求

为了成功地监管，管理者需要一种方法来评估每名教师需要什么，以帮助其获得发展。在有效监管中，"一刀切"并不适用。每名员工的发展阶段表明了应该采取什么样的监管。哪些措施可以确保教师们准时到岗？哪种监管风格可以帮助他们与家庭建立合作的伙伴关系？

布卢姆（Bloom，2005）为我们提供了一种清晰的测量方法。她根据教师的发展阶段，确定了教师在职业生涯的不同时期的不同需求（见图9.1）。让我们来考察一下每一个阶段的需求，以及针对成人发展阶段如何预测将要采取的监管类型。让我们从发展阶段示意图的底部开始，依次往上分析。处在底层或初级阶段的教师比处在顶层专业发展成熟阶段的教师多。

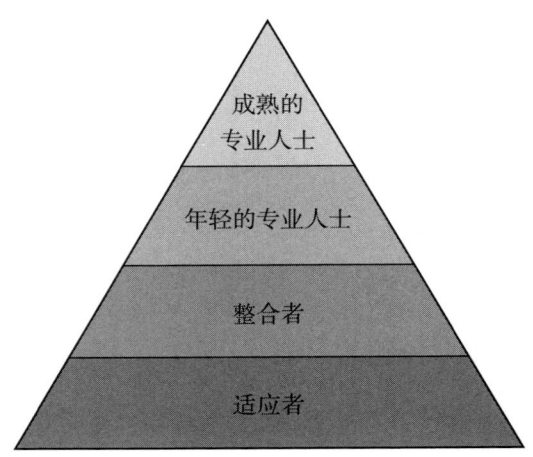

图 9.1　教师发展阶段

适应者

对适应者来说，一切都是新的。他们没有值得依赖的专业知识和经验。还记得你第一次工作或第一天上学时的感受吗？你可能筋疲力尽地回到家，思考着如何熬到周末。处于适应阶段的教师会对一些工作要求感到不堪重负：父母的需求、课堂管理的问题、所需的材料、缺乏计划的时间、需要一对一照顾的孩子。适应者在熬过了一天之后，只盯着自身的需求。他们很少有时间或主动花时间"后退一步"，从更宽广的视角看待教育。

即使是成熟的专业人士也会重新回到适应者的阶段。一个人在经历新的挑战或职位时，可能觉得自己必须从底层做起。一名教师刚当上主管时也会感到不知所措，此时，他就处于适应者阶段。一名得"A"的学生在新学一门课程时，也会感觉自己像一个适应者。幸运的是，我们不会总是停留在这个阶段。当获得职业发展和成长时，我们便迈向了员工发展的下一个阶段。

整合者

一旦从业者适应了初始阶段，她就准备"整合"自己的成功经验与不断增长的知识。对于整合者来说，并不是所有的东西都是新的，她可以在过往成功的基础上再接再厉。

今年，如果关于天气变化的课程吸引了幼儿的兴趣，那么她可以在下一年用额外的教学策略来补充该课程。她可能已经从有关课堂活动的文章中获得有用的信息，或者参加过一些工作坊，并在那里学到了课堂管理的方法。她的主班教师已经示范了如何与有注意缺陷多动障碍（ADHD）儿童的家庭合作。监管者也会为她提供一些可供选择的教学策略。

整合者开始将不同种类的知识和标准组合在一起，他们的自信心伴随着技能的提高而增强。与适应者不同的是，整合者更享受工作的乐趣；与适应者相同的是，整合者依然处于职业发展的早期阶段，更多地关注自身的需求和发展，而不是将整个项目作为整体加以考虑。整合者同样需要监管者为其提供明确的期待和界限。

年轻的专业人士

经历了适应和整合阶段的知识积累，员工在适当的监管下进入了年轻的专业人士阶段。在年轻的专业人士或发展的更新阶段，员工变得更有工作热情，并且能够进行自我指导。在这一阶段，她能更自信地面对家长、课程和儿童的问题。

"年轻的专业人士"可能已经50岁了，但年龄不是决定性因素，技能和才能才是决定性因素。年轻的专业人士已经成长为一名自我推销者、发起者和创造者。她更具有大局意识。她承认，作为团队成员，她的工作是项目成功不可或缺的一部分。年轻的专业人士首先考虑什么是对每个人有利的，而不仅仅执着于"这一切都是我的"。

在这一阶段，员工需要不断更新，这也是我们将该阶段称为更新阶段的原因。在理想的情况下，处于本阶段的个体知道自己的不足，在监管者的支持和指导下，年轻的专业人士能够反思自己需要做出哪方面的改进和提高。

对更新阶段的员工进行监督，监管者需要做出一些转变，从权威性的领导变为指导性的伙伴，从指导性的监管变为反思性的监管。监管者可以通过与年轻的专业人士建立合作关系来实现监管，并鼓励他们对自己的表现和目标进行反思。监管者也会继续提供指导。

但是，并不是所有年轻的专业人士都可以适应反思性监管的方式。你是否与年复一年地做同样的事情的员工共处过？她可能认为"如果事情没变坏，就别去调整"，也会反对新的观点"为什么为了满足一些新的认证标准，我就要改变自己的教学方式？"。具有这种态度的员工，更关注自身而不是大局，她可能仍然需要指导性监管。

成熟的专业人士

美国原始部落的长者因智慧而备受尊重，他们的观点在团体里很有分量。许多幼儿教育项目很幸运拥有这样的"长者"。幼儿教育领域的成熟人士不仅对自己负责，也鼓励和引导他人的职业发展。成熟的员工具有"言行一致"的品质。

我的同事苏珊在幼儿教育领域已经工作35年多了，她对如何做主管仍有新的见解和热情，这让我感到高兴。两年前，苏珊去意大利学习瑞吉欧教学法；去年，她参加了一个关于如何提升婴幼儿管理的主管讨论小组；今年，她参加了一个绘画班，以提升自己的观察技能。苏珊和我们大多数人一样，也有热情消退的时候。然而，她努力用毕生的学习技能来促进个人和职业的发展。

成熟的专业人士可以从团队合作、欣赏、认同和持续改进的机会中获益，像苏珊一样，他们需要在工作中不断探索新的方法以发现工作的意义，从而保持工作热情且不致职业倦怠。也许，格拉迪丝准备在《幼儿》（*Young Children*）杂志上发表一篇文章，并且有指导他人的愿望。她可能请你帮助她申请另一个中心的主管职位。因为你十分了解她，所以你可以根据她的希望和目标与其进行坦诚的交流。在帮助她的过程中，你也会对自己有更深的了解。

马斯洛的成人发展阶段

正像你注意到的，幼儿教育领导者可以从许多领域中吸取经验，从而更好地理解"它是关于什么的"。例如，我们可以学习心理学家亚伯拉罕·马斯洛的理论。他主要研究成人的发展，他的"需要层次"理论为我们提供了关于员工发展阶段的观点（Maslow，1943）。请注意马斯洛的模型（见图9.2）和布卢姆的模型之间的类比。

我们再次从发展阶段的底部开始，依次往上介绍。马斯洛把"适应者"阶段命名为"生理需要"阶段。在成人发展的初始阶段，我们需要有房住、有饭吃、有衣穿。在获得自信并实现成长之前，我们首先需要获得安全感。马斯洛的生理需要发展阶段与员工发展的适应者阶段紧密相连。

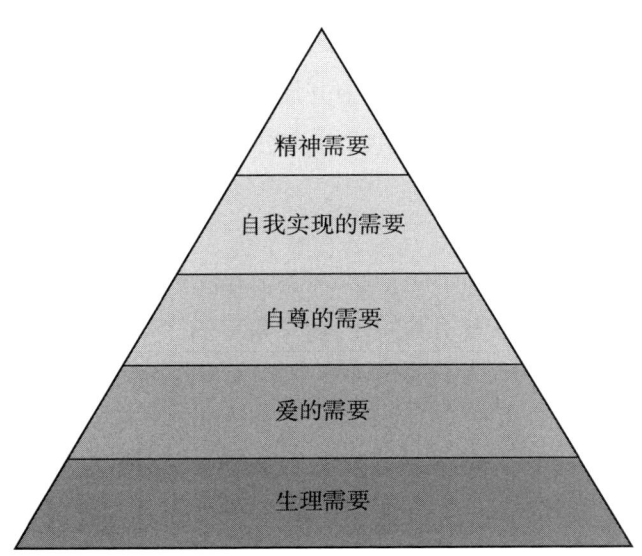

图9.2 马斯洛需要层次理论

当生理需要得到满足后,我们才能更自由地与他人进行有意义的互动。根据这种观点,我们会通过爱和尊重的层次向上成长。在这些阶段中,我们不再以自我为中心的视角观察世界,并开始意识到自己与他人存在有意义的联系。这与布卢姆模型中的整合者和年轻的专业人士阶段相对应。

当更加成熟时,我们会提出自己的需要并遵循自己的目的而生活。在成人发展的顶峰,我们寻求最深层次的满足,这就是马斯洛模型中所包含的"精神需要"。精神需要是对生活的更深层次的需要。一名成熟的员工可能会决定与无家可归的孩子们一起工作,这是她"将爱传播出去"或回报他人的精神需要实践的一部分。

根据马斯洛或布卢姆的模型,监管者能够确定员工所处的发展阶段。为了实现"通过关系进行管理",我们需要询问和评估每名员工的短期和长期需要,准确的评估将会帮助我们明确应该使用哪种监管类型。

▶ **培养你的EQ**:还记得弗朗西亚和贾丝明吗?她们的哪些行为和语言告诉你其所处的发展阶段?她们处在不同的发展阶段,还是相同的发展阶段?

一旦确定了个体的发展阶段，你会更加清楚地根据员工的需要实施不同的监管类型。让我们看一下评估工作是如何开展的。幸运的是，员工的每一个发展阶段都有相应的、独特的监管模式与其对应。管理者的挑战是：

- 评估员工的发展阶段
- 采取与员工发展阶段最匹配的监管方式

管理不同的世代：从婴儿潮一代到千禧一代

越来越多关于不同代际的特征和需求的文献直接应用在主管的识别过程中。作为主管，你可能会发现这些信息在招聘和与不同年龄段的员工一起工作时很有帮助。你也可能喜欢审视自己，以确定这一代人的特质是否适合你。

这里是一个细分，从最新一代进入职场的员工开始，以职场中的年长者结束。

- 千禧一代（1981—1999年出生）会对以短信、匿名指导和快速路径等方式发出的简短指示做出回应。（更多的信息，请收听珍妮·迈斯特的播客。）
- X一代（1965—1980年出生）被称为"自我"的一代，他们希望得到相当多人的关注和监管，以满足他们的职业目标。
- 婴儿潮一代（1946—1964年出生）相信自己可以拥有一切，想要改变世界，对关注个人成长和支持乐观价值观的监督做出回应。
- 传统主义者（1900—1945年出生）期待管理者是高高在上的权威，实施员工绩效标准，并愿意遵守规则。

什么造成了不同代际之间的差异？技术进步对员工的监管期望产生很大的影响。正如预期的那样，婴儿潮一代和传统主义者期望与上司有直接接触。但最近的几代人，比如X一代和千禧一代，在成长过程中接触计算机屏幕的时间最多，想要获得更多的独立，更少与上司接触。

因此，千禧一代可能更喜欢一种叫作"匿名监督"的方法。为了安排匿名监督，主管需要与可信任的主管或来自其他组织的导师建立一个保密系统。每名千禧一代的员工都配有一位来自另一家组织的主管，但这位主管是匿名的。千禧一代的员工可以更自由地表达自己的问题和关注点，并在网上接受建议。有规则的回应很有效（Meister & Willyerd, 2010）。根据你这代人的情况，这种匿名方法可能有意义，可能很奇怪，或者介于两者之间。

▶ **培养你的EQ**：你对监管者的期望反映了你这代人的什么情况？你认为以不同的方式管理不同年龄段的员工有价值吗？在管理另一代员工时，你做过哪些有效或不那么有效的事情？这种代际视角有什么用处吗？

迈斯特和威利尔德（Meister & Willyerd, 2010, p.4）说："提高领导者向员工提供诚实、及时和有用的指导的能力，会让年轻一代的员工受益，所有的员工都希望在工作中感到被重视、被授权和参与感，这是一个基本需求，而不是哪一代人的问题。"

告知还是要求：不同的监管类型应在何时使用

在员工发展的早期阶段（适应者、整合者，有时也包括一些年轻的专业人士），应该使用指导性监管。在这些阶段，监管者需要为员工设定界限、建立职业期望，以及帮助他们清楚其行为的结果。

可以肯定的是，贾丝明需要指导性监管来帮助她准时上班，并为自己的行为负责。就像处于适应者阶段的任何人一样，贾丝明以自我为中心。她并没有考虑她的迟到给孩子、家长、项目质量带来的影响。在指导性监管下，领导者应该明确而直接地告诉员工应该做什么。

对处于成熟或年轻的专业人士阶段的员工实施反思性监管。不管是成熟还是年轻的专业人士，他们的工作表现表明其有能力观察、评估和改变，可以满足项目的需求。与贾丝明不同，弗朗西亚有提升自身专业能力的愿望，这表明她对项目质量有更长远的考虑。她审视自己的意愿和建立职业道路的开明性表

> 祝福是一个真实、充满爱心的灵魂对另一个灵魂的影响。
> ——乔治·艾略特

> 逆境是通向真理的第一步。
> ——洛德·拜伦

明,她的监管者可以使用反思性监督。具备了反思的超视野,领导者要求员工反思她所重视和需要的东西。

▶ **培养你的EQ**:明确某名同事、员工或同伴的行为冒犯了你。这个人可能像贾丝明一样经常迟到,因消极情绪而使他人沮丧,或者总是将自己视为一名受害者而不能对自己的行为负责。在她的心中,永远都是别人的错。列出可以描述该人的问题行为的三项事例,并保证你的描述是独特和客观的。如"今天早上贾丝明7:05到岗,而她上班的时间应该是6:30"就是一项具体而客观的事实。避免概括性描述,如"贾丝明经常迟到"。

当你写下三个事实后,找一支蜡笔或马克笔和一张白纸,将自己描绘为该名冒犯者的监管者。想象一下,你决定采用指导性监管的方式和她谈一谈。你的任务是帮助她对其不当的行为负责。

描述一下,在面对这个人的问题行为之前,你有什么感觉。你不需要有艺术天赋来完成下一个任务。在你和这个人坐下来之前,拿出纸和笔,画出你的感觉或心理状态。

现在,把你列出的事实和画出的图画放在一边。等我们看完一些有用的研究之后再回来讨论。

对于80%的幼儿保教领域的领导者来说,监管员工的不当行为如此令人生畏,以至于他们会避免这样做(Bruno & Copeland, 1999)。当被要求描述面对面的监管时,全美国的主管都报告称,他们会出现不适的身体症状,如呼吸急促、手心出汗、紧张性胃疼和压力性头疼。70%的女性和44%的男性倾向于寻求私下和平解决的方式,尽量避免冲突。对于大多数幼儿保教领域的领导者来说,反思性监管的过程更自然、更流畅,肯定员工比对抗员工更容易。

▶ **培养你的EQ**:你属于这些统计数据中的哪一种?你是80%的恐惧冲突的一员吗?你是20%的直面冲突的一员吗?你是介于两者之间的一员吗?

运用指导性监管

直接告诉员工其行为需要改变是领导工作的一部分。对于大多数避免冲突的幼儿保教领域的领导者来说，学习指导性监管就是一种解放。在员工发展的初期阶段，直接告知员工应该做什么，他们才能进行最有效的学习。这意味着陈述任务"1、2、3"的步骤，并详细说明需要做什么。许多监管者更愿意员工通过模仿示范行为就"明白"需要做什么，逃避反而会让问题更加严重。

▶ **培养你的EQ**：让我们来看看你的那幅画，你是否发现了舒适或不安、自信或恐惧的迹象？大部分完成这幅画的人把自己画得好像是把手指插入电源插座一样，也会看见皱眉、恐惧、发抖的面孔等。甚至有的人画出了雷电、大雨等强对流天气。只有一小部分人画的是笑脸。当被问及面对另一个人的感受时，他们会说"焦虑""恐惧""不安""愤怒"。为什么这么多幼儿保教工作者对指导性监管感到不适呢？这一点比较奇怪。让我们了解一下指导性监管的步骤和原则。

五个原则和步骤

指导性监管以五个原则为基础。当员工不愿意为自己的行为负责时，主管采用指导性监管是具有挑战性的。表9.2提供了如何客观地使用每个原则，并关注积极解决问题的方案。

让我们重新回顾一下本章的案例研究，并用这些原则加以验证。贾丝明的行为表明她处于适应者阶段，需要对自己的行为负责。只有通过指导性监管，学会对自己的行为负责，她的表现才会得到改进。

设想一下，给贾丝明打电话进行一次监管性谈话，讨论她的行为。

> 主　管：贾丝明，你周一早上6:45到教室，周二7:05到教室，今天6:50到，这是不合适的。你需要每天早上6:30到教室，并提前做好准备。

表9.2　指导性监管的原则

原则1 关注个体行为，而不是个体本身	关注员工的行为，而不是其作为一个人的价值。
原则2 客观、具体而准确地确定行为	准确而详细地讲述员工所做的事实，而不是责备或羞辱员工，也不要用"糖衣炮弹"的方式。拉丁谚语说得好："让事实说话。"
原则3 做到"对事不对人"，使用"问题小贴士"	因为员工可能会阻抗和抵制，所以要将谈话的重点放在"你将做出什么改变，以满足我们的期望？"上，不要被权利斗争干扰。如果你觉得杏仁核被劫持，就"暂时后退一步"，使用你的前额叶皮层（见第二章）。在口袋中放入一个小贴士提醒自己："对事不对人。"
原则4 期待员工对其行为负责	将注意力放在员工的问题解决能力上，可以这样问："你将如何改变自己的行为？"不要通过插手干预来剥夺员工为自己负责任的机会。寻找一种对每个人（特别是对儿童和家长）都有利的解决方法。
原则5 达成一致意见，并制订后续计划来实现它	结束监管会议时，确保员工明白她想做什么，你将会在何时跟进，以及如果她不做出改变的后果是什么。

贾丝明：为什么专找我谈话，梅拉妮有一半的时间也是迟到的。

主　管：贾丝明，我们在讨论你的问题，不是别人的问题。我和员工的谈话都是私下进行的。

贾丝明：我工作非常努力，全身心地投入到孩子身上，为什么你还不满意？

主　管：孩子们需要你准时到教室。怎样才能保证你每天准时上班呢？

贾丝明：把我的上班时间调整到7:30，你让泰勒也7:30来。

主　管：我们需要你上早班，告诉我，你如何才能保证早上6:30到岗并准备好上课？

贾丝明：（哭，大叫）你对我做的一切都不满意！我比这儿一半以上的教师都优秀。

主　管：是的，贾丝明。当你和孩子们在一起时，你是一位优秀且有爱心的教师，但这不是我们要讨论的重点，你需要准时到岗！这里有纸巾，擦一下眼泪，休息5分钟，再来讨论你如何才能保证每天准时到岗。

贾丝明：好吧，我觉得我可以坐早一班的公交车。79路车是提前半小时出发的。这能让你高兴了吧？！

主　管：听起来像是个好主意，你确定可以坐更早的公交车吗？

贾丝明：我想我是可以的。

主　管：下周这个时候我们再讨论一次。泰勒会参加你的课程，而且每天早上我也不再检查你。如果你能准时上班，那么孩子、家长和弗朗西亚都会感觉更好，并且信任你。但是，如果你再迟到，那么下一步你将重新进入试用期。请在矫正行为同意书上签字以表明你同意这份方案。

贾丝明：这对我来说太难了，我从来不是一个守时的人。

主　管：我理解你，也支持你为此做的努力。

指导性监管是一种礼貌但不狭隘的监管方式。在监管时保持自己的原则会让贾丝明更加专业。

了解了如何对员工负责的五个监管原则，让我们把这些原则运用到实践中吧。表9.3展示了使用指导性监管时，主管应该怎么说。

▶ **培养你的EQ**：你对指导性监管有什么想法？评估一下你的情绪。让情绪为你提供一些信息，帮助你对这一监管过程做出反应。这样可能是违反直觉（感觉不自然）的，好像我们是在按照自己的影子偏好行动（见第四章）。

对于我们中的80%的人来说，指导性监管过于直接、不切实际，甚至是空想的办法。然而，他们的观点显然存在问题（见第三章）。保持直接且尊敬的态度并不相互排斥。事实上，指导性监管有利于员工明晰他们要做什么，也可以鼓励他们选择一种更为成熟的成长途径。在十二步小组（戒酒互助会）的说法中，指导性监管是"严厉的爱"。

表9.3 将指导性监管转化为语言的五个步骤

五步	方法示范
1. 陈述不当的行为	你周一早上6:45到教室，周二7:05到教室，今天6:50到，这是不合适的。
2. 指出期待的行为	你需要每天早上6:30到教室，并提前做好准备。
3. 询问员工为达到期待会做出什么改变	贾丝明，你如何才能保证早上6:30到岗并准备好上课？
4. 坚持指导员工有责任识别并制定可行的解决方案	改变你的工作时间不是明智的选择，乘坐更早的公交车是个好主意。
5. 制订一个跟进计划（包含未能就约定进行改变的法律后果）	请告诉我你将同意做哪些改变。从今天开始，这周每天下午1点的午休时间到我的办公室来开会。这段时间的工作米莉森特会替你完成。贾丝明，这是给你的书面通知。如果你仍不能按时到岗，那么你将重新进入试用期。谢谢你能找到一种对儿童、家长和团队成员都有利的解决方案。

指导性监管需要遵从法律规定

法院要求，监管者做出"认真的救援努力"来帮助像贾丝明一样的员工学习有效地完成工作的技能和态度。"认真的救援努力"包括加强监管。例如，与贾丝明开会，帮助她明确领导对她的期望，制订计划来改变她的执行能力并记录过程。

比较好的是，指导性监管的五个原则与法院要求雇主的"认真的救援努力"相一致。我们中的大多数人都在一种"随意"的状态下工作。在这种状态下，员工可以随意辞职，雇主可以无故地终止雇员的工作。雇主可能会说："这是无法解决的问题。"但是，更多的员工为什么没有被告知"这是无法解决的问题"呢？

> 我们可以从传统的儿童玩具"不倒翁"中获得帮助：这是一种底部有重量的充气塑料玩具，不管你花多大的力气推它，它都会回到中心。当你有目的地领导员工时，没有什么能让你长时间地偏离中心。
>
> ——乔治·艾略特

逐步惩罚

大多数组织都能够为员工提供改变表现的机会。这一政策被称为"逐步惩罚"。就像听到的那样，逐步惩罚的含义是："在出局之前，你有三次机会。"逐步惩罚的三个步骤与指导性监管的五个步骤相对应。它们是：

> "走动式管理"是通过经常与员工进行非正式的问候、互动和联系以实现管理的过程。员工喜欢这种关注方式。监管者可以在这种过程中及早察觉问题和成功的早期迹象。走动式管理最早由汤姆·彼得斯创立。

- 书面通知。与员工谈话，确定其不当行为，并制订改进计划和改进时间表。
- 重新进入试用期。如果员工的行为没有改善，可在会议上以书面的形式告知她，如果再次未达到预期，则会被终止雇佣关系。第二套书面计划将落实到位，以加强监管。
- 解雇。如果员工不符合项目标准和预期，那么将被解雇。用文件形式记录该员工被解雇的行为，并在会议上将其解雇。

在执行这三个步骤前是非正式警告。当监管者注意到员工的不恰当行为并提醒其组织期望的行为时，员工会收到非正式警告。但是，许多主管都停留在非正式警告阶段，害怕进行逐步惩罚。

> 如果我们把力所能及的事都完成了，那么我们真的会令自己大吃一惊。
> ——托马斯·爱迪生

如果员工政策规定了逐步惩罚的步骤，那么主管需要遵循这些步骤。有两种情况例外。第一，在试用期内，即通常是员工在你的项目中工作的最初90天内，只要雇主对该员工没有任何形式的歧视，那么管理者就有权无理由地解雇该员工。第二，如果员工犯罪且法律将其界定为"重大过失"，那么管理者也应该解雇员工。重大过失指偷窃、虐待、暴力和酗酒，或者在工作期间滥用其他物质。

根据指导性监管的原则和逐步惩罚的过程，使用表9.4来记录你采取的步骤。

表9.4　员工行为改进计划表：监管者召开的矫正会议

员工姓名：　　　　　　　　　　　　日期和时间：

参会人员（姓名和职务）：

主管的关注点（简短且客观地确定事件或观察）：

期望行为（依据或参考核心政策、工作描述、项目使命、认证标准和道德行为准则等）：

矫正问题的计划：

下次会议的安排＿＿＿＿＿＿＿＿＿＿（时间和日期）

员工将要：

主管或监管者将要：

如果问题行为没有解决，那么结果是：

与会人员签字：

雇主：

雇员：

见证人（姓名和职务）：

员工意见（可选）：

▶ **培养你的EQ**：现在，回忆你与同事、员工和同伴一致认定的冒犯性情景，并将五个原则和步骤应用到这些情景中。虽然指导性监管主要用于解决雇主和雇员之间的问题，但是你认为这些原则还适用于其他情景吗？

何时使用反思性监管

反思性监管就像为员工拿着一面镜子，用支持的、持续的和关怀的方式来帮助员工看清自己的行为。反思性监管推动员工承认和肯定自己的优势和进步，承担风险和克服障碍。这些都是在支持性关系的背景下进行的。在反思性监管中，优势是通过合作解决问题体现出来的。"你永远不需要独自做决定"是反思性监管的原则。

反思性监管的原则

自我评估、合作和频繁使用是反思性监管的特点。塔米·曼（Tammy Mann）在她的"开端计划"教育经验中指出："合作意味着教师和监管者共同承担责任，共同研究如何提高教师有效执行项目任务的能力，并在成长过程中促进变革。"反思性监管者与被监管者共同建立以下关系：

- 培养安全感和信任
- 支持和鼓励差异
- 期待成长、承担风险和有幽默感
- 承认优势并以此为基础
- 意识到盲点
- 与弱点并存
- 放慢脚步

> 如果你对每次的摩擦都感到恼火，那么你的镜子怎么会被擦亮呢？
> ——哲拉鲁丁·鲁米

反思性监管就是发挥社会情商的作用。

为了让反思性监管发挥作用，员工必须拥有客观地评价自己的能力，明确自己的优势和弱势。适应者和整合者还未做好接受反思性监管的准备。年轻的专业人士具有自我批评的能力，能意识到自身的优势和弱势，是反思性监管的候选人。他们渴望做出改变，让自己成为更优秀的人。

> 我们能看到什么主要取决于我们在寻找什么。
> ——约翰·卢伯克

反思性监管在实践中的应用

密歇根婴儿心理健康协会明确地提出了在反思性监管实践过程中员工应遵守的实际步骤（2002，p. 3）：

- 就会议的时间、地点达成一致。
- 准时到达，保持一种开放、好奇和情绪饱满的状态。
- 谨防干扰（例如，关闭手机、关上门）。

> 自我评估类似于简单地问：
> 截止到目前，今年你在课堂上取得的三项成就是什么？
> 你面临的挑战是什么？
> 你的哪些优点对儿童和家长有帮助？

- 尊重每名被监管者的学习进度和准备状态。
- 邀请大家分享细节，这些细节可以涉及某种特定情况、婴儿、幼儿和家长，他们的能力、行为、优势和所关注的东西。
- 仔细观察和倾听。
- 加强每名员工的观察和倾听技巧。
- 肯定被监管者的优势，恰当地对其提出表扬和鼓励。
- 倾听被监管者在讨论案例或工作时描述的情绪体验（如生气、烦躁、悲伤和困惑）。
- 以适当的同理心进行回应。
- 邀请被监管者谈论当婴幼儿及其家长在场时他们的情绪状态。
- 用适当的同理心加以思考，命名并回应这些情绪。
- 鼓励被监管者探索他们对工作的想法和感受……以及他们准备或能够对工作做出的反应。
- 如果存在需即时关注的危机或担忧，要保证在一周内为被监管者提供帮助。
- 停止做出严厉和挑剔的判断。

> 待人如他所是，人将如他所是。
> 待人如他应是，人将如他应是。
> ——约翰·沃尔夫冈·冯·歌德

伴随教师的成长，监管者也在成长

监管者用来监管员工的镜子，也能反射出监管者的形象。反思性监管可以使监管者检查自己，并与被监管者一起成长。监管者会经常发现自身的不足。作为

一名监管者,他们可能这样评价自己:

- 我有耐心吗?
- 我值得委托吗?
- 我在一定程度上嫉妒这个雇员吗?
- 那是我刚刚碰到的"盲点"吗?
- 我能接受员工的真实反馈,而不产生抵触情绪吗?
- 我是否愿意改变,就像我期望员工改变一样?

正如经验丰富的监管者埃米莉·费尼切尔(Emily Fenichel,2002,p. 14)所观察到的:"监管者和指导者首先要解决他们在行使优先权方面的冲突,然后才能为他们的学生或员工建立明确的期望。"反思性监管能够帮助管理者打开视野,发现自身和被监管者的优势和挑战。反思性监管是给每个人的礼物。

布卢姆的《行动蓝图》(*Blueprint for Action*)为我们提供了一些有用的书面工具(Bloom,2005),例如自我评估工具1(Self-Assessment Tool #1)能够支持我们反思像案例研究中的玛丽·凯瑟琳表现出的问题。请记住,反思性监管的目的是帮助实现项目愿景和使命,同时充分发挥每名员工的专业潜力。

案例研究:玛丽·凯瑟琳

凯瑟琳有与儿童进行一对一沟通的天赋。所罗门是一个发育迟缓的3岁孩子。凯瑟琳对所罗门表现出耐心、理解与鼓励。她想方设法地与所罗门的离异父母建立信任关系。她温和的坚持和清晰的文件报告,都有助于其父母同意孩子接受专家的早期干预治疗。

在接受治疗前,所罗门的父母将孩子的困难归咎于中心。然而,凯瑟琳扭转了这一切。但是,她缺乏课堂管理技能。当每次只关注一个孩子时,她的课堂几乎失控了。

作为她的监管者,你有什么选择?

▶ **培养你的EQ**:完成自我评价工具1(表9.5)和自我评价问卷(表9.6)。如有必要,将"教师"替换为描述你工作的术语。

表9.5　自我评价工具1：目标蓝图

教师姓名：　　　　　　　　　　日期：

作为教师的优势：

1．

2．

3．

需要提升的领域：

1．

2．

3．

总目标：

具体目标：

1．

2．

3．

资料来源：Paula Jorde Bloom, *Blueprint for Action: Achieving Center-Based Change through Staff Development*, 2nd ed. (Lewisville, NC: Gryphon House, 2005).

表9.6　自我评价问卷

1．你在课堂上的三项成功案例是什么？

2．对于儿童和家庭来说，你最大的优势是什么？

3．你还需要获得哪些技能？

正如布卢姆的表格中所展示的那样，反思性监管的实践包括：

- 将自我评价与监管者评价相结合
- 分享这些评价
- 确定优势和挑战
- 肯定优势与挑战共存
- 选择三个目标
- 为改变制订计划（包括目标、步骤和时间表）

第九章 监督与员工发展：社会情商在起作用

你还想获得什么技能？

通过与凯瑟琳进行反思性谈话，我们支持她获得需要提升的技能。如果她没有掌握这些技能，我们可以通过反思性监管，帮助她找到可以使用一对一技能的新职位或工作场所。我们还可以依靠指导性监管，使其逐渐能为还未形成的课堂管理技能负起责任。

反思性监管通过激发主管的洞察力和培养技能来提升质量。指导性监管要求主管不论面对何种情况，都为项目负责。指导性监管和反思性监管对项目质量都至关重要。

反思性监管的实践也适用于整个组织。正如鼓励个人不断成长，共同体也需要在此过程中不断成长。为了实现"放慢脚步"，领导者可以在员工会议中加入如下项目。

- 肯定：每名员工与坐在她左边的同事分享她欣赏该同事的一件事情。直到所有人都发言结束。
- 好消息：绕着圆圈走一圈，邀请每名员工说出她在工作中做过的让其感到最高兴的事情。
- 团队解决问题：鼓励每名员工提出项目需要改进之处，或者针对某个请求帮助的员工展开讨论。安排时间一起解决问题。
- 终止谣言：用幽默的方式让员工知道，他们可以把听到的谣言带到会议中澄清与解答。事实会战胜谣言。
- 寻宝游戏：派出一些小组参加寻宝游戏，给他们一些清单来检验质量，并对他们的结果报告给予奖励。

如果监管者在员工会议中为解决问题留出时间，或者在与员工一对一地品茶时探讨他们的梦想和挑战，那么员工会感到备受尊重。

创建你的监管系统

有经验的管理者将指导性监管和反思性监管作为管理员工总体系统计划的一部分。现在我们来看看如何将这两种方法嵌入一个系统中,并不断激励员工为项目努力工作。

一个监管系统必须具备以下四种功能:
- 创建并执行政策和程序,如使用评估工具以及不断发布新信息。
- 持续评估和确认每名员工的发展需求、成就和延伸目标。
- 实施早期干预,尤其是需要改变时。
- 为了维护组织的愿景,保证对个体的监管都在系统内进行。

为了使过程规范化,主管需要标准化表格(如行为矫正表和自我评价表)。在员工手册中详细列出相关政策、程序和评估工具。主管可以自创、共享和购买标准化表格对员工进行评估。

填完的表格必须签字、复印,然后才能放入员工个人人事档案。年度员工评估表也需要一份标准化表格。员工在使用这些表格时会得到公平对待。员工年度考核的标准化表格至关重要。

在年度评审中,监管者和员工分享他们对其过去一年的工作记录和目标实现进展的评估。同样,未来一年的扩展目标由监管者和员工共同商定。员工年度评估采用的工具(表9.7),也需要监管者和员工共同完成。

表9.7　员工年度评估工具

员工姓名:　　　　　　　　日期:

就业日期:

员工的业绩:

实现年度目标的进展:

目标1:

目标2:

目标3:

第九章 监督与员工发展：社会情商在起作用

表9.7 员工年度评估工具（续表）

需要改进的领域：

下一年的目标：

目标1：

目标2：

目标3：

综合评分： 中等 良好 优秀 其他

员工的意见：

签名： 日期：

表9.8 放慢速度

"放慢速度"是一种反思性监管实践，需要关注每名员工并在员工会议上提问：

1．这周进展顺利吗？

2．一切顺利吗？

3．是否有什么烦心事？

4．我们需要考虑些什么？

5．有人听到流言了吗？你想验证吗？

这些做法能够让问题及早浮出水面，并让员工知道你听取他们的意见。

评 估 时 间

360度评估

一些监管者选择360度评估工具。360度评估是指要求团队内的每个人相互评估。员工评估监管者，员工间相互评估，监管者也需要评估自己和每名员工。360度评估工具的一个典型案例在布卢姆的《一流的工作场所》（*A Great Place to Work*，Bloom，Hentschel，& Bella，2010）一书中有所呈现。在这本书中，你可以找到评估工具和评分模板。

动态垃圾桶

当监管者第一次要求员工对他或项目进行评估时,他很可能会经历一种被称为"动态垃圾桶"(garbage-can dynamic)的过程(Cohen, March, & Olsen, 1972)。在完成第一次360度项目评估的过程中,员工都在"倒垃圾"——任何积压已久的问题、未说出的伤害、愤怒和怨恨。

监管者需要采取"暂时后退一步"的策略,提醒自己对事不对人,并考察信息的客观性。通过第二次或第三次的360度评估,员工会将积压的问题表达出来。这时,员工很可能会更及时、更有建设性地表达观点。

避免年度评估的缺陷

首先,将员工年度评估安排在入职纪念日进行。每年在同一时间对所有员工进行年度评估,会导致员工的工作效率大幅下降。恐惧会传染,甚至会影响经验丰富和专业的员工。焦虑情绪就像麻疹一样迅速蔓延,为了防止集中的年度评估带来的紧张感,可将评估分散到每名员工的入职日期。

其次,你要保证在一年中多次与员工交流和沟通,不要将年度评估作为仅有一次的共同评估员工的机会。如果员工在这一年度都没有获得连续的工作反馈,那么他们惧怕年度评估会议也是可以理解的。

通过运用指导性监管的五个原则,并通过反思性监管不断鼓励员工,管理者可以防止不受欢迎的意外,员工也知道他们的立场。更重要的是,员工在过去的一年里受到了监管者的持续关注,不仅关注他们自身,还关注不断提高的绩效。

再次,提醒员工注意那些可能会影响到他们的人事政策变化,并有机会讨论他们对这些变化的感受和想法。可将此作为一项固定的会议要求,提醒员工注意什么会影响他们。在你的部门增加一项新政策时,张贴出政策和程序的变动情况。做到时时更新,确保所公布的情况是及时的和最新的。

最后,在员工会议上注意这些新政策,在适当的情况下,为每名员工制作一份说明,并让每个人签名以确保她已阅读并理解本项政策,然后将其存入档案中。这符合"持续发布最新信息"的监管功能。

第九章 监督与员工发展：社会情商在起作用

监管是一种进化过程

将监管作为动词和名词来考虑。作为一个名词，像"苹果"和"邮局"，都是固定的和稳定的。作为动词，像"投掷"和"搅拌"，是活跃的。作为名词，监管是一项具有保护性的、维护良好的系统，它以书面标准和程序、持续性共享信息、评价过程、个体反思会议和日常走动式管理为支撑。这样看来，通过这种方式，监管者建立并维护了一个包罗万象的系统，以满足每名员工在组织任务范围内的需求。

作为动词，系统化监管就像教学中的"生成式课堂"，管理者采用此刻最有效的管理方式来开展工作。适当的教学场景和互相学习的机会可能会随时出现。监管就是一项具有挑战性的机会，以帮助员工明确我们想要其如何与儿童互动。今天，贾丝明可能从指导性监管中学到最好的东西；明天，她可能准备反思如何帮助克拉伦斯的家人。

监管与员工发展计划

2005年，全美幼教协会更新了《领导力与管理》（*Leadership and Management*，NAEYC，2005ab）中的认证标准和教师标准。全美幼教协会的标准要求认证项目符合以下条件。

- 标准10—领导与管理，标准10.E.10：个人职业发展计划是通过员工评价过程产生的，如有需要，至少每年都应更新和不断发展。
- 标准6—教师：项目聘用并支持具有教育资格、知识与专业承诺的教师，促进儿童的学习与发展，并支持家庭的多样化需求和兴趣。

主管希望能制订并实施一项计划，将每名员工的职业发展目标放在一个全面的计划中。这项计划必须确保教师在一定的年限内达到学术课程的要求。员工的年度目标必须包括员工进修和完成学位的途径。为了实现这些目标，项目可以通过遵从全美幼教协会提出的职业标准来满足一名接受过良好教育的员工的需求。一位工作出色的主管应该不断达到并超越这些目标。

监管就像其他的情商实践一样，不仅是一门艺术，也是一门科学。我们对学习和实践的态度越开放，就会变得越擅长管理。

反思性问题

1. 回想一下，到目前为止在遇到过的主管和（或）教师中，你最喜欢谁？这个人向你展示了什么能力？你如何描述这个人的监管风格和（或）教学风格？这种风格的哪些特点让你喜欢？这个人是使用指导性监管，还是反思性监管，抑或两者都有？现在反思一位教学风格不适合你的导师或教师，你能辨别出他（她）的教学风格和你的学习风格在哪些方面不匹配吗？这种监管实践给你什么启示？总结一下哪些监管者和教师能让你做出最佳表现。

2. 拥有30多年幼儿教育经验的凯茜·琼斯对挑战性员工进行观察后发现："困难型员工往往只想让别人倾听他们。就像困难型儿童一样，为了吸引注意力，他们会做出烦人的、没有成效的行为。为他们提供一个能表达的机会是比较有帮助的解决方法。他们也可以通过指导获得解决方案。当被指导如何做正确的、好的、富有成效的事情时，他们的注意力会改变。一些从事儿童保育工作的员工持消极态度，因为这一领域并不适合他们。有时，我们能做的最好的事情就是建议他们换一个工作方向。如果让消极的员工继续干扰和挑起事端，那么这无疑是对孩子和尽心尽力的员工的不尊重。充耳不闻是一项策略性措施，但很少被使用。当好员工不断抱怨消极员工时，这应该是一个你需要注意的警示。"你同意吗？你掌握了与困难型员工相处的方法了吗？他们的需求和你有什么不同？他们的需求是如何达成一致的？写出你与困难型员工工作的经历，并进行反思。

3. 完成第221页的情商练习，基于你的反应，评估一下你作为监管者的优势和挑战。你将采取哪些措施来拓展自己的监管能力？

团队项目

1．一起重读凯瑟琳的案例，请确认并讨论：如果你是她的监管者，那么你将面对的监管挑战以及将采取的监管方式。再阅读弗朗西亚和贾丝明的案例，汇报你们要讨论的要点。

2．采访一些监管者，调查如何才能成为一名有效的监管者。小组成员共同讨论所要采访的问题，这些问题将有助于你追踪有用的答案。可能的问题包括："作为一名监管者，你面临的最大挑战是什么？""你最喜欢什么监管方式？""关于如何记录监管过程，你是否可以分享相关的记录表格？"一旦小组成员对这些问题达成一致，每个人可以采访三名监管者。最后，小组成员以幻灯片的形式报告调查结果。

3．作为一个团队，至少列举两个像贾丝明一样的员工问题行为的实际案例。在案例研究中用录像记录问题行为。在每种情景下，实践如何应用指导性监管的五个原则和步骤。向同伴展示视频录像，并以小组形式讨论如何在案例中应用指导性监管。

参考文献

Bloom, P.J. 2005. *Blueprint for action: Achieving center-based change through staff development.* 2nd ed. Lewisville, NC: Gryphon House.

Bloom, P.J., A. Hentschel, & J. Bella. 2010. *A great place to work: Creating a healthy organizational climate.* Lake Forest, IL: New Horizons.

Bruno, H.E., & M.L. Copeland. 1999. If the director isn't direct, can the team have direction? *Leadership Quest.*

Cohen, M.D., J.G. March, & J.P. Olsen. 1972. A garbage can model of organizational choice. *Administrative Science Quarterly* 17 (1): 1–25.

Fenichel, E.S. 2002. *Learning through supervision and mentorship.* Washington, DC: Zero to Three.

Katz, L. 1972. Developmental stages of preschool teachers. *Elementary School Journal* 73 (1): 50–54.

Kilbourne, S. 2007. Performance appraisals: One step in a comprehensive staff supervision model. *Exchange, the Magazine for Early Childhood Leaders* 174: 34–37.

Kloosterman, V. 2003. A partnership approach for supervisors and teachers. *Young Children* 58 (6): 72–76.

Lancaster, L.C., & D. Stillman. 2002. *When generations collide*. New York: HarperCollins.

Maslow, A.H. 1943. A theory of human motivation. *Psychological Review* 50: 370–396.

Meister, J.C., & K. Willyerd. 2010. Mentoring Millennials. *Harvard Business Review* May: 1–4.

MI-AIMH (Michigan Association for Infant Mental Health). 2002. *Best Practice Guidelines for reflective supervision and consultation*. Southgate, MI: Author.

NAEYC (National Association for the Education of Young Children). 2005a. *Teachers: A guide to the NAEYC Early Childhood Program Standard and Related Accreditation Criteria*. Washington, DC: Author.

NAEYC. 2005b. *Leadership and management: A guide to the NAEYC Early Childhood Program Standard and Related Accreditation Criteria*. Washington, DC: Author.

Neugebauer, B., & R. Neugebauer. 2005. *Staff challenges: Practical ideas for recruiting, training, and supervising early childhood employees*. Redmond, WA: Exchange Press.

Norman-Murch, T., & G. Ward. 1999. First steps in establishing reflective practice and supervision: Organizational issues and strategies. *Zero to Three* 20 (1): 10–14.

Parlakian, R. 2001. *Look, listen, and learn: Reflective supervision and relationship-based work*. Washington, DC: Zero to Three.

Pawl, J., & M. St. John. 1998. How you are is as important as what you do. In *Making a positive difference for infants, toddlers, and their families*. Washington, DC: Zero to Three.

Peters, T.J., & R.H. Waterman, Jr. 2004. *In search of excellence: Lessons from America's best run companies*. New York: HarperCollins.

第十章

财政管理：掌握财政大权

> 很多富人认为，门上需要有把锁。因为他们"害怕有人会抢劫他们"，外出时他们更会这么做，这是为什么呢？我的门没有上锁，还好，他们可以偷我家地板上的地毯，这对我来说不是问题，因为我喜欢的东西就像天空中的星星一样，都是免费的。
>
> ——"我一无所有"，乔治和艾拉·格什温的《波吉与贝丝》

案例研究——阿德里安娜

阿德里安娜是一位经验丰富、才华横溢的主班教师，最近被任命为"人间天堂"项目的主管。这个项目的创始主管罗萨莉娅追随自己的梦想，回到了洪都拉斯，资助建立了一所蒙台梭利式幼儿园。面试时，阿德里安娜告诉董事会，她在资金预算方面经验不足。董事会成员向她保证："别担心，我们会帮助你。"

为了与员工重新建立关系，处理与董事会成员之间的权利斗争，阿德里安娜加班加点地工作，耽误了对财务管理的学习。当一场强飓风毁坏了操场时，她强迫自己查看预算，可预算数字像鲨鱼一样在她的眼前游来游去。她大喊道："我一点头绪都没有！"

假如你是阿德里安娜打电话求助的第一个人，你能给她提供什么帮助呢？

如果社交智能对处理人际关系非常重要,那么哪种智能对财务管理至关重要呢?依赖精通现金流报表、计算折旧和美国联邦社会保险捐款法拨款的人,听起来就像是"给猪涂口红"(正如我的朋友玛丽露所说的)。当我们需要阅读预算书时,"读懂"人可能没有帮助。我们已经到情商无用的地步了吗?

在本章中,我们将讨论建立和管理幼儿教育机构预算收支平衡的最佳实践方法和工具。通过阿德里安娜的经历,我们将看到她如何运用自己的智商和情商获得成功的财务管理方法。

金钱:承载的远不止一件事情

奥利维娅·梅琳和卡琳娜·彼斯卡杜(Mella & Piskaldo,1999,p. 47)解释为什么金钱是一个过度负载的问题。

> 对于大多数人来说,金钱从来不只是金钱。它是实现人生目标的工具。它是爱、权力、幸福、安全、控制、依赖、独立和自由等。金钱是一种如此沉重的象征,以至于要卸下它就会触及人类灵魂的深处——我相信,为了生活在一种完全理性、平衡的金钱关系中,必须卸下它。通常,当按下金钱的按钮时,长期被忽视的深层次问题就会出现。因此,金钱问题是觉悟和成长的完美载体。

> 当一个人大喊"这是原则性问题"时,他正在谈论金钱。
> ——金·哈伯德

> 当敢用我的力量为我的理想服务时,我是否害怕就变得越来越不重要了。
> ——安德烈·罗伊德

我们经常提到金钱,好像金钱是一个人一样。有时我们含糊其词,感到恐惧。有时我们很直率和自信。我们与金钱的关系是复杂而具有情绪性的。阿德里安娜早年学习财务的经历,为她今天的成功提供了可能。

回想一下，我们小时候"捕捉到"的有关金钱的信息是有益的。作为一名财务管理者，信心不足通常有历史渊源。梅琳和彼斯卡杜说："我们生活在一个无人谈论钱的家庭里。大多人都会立即反对，'不是这样的，我的家人一直在谈论钱'。当我问'你们是怎么讨论的？'时，他们回答说，'我的父亲担心钱不够花，并在我的母亲超支时大喊大叫'。"（1999，p. 150）

研究表明，男性和女性对金钱的态度不同。珍妮弗·哈珀（Jennifer Harper，2000）在《华盛顿时报》（*Washington Times*）的一篇文章中写道："女人即使钱包里有钱，有一份体面的工作和薪水，也依然担心失去收入后会沦落为无家可归的流浪女，被遗忘和变得穷困潦倒。"

哈珀继续引用财经专栏作家杰伊·麦克唐纳（Jay MacDonald）的话说："流浪女综合征是很多女性都有的，她们害怕瞬间身无分文，这让她们一贫如洗、流离失所……莉莉·汤姆林、格洛丽亚·斯泰纳姆、雪莉·麦克莱恩和凯蒂·库里克都承认，沦落为一名无家可归的流浪女是她们藏在内心深处的焦虑。"

这种对金钱"大萧条"的认识，在某种程度上源于20世纪20年代末、30年代初的金融危机。在父母双双失业和餐盘空空的环境中成长的儿童，对能有个栖身之地感到很幸运。我的母亲在高中十年级的时候辍学，供养她的单亲母亲和七个兄弟姐妹组成的大家庭。

像"省一分钱就是赚一分钱"或"不浪费、不奢求"这样的标语表达了经济大萧条时期的应对策略。我的妈妈教我如何缝袜子、种蔬菜和像母狮一样地搜索打折品。即使我们能买得起新衣服，我的家人也还是穿旧衣服。

儿童通过父母的态度和行为、媒体以及生活环境中的其他人来了解金钱。对于幼儿教育机构来说，关于如何花钱的态度给儿童、家长和员工传达了重要的信息。机构主管在合理分配资金方面发挥关键作用。下面将介绍案例分析中的主管阿德里安娜如何努力保持预算平衡，并应对预算外的开支。

坦白与洗钱不同

像我这样的管理者在财务管理方面比人际关系管理或日常项目运营方面缺乏自信。当谈到预算时,新的主管可能觉得他们到处碰壁,像是在一个高科技、成人化世界里的学步儿,他们觉得自己在财务学习方面落后了,担心把事情搞砸。

在新泽西州主管项目多年的莉兹给出了以下建议:

> 雇用专人来负责预算、合同和财务管理等事宜,经营一个幼儿教育机构就是一种商业行为,但商业的人性化才是关键。被雇用的人需要用热情友好的方式与家长沟通。你不会希望雇用一名对迟交学费的家长有鄙视态度或对小商小贩态度粗鲁的预算人员或财务秘书,因为他(她)的行为反映出儿童在机构中受到的待遇。

当我还是一名新手管理者的时候,我很难独自处理数字,但是寻求帮助就像是承认自己是个"废物",我敬畏像唐纳德·特朗普(Donald Trump)一样充满自信的领导者。告诉我你喜欢"数字运算",我就会关注你,请相信我,我知道这是我的盲点之一。

我同情案例研究中的新主管阿德里安娜,但不知为何,我的生意经营得很顺利并有盈利。我保持认真地记录,按时支付账单,供应商(销售员)很满意,支票簿收支平衡。我的营业损益表让人欣慰,而不是令人担忧。

我如何学会克服恐惧来处理预算、财务计划、账目及资产负债表呢?首先,我雇用了称职、值得信赖的专业人员。明智的会计师托尼将整个财务问题分解成我能掌握的一个个小问题。我的记录员丹尼丝不断地向我提供预算项目的最新消息,并标记出我需要注意的事情。点开丹尼丝的软件程序,所有的信息都呈现在我的面前。我的财务规划师格里,花几个小时向我解释财务规划的概念,使用现实生活中的大量案例和时间来回答我提出的乏味问题。

其次,我放弃了像假冒者的感觉,并让自己确信我们都有不同的优势,于是我向他人寻求帮助。"请替我将它分解开,就像我只是一名二年级学生一样"是我直接而有效的请求。我的叔叔亚瑟·布鲁诺告诉我一句西西里岛人的格言:"有时我们不得不深入狼穴。"你好，狼！慢慢地，我开始了解管理财务的基本知识，每走一步，我都要求情商成长并寻求帮助。

▶ **培养你的EQ**：这就是我的故事，现在我依然在坚持！你有什么故事？你是如何管理金钱的？你在童年接受了哪些关于金钱方面的信息？你认为这样的信息对你现在的自信心和财务管理技巧有什么影响？

作为政策和计划的预算

在财务管理中，把目光放长远是非常有益的（见表10.1）。追随我们的梦想，预算能将梦想变成现实。在更大的背景下，细节更有意义。如果一名主管将"员工的发展"定义为优先事项，那么安排并为员工的退休会提供资金，将是优先要考虑的。

表10.1　十佳财务管理指南

1．记住重点，你的项目需要按时支付账款。
2．你至少要做到收支平衡，还要留出足够的"回旋余地"（流动资金或现金流），以按时支出账款。
3．员工薪酬是幼儿教育项目中的最大支出。
4．学费是收入的主要来源。
5．去年的支出通常是你准备明年的预算的最好参照。
6．每个月都要确保收支平衡。
7．定期向有需要的人提供最新的预算报告。
8．当需要帮助时向他人求助，旁观者会提供新的观点。
9．雇用有能力的人和你一起做预算。
10．做一个"现金流分析"，并保留储备基金，以备不时之需。

提问："我们是否有足够的钱来运营一个高质量项目？"这个简单的问题会使其他信息都显示在你的脑海中。

对于一个项目来说，预算就是政策声明。一个主管的最大支出目标就是他最重视和最需要的。在幼儿教育项目中，员工的薪水是最大的支出。这表明员工的福利是最高优先项。一个项目的目的和目标是通过金钱来实现的。

就像一张地图，预算有预测和指导的作用。预算是一个中心的财务框架，预测主管的支出并展示支出是否与该预测相符。实际上，根据凯茜·琼斯博士（Cathy Jones）的观点，预算包括：

- 预测中心的运营成本；
- 追踪实际的成本；
- 当预测与实际不一致时，标出将要做出的调整。

支出，如同一场突如其来的龙卷风，能出其不意地打击一个项目。取暖的能源成本可能会飙升，汽油价格的上涨可能使工作人员无法长途通勤。原始预算必须更新以解释实际发生的情况（实际支出预算）。好消息是，根据以往每年的实际支出预算，主管们可以做出下一年度的预算。

▶ **培养你的EQ**：回忆本章的案例研究，并浏览阿德里安娜的预算（见表10.2和表10.3），判断这个项目的可行性（财务状况）。为了便于说明，让我们先来看看去年前三个月的预算情况。利用情商来评估你深入研究预算及数字的感受。如果感到恐惧，不要担心，我们都将经历这一过程。

表10.2　阿德里安娜的收入（单位：美元）

收入	一月	二月	三月
学费：			
家长缴费	14429	14438	13224
助学金	15773	14498	16112
食物补贴	4900	5087	5243
其他：			
认证拨款	2000		
总收入	37102	34023	34579

第十章 财政管理：掌握财政大权

表10.3 阿德里安娜的支出（单位：美元）

支出	一月	二月	三月
工资总额：	21249	20877	20854
员工补偿金	614	599	599
工资扣款（包括联邦保险或社会保险）	2100	2064	2067
保险费	579	623	612
退休费	425	418	418
日用品费用	200	76	183
电话费	98	98	98
公共事业费：	843	765	824
电费			
水费			
垃圾清理费			
租金	1270	1270	1270
食品费	2986	2077	2664
责任保险费（每季支付）			533
广告费	212		
第一次的认证费	350		
托管服务费	1000	1000	1000
贷款费	1000	1000	1000
总开支	32926	30867	32122

看表10.2左侧一列的收入来确定资金来源。学费占最大的份额，助学金（国家为某些儿童支付的学费）是第二种收入形式。学费和助学金加起来就是流入项目的资金，左侧那列中的其他项也都算进总收入中。

和大多数项目一样，阿德里安娜的幼儿教育机构也收到了食品补贴，它是指国家提供资金来确保儿童获得营养餐和零食。收入栏的最后一项是当地认证机构提供的2000美元，用于资助"人间天堂"项目再认证时使用。每一列的项目总和是阿德里安娜的收入。

现在根据表10.3，核算每月的开支。将收入与开支相比较，来判断"人间天堂"是盈利、亏损，还是收支平衡。

如表10.4所示，对账预算显示出在付清账目后剩余的钱。这对阿德里安娜来说是个好消息！在这三个月里，她的项目都有盈余或"净收益"。

表10.4 对账预算（单位：美元）

对账预算	一月	二月	三月
收入	37102	34023	34579
支出	32926	30867	32122
净收益	4176	3156	2448

考虑到这个项目在去年的同季度是盈利的（收入大于支出），阿德里安娜更有信心回顾其他9个月的预算。她祈祷自己有足够的预算盈余来完成来年的目标。

- 雇用一名幼儿教师来代替年薪为23000美元的退休教师罗妮。
- 购买新的操场设备和翻新操场地面，费用为12000～18000美元。
- 翻新地面，木材地膜为2000美元，橡胶地膜为8000美元。
- 为员工的退休会提供500美元。
- 花费700美元请一名顾问帮助教师建立课堂档案，或调查儿童保育资源和介绍是否有免费的培训师。

> 预算涉及钱的流入和流出。钱的流入是收益或收入，流出就是开支或花销。

▶ **培养你的EQ**：如果让阿德里安娜的项目承担这些变化，她需要支付多少额外的开支？

预算跷跷板

想象一下阿德里安娜的新操场的情景：11千克的布雷迪坐在跷跷板的一边，他的朋友马歇尔重18千克，爬到跷跷板的另一边。砰！布雷迪大喊："这不公平！"塔姆金教师捕捉到这一教育契机，并帮助孩子们分析发生了什么。她往下压了压布雷迪所坐的那一边，跷跷板达到了平衡。

这些常识性原则同样适用于预算，购买操场设备必须通过减少其他物品的花销，或者筹集额外的资金来达到平衡。做出选择就像寻宝一样。幸运的是，幼儿教育管理已经发展到有很多预算工具可供使用。努力找到适合你的项目需求的软件包也是"寻宝"的开始。

幼儿教育财务管理的软件

更多的好消息是：主管们可以选择和使用预算软件，比如幼儿保育管理软件（EZ-Care2）、儿童保育管理者（Childcare Manager）和护理软件（Procare Software）（见表10.5）。

表10.5 寻求符合需求的财务管理软件

1．询问其他主管使用何种软件。

2．与主管见面，学习他（她）使用的软件以及关于学生、家长的项目数据。

3．在购买前，告诉供应商你想试用这个系统。

4．参加展会。大多数软件供应商都很乐意提供帮助。

5．你可能有一个值得信赖的家庭成员，他（她）就是能干的会计。你可以让他（她）设计一份满足你需求的财务管理计划。这会确保你的软件投资回报符合你的需求和期待。

资料来源：Cathy Jones, assistant professor, early childhood education, Spadoni College of Education, Coastal Carolina University.

儿童保育财务管理软件可以提供一种可持续更新的框架。点击一个键，主管们可以进入该软件，分类数据并显示：

- 入学儿童的百分比与项目承受力的比较
- 每个儿童的实际成本
- 出勤记录
- 某一周的工资总支出
- 如何逐步制订新的年度预算
- 对账预算（预算费用与实际费用的对比）
- 申请食品补贴的合格资质及报销金额
- 如何设计食谱
- 儿童和家庭记录，如疫苗接种及药物治疗
- 如何通过系统提醒家长

- 雇用记录
- 员工用于职业发展的时间及人员安排

每年，更新的幼儿保育管理软件都会增加一些新的附加特性。获取最新的信息，请访问相关网站。

明细支出和一致性

阿德里安娜认为，通过雇用新教师雷吉娜取代经验丰富的罗妮所节省的钱，她能为操场的开支提供额外的费用。因为雷吉娜缺乏教学经验，所以她的初始年薪为17500美元。阿德里安娜想知道她可否用节省的钱购买设备。

上一任主管的年度预算预测"一切正常"。但预算不包括更新操场设备，也不包括员工退休会的费用。阿德里安娜需要在本财政年度预算范围内为这两项工作提供资金。财务年度的开始和结束时间每年相同，通常是上一年的7月1日到这一年的6月30日。某些项目的财务年度开始于每年的1月1日。

▶ **培养你的EQ**：阿德里安娜说她希望雇用雷吉娜（年薪为17500美元）来取代罗妮（年薪为23000美元），从10月1日起开始计算雷吉娜与罗妮的工资差异。

运用你的情商帮助阿德里安娜想出低成本或零成本的方法来更新操场设备和地面（来自企业的捐赠，家长们在工作日做义工等）。让阿德里安娜调查一些低成本或零成本的退休会场所（当地的基金会、自然场所、某人的家等）。

阿德里安娜担心替换罗妮节省的开支与更换操场设备的开支分属不同的项目。每一项具体开支分属不同类型的开支，例如薪水或租金。她并不确定能否把它们混在一起。她想知道："我是在拆东墙补西墙吗？"（见表10.6）

在短期内，某一明细开支中的收入可以填补另一明细开支中的支出。更新操场设备是一次性消费（一次性金额支付），阿德里安娜可以转移工资储蓄来填补这项费用。来自"工资"明细开支的资金可以转移到"设备"明细开支中。

然而，从长期来看，阿德里安娜需要足够的资金来吸引并留住优秀员工。如果

第十章　财政管理：掌握财政大权

表10.6　给新主管的财务管理建议

1. 不要低估你或员工。如果感到筋疲力尽，你就是在消耗自己的人力资本。资本是你的项目资产。最后你将筋疲力尽，一无所获。
2. 在开始前先做功课，一个高质量的项目不仅仅是爱孩子。
3. 不要低估你的实际成本。否则，你可能会为了品质而付出代价。

资料来源：Cathy Jones, assistant professor, early childhood education, Spadoni College of Education, Coastal Carolina University.

她想要提高质量，那么降低新员工的工资能达到这个目标吗？通过这种方式节省的资金可能会保证项目有盈利，但是短期的盈利可能会导致项目质量的长期下降。

操场的费用可以在其他款项中得到弥补，但这对项目质量有什么影响呢？阿德里安娜可以通过从薪水中节省的钱来做一个"短期应急"的解决方案。最终，她希望通过提高工资和提供激励措施来留住高素质的员工。她需要一个计划来实现这个目标。

持续的花费，如工资，是一个可预测的预算项目。持续的开支需要持续的收入。房租和贷款都是持续的开支。为了支付月租，阿德里安娜需要稳定的现金流（每月1270美元）。持续的开支不能依赖短期的收益。

资产折旧

资产折旧是指设备在购买后每年损失的价值。在"人间天堂"项目中，已经使用了8年的操场设备，最多可以再使用2年多。这台设备的原价是15000美元。为了向保险公司报告损失，阿德里安娜应该如何计算设备的实际价值？

这里有一种简单的计算折旧的方法：

- 列出产品的购买成本
- 找出产品可确保使用的年限
- 用购买价格除以可确保使用的年限

阿德里安娜的第一个任务是弄清楚这些设备可以使用多久。操场设备供应商承诺的保修期为10年。如果这些设备的价值每年下降10%，那么8年后，这些设备就丧失了80%的价值，约合12000美元。从购买价格中减去这个金额，你就会

看到产品是如何贬值的：8（年）×1500（美元/年）=12000（美元）

当用购买价格（15000美元）减去折旧金额（12000美元）时，阿德里安娜发现设备的价值已降至3000美元。这个信息对她制定更换大件物品的预算是有帮助的。有关设备每年的折旧计算，见表10.7。

表10.7　操场设备的资产折旧（单位：美元）

购买价格（第一年）	15000
第二年	13500
第三年	12000
第四年	10500
第五年	9000
第六年	7500
第七年	6000
第八年	4500
第九年	3000
第十年	1500
第十一年	0

▶ **培养你的EQ**：试着计算教室设备、计算机或其他物品的折旧价值。你甚至可以上网查找你的汽车的"蓝皮书"价值。你的物品贬值到什么程度？现在，你可以自信地计算出幼儿教育项目中的物品的资产折旧了！

会计能帮助你计算大型设备和房地产项目的资产折旧。表10.7中的数字仅用于预算目的，不用于审计或财务报告。

预 算 报 告

阿德里安娜希望和董事会一起努力确保每个人都了解重要的预算信息（见表10.8）。她邀请董事会的财务委员一起负责操场设备的更新和员工退休会的资金运作。

第十章　财政管理：掌握财政大权

表10.8　来自董事会的帮助

董事会成员能够带来专业经验，比如会计、财务计划、法律技巧和市场营销等方面的经验。幼儿教育项目的董事会通常在下属委员中完成大部分的工作：

1. 融资和筹资
2. 人事和政策
3. 规划
4. 执行

执行委员会由董事会官员组成：董事长、副董事长、秘书和财务主管（或会计），外加上述其他三个下属委员会的主席。他们都与董事会的执行委员会密切合作。

在本章的案例研究中，阿德里安娜"陷入"了一场董事会成员之间的权力斗争。罗德里克是一名律师，也是财务委员会的主席。他与计划委员会主席兼财务规划师普拉西多竞争。为了"让普拉西多脚踏实地"，罗德里克坚持对现金流进行分析。

罗德里克认为，项目从理论上看起来不错，但可能因为现金流问题而在下个月破产。正如格温·摩根和贝丝·伊曼纽尔（Gwen Morgan & Bess Emanuel）在《幼儿教育项目中的账本底线》（*The Bottom Line for Children's Programs*，2009）中所描述的那样，太多周密计划的项目因缺乏现金流而失败。虽然项目收取了学费，但不足以支付员工工资。罗德里克还要求提供固定及变动成本的相关信息。

在与财务委员会合作的过程中，阿德里安娜使用软件来准备和呈现现金流分析及现金储备分析的报告。

现金流分析

现金流分析记录幼儿教育机构资金如何流入和流出，显示在给定时期内幼儿教育机构的资金收支情况。一项预算可能预计一月份的收入为37000美元，如果当月的食物或学费补贴推迟发放，那么该机构的实际收入将会减少，支付当月的工资可能会比较困难。每个月仅仅是勉强度日，并不能让幼儿教育机构有足够的收入来应对意外的支出或某一时期的低入学率。

由于这个原因，保持现金储备是明智的。现金储备就像一个储蓄账户，储存着主管可能需要用来应对意外情况的资金。阿德里安娜可能会利用现金储备中的资金来支付操场设备的费用。她将现金储备报告添加到汇报单中，并定期向董事会报告。

仅仅知道每月的收入和支出是不够的。更安全的方法是生成现金流分析。这种分析表明，"手头"是否有资金按时支付账单。看看阿德里安娜通过用现金流分析表为董事会提供的信息（见表10.9）。

表10.9 现金流分析（单位：美元）

现金流	一月	二月	三月	四月	五月
收入	37102	34023	34579	35221	37000
支出	32926	30867	32122	38765	32763
净收益	4176	3156	2457	(3544)	4237
累计现金流	4176	7332	9789	6245	10482

还记得阿德里安娜的预算吗？前三个月是正现金流，这意味着每个月该幼儿教育机构的收入大于支出。四月份的一场暴风雨造成了意料之外的屋顶损坏，这并不在保险范围内，会对她的现金流造成什么影响？

请注意，四月份的预算损失是括号内列出的3544美元。在现金流分析报告中，出现在括号中的金额是"赤字"（即没有足够的资金来支付费用）。

追收欠款

阿德里安娜运用情商来解决拖欠或从不交学费的情况。为了保证有足够的现金流，主管们可以借鉴经验丰富的同行提出的策略（Neugebauer & Neugebauer，2007，pp. 86-89）：

- 在入学时详细说明政策
- 与家长保持密切联系
- 警惕那些"吃白食的人"
- 让付款变得简单

- 提前收取费用
- 收取押金
- 强制执行延迟付款政策
- 提前提出解决问题的建议
- 对违法行为迅速采取行动
- 提供还款选择
- 让父母在本票[1]上签字
- 对欠款者向小额索赔法庭提出诉讼
- 停止提供照护

　　幼儿教育机构告诉家长不能再给他们的孩子办理入学，对儿童和每一名关心他的人来说都是痛苦的。高效的主管会主动采取措施，并立即告诉家长该交学费了。主管们也可以提前收取至少两周的学费以作为定金。通过使用"基于法律条文"的技巧，你可以让每个人都遵循同样的标准。否则在短短几周内，一个家庭欠下的学费就会占中心预计月收入的一大部分。

　　本票由家长中的一方或双方签字，使这个家庭做出保证，他们会支付所欠的全部款项和利息。当一笔数目不小的学费被拖欠时，本票是有用的。一旦采取了法律行动，本票可以支持中心的情况，并为家长承诺的责任提供证据。本票表格可以从网上下载或在办公用品商店里购买。

　　为了让儿童继续在某个幼儿教育机构中接受教育，家长需要按时支付当前的学费和逾期拖欠的费用。扣押欠费家长的工资或起诉拖欠学费的家长是律师的职责。欠费家长的工资被扣押后，从中取出的一部分将被直接送到幼儿教育机构。上法庭需要花费时间和资源，制定有效的财务管理措施将有助于避免高成本代价的情况出现。

---

[1] 是一项书面的无条件的支付承诺。——译者注

为非全日制入园的儿童和兼职教师的预算

想象一下,阿德里安娜所在社区中的一家汽车制造商正在裁员,其中几名员工的孩子在她的幼儿园里学习。由于近期的财务危机,很多父母要求自己的孩子接受部分时间的保育和教育。能让蹒跚学步的塔拉克在周一、周三、周五来上课吗?玛尔塔的妈妈找到了一份从中午到下午5点的工作,她希望玛尔塔下午来上幼儿园。

可以使用下面的检查清算表,评估阿德里安娜提供非全日制开展保育和教育的能力:

☐ 机构有一份需要在不同时间接受照护的幼儿名单
☐ 一位家长的需求与另一个家庭的需求相匹配
☐ 教师与家长的需求相匹配
☐ 无论儿童是否上幼儿园(就像全日制的儿童一样),都要向家长收取部分时间的保育费

> 为家长提供兼职机会,是一种有利于家庭但并不利于企业的做法。

同样,教师们也需要合作工作(共同分担一名全职教师的工作)。贝蒂想在周一到周三工作,杰米更喜欢在周四和周五工作,他们可以组成一个"全日制工作当量"(full-time equivalen,FTE)。雷吉娜想下午工作,但还没找到另一位与她合作工作的教师。为了安排兼职教师的课程表,阿德里安娜必须询问:

- 这样的安排能满足儿童对优质保育的需求吗?
- 这种新的员工编制方式与招生情况一致吗?例如,如果下午的儿童出勤率高于上午,那么雷吉娜会在下午时很忙碌。
- 另一名员工愿意与雷吉娜合作工作,并有效地组成一个"全日制工作当量"吗?
- 这种变化会对其他员工产生什么影响?

阿德里安娜想为员工和家长提供方便。她能否为兼职教师和儿童安排好时间表，并维持一种收支平衡的预算？只要确保所有的儿童能够得到最好的照顾，她愿意变得更灵活。

兼职工作需要仔细地跟踪和记录。通常，只有当来自不同家庭的儿童能像全日制儿童一样出勤时，主管们才会提供部分时间的空当。这既不会给幼儿教育机构带来财务风险，又能给更多的儿童提供平等的照顾机会。同样，轮班允许两名兼职教师分担一位全职教师的工作，兼职教师的工资根据员工所做的全日制工作的比例来计算。

即使没有儿童入园，水电、人事和租金费用也会持续产生。阿德里安娜必须做好入园人数统计和教师安排表，并用保证项目顺利开展的方式收取学费。她提供了下面的日程表，该表能满足选择非全日制送孩子入园的两个家庭：

	周一	周二	周三	周四	周五
上午	塔拉克	玛塔	塔拉克	玛塔	塔拉克
下午	塔拉克	玛塔	塔拉克	玛塔	塔拉克

同样，阿德里安娜为轮班工作的教师制定了下面的日程安排表：

	周一	周二	周三	周四	周五
上午	贝蒂	贝蒂	贝蒂	杰米	杰米
下午	贝蒂	贝蒂	贝蒂	杰米	杰米

在这两个例子中，每天的时间空当都被填满了。中心可以对非全日制入园的儿童收取比每周全日制照护略高的费用。如果这种变化对儿童和项目进展产生负面影响，那么主管们可以拒绝家长的部分时间入园的要求。

阿德里安娜要为非全日制入园的儿童和兼职教师做预算，需要根据全日制工作当量来考虑。她计算了全职教师和全日制儿童

> 一名全职教师的福利会导致雇用该教师的成本提高28%。

的百分比。塔拉克占全日制工作当量的比例是多少？玛塔占多少？贝蒂和杰米占多少全日制工作当量？每名教师的全日制工作当量的百分比是多少？

▶ **培养你的EQ**：通过计算贝蒂和杰米的全日制工作当量的百分比来帮助阿德里安娜。

允许员工兼职工作既有利于家庭，也有利于中心。如果支付每名教师的福利少一点，那么合作工作对预算的利润有益。福利包括医疗和牙科保险、401K[1]捐赠、人寿保险、伤残保险及儿童保育折扣。

贝蒂和杰米都向阿德里安娜保证，她们的配偶或伴侣的福利能够资助她们。因为她们不是全日制的，所以不能享受福利。但合作工作对雷吉娜来说不可行，除非另一名教师愿意和她组成一个全日制工作当量。

固定成本和变动成本

财务委员会主席罗德里克给阿德里安娜发邮件，提醒她尽快报告项目的固定成本和变动成本。阿德里安娜用自己的常识来理解固定成本和变动成本的区别。虽然很少有事情是永久性的，但是阿德里安娜把每月房租视为固定成本。房东承诺两年内不提高租金，每月偿还同样额度的贷款是另一笔固定成本。

变动成本是不可预测的。例如，如果塔拉克一家搬到亚利桑那州，那么她就不会再支付学费。如果"人间天堂"项目实行"浮动计算"（即让不同经济情况的家庭支付他们能支付的学费），那么学费是可变的，而不是固定的。可变收入可能会突然改变。阿德里安娜的预算必须考虑到收入中的这种变化。

阿德里安娜准确地认为，固定成本最好由可预测的资金来支付。据此，她可以更好地估计项目可以承担多少变动成本（如新设备和员工退休会），她用电子邮件给罗德里克发送了预算报告。

---

[1] 401K 是美国的企业年金。——译者注

考虑工资和工时

所有关于全日制工作当量和福利待遇的工作给阿德里安娜提出了另一个问题:"人间天堂"项目如何遵守美国联邦的工资和工时法?她听说附近的一家幼儿教育机构因没有按照法律给员工合理的工资而受到处罚。

工资和工时法的底线是"必须按照员工的工作时间支付工资"(Morgan & Emanuel,2009,p. 35)。需要三个学时的必修课、教师们在周末"翻新"操场以及参加全国幼儿教育年会,都是必须支付报酬的工作时间。摩根和伊曼纽尔(2009)提出了工资和工时法的注意事项:

- 必须按照员工的工作时间支付工资。避免让员工每周工作40小时以上,除非得到补偿。每周超过40小时的工作时间必须按照1.5倍工资进行补偿。如果劳动部认定你损害了员工的这些权利,那么你将支付大笔的赔偿金。
- "补偿时间"的概念并不适用于工资和工时法保护的雇员,除非该概念用于同一工作周且少于40小时的工时。
- 如果雇主要求雇员做任何事情,那么必须支付报酬。这包括参加培训、会议和家长会。例如,如果幼儿教育机构要求一名助理教师参加某门课程的培训,以便更好地完成工作,那么中心主管必须支付培训费以及参加培训时的工资。然而,如果员工参加课程培训是为了成为一名主班教师(或取得任何晋升),那么中心主管就不需要支付时间或课程费用。在这种情况下,员工参加课程培训并不是因为雇主的要求,受益的是员工个人而不是幼儿教育机构。
- 政府应定期开展审计工作,或及时反馈不满员工的投诉。工资和工时审查官员不会向你透露是否有投诉。

从头开始：你的第一笔预算

现在，阿德里安娜在预算管理上更加自信了，并且梦想着建立自己的幼儿教育机构。她和大多数新主管一样，会在预算合适的情况下接管一个已成立的机构。内心的"努力追寻梦想"促使她在制订商业计划及启动预算时寻求帮助。

幸运的是，她可以利用很多有用的资源，包括：

- 小企业管理局
- 当地幼儿教育项目的资源与推荐机构
- 国家监管机构（特别是许可证发放机构）
- 立法委员（例如国会成员）
- 负责成本估算和综合计划的公共事业公司
- 设备和用品成本比较的在线网站
- 本领域内的薪水信息（如有可能，在某个特定背景下的薪水信息）
- 国家或地方的专业组织
- 幼儿保教研讨会中有关财务管理的工作坊
- 当地主管支持小组
- 幼儿保教财务管理软件

在与潜在的贷款人或合作伙伴谈判前，要制订清晰、详细和完整的并包含启动预算的商业计划。

新主管们往往会低估启动成本。当地小企业管理局会帮助有抱负的企业家考虑不可预计的开支。这是新企业家走向成功的"孵化器"。

> 财务管理的秘诀是什么？没有秘诀。关键是做到细致、全面、与时俱进。只想"我明天再来弄懂预算"是没用的。
> ——凯茜·琼斯博士

▶ **培养你的EQ**：列出新项目的所有成本。接下来，列出所有的收入来源。当完成每一个清单后，回头看看你是否可以增加更多的可能性支出或收入。

在项目初期，主管们可能会为了节省开支而选择质量比较低的项目。在质量问题上要考虑长远。价格和质量较低的设备和家具能应付当下，但会产生长期的副作用。便宜的物品可能会在预算能支付替换它们的费用前就消耗殆尽。每次购买的物品（从玩具到桌子）都要经得起日常磨损。玩具商、教室和操场设备的供应商经常在各州和国家会展上设立展台，会展的在线日程安排会列出参会的供应商。

在设计这些启动预算时，考虑以下建议：

- 在确定场地并装修后，人力将是你最大的持续成本。还记得阿德里安娜的经营预算吗？人力成本占57%～62%。
- 装修一个房间的费用为5000～35000美元，这取决于房间的大小和儿童的年龄。
- 在入学时建立一个"缓冲机制"（财务安全网），一开始你不需要拥有像全面运营时那么多的员工。
- 你对员工的计划满意吗？你考虑过开业时需要多少名员工吗？
- 计划投入的广告成本。有时当地报纸会特别报道新的幼儿教育机构。持续地投放广告会花费很多，你开发过网站吗？你会将招聘职位或广告放在相关网站上吗？你的幼儿教育机构被黄页列出、加入商会并在脸谱网或领英网上进行宣传了吗？
- 需要基本的办公设备（如计算机、办公用品、复印机或桌椅等）。使用二手或捐赠的设备能节省费用。

阿德里安娜计划用能找到的所有支持来帮助自己开始，自信并有准备地带着商业计划书和梦想到银行申请资助。

启动预算

阿德里安娜的启动预算包括表10.10中的项目以及它们的估计成本。右边的空白栏在完成采购后会填写，实际成本和估计成本的比较将是有用的信息。

表10.10　启动预算

开业前	估计成本	实际成本
第一个月的租金或抵押贷款		
设备：		
水费		
电费		
垃圾处理费		
其他费用		
建筑成本		
教室家具		
厨房设备		
办公设备		
儿童玩具和用品		
消耗品，如卫生纸、餐巾纸、 　绘画纸和绘画材料等		
办理执照费用		
税费		
责任保险		
一两个月的主管薪水		
一周的人事培训薪水		
中心的广告费用		
招聘的广告费用		

资金管理中的情商和智商

　　主管们经常告诉我："我遇到了一个法律问题。"为了倾听，我的大脑会切换到"律师的大脑"。其实，80%的问题都是人事问题，而不是法律问题。人事问题可能会让我们感觉已超出理解范围，以至于把它们想象成法律问题。知道主管的情商可以帮助解决这些难题是多么令人振奋的事啊！当主管认为人事问题、预算问题都可以通过情商来解决时，想象一下她脸上欣慰的表情吧。

　　正如罗杰和邦妮·纽格鲍尔（Roger & Bonnie Neugebauer，2007，p. 7）提醒我

第十章　财政管理：掌握财政大权　　253

们的那样："幼儿教育机构的主管在资金管理方面必须和照顾儿童一样有效。"关于这一问题的更多建议见表10.11。在项目财务管理方面，我们已经帮助阿德里安娜运用情商来指导智商。关于财务管理，我们所知道的比认为自己所做的更多吗？

表10.11　来自克服预算问题领域的声音

1. 一家运营了15年的幼儿教育机构失去了大量的资金来源，主管认为该机构不得不关闭了。她召集员工开会，之后召开了家长会议。

在两次会议中，她邀请每个小组讨论如何解决这个问题。最后，他们做到了，想出了很多挽救机构的好主意。此外，他们觉得解决方案与自己的利益息息相关。"入伙"是最好的解决方法之一。

尽管主管在私下流了很多眼泪，但在公开场合时她的态度是积极的。我认为家长和员工们并不知道她的痛苦。他们看到的是她的希望和对孩子们的爱。

2. 在顾问委员会任职时，我处理过一个陷入财务问题的项目。没有人与这家机构合作，以揭示其运作所涉及的"实际成本"。该机构主管的预算表明"估计预算"与"实际预算"不相符。

我们帮助这位主管确定了实际成本，并制成表格。一旦数据被公开呈现并确定，我们就可以帮助她做出必要的改变。她开始更好地利用员工的时间，改变非全日制儿童的政策，利用新的课后项目引入更多的资金，并提高家长费用。

通常，仅仅从新视角来看待你的项目就会让一切变得与众不同。

资料来源：Cathy Jones, assistant professor, early childhood education, Spadoni College of Education, Coastal Carolina University.

▶ **培养你的EQ**：你认为阿德里安娜该如何处理两位董事之间的权力斗争？律师罗德里克正在与财务规划师普拉西多竞争董事会预算专家的职位。你有什么建议？请使用你的社会情商来解决这一问题。

反思性问题

1. 对金钱的价值观和对资金管理的信心与我们的成长方式密切相关。把你早年接受的关于金钱及其管理的信息列一个"10项清单"。在学习金钱方面的知识时，哪些记忆比其他记忆更突出？写一篇关于"流浪女/流浪汉"综合征是否适用于你的论文。写下你能做什么，或已经做过什么来获得财务管理的信心及专业知识。

2．保持你的个人支票簿收支平衡和计算你的个人预算，都是学习项目预算的起点。列出你的固定成本和收入。根据这些数据，为本年度的剩余时间创建你的个人启动预算。从明天开始，查看你的支票簿以确定你的可变开支和意外开支，用这些数据创建一笔本年度剩余时间的收入预算。你可以预先创建一笔收支平衡的个人预算吗？

3．购物已经成为一种美式消遣。我的妈妈教我做一个捕获物美价廉品的"猎手"。如果你是一台购物机器，你怎么能确定"永不停止的购物"方式不会破坏你的预算？列出10条切实可行的策略以帮助你控制预算，并经得住"再买一件东西"的购物诱惑。教师们经常自己出钱开展手工课堂活动，每个季度或每个月都会重新布置教室。你能想出其他资源和方法让教师们不用自己花钱就能获得充足的创意作品吗？同样，至少列出10条其他资源或途径。

4．研究不同的幼儿教育财务管理软件。为新主管写一份具有对比性的推荐性报告。

团 队 项 目

1．想象一下，作为一名主管，你必须给教师提出一些"敏感"的预算问题。在幼儿保教收入减少的情况下，是否继续为员工提供福利？你的慷慨政策已经吸引了很多优秀的教师，但是收入的减少已经成为一个严重的缺口。第二个"敏感"话题是，如何设计一个方便家长接送孩子的空间和氛围？找到一个房间配上几把椅子并提供"松饼和咖啡"的服务是你的目标。最后一个"敏感"话题是，你希望为教师们提供一个休息室。主管需要为每个项目制定一个预算，估算成本，制作一张图表，列出两个主要项目的利弊。制定如何有效地向教师们展示和讨论这些问题的策略。把同学当作你的员工，并向他们展示。如若可能，请制作一份演示文稿以帮助那些视觉型学习者。

2．开展一次精心策划的"寻宝行动"，以调查可用于帮助新主管上任的可利用资源。首先确定每个人将调查的具体领域或主题。表10.1将有所帮助。完成这些调查后，准备一份"财务资源笔记本"。该笔记本中包括组织和个人的名字、联系信息、网址、情况说明书、监管标准和其他有用的信息。把这些呈现给你的团队成员。

3. 根据掌握财务管理技能方面的"学习曲线",选取三名幼儿教育管理者进行访谈。列出访谈问题提纲,包括:你在获得专业知识方面经历了哪些阶段?在这个过程中,什么帮助或阻碍了你?你给新主管什么建议?在访谈的基础上,制作一份建议列表。作为一个团队,创建一份关于"财务管理专业知识的主管计划",以展示一名主管在成为一名自信的财务管理者的过程中所经历的几个阶段。

预算术语表

实际支出预算(actual expense budget):每月支出和收入的运行表,可与你预测中的预算相比较。

现金流分析(cash flow analysis):一个确定手中有多少钱的过程。

现金储备(cash reserve):一种可以在"下雨天"(尤其是现金流疲软)时使用的基金。

折旧(depreciation):某一项资产的价值在一段时间内的预期损失。

开支(expenses):所支付的费用(如薪水、保险费、日用品费、咨询费、顾问和培训师的费用)。

专业服务费(fees):为家长支付的额外费用,包括注册、共同支付、特殊用品和特殊活动费用。

财务年度(fiscal year):根据项目预算计算的年度,通常是前一年的7月1日到后一年的6月30日。

扣押(garnishing):从某人的收入中抽取一定比例来支付所有的账单。

拖欠款项(in arrears):逾期未付的款项、未付的账单。

盈利(in the black):这个项目赚的钱足够支付所有的账单。

赤字(in the red):这个项目没有足够的收入来满足支出。

合作工作(job sharing):两名教师在互补的时间内合作,共同承担一名全职教师的工作。

明细支出(line item):预算中需要考虑的每个项目(如"个人""联合""供给")。

流动性（liquidity）：就像现金流一样，"流动性"意味着手头的现金可以在需要时使用。

医疗补助（medicaid）：雇主为未来医疗照护向雇员提供的基金支付款项。

净收入（net income）：扣除支出后的总利润。

一次性消费（one-time expense）：就像支付结婚证的费用一样，只需支付一次。

损益表（P&L）：盈利和损失的结算表单。

工资总支出（payroll）：工资的实际成本（包括你的工资）。

预算（projected budget）：对未来一段时间内即将产生成本的预算。

对账（reconciliation）：核对预期收入和支出与实际收入和支出之间的关系。协调是对收入和支出资源进行调整。

收入（revenue）：收到的钱，通常来自父母的儿童看护津贴和补助金。

浮动计算（sliding scale）：根据家庭收入或其他因素（儿童和教师人数等）调整收费金额。

社会保障（social security）：雇主向每名员工缴纳由联邦政府维护的社会保障基金。

节省开支（spending down）：用来描述及时支付每月或日常开支的过程，董事会成员可能问询当月的"支出减少"。

税收（taxes）：联邦政府、州或地方政府为支持其服务而按百分比收取的费用。

可行的（viable）：经营"盈利"，而不是负债。

工伤补偿（workers' compensation）：由州法律规定的一种制度，向在就业过程中受伤或致残的雇员提供资金和医疗服务（不管是否有过错）。

参 考 文 献

Copeland, T. 2008. *Getting started in the business of family child care*. St. Paul, MN: Resources for Child Caring.

Copeland, T. 2010. *Family child care record-keeping guide*. 8th ed. St Paul, MN: Redleaf Press.

Copeland, T. 2011. *Family child care 2010 tax workbook and organizer*. St. Paul, MN: Redleaf Press.

Gross, M.J., J.H. McCarthy, & N.E. Shelmon. 2010. *Financial and accounting guide for not-for-profit organizations*. 7th ed. New York: Wiley.

Harper, J. 2006. Nearly half of women fear life as a bag lady. *The Washington Times*. Aug: 23.

Jack, G.H. 2005. *The business of child care: Management and financial strategies*. Clifton Park, NY: Delmar Learning.

Mellan, O., & K. Piskaldo. 1999. Men, women, and money. *Psychology Today* Jan/Feb: 36.

Morgan, G.G., & B.R. Emanuel. 2009. *The bottom line for children's programs: What you need to know to manage the money*. 5th ed. Waltham, MA: Steam Press.

Neugebauer, R., & B. Neugebauer, eds. 2007. *Managing money: A center director's guidebook*. Redmond, WA: Exchange Press.

第十一章

杜绝伤害：建设安全、可持续、健康的学习环境

> 不管环境如何，儿童解决问题的能力和茁壮成长的根源在于，他们至少有一个小小的安全场所（一间公寓、一个房间、一个实验室），在这样的场所中能够得到有爱心之人的陪伴，发现自己是可爱的，并有能力回报他人的爱。
>
> ——弗雷德·罗杰斯，《你很特别》
>
> 学习和发展的道路与其说像子弹，不如说像蝴蝶。我们的工作是提供一种环境，让一群精力充沛、特立独行的探索者完成这项任务，这里所有的成人和儿童都能在严谨的群体生活中茁壮成长。
>
> ——吉姆·格林曼

案例研究——比阿特丽斯和奥萝拉

比阿特丽斯和奥萝拉在学前班和幼儿园任教多年，承诺她们总有一天会建立自己的机构。奥萝拉怀念童年时期的松树和清澈的溪流。在城市中长大的比阿特丽斯更喜欢靠窗的舒适座位，不喜欢脚上粘泥。她们的祖母在遗嘱中将比阿特丽斯和奥萝拉列为受益人。"奥萝拉，我们能做到了！祖母让我们建立自己的机构成为可能！"比阿特丽斯高兴地哭着说。这对姐妹拥抱在一起，高兴地哭了起来，但是，她们对完美的幼儿教育机构的愿景却截然不同。

你认为什么建筑和场地设计能整合比阿特丽斯和奥萝拉的愿景呢？

作家海明威的短篇小说《一个干净明亮的地方》(*A Clean, Well-Lighted Place*)以欧洲的一家咖啡馆为背景,正是这家咖啡馆保护了他,让他免受世界上的苦难和麻烦。事实上,海明威在写咖啡馆里温暖的金色灯光时,西班牙国内战争的黑暗让周围村民的内心充满了恐惧。

从文字和比喻方面来讲,我们的孩子和家庭都生活在危险的边缘,安全得不到保证,健康与其说是馈赠,不如说是礼物。当给儿童提供了更洁净、明亮和快乐的环境时,他们才更有可能留下。

在为儿童创造无伤害的环境时,幼儿教育机构的领导者会享受荣誉,也面临挑战。学习时,儿童首先要有安全感。危险和对危险的恐惧阻碍了儿童的学习能力。研究表明,在缺乏安全感的环境中成长的儿童更注重自我保护,因此不能完全放松地探索和学习(Goleman,1997;Hannaford,2002)。我们的工作就是消除危险,防止伤害,提供欢迎的、鼓励的、健康的环境来消除儿童的心理恐惧。作为托幼机构的领导者,我们有责任为所有儿童创建"相关的避难所"(包括那些在创伤后具有应激障碍反应的儿童),确保与他们建立信任关系并使他们茁壮成长(Bruno,2010)。

在本章中,我们将集中探讨安全和健康的标准。这些标准是幼儿教育管理建筑设计、方案和实践的基石。"杜绝伤害"原则取决于领导者建立和管理的每一个系统(从操场安全到食品服务,从教室设备到应急程序)。只有成人担负起健康和安全的责任,儿童才能够毫无障碍地探索周围的环境。

"杜绝伤害"还包括为子孙后代保护自然环境,幼儿教育项目中的"绿化"有助于确保孩子们永远有树可以爬,有小溪可以踩,有蜻蜓可以想。

> 琐事构成了人生的快乐与痛苦。
> ——亚历山大·史密斯
>
> 在日渐缩小的星球上,我们的生存受到威胁的意识变得越来越强烈,儿童是我们最后也是最好的资源,然而他们的身体和思想却受到了攻击。
> ——伊丽莎白·古迪纳夫,
> 《大自然是治愈师》

第十一章　杜绝伤害：建设安全、可持续、健康的学习环境

指 导 原 则

指导原则是我们承诺为儿童创造安全空间、方案和实践义务的试金石。就像一个人或一个机构的核心价值一样（见第四章），管理者需要指导原则来确保他们所采取的每一步都在推进这些价值。如果一个幼儿教育机构领导者的核心价值是"杜绝伤害"，那么她会问自己以下几个问题来实现自己的核心价值观，健康和安全指导的原则都体现在这些问题中。

是否每一个结构、每一种设备、每一项政策和实践都被设计成：
- 遵守已确立的安全和健康的标准？
- 预期可能的伤害，并尽可能地预防伤害？
- 使用"普遍的预防措施"？
- 关注特别的需要——我们是否满足和超过《美国残疾人法案》的要求？
- 接纳儿童和家庭的种族和文化差异？
- 促进改善自然环境的福祉？

不论管理者是起草安全程序政策，还是设计建筑物、操场和教室环境，每次问这些问题都会让她受益。

自下而上的建设：资源、专家、顾问和支持者

作为一名领导，你的愿景、核心价值观和原则将成为照亮每一次会议、辩论和开拓性工作的指明灯。你不必成为一位翻新或建筑专家，也无须成为设备、操场设计或医疗程序方面的专家。但是，你需要有意识地：
- 学习要点（概念、术语、可选择方法）
- 探索资源（人脉、网络、要参观的地点）
- 寻求帮助（专家、从业者、政府机构）
- 参与共同体（家庭、员工、商业社区）
- 吸引你的董事和（或）其他顾问

- 善于做预算（见第十章）
- 关注目标——是否每一步都离目标更近？
- 思考——这安全吗？健康吗？能预防危险吗？能保护环境吗？

> 幼儿教育领域有句谚语是："早种植，长得壮。"学校应该在日常运营和文化建设上，尽最大努力以身作则。
>
> ——苏珊·莱杰-费拉罗，《培养绿色的一代》
>
> 在许多游乐场或家庭儿童看护中心里，你必须努力寻找美。儿童照护和美学并不一定要同时兼顾，也许缺乏美是一个时代的标志——一切考虑优先于美的标志。
>
> ——珍妮特·冈萨雷斯-米纳

建筑师和建筑者准备帮助幼儿教育机构的管理者创建安全、健康和快乐的环境。领导者可以向周围人打听，找到合适、可用、兼容性强的建筑师。他们可以利用互联网调查客户对建筑师的评价，或者打电话给当地的其他建筑师，咨询项目并询问建筑师的经验。资源中心和转介机构可能会提供其他幼儿教育机构雇用过的建筑师的名单。

越来越多的建筑公司提供"绿色"服务或环保设计，使用可回收地板、太阳能板和其他可用的节能材料。你可以请求将这些都包含在你的选项中。建筑师可以提出创造性方法来使用保留的旧建筑。你可能发现自己既尊重环境，又在高效地建造。

管理者可能会发现——一旦与建筑师分享自己的愿景、列表、图片或草图——并不是所想的一切都可行。一位领导者不会总能实现自己的设想，建筑师的工作就是识别什么是可行的、合理的和符合标准的。作为管理者，你可以向建筑师咨询翻新设计方案或计算机化的"虚拟参观"设计方案。就像选择医生一样，作为客户，你有权向其他建筑师征求"第二方案"。

与顾问委员会合作

如果能邀请董事会或顾问委员会提供帮助，那么管理者将从合作中受益。在董事会中，可能有人是建筑师，有人曾与建筑师合作过或认识建筑师。同时要与董事会中的成员合作，财务委员会主席可以帮助你规划建筑或制作设备成本预算。从一开始就涉及的规划委员会，可以帮助管理者设想如何提议，以使机构得到进一步完善。需与董事会领导团队的执行委员会密切合作，并从各个角度审视这项提议。

如果没有顾问委员会的帮助，管理者可以组建一个设计团队施工或翻新建筑。家人、朋友、邻居和商业人士可以提供支持或提出一些反对意见。最好不要选择一贯的"赞成者"（无主见）或反对者（对变革者持悲观态度）。为团队制定基本的规则（特别是在做决策方面）。这个设计团队会成为你的顾问吗？如果能，就向他们说明这些规则。如果这个设计团队拥有更多的自主权，要向他们说明这一点，否则团队成员会产生相反的预期。任何建立在沙子上而不是坚固地面上的建筑都可能倒塌。

共同体投入（community input）听起来像一个机械的过程，然而邀请人们分享他们的梦想和对儿童学习空间的期望，可能不是机械的。你将了解未知的资源（包括可能会提供服务的建筑专业人士）。我看到整个共同体都被为儿童提供更好服务的梦想而激励。

考虑利用"核心小组"。核心小组成员经常围成一个圈，平等、独立地分享想法，而不害怕做出评判。管理者（或其他个人）准备问题，为核心小组提供便利并记录。每个人都可以分享自己的想法，儿童可以表达他们想要的："我们能挤奶吗？""我能制作冰激凌吗？""我能坐飞机在天上飞吗？"……家庭成员可以讨论他们需要什么，希望看到什么：整晚的照护、双语教室、一个"一站式商店"，以及在接孩子时提供干洗服务和健康膳食。共同体领导甚至想要免费宣传这个幼儿教育机构，以吸引新的企业来到这个地区。

拥有了顾问委员会或设计团队，管理者必须从一开始就明确"核心小组"的角色。管理者是收集想法的人，而不是接受命令的人。针对共同体的集思广益可能会产生不切实际的期望。不是每个人的"愿望"都会成真。作为一名领导者，要以书面的形式制定基本的规则和预期，并口头宣布。事先告诉共同体成员，虽然你不能保证满足每个人的需求，但会重视他们的投入，这种正当程序有利于创造共同体的利益，产生伟大的想法，并有可能吸引志愿者和其他捐赠。

如果你愿意求助并理智地求助，那么帮助就在身边。

安全与健康的基本要素

> 标准9：幼儿教育项目应该提供安全和健康的环境，提供适当且维护良好的室内外物理环境。该环境包括有利于儿童和员工学习与发展的设施、设备和材料。
>
> ——全美幼教协会

并非一切美好的事物都是安全的，也并非所有安全的事物都是美好的。回忆一下本章案例研究中的比阿特丽斯，在其童年的快乐回忆里，有一个树屋，高高的树枝，还有一个可伸缩的绳梯。当她的朋友说出那句魔咒："长发公主，长发公主，把你的头发散下来吧。"她就松开绳梯，让他们爬上来。这是多么迷人的情景，但是，树屋安全吗？

或者考虑一下马克西米利安，周日当他穿过井然有序的学校教室时，一切都很整洁，每个房间看起来都一样。在他的项目中，来自乌克兰、波兰、以色列和俄罗斯的家庭都具有不同的传统文化背景，对空间外观的期待也不同。一个儿童的想象力能在如此统一的环境中被激发吗？

杜绝伤害：建筑安全吗？

"杜绝伤害"的幼儿教育指导性原则可以被总结为一个简单的问题：我们所做的一切是否能让家长和员工免于伤害？

以下的健康和安全标准可以指导幼儿教育中心的物理环境设计，使我们远离伤害，实现学习最大化：

- 国家许可要求
- 当地建筑和卫生规范

第十一章　杜绝伤害：建设安全、可持续、健康的学习环境　　265

- 消防和紧急事故准则
- 联邦法律——《职业安全与卫生条例》《美国残疾人法案》
- 认证标准
- 环境评估量表
- 质量检查表

健康和安全的合法标准

无论管理者是重新建设一个机构，还是翻新现有的设施，她都需要注意创设安全、健康环境的要求。管理者将有可能与建筑师、建筑商和（或）其他设施方面的专家合作。专家们可以扩展你所需的关于联邦、州和地方标准的知识。参与建设的任何人都必须牢记"杜绝伤害"原则，确保满足政府规定的健康和安全标准，并尽可能超过这一标准。

在州许可标准中考察"杜绝伤害"意味着什么，这是许可标准的首要标准。许可标准为机构安全和良好运转设定了底线或基本标准。虽然标准看起来像"法律术语"，但通常被分解为常识性步骤。不用担心这些标准看上去高不可攀。管理者可以在每一个步骤中寻求帮助。

你可以先上网查阅所在州的许可标准，在阅读这些标准的同时，记录一个关于目前或设想的建筑设施如何符合每一项标准的问题列表。打电话给你所在州的幼儿教育许可办事处，向他们咨询谁可以与你一起设计、建造，或者翻新你的设施并制定相关的安全措施。

通常按照地区，每一个项目都分配有自己的许可证颁发者。许可人负责回答问题和帮助项目达标。如果管理者和许可人建立了良好的工作关系，那么他们将受益匪浅。为了更好地了解你所在地区的许可要求和程序，可以考虑以下的指导原则：

- 联系你所在地区的项目主管，获取许可人的姓名。
- 致电当地资源中心和转介机构，获取你所在地的许可人信息。
- 运用你的社会情商，积极与你的许可人建立合作关系。
- 许可人会尽力帮助你回答各种各样的问题，尽可能地多问，没有问题就是一个"愚蠢"的问题。

许可人有幸向一年一度的国家许可研讨会做说明,我可以向你保证,许可方希望提供帮助。不幸的是,许可方经常被视为牙医。每个人都知道看牙医是必要的,但谁会在不需要时看牙医呢?当与许可人建立关系时,你很可能会发现一个非常重视质量的同路人,越早与许可人建立工作关系,你就能越快越自信地建立你的项目。

由州立法者制定的许可标准对每个州来说都是独一无二的。尽管如此,一些标准在全国具有"普遍性",每个州都会规定每间教室中每名儿童占据的最小面积量。一般来说,在每间教室中,每名儿童大约需要3平方米的空间;在操场上,每名儿童的所占空间会增加到7平方米。只有这样,孩子们才能尽情地放松和充满活力地呐喊。上网查找你所在州的每名儿童的空间标准。

群体和个人的安全和健康的许可要求通常包括:

- 幼儿教育管理工作人员得到家长的书面许可才能给儿童用药
- 确保所有的工作人员无肺结核
- 对儿童虐待和忽视实行强制性报告
- 允许为儿童寻找紧急照护
- 记录体检和免疫接种信息
- 对员工进行心肺复苏训练

记住,许可要求是底线!你可以自由地超越底线来加强你的项目。

地方分区、建筑和卫生规范

每个地方的分区、建筑和卫生规范有所不同。正如每个州对幼儿教育机构有不同的标准一样,任何城镇、城市或县的地方政府也有自己的标准。

分区法律规定了幼儿教育机构的建设地点。作为机构的现在和未来的管理者,你负责的是一个企业,你需要考虑分区法律允许建设企业的地点,而不是考虑住宅法。如果有可能,幼儿教育机构应该建立在儿童照护业务划分的区域内。尤为重要的是,是否有人希望将住宅转化为育儿设施。可以正式请求分区变更(分区规范要求的例外情况)。但是,分区委员会可能会严格批准变更。

建筑准则规范了建筑质量和空间使用的标准。正如许可证标准因州而异,建

第十一章 杜绝伤害：建设安全、可持续、健康的学习环境

筑规范可能因城市或城镇而异。尽管如此，一些标准仍是通用的。大多数建筑规范规定，将婴幼儿教室设定在一楼。这项"杜绝伤害"的要求确保在紧急情况下，最年幼、行动不便的儿童可以随时撤离。建筑设施和操场的安全要求通常包含以下规定：

- 在活动教室中，每名儿童都有最小使用面积的活动空间
- 外门窗
- 楼梯、通风和照明设备
- 洗手间
- 备餐区
- 饮用水
- 户外游戏区的最小面积
- 户外游戏区的设备和缓冲材料，如垫子、木屑和沙子

建筑规范检查员可以在幼儿教育机构施工前、中、后进行检查。检查员确保材料和流程符合标准。例如，如果管理者对现有建筑进行翻新，那么检查员很有可能会检查铅涂料、石棉和氡气。管理者和建筑工人应与建筑规范检查员建立友好的职业关系，以便促进高效、及时的检查。社会情商几乎是每项事业的领导力资产。

卫生标准强调保持建筑物的清洁。良好的照明条件、适当的浴室设施和新鲜的空气都能防止疾病的传播。卫生标准规定了空气循环模式，从而保证每个幼儿教育机构的空间场所都充满新鲜空气。为了保证清洁，同时预防烫伤，卫生标准规定了符合国家许可标准的热水温度。

卫生间设施处于便利位置也是卫生标准的要求之一。无论是在室内，还是在操场上，都要配备洗手池和卫生间以方便使用。良好的照明有助于防止活动区内发霉或产生霉菌。不论是白天还是晚上，视线清晰对安全来说至关重要，照明设施必须要达到卫生标准。

城镇或城市办公处以及当地的商会可以提供有关分区、建筑和卫生规范的标准。管理者在建造或翻新建筑物前，需要提交计划给每一个主管部门审批。主管们讲述了一个令人沮丧的故事：在没有通过授权的情况下做出变更，通常代价是

昂贵的。

管理者要确保坚持执行表11.1中的清洁政策,确保本中心的健康和安全达标。当"杜绝伤害"变成每名员工的习惯时,清洁就有了保证。

表11.1 清洁政策

( )机构的所有员工,有责任保持自己区域内的卫生清洁。持续一整天的清洁是必要的,项目应该确保在课程、点心、午餐完成后进行清洁,在休息期间为下一次活动清洁场地,以有助于营造机构的专业氛围。各教学小组每天负责本班教室的清洁工作,全体员工共同清洁机构的公共场所。

最短的清洁时间:
1. 早上活动和早餐点心之间的过渡时间
2. 上午课间操和午餐的过渡时间
3. 午餐结束后
4. 下午活动和下午点心之间的过渡时间
5. 一天结束后

请记住,在所有的点心和一日三餐前后都必须对桌子进行消毒。

资料来源:*Staff Handbook* (n.d.), Live & Learn Early Learning Center, Lee, NH.

火灾和紧急疏散计划

你还记得在上次的消防演习中,你在外面等着"所有人员都疏散出来"的信号吗?多年来,我们都假定会发生火灾并进行消防演习,从建筑物中撤离。几个世纪以来,木材都是主要的建筑材料,因为木材很容易着火,所以火灾很常见。

自"9·11"事件之后,幼儿教育项目开始为不可预知的灾难制订疏散计划。美国国家安全局正在制定新的安全标准,一些社区也在更新消防预案,拓展疏散计划,应对可能出现的危险。

在幼儿教育机构中可能出现的各种灾难都必须高度重视,下面列举的是一些机构中已经发生的紧急情况,其中一些紧急情况让人感到不安。如果这份清单让你感到烦恼,那就求助于你的情绪智力进行自救吧。

- 幼儿父母带着武器来到机构。
- 一只狼漫步到操场上,孩子们争相去摸这只"小狗"。
- 一辆装满危险物品的卡车在幼儿教育机构附近翻车了。
- 一个无家可归的人把机构当作避难所。

第十一章 杜绝伤害：建设安全、可持续、健康的学习环境

- 某位教师的男朋友在操场上暴力攻击她。
- 当孩子们在外面玩耍时，发生了枪击案。
- 当孩子们在野外旅行时，动物园里的一只小动物跑了出来。
- 熟睡的孩子被遗忘在校车上。
- 机构的货车司机在开车时睡着了，并撞坏了车。
- 教师在课堂上突然精神崩溃。
- 一个孩子在课堂活动中死亡。
- 醉酒和处于冲突中的家庭成员威胁幼儿教育机构的教师和孩子。

应对火灾仅仅是一个开始，对所有的紧急事件都要做好预案。因此，管理者必须确保项目程序符合消防规范、紧急疏散方案和安全局的标准（有关这个主题的详细介绍，见表11.2和表11.3）。

表11.2　蓝色警报

1996年，玛格丽特·利奇·科普兰（Margaret Leitch Copeland）在《交流》期刊上发表了一篇文章——《蓝色警报！建立育儿紧急预案》（Code Blue! Establishing a Child Care Emergency Plan），建议我们从以下几个方面为紧急事件做好预案。

1．与员工进行头脑风暴，讨论和演习如何应对所有可能的紧急情况。
2．为每间教室准备应急物品包（背包中的物品见表11.3）。
3．任命一个人（最好是董事会主席，而不是主管）担任幼儿教育机构应对电视和新闻记者的发言人。
4．提前准备有关本机构的真实声明，以供发言人与记者分享。
5．在幼儿教育机构附近选定一座能够重新安置儿童的建筑物。
6．创建一个通讯录，方便家长间能够快速联络。
7．专门为家长们提供一部独立电话或电话号码。

如果员工和孩子们有更多的可选方案和演习时间，那么在灾难来临时他们会感到更加安全和更有能力。

表11.3　紧急情况应急物品

手电筒	不易腐烂的小吃
智能手机	水
游戏机、书、玩具	薄毯子
急救用品	

▶ **培养你的EQ**：列一份可能出现的紧急情况清单，然后概述安全程序。思考上文列出的可能出现的紧急情况，并制定应急预案。

美国联邦职业安全和健康标准要求，幼儿教育机构要为儿童、家长及员工的安全和健康采取"普遍的预防措施"。普遍的预防措施是指采取行动防止"血液性病原体"或细菌导致的危险疾病的传播。洗手是预防病原体传播的普遍预防措施。对玩具、教室表面和"入口物品"（任何可以让婴幼儿放入嘴里的物品）进行消毒是另一种普遍的预防措施。

这些预防措施之所以是"普遍"的，是因为它们假定任何一名儿童都有可能被感染，而不仅仅是一两名儿童。用这种方法，每名儿童都不会被遗漏。相反，根据普遍的预防措施，幼儿教育领域的专家假定每个孩子都有可能感染疾病（如艾滋病）。普遍的预防措施适用于所有人员聚集的项目（包括幼儿教育机构、医院和餐馆等）。

> OSHA 1910.1030 (b):
> 血液性病原体指存在于人体血液中并能在人体内引起疾病的致病微生物。这些病原体包括但不限于乙型肝炎病毒和人类免疫缺陷病毒。

在第七章中，我们讨论过《美国残疾人法案》。之所以制定这一法案，是因为有生理缺陷的人发现他们不能同正常人一样进入、使用、享受一些公共设施以及被雇用。也许是因为欧洲的一些国家在自己的土地上解决战争遗留问题，所以这些国家在考虑伤残退伍军人的方便措施上领先于美国。欧洲的公共汽车和火车为残疾人设立专座，为坐轮椅的人设置专属通道是普遍现象。

1990年，美国在为残疾人提供安全和友好的空间方面赶上了一些欧洲国家。《美国残疾人法案》的通过确保了任何进入幼儿教育机构的人都可以平等地使用设施。法案规定坐轮椅的儿童可以通过坡道进入机构，同时要求幼儿教育机构为残疾儿童提供安全的专用卫浴设施。

当建造或翻修设施时，主管需要考虑每一个孩子、家庭和工作人员（无论残疾与否）都能参加并享受机构的活动。《美国残疾人法案》并不要求管理者把大部分的预算经费用于为残疾人提供便利，致使幼儿教育机构"资金过于紧张"。通常，一个合理、周到的方式就足够了。

设计师、建造者和许可人可以与主管合作，使建筑设施达到《美国残疾人法案》的标准。管理者可以通过网络或电话寻求联邦政府的帮助，也可以与美国公共卫生协会和美国儿科协会联系，获取国家安全和健康指导指南。

认证标准

每个认证机构，如全美幼教协会和美国儿童保育协会，都制定了物理环境设施的安全和健康标准（涉及教室、操场空间和设备等）。通常，认证机构制定的标准比各州标准更严格。尽管主管们可能不会立即申请认证，但他们可以使用这些标准来指导项目的整体建设和后续运营。以后，当主管们申请认证时，他们会"一路领先"。员工们也习惯于高标准的工作。

环境评估量表

环境评估量表是评估项目在为儿童和成人提供安全和健康的空间方面的优势和弱势的附加工具。来自北卡罗来纳州大学教堂山分校的特尔玛·哈姆斯（Thelma Harms）、理查德·克利福德（Richard Clifford）和黛比·克赖尔（Debby Cryer）是设计和实施这些表格的领导者。具体的评估量表请见第十五章。

马西·罗伯逊（Marcy Robertson，2005，p.23）指出，环境评估量表为许多主管提供了一个有效的工具，通过量表他们可以查看自己的项目，支持和陪伴他们的员工，并衡量自己的进步。在美国，这些量表被视为州许可倡议和其他确保质量的方法（如幼儿教育机构的质量评估）。

主管们在头脑中根据这些标准来设计或翻新建筑后，必须考虑额外的实用方案和程序，以促进健康和安全。

确保健康和安全的政策与实践

从一开始就严格按照要求建造项目的物理环境并制定相关的政策，对后续的发展大有好处。现在让我们来看看继续保证"杜绝伤害"的政策和实践。我选择了关键的政策和做法。你也可以思考对你来说很重要的其他政策和做法。这些政策

> 全美幼教协会关于物理环境认证标准的一个例子是：户外游戏区的安排要使工作人员能够通过视觉和听觉监管儿童。

和做法经常会出现，因为主管需要对不完善的地方进行完善。在本章的最后，我将向你提供一些当前不断演变的政策案例以供思考，这些政策尚未得到充分的验证。

每周"巡视机构"检查表

检查表可以针对一系列的健康和安全主题来制定。一份检查表可能侧重于清洁程序和实践，另一份检查表可能强调疏散方案，其他的检查表可以评估玩具和设备是否得到良好的维护、是否安全。检查表可以帮助管理者关注项目中确保儿童、家庭和员工安全、健康和安心的各种方式。

凯茜·亚伯拉罕（Cathy Abraham, 2007）在《许可证清道夫》（*Licensing Scavenger Hunt*）一文中把"在其位，谋其政"的工作变成一种冒险。她指出，每年完成儿童保育许可认证条例的重要任务是枯燥和重复的。她的"寻宝"活动通过与员工的互动增加了话题的趣味性。分配给员工的第一项寻宝任务列在表11.4中，指导语是"在建筑物内找到以下物品的物理位置——不要猜！"。

表11.4　认证的寻宝游戏

项目	位置
温度计	
灭火器	
家长手册	
许可条例	
纸巾	
项目管理办公室的传真号	
额外的儿童衣服	
儿童急救卡	
处理儿童虐待的热线	
窒息或心肺复苏图表	
招聘海报	
失物招领	

其他的清单强调清洁措施和细节问题，比如婴儿的活动面积和4岁儿童教室配备的玩具数量等。为了使这些有价值的活动更具吸引力，主管可以把这些清单像珍贵的地图一样卷起来并用丝带绑好，把员工分成不同的团队进行寻宝，并奖励获胜的团队。

你可以利用各种资源制作你的清单。基于国家许可标准的清单都是有用的，例如亚伯拉罕制作的清单。认证许可人会在未通知的情况下到访，更重要的是，你和认证许可人有共同的目标：保证每个人都安全且免受伤害！如果你的项目通过了认证，那么将认证标准作为你制作检查表的依据。邀请并鼓励你的员工创建班级检查表，据此可以指导需要购买哪些设备，也可以使用现成的检查表（见表11.5）。

表11.5 安全检查表

教室
家具没有尖角。
所有家具的尺寸都是适合儿童的，并且经过了安全测试。
所有的电源插座上都有安全装置。
装有清洁用品的橱柜有防儿童锁。
热水设定在49℃。
所有玩具的直径必须大于1.5cm，让员工接受使用"阻流管"测量工具的培训。
避免儿童不能使用的小物件（如别针、图钉、钉子或订书钉）。
清理所有破损或零散的玩具。
艺术用品不含有毒成分。
地毯没有松动或撕裂的地方。
乙烯基地板不容易使人滑倒。
每间教室里都有一个能运行的烟雾探测器。
紧急疏散预案张贴在每间教室可见的地方。
气、电、水的紧急关闭指示张贴在显眼的地方。
婴儿或学步儿的房间里有标有清晰标志的带轮子的婴儿床，以便不能走路的儿童快速撤离。

户外
所有的设备都有适当的坠落区域，并有安全认证的地面保护层。
所有设备上的零部件都已检查过是否有缺陷。
所有设备均符合许可证要求。
设备之间要有足够的间隔。
平台有坚固的护栏。
游戏设备是坚固的，没有锋利的边缘或碎片。

表11.5 安全检查表（续表）

设备没有松动的螺母或螺栓。
游乐设备被牢牢地固定在地面上。
儿童和成人没有被绊倒的危险（例如人行道上凸起的混凝土或攀爬设备上翘起的表面）。
草坪已被修剪，人行道上没有碎片。
操场上没有破碎的玩具、玻璃或任何可能被扔进该区域的物体。
所有的围栏都至少有1.2米高，有牢固的门闩。
沙箱至少每周清洁一次。
骑马玩具重心低，平衡性能好。
车轮玩具的骑行区与其他游戏区分开，并远离行人通道。
车轮玩具的骑行区是平坦的且不滑的。
儿童和工作人员都了解设备的使用规则。

资料来源：Phyllis Click and Kim Karkos, *Administration of Programs for Young Children*. 8th ed. (Belmont, CA: Wadsworth, Cengage Learning, 2011), 295.

事故处理和报告的程序

通过保持建筑物和场地的安全来预防事故是我们的目标。儿童精力充沛、喜欢探索，而且喜欢挤靠在一起，发生一些摔伤和擦伤是不可避免的。管理者可以提前让员工和家长做好准备，以便在事故发生时及时处理并报告。

牢记"正当程序"：给人们提供其所需的信息和讨论所发生事情的机会。正如我的一名退休朋友弗兰克所建议的："事实是有度的，恐惧是没有度的。"做好准确的事故报告，并立即与家长分享有关事故的信息是最好的方案。

主管可以采取的步骤（Click & Karkos, 2011, p. 297）包括：

- 每名儿童的档案中应包含一份由父母签署的进行紧急医学治疗的授权表。
- 制作一份标准的表格，记录相关的事故细节，在事故发生后尽快填写（见表11.6）。
- 根据事故的性质，呼叫医护人员或将儿童送往最近的急诊室。
- 尽快给家长打电话，如果儿童要被带出学校，请家长直接去医院。
- 如果伤势看起来很轻，不需要紧急护理，仍应通知家长；如果儿童应该留在学校或被带回家，可以与家长共同决定。
- 如果儿童留在学校，确保教师更加留意地观察这名儿童。

- 尽可能诚实、完整地回答其他儿童提出的任何问题，向他们保证受伤孩子正在接受治疗。

表11.6 儿童保育受伤报告

除轻微的擦伤或瘀伤之外，其他任何需要治疗的损伤都需要填写此表格。此报告将在儿童受伤之日起的三年内保存在幼儿教育机构的档案中。

注：急救处理必须由具有急救认证的人实施。

幼儿教育机构名称：_____

受伤儿童姓名：_____ 出生日期：_____

受伤日期：_____ 受伤具体时间：_____

儿童受伤的具体地点？_____

儿童受伤时正在做什么？_____

事件是如何发生的？_____

受伤的类型和受伤的具体部位？_____

实施了何种急救处理？实施急救处理的日期和事件？_____

实施急救处理的员工的姓名：_____

如果儿童受到的伤害需要其他的医学治疗，治疗者或医疗设备分别是：
_____

通知家长的日期、时间和方式：_____

我已经认真阅读了上述伤害报告，根据我的知识可以确认它是真实和准确的。

目击者：_____ 日期：_____

儿童受伤时，负责监管儿童的工作人员：_____ 日期：_____

幼儿教育机构的主管/家庭式儿童看护负责人：_____ 日期：_____

我已经阅读了上述伤害报告，并且检查了我的孩子的受伤情况。

意见：_____

家长签字：_____ 签字日期：_____

资料来源：Live & Learn Early Learning Center, Lee, NH.

应对咬人的政策

2岁的孩子会咬人。在儿童能充分地用语言表达自己的想法前，他们需要用其他方式表明自己的观点。咬其他孩子是在说："嘿，我生气了！""不，你不能拿走我的玩具！"在儿子尼克2岁时，我鼓励他"用语言"表达自己的想法，而不是用咬或打的方式。尼克的教师也遵循同样的方案。尼克和其他孩子一样，随着语言能力的增长，逐渐度过了咬人的阶段。当然，在尼克不再咬人之前，我每天都在祈祷平平安安！

孩子咬人令家长不安。思考下面的情景：一名儿童咬了学步儿德杰布尔。当你通知德杰布尔的母亲其孩子被咬了时，她的反应一定很强烈，德杰布尔脸上的伤令人害怕。主管与家长分享了一份完整的意外报告，详细说明了事实细节："发生了什么""什么时候""采取了什么措施"。报告中不应该涉及的信息是咬人者的姓名，这是机密信息。想象一下，如果"咬人者"的信息被透露，那么大家都会躲避他。

弗吉尼亚州西部的一位家长是一名律师，声明要起诉主管，因为主管没有透露谁咬了他的儿子。幸运的是，主管已经在《家长手册》中确立了如下政策（见表11.7）。

表11.7　应对咬人的政策示例

如果有其他孩子咬你的孩子的事件，我们会尽一切努力保护你的孩子的安全，防止他（她）再次被咬。我们会用事故报告表来向你报告咬人事件。我们会对咬人者的身份保密。我们会与那个孩子一起帮助他（她）学习表达情感。

当那位律师家长声明要起诉时，主管采取了其他方式。她调查了咬人者的身份必须保密的原因。她发现被咬的孩子没有感染疾病的风险。相反，如果孩子的皮肤被咬破了，那么他就有被血液性病原体感染的危险。最后，那位律师家长停止了威胁。更重要的是，像尼克一样，这个孩子度过了咬人的阶段。当发现咬人的孩子表现出沮丧感时，幼儿教育机构的员工就会采取特殊的措施来应对。

第十一章　杜绝伤害：建设安全、可持续、健康的学习环境

应对轻症患儿的政策

父母知道孩子需要在家里养伤。然而，不是所有的家长都能留在家里照顾生病的孩子。如果待在家里陪孩子，那么挣工资的人会遇到困境。并不是所有的雇主都赞同"以家庭为重"并支持父母请假。如果父母留在家中看孩子，那么他们可能会担心失去工作。

教师经常报告说孩子入园时没发烧，但是在2小时内，孩子的体温就升高了。教师怀疑，孩子来学校前服用了退烧药。一旦药物失效，体温就会再次升高。给正在上班的家长打电话，通知其来接生病的孩子，对教师和家长来说都是困难的。一些家长会有沮丧、失落和生气的反应，管理者希望在幼儿教育机构和个别家长的需求之间取得平衡，但这两者之间的需求是互斥的：

- 把儿童重新安置在一个安全、有爱心并能够进行治疗的家庭环境中；
- 保护员工和儿童远离疾病传播的伤害；
- 支持家长继续工作。

有一段时间，一些幼儿教育机构试图解决这一难题。在一个单独的房间里，由专门的护士照护轻症患儿。医院的儿童看护项目似乎最适合承担这一责任。然而，需要这种服务的儿童的数量是不可预测的，而且看护费用昂贵。对于大多数幼儿教育机构来说，这么昂贵的费用让人望而却步。仅有少数的幼儿教育机构仍向生病的儿童提供这种服务。

管理者如何在满足家庭需求的同时确保健康和安全？有些情况是不可协商的。如果儿童表现出以下症状，那么他们不应该被送到或继续待在幼儿教育机构中：

- 持续性腹泻；
- 体温（腋窝温度）高于38℃；
- 一天呕吐两次；
- 感染了"红眼病"或结膜炎；
- 患有其他传染性疾病，包括麻疹、风疹、腮腺炎、链状球菌感染、生虱子或疥疮、百日咳（严重咳嗽）、甲型肝炎病毒、流感、水痘和肺

结核等；
- 其他预示严重疾病的行为改变（如哭泣、偏执、精神萎靡、定向障碍和呼吸困难）。

主管制定的书面政策应该说明，如果孩子生病，机构将采取的措施。除了第一时间通知家长之外，管理者可以帮助家长在社区里找到备用的看护资源。一些家庭式服务提供者将照顾轻症患儿。资源和转介机构可以提供一份清单，清单上的保育中心或个人能够为轻症患儿提供帮助。

请注意，艾滋病并没有被列在隔离儿童的疾病列表之内。实际上，艾滋病患者受《美国残疾人法案》保护，主管必须为其提供合理的照顾。普遍的预防措施可以保护每个人不受血液性病原体的伤害，并确保不泄露艾滋病病毒呈阳性的儿童、工作人员以及主管的隐私。

性犯罪

被判为性犯罪的人，如猥亵和强奸儿童的人，一旦服刑结束就可以获得自由。性犯罪的严重程度决定了罪犯的等级。通常，数字越高（3级或4级）表示罪行越严重。

美国政府和社区保留了按照居住地记录的性罪犯者的名单。如果性罪犯者重新定居，那么他们必须向当局报告。作为公共记录，性罪犯者名单可以被获得；同警方联系可以获取你附近的性罪犯者名单。幼儿教育机构能根据这些信息做什么呢？

还记得我说过，我们将检查那些未能被我们的政策和实践解决的安全和健康隐患吗？下面是一个案例，请你思考一下，如果你是这些看似不可能发生的事态中的主管，你会做些什么。

调查犯罪记录信息是幼儿教育机构招聘过程的一部分。然而，调查犯罪分子信息的时间超出了主管可以等待的时间。想象一下，主管朗达所在园所的幼儿教师在没有提前告知的情况下参军了。朗达在替换这名教师之前，其所负责的项目一直处于危机之中。求职者瑞恩看上去符合幼儿教师的所有要求。当瑞恩的犯罪记录信息到达主管朗达的手中时，他已经被雇用了一个月。如果瑞恩的犯罪记录显示他是一个"3级"的性犯罪者，那么朗达应该怎么做？

大多数主管告诉我，他们会终止瑞恩的工作。如果瑞恩在试用期，尤其是在"随意"的状态下，那么他将会被解雇。这项行动的目的是保护儿童。面临这一问题的主管都想解雇该员工。但是，朗达遭到了员工工作顾问的强烈阻止。她保护儿童和家长的心愿并不像她希望的那样"稳赢"。在这种情况下，我想到了一位明智的主管说："当法律失去意义时，我的决策基于这样一个事实，即当我回到家中时，我会心安理得。"

▶ **培养你的EQ**：针对瑞恩，你会采取什么措施？考虑父母对孩子的关心。基于"法律的精神"，考虑到瑞恩的权利。在美国，服刑结束并"向社会还清债务"的罪犯有权获得平等就业的机会。瑞恩的工作顾问和支持者向主管朗达保证，瑞恩已经改过自新。如果你是朗达，你会怎么做？

如果某位家长有性犯罪记录，那么会出现同样复杂的困境。如果瑞恩的子女在中心里就读，他有子女监护权，也有接送孩子的权利，而其他家长觉得他们有权保护自己的孩子远离性侵犯，你如何在尊重家长权利的同时确保孩子们的安全？瑞恩的儿子和女儿——马克和毛拉——和其他孩子一样，都值得尊重。马克和毛拉希望瑞恩和他们一起参加家庭之夜，你会怎么做？

幼儿教育机构可以用接下来的方式来解决。主管在听取大家的意见后，与当地警方和机构许可人协商。瑞恩同意在参加幼儿教育机构的活动时必须由第三方人员陪同。第三方人员可以是家庭社会工作者、主管指定的员工或本机构和家长都熟悉并尊重的其他人（最重要的是孩子们熟悉）。

> 对员工进行注射肾上腺素的训练：
>
> 被蜜蜂蛰或发生其他过敏反应后，注射肾上腺素会让人恢复正常呼吸。如果有其他药物，家长需要填写药物管理表并签字，同时提供医生开具的剂量说明。对员工进行肾上腺素管理培训，可以促进儿童的健康和安全。只有完成这项培训的员工才能管理肾上腺素。

保存病历

在入学注册时，要收集每个孩子的医疗史。当孩子在幼儿教育机构中接受照护时，这些病历需要更新和维护。病历必须用简洁、准确的语言，并及时更新。相应的软件包（参见第十章）使跟踪信息变得更容易。每个儿童的医疗档案应该包括以下内容。

健康和医疗资料：

- 免疫接种记录
- 医生检查的记录和结果
- 在中心里可能影响孩子的疾病和（或）过敏史
- 经医生和家长同意并签署的《美国残疾人法案》规定的便利列表
- 早期干预的治疗计划的细节

家庭资料：

- 家长签署儿童在紧急情况下进行治疗的协议
- 可以接送儿童的授权人员名单
- 如果父母不在，在紧急情况下需要联系的人员名单
- 填写并签署出游许可表
- 药物管理的授权，包括具体的用量、喂药时间和来自医生的说明
- 出于教育目的而使用儿童照片的许可书（但是当照片用于网络时还需要特别的同意书）
- 带有其他所有相关信息的完整的申请表格
- 有关儿童照料的家庭历史信息
- 文化取向和首选的措施

儿童成长与发展资料：

- 儿童在子宫（母亲怀孕）中的相关信息
- 生长发育记录
- 专业人士——包括教师、语言病理学家和治疗师等——提交的关于儿

第十一章　杜绝伤害：建设安全、可持续、健康的学习环境　　281

　　童的评论
　● 治疗计划进展

📁 食物管理和安全

　　报纸头条发布了被污染食品的警告信息。食品制造商召回了曾经深受人们信赖的食品。关于儿童肥胖的研究警示我们，要当心家长定期为儿童提供的食物。在为儿童准备和提供食物时，"杜绝伤害"是不可触及的底线。

　　与项目的其他方面一样，政府规定了食品的健康和安全标准。食品必须新鲜、健康、按照卫生和安全的标准准备和供应。正餐和加餐必须适合儿童的年龄。2011年，美国联邦政府批准"我的餐盘"取代人们熟悉的"食物金字塔"作为饮食指南。它告诉我们，每日摄取多少量的各类食物是适当的（想获得更多的指导，请参照本章末的"我的餐盘"部分）。

　　婴儿和学龄前儿童的饮食因年龄也会有所不同。6个月大的婴儿可以吞咽和消化适量的固体食物。学龄前儿童可以对健康食物有更多的选择。

　　一些幼儿教育机构雇用厨师，为儿童准备每日的正餐和加餐。其他的幼儿教育机构通过餐饮服务机构为儿童提供准备好的食物。不论是哪种情况，主管的工作就是确保儿童在卫生的环境下获得新鲜、有营养的食物。沙门氏菌的暴发将是灾难性的。

　　就像为建筑设计和翻新设定标准一样，美国各州和联邦政府的食品标准指导主管们在提供食物时达到安全和健康的底线。运用你的领导力情商来雇用重视食品卫生和安全的员工。

📁 儿童肥胖

　　儿童超重的数据比例令人震惊。2007—2008年，2—16岁的儿童和青少年的肥胖率为16.9%（Ogden & Carroll，2010）。追踪肥胖的主要原因很容易：儿童吃脂肪含量和糖分含量超标的食物，坐着看屏幕的时间远远超过其积极参与游戏的时间。根据芝麻街工作室琼·甘兹·库尼中心（Joan Ganz Cooney Center）最近的一份报告可知，2011年8—10岁儿童每天花费5.5小时使用电子产品。实际的使用率甚至更高——有时一天8小时——因为儿童经常同时使用多种类型的媒体，甚

> 儿童饥饿和儿童肥胖其实是一枚硬币的两面。它们剥夺了儿童在学校和生活中取得成功所需的精力、力量和毅力。而这反过来又剥夺了我们国家的许多希望。
>
> ——前美国第一夫人米歇尔·奥巴马

至3岁儿童也每天上网。

鉴于前美国第一夫人米歇尔·奥巴马为消除儿童肥胖所做的努力,儿童的健康状况正在改善。水果和全谷物取代高糖分食物,体育锻炼和更健康的饮食被推广。

在推进消除儿童肥胖的过程中,运用你的情商了解文化差异是有价值的。我曾经听到一位华裔母亲泪流满面地谈到幼儿园教师对其孩子的"建议",这位教师警告说:"你的女儿不能轻松自如地在操场上玩,她需要减肥。"保健医生也给这位母亲提出了一些建议。但是,这位母亲一直都坚信:瘦小的孩子有生病甚至死亡的危险,而一个健壮的孩子则能够更好地对抗疾病。同样,"小胖子"(gordito)一词也是对健壮的西班牙儿童的深情赞美。在该种儿童文化中,孩子吃得好就是健康。

> 儿童在幼儿教育机构中待的时间越长,主管满足其日常营养需求的比例就越高。

明智地使用室内外空间,为儿童树立可持续发展和健康饮食的榜样。《自然游戏景观》(*Natural Playscapes*)的作者鲁斯特·基勒(Rusty Keeler)提倡教师和孩子们一起种植食物,这是一种有益的学习体验。在一篇文章中,基勒建议:"低矮的种植箱可以作为实验园地。种植什么植物,是一排排整齐的可食用的旱金莲,是一大片玉米地或向日葵,还是一面生菜和胡萝卜景观……这些都取决于你和孩子们。"(2009,p. 98)基勒补充说:"花园是孩子们关于科学、食物、营养等涉及多学科的宝贵教学工具,在学习的过程中他们了解到生命与责任。"(p. 98)用这种方式,孩子们和教师能够一起体会到"真正的"食物是多么吸引人,好的营养不是乏味的。

工作时间和所需膳食

美国各州许可标准将幼儿教育机构所提供的照料时间与用餐次数联系在一起。传统的半日制学校通常被称为"托儿所",需要在每天的上午或下午为孩子们提供一份营养餐。在一般情况下，孩子们在来校前会吃一顿正餐，在放学回家后很快就会吃另一顿正餐。

全日制学校会给儿童提供9小时（或更多）的照护，必须满足儿童2/3的日常食物需求。这一假设建立在儿童每天在家里至少吃一顿饭的基础上。

对于婴儿来说，应该采用一般性指导原则确保他们都得到适当的营养。但是，婴儿班级采用个性化的喂养计划。每名婴儿都有自己的作息时间表。母乳喂养的婴儿不能吃固体食物，母亲可以在幼儿教育机构中进行母乳喂养，或者用奶瓶给孩子留有充足的母乳并贴上标签。主管需要关注不同的文化背景，并决定每名儿童何时需要什么。

我的餐盘

2011年，"我的餐盘"取代了"食物金字塔"。"我的餐盘"是一个在预算范围内"打造健康餐盘"的指南，改变了一些推荐的食物比例和体育活动的优先顺序。

"我的餐盘"（见图11.1）的图形是一个有健康的谷物、蛋白质、水果和蔬菜均衡比例的盘子。蛋白质固然重要，但可以在非肉类食物（如坚果和豆类）中找到。想获得美国联邦政府对"我的餐盘"的指导方针或其他资源，可登录相关的网站。

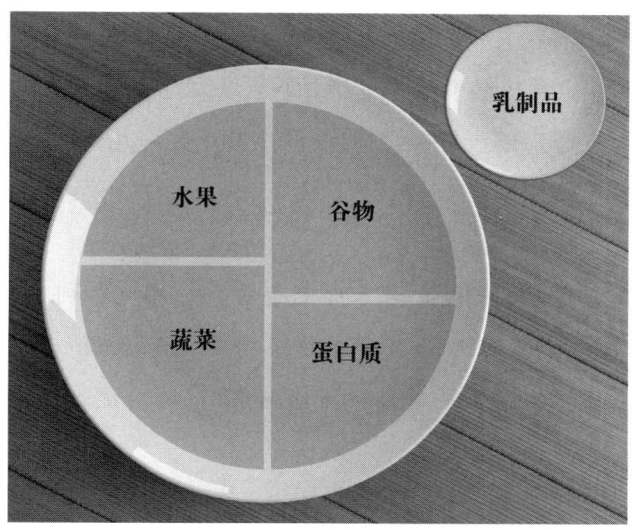

图11.1 我的餐盘

食物过敏

越来越多的儿童和成人被诊断为各种食物过敏症。某些食物过敏症，特别是对花生过敏，可能会导致严重甚至致命的反应。其他引起过敏反应的食物还包括番茄、牛奶、乳制品和巧克力。

在入园注册时，主管应该询问每名家长其孩子是否对食物过敏或有特别的饮食限制。儿童的体检记录应该说明其是否被诊断为食物过敏症，以及对过敏反应的预防和治疗程序。任何向儿童提供食物的人都应该仔细阅读标签，尤其是食物的"隐形"成分。排除导致儿童或工作人员产生过敏反应的食物或食品。

百乐餐，不再幸运？

多年来，幼儿教育机构一直邀请家长们"带一道菜来分享"以作为百乐餐的一部分（尤其鼓励家长带体现其民族和文化传统的菜）。百乐餐为家庭提供了一种自然的方式来享受和了解其他文化传统。

如今，举办百乐餐活动存在问题。如果有人吃了百乐餐后生病，那么幼儿教育机构是否要负责任？主管们试图要求家长列出菜中所使用的食材清单来防止此类事件的发生。这样能够帮助那些食物过敏的人在吃百乐餐时更好地选择食物。

百乐餐活动的另一个挑战来自家长在准备食物时有不同的卫生标准和食物传统。有的家庭可能在清洗食物和用具方面很严格，而有的家庭可能有更宽松的标准。

如果某个幼儿教育机构举办了一场百乐餐活动，结果一位参与者生病了，那么该机构将承担责任。出于这种考虑，一些主管不允许儿童从家里带食物（包括孩子们的生日蛋糕）。

▶ **培养你的EQ**：听到这些关于百乐餐的警告，你感觉如何？你失去了什么，又得到了什么？如果一位对烹饪食物很感兴趣的家长说："让我们再举办一次百乐餐活动吧，上次的百乐餐活动多有趣啊！"你会怎么回应？

第十一章　杜绝伤害：建设安全、可持续、健康的学习环境

允许抽烟者和儿童一起工作吗？

当然，在儿童面前抽烟是不允许的。二手烟对儿童和成人的危害已有相关文献证实，有关三手烟的研究也在兴起。

三手烟是附在吸烟者头发、衣服和皮肤上的残留物。三手烟暗示着当进入物理环境时，吸烟的危害性就存在了。一些研究表明，儿童与抽烟的看护者接触会受到伤害。虽然看护者在工作时不抽烟，但由于她在接触儿童前没有洗澡，所以她身体里的烟雾残渣也会进入儿童的身体。

哈佛大学儿科医生乔纳森·温尼考夫（Jonathan Winickoff, 2009）和同事叮嘱教育工作者在让儿童接触三手烟时要三思。在一次采访中，温尼考夫说："一旦三手烟被吸附到衣服、皮肤上，甚至吸烟者的呼吸中，它就会传播给儿童或让儿童吸入……对于那些可能易受烟草毒素影响的儿童（如哮喘患者），我认为这是不安全的情况。"在同一个采访中，来自美国国立路易斯大学麦考密克幼儿教育领导力中心的苏珊·奥法特（Susan Offutt）说："孩子没有机会说，'我不想闻到烟味或暴露在烟雾中'，我们有责任发出这样的声音。"

▶ **培养你的EQ**：你认为我们应该保护儿童免受三手烟的伤害吗？如果这样做，你会失去一些最好的教师吗？

苏茜·布罗多夫是一个大型幼儿教育机构的负责人，她蹒跚学步的孙女因哮喘病倒后，她采取了措施——除了她心爱的照护者之外，家庭和环境中不能有人抽烟。2岁时，苏茜的孙女就已经可以独立使用呼吸机了。

苏茜和她的董事采取行动并制定了"禁止吸烟"的政策，该政策面向在机构中直接接触孩子的工作人员，但是并不涉及政策生效前雇用的员工，从而使得他们能够保住自己的工作。这样做的理由是什么？因为因新政策而解雇员工似乎不公平，不过，苏茜还是制定了帮助员工戒烟的措施。

平安无恙

幼儿教育机构中的"杜绝伤害"的标准是有意义的。我们希望每个孩子都安全，并且给他们提供营养健康的膳食。我们希望建筑物和场地没有安全隐患。根据既定标准，我们将知道如何避免伤害。

如果危机发生，我们希望根据程序做出全面而快速的反应。这条"杜绝伤害"原则是所有幼儿教育机构的基石，既然我们已经建立了健康和安全的基石，那么就可以着手为儿童创造学习和健康成长的环境了。你准备好了吗？

反思性问题

1. 想象一下，你选择"从头开始"创建一个幼儿教育机构，你对新机构有何设想？你想为儿童和家长创设什么样的环境？如何让你的新建筑物更漂亮？你如何确保每个活动空间都是安全和吸引人的？调查并列举所有可以帮助你实现目标的资源。在清单上的每项资源旁边都写一个备注，说明该项资源能给你提供的帮助。

2. 马克西米利安一边喝咖啡，一边向你咨询如何把周末学校改造成一个可行的、有吸引力的幼儿教育机构。帮助他确定对这个机构有不同期望的人群。就他如何同时使用情商和"社会智力"与每一个群体以及整个社区的人们合作提供建议。关于目标和目标的可行性，你觉得他应该针对哪些问题进行自我反思？写一份总结或记录你和他在讨论中的重要见解。

3. 幼儿菲莉帕有哮喘。医生为她开具了一个注射肾上腺素的装置，这个装置可以将肾上腺素注射到她的大腿上。注射很快就发挥作用了。她恢复了以往的活力。菲莉帕的母亲是一名护士，她说菲莉帕知道如何使用肾上腺素，因为她曾经在家里教会菲莉帕如何使用。菲莉帕的母亲认为，菲莉帕能够比教师更快地帮助自己。你如何回应菲莉帕的母亲？你会寻找或执行什么方案来支持你的决定？在班级中展示你的方案并做总结。

4. 查阅一下三手烟的相关研究（包括反驳和支持该研究的文章）。关于托幼机构是否应该制定"禁止吸烟"的说明，请你得出自己的结论。起草一份示范政策并与同事分享。你认为我们的行业已经准备好迈出这一步了吗？

团 队 项 目

1．重读关于比阿特丽斯和奥萝拉的案例研究。热爱大自然和户外运动的比阿特丽斯会如何将自然融入幼儿建筑？现在，设想一下"城市女孩"奥萝拉对新建筑的憧憬。对于奥萝拉而言，离"害虫"（蚊子、蜘蛛、蛇、乌鸦和"臭"动物）、坏天气和阳光越远，她就越快乐。作为一个团队，请你们设计一个能融合两姐妹的憧憬的中心（包括室内外环境），不要"建成一个怪物"。现在，请调查在幼儿教育机构的建筑中，开展多少户外活动是安全的。例如：户外的动物安全吗？户外的操场环境设计很像"自然环境"吗？参观当地的幼儿教育项目，看看他们是如何解决这个问题的。呈现一个概念设计，它能同时体现比阿特丽斯的"永远自然"的元素和奥萝拉喜欢的足够安全的方式。

2．集思广益：你所在地区的幼儿教育机构许可人的工作表述应该包含哪些内容？认证机构的使命是什么？你期望的地方许可人的核心价值和道德行为准则是什么？如果项目不符合标准，你认为认证机构会采取什么措施？你还想了解哪些关于你所在地的认证机构的信息？将这些问题分配给团队成员进行研究。确保至少采访一位认证人。

3．请记住，与其他专业标准相比，幼儿教育机构的许可证标准是健康和安全的基本标准，而不是最终基准。查阅全美幼教协会和美国儿童保育协会的认证标准，考察一份质量评定量表（如修订版的幼儿教育机构环境评估量表）。查阅"开端计划"中关于健康和安全的指示。研究主管实际使用的、确保其项目安全和健康的"清单"。你会采用哪种标准或推荐哪种标准与实践？为什么？

4．在美国，儿童肥胖的比例不断升高。联邦政府的"我的餐盘"的倡议取代了"食物金字塔"，为健康饮食制定了新的标准。如果你是幼儿教育项目的负责人，在你的项目中，为了培养健康营养和饮食习惯，你至少能做哪五件事？至少从三种文化群体的角度来考虑食物、烹饪和饮食习惯。在试图消除儿童肥胖的同时，你的行动方案如何尊重不同的文化习俗？

参考文献

AAP (American Academy of Pediatrics), APHA (American Public Health Association), & NRC (National Resource Center). 2002. *Caring for our children—National health and safety performance standards: Guidelines for early care and education programs*. 3d ed. Chicago, IL: Author.

AAP (American Academy of Pediatrics) & NASN (National Association of School Nurses). 2005. *Health, mental health, and safety guidelines for schools*. Chicago, IL: Author.

Abraham, C. 2007. Licensing scavenger hunt. *Exchange* 173: 80–82.

Bruno, H.E. 2010. Creating relational sanctuaries for children who suffer from abuse. *Exchange* 191: 64–68.

Carter, M. 2006. Rethinking our use of resources: Part 2—Space, attitude, and attention. *Exchange* 167: 18–20.

Click, P.M., & K.A. Karkos. 2011. *Administration of programs for young children*. 8th ed. Belmont, CA: Wadsworth, Cengage Learning.

Copeland, M.L. 1996. Code blue! Establishing a child care emergency plan. *Exchange* 107: 17–22.

Decker, C.A., J.R. Decker, N.R. Freeman, & H. Knopf. 2008. *Planning and administering early childhood programs*. 8th ed. Upper Saddle River, NJ: Prentice Hall.

Epstein, A.S. 2007. *The intentional teacher: Choosing the best strategies for young children's learning*. Washington, DC: NAEYC.

Goleman, D. 2005. *Emotional intelligence: Why it can matter more than IQ*. 10th ann. ed. New York: Bantam Dell.

Gonzalez-Mena, J. 2010. *Foundations of early childhood education: Teaching children in a diverse society*. 5th ed. New York: McGraw-Hill.

Goodenough, E., ed. 2003. *Secret spaces of childhood*. Ann Arbor, MI: University of Michigan Press.

Greenman, J. 2005. *Caring spaces, learning places: Children's environments that work*. Rev. ed. Redmond, WA: Exchange Press.

Greenman, J. 2005. *What happened to MY world? Helping children cope with natural disaster and catastrophe*. South Watertown, MA: Bright Horizons.

Gutnick, A.L., M. Robb, L. Takeuchi, & J. Kotler. 2011. *Always connected: The new digital media habits of young children*. New York: The Joan Ganz Cooney Center at Sesame Workshop.

Hannaford, C. 2002. *Awakening the child heart: Handbook for global parenting*. Captain Cook, HI: Jamilla Nurr Publishing.

Harms, T., R.M. Clifford, & D. Cryer. 2005. *Early Childhood Environmental Rating Scale*. Rev. ed. New York: Teachers College Press.

Hemingway, E. 1925. A clean, well-lighted place. In *The short stories of Ernest Hemingway*. New York: Charles Scribner's Sons.

Jonathan Diamond Associates, Inc. (Producer). 2009. When learning comes naturally [Television broadcast]. Boston, MA: American Public Television.

Keeler, R. 2008. *Natural playscapes: Creating outdoor play environments for the soul.* Redmond, WA: Exchange Press.

Keeler, R. 2009. Playscape plants. *Exchange* 189: 98–99.

Leger-Ferraro, S. 2010. Raising a "green generation." *Exchange* 193: 88–90.

Louv, R. 2008. *Last child in the woods: Saving our children from nature-deficit disorder.* Updated and expanded ed. Chapel Hill: Algonquin Books.

Metrocom International. (Producer). 2008. Where do the children play? [Television broadcast]. Ann Arbor, MI: Michigan Television.

Ogden, C., & M. Carroll. 2010. *Prevalence of obesity among children and adolescents: United States, trends 1963–1965 through 2007–2008.* Hyattsville, MD: National Center for Health Statistics.

Rivkin, M.S. 1995. *The great outdoors: Restoring children's right to play outside.* Washington, DC: NAEYC.

Robertson, M. 2005. Using the environment rating scales for quality improvement projects. *Exchange* 165: 23–26.

Sobel, D. 2008. *Childhood and nature: Design principles for educators.* Portland, OR: Stenhouse.

Winickoff, J.P., J. Friebely, S.E. Tanski, C. Sherrod, G.E. Matt, M.F. Hovell, & R.C. McMillen. 2009. Beliefs about the health effects of "thirdhand" smoke and home smoking bans. *Pediatrics* 123 (1): 74–79.

第十二章

课程选择：根和翼

> 是什么滋养了我们的想象力？或许有爱心的、鼓励孩子们发挥自己想象力的成人比什么都重要。
>
> ——弗雷德·罗杰斯

案例研究——玛丽索尔

玛丽索尔希望儿子马可能够拥有她从未有过的"生活中的所有幸运"。她计划等儿子5岁时，用辛苦赚来的积蓄将他送入私立学校。在马可的婴幼儿时期，玛丽索尔支持你所在的幼儿教育项目中使用的个性化课程。"今时不同往日，"她强调，"现在，马可需要学习阅读、写作和数学。我在家里使用闪卡训练他。为了让马可在白石预备学校的入学考试中取得最高成绩，请告诉我你们准备怎么做。"马可擅长户外运动，讨厌静坐。你会如何与玛丽索尔合作来帮助马可？

幼儿教育领导者有幸为儿童和成人创造并维护奇妙的学习环境。幼儿教师理解生成性课程的功能，以及游戏和建构在儿童发育中的价值。家庭和学校系统可能更青睐传统的课堂教学。在本章的案例研究中，马可的妈妈在家里使用闪卡训练孩子，并希望幼儿园教师也能照做。作为领导者，你可能会与孩子的家长一起讨论什么最适合他们的子女。

无论是否轻推钟摆，它都会从左向右、从右向左摆动。某天，父母会为孩子学会自由式的手指绘画而鼓掌；第二天，父母会要求孩子学习"基础知识"（即阅读、写作和数学）。十年前，建筑师设计了无窗式的学校，以使孩子们远离干扰；在接下来的十年中，建筑师设计了开放式的教室，让孩子们的想象力能在室内外飞扬。某一年，立法者为幼儿教育项目提供资金；第二年，幼儿教育项目就只能在夹缝中艰难生存。在厌倦应试教育的教育者们的反对下，《不让一个孩子掉队》法案正摇摇欲坠。

看钟摆摆动就像看乒乓球比赛，我们的脖子都累了！在这种上下反复、左右来回的拉锯中，有什么稳固、可预测且持久的东西关乎儿童的学习呢？

在这一章中，我们将探索有助于儿童全面发展的学习空间、学习场所和学习方法（无论是当今的趋势，还是过去的传统）。正如普利策奖获奖者小霍丁·卡特（Hodding Carter Jr.）所说："我们只能给孩子留下两个永恒的遗赠——一个是根，另一个是翼。"无论发生什么变化，我们的目标始终是让孩子拥有这两个基本要素。我们将确定：

- 关于让儿童自由学习的课程的原则
- 让孩子们好奇、玩耍和发现的学习环境的概念
- 积极参与儿童和成人的学习组织的社会情商原则
- 为学习过程提供结构和基础的课程方法

站在前人的肩膀上：幼儿学习理论的根源

在幼儿管理者和教师能够设计教学课程或空间之前，他们需要了解儿童是如何学习的。为了得出一个有根据的结论，让我们回顾一下在幼儿教育理论和实践领域中的先驱。

福禄倍尔、杜威、蒙台梭利、皮亚杰、埃里克森、维果茨基、皮克勒、格伯、加德纳和罗杰斯提出了各种各样的儿童发展理论并吸引着我们的眼球。你可能已经研究过这些理论家。在知识基础上，我的目标是抓住每一位教育先知的馈赠，尤其是研究每位理论家是如何将人与学习联系起来的。

弗里德里希·福禄倍尔

弗里德里希·福禄倍尔（1782—1852）出生于德国的奥伯韦斯巴赫。他创办了幼儿园，或者说"儿童花园"。他把学校视为"成长中"的孩子的园地，孩子们是在游戏中学习的。他说："让我们向孩子们学习，关注其温柔地敦促我们应该学会的知识并倾听其内心的无声需

> 游戏是儿童发展的最高水平。……它给予……快乐、自由、满足、内外安息、与世界和平相处。……童年的游戏是个体所有以后生活的萌芽。
> ——弗里德里希·福禄倍尔

求。"教师们照料花园，在种子长成树苗的过程中滋养和支持种子。孩子们像花朵一样，被充满爱意的支持环绕，在阳光、新鲜空气和充足的营养下茁壮成长。他给我们的馈赠是：儿童会通过游戏和成人的悉心照料而茁壮成长。

约翰·杜威

约翰·杜威（1859—1952）出生于美国佛蒙特州的伯灵顿。他传达的首要信息是尊重孩子。儿童的教育必须是有活力的、积极的和互动式的。他说："教育是一种生活过程，而不是为将来的生活做准备。"他认为，儿童教育涉及并整合了儿童

> 孩子自身的本能和力量提供了一切教育的素材和起点。
> ——约翰·杜威

所在的社区和社交世界。课程应该从一个孩子的世界中——包括家庭、后院、友谊关系、跳跃和翻滚——有机地成长。教师的职责在于帮助儿童认识其所处的世界。他的馈赠是：创造以儿童为中心的课程或整合式课程。

玛丽亚·蒙台梭利

玛丽亚·蒙台梭利（1870—1952）出生于意大利的基亚拉瓦莱。有传言道，在只有男性才被允许学习医学的时候，蒙台梭利在她的申请表上写上了"蒙台梭利先生"，然后她就被医学院录取了。她从新的视角观察儿童，开拓儿童学习理论。

对她来说，儿童是充满激情的宝藏，有尚未展现的魅力和能力。学习环境必须尊重儿童，例如：椅子不能太高，以免孩子的腿悬着；锯子和刀必须足够锋利以发挥作用。

> 教师有必要引导儿童，但不要让他们过于感觉到教师的存在，这样教师就可以随时提供其所需的帮助，但永远不会成为儿童和经验之间的障碍。
> ——玛丽亚·蒙台梭利
>
> 对于一个教师来说，成功的最大标志就是："孩子们工作着，就像我不存在一样。"
> ——玛丽亚·蒙台梭利

根据蒙台梭利的观察，她认为儿童天生就有能力。教师的工作是：

- 观察和倾听儿童天生的好奇心
- 支持儿童完成学习任务
- 走到一边，准备观察儿童下一次好奇心的爆发

蒙台梭利倡导创建充满感官工具的"愉快"环境，从而帮助儿童发现。在这种环境里，教师可以"少教，多观察"。她给我们的馈赠是：用适当的工具，通过信任和支持孩子天生的好奇心和能力来促进孩子的学习。

埃里克·埃里克森

埃里克·埃里克森（1902—1994）出生于德国的法兰克福，确定了儿童情感和社会发展的阶段。每一个阶段的儿童都需要成人的爱心支持。从一开始（0—1岁），婴儿便通过照料者的热情和他们对自己需求的满足来学习信任。有了信任，婴儿就可以自由探索和成长。学步儿

> 每一个孩子在每一个阶段都有一个蓬勃发展的新奇迹，它构成了所有人的新希望和新责任。
> ——埃里克·埃里克森

（2—3岁）如果没有展现出怀疑感或羞耻感，就会学会自主。在4—5岁时，幼儿会因为成人的支持（不是指责）而获得目标感。

在某些方面，埃里克森通过关注关系在孩子成长中的每个阶段的重要性，预见了神经科学研究的未来。没有亲善的关系，儿童会成长为痛苦挣扎的成人，他们会问："我可以去信任吗？我有足够的信心去梦想和追随我的梦想吗？自我怀疑和不信任会伴随我的一生吗？"

尽管埃里克森关于儿童发展的观点一直饱受批判，但他给后人的馈赠是：儿童的情感幸福与学习能力密切相关。

让·皮亚杰

让·皮亚杰（1896—1980）出生于瑞士的纳沙泰尔。作为一个认识论者，他研究了知识及其起源和定义。他指出，教育者需要了解儿童的思维方式，尤其是儿童如何获得知识这一问题。他认为，儿童是通过生活来学习的。

教育者的工作是鼓励探究、支持儿童对知识的自然追求。他认为

> 学校教育的主要目标应该是培养能够做新事情的学生（具有创新能力的人），而不是教他们简单地重复其他几代人所做的事情。
> ——让·皮亚杰

"建构比教学更优越"，儿童并不是等待信息填满的空容器。因为他所使用的研究方法（比如使用小样本、均匀抽样），他的研究如今受到一些质疑。他的馈赠是：孩子们生来就是在我们的支持下寻找答案的。

列夫·维果茨基

列夫·维果茨基（1896—1934）出生于苏联的奥尔沙。很早之前，他发现了智力测试在识别孩子的天赋方面存在着不足，并认识到社会关系和文化贡献在人的一生发展中的重要性。有了适当的"脚手架"或建构性关系中的支持，儿童便可以学习、成长、发展自己的天赋。除了脚手架，他还提出了"最近发展区"的概念。在最近发展区中，当儿童伸展着身体准备学习下一个重要的人生课程时，教师可以观察、预测并做好准备以提供支持。他给我们的馈赠是：关系对儿童的学习至

关重要。

> 儿童文化发展中的每一个功能都出现了两次：首先是在跨心理间，其次是在孩子的心理内。这个规则同样适用于有意注意、逻辑记忆和思想的形成。所有的高级功能都源于个体之间的实际关系。
>
> ——列夫·维果茨基

霍华德·加德纳

霍华德·加德纳（1943— ）出生于美国宾夕法尼亚州的斯克兰顿，以提出的"多元智能"概念而闻名。和维果茨基一样，加德纳对智商测试可以界定智力的想法不再抱有幻想。在观察了幼儿不同的天赋、兴趣和能力后，他列出了至少九种智能。除了身体运动智能、音乐和空间智能，他还发现了社会和情感智能。

他的馈赠是：儿童和成人都有不同的智能，而且都是多才多艺的。

> 我们必须弄清楚，智力和道德如何共同创造一个各种各样的人都要生活的世界。
>
> ——霍华德·加德纳

弗雷德·罗杰斯

弗雷德·罗杰斯（1928—2003）出生于美国宾夕法尼亚州的拉特罗布。他既不是研究者，也不是科学家，而是一个创造者和传播者。在公共电视台工作了25年后，"罗杰斯先生"留下了一份关于情感和社会情商洞察力的可视化书面概要。儿童需要感到安全、被重视、被倾听、被鼓励去表达他们的感受。罗杰斯说："儿童不仅仅是承载事实的容器，一到考试时间，他们就会把自己翻个底朝天，把自己知道的事实摆出来""儿童把自身、感受和经历都带到学习中。"（1994，p.87）

> 随着孩子们的成长，对他们来说重要的是自爱，然后他们才会继续想要学习并取得成功。
>
> ——弗雷德·罗杰斯

他通过人际关系进行教学。他透

过电视摄像机镜头注视着每一个正在观看节目的孩子的眼睛。对他来说，关系就是信息。这种理解，即关系是学习的核心，只是他给我们的众多礼物之一。

艾米·皮克勒和玛格达·格伯

艾米·皮克勒（1902—1984）生于奥地利的维也纳。1946年，匈牙利政府邀请她作为儿科医生为战后孤儿或家人无法照顾的儿童建立收容所。她接受了这项挑战。寄养儿童的非人性化孤儿院与皮克勒的设想相去甚远。相反，她创建了托儿所，在托儿所中：

- 照料者会准备好与每个儿童建立信任、尊重的关系；
- 儿童（特别是婴儿和学步儿）会在一开始学习时便得到支持。

在皮克勒项目中长大的儿童十分自信，同时他们是被信任的，并且知道学习什么以及何时学习。她观察到，"在原则上，我们避免教学技巧和活动。在适当的条件下，这些技巧和活动将通过儿童的自主活动和独立活动而发展"（Pickler，1971，p. 91）。珍妮特·冈萨雷斯－米纳（Janet Gonzalez-Mena）指出，由于使用的成品玩具很少，并且生活在没有障碍的环境中，"皮克勒机构中的孩子发生的事故会比未在皮克勒机构中抚养的儿童少得多"。

重点应该放在儿童可以做什么上，而不是根据我们对年龄和阶段的先入为主的观念来期望他们会做什么。皮克勒离开了我们，她给我们的馈赠是：当儿童已经准备好在成长中过渡到下一个阶段时，要尊重儿童的"理解"。

出生于匈牙利的玛格达·格伯（卒于2007年）继续着皮克勒的工作，并给我们留下了以下馈赠："及时，而不是准时。"皮克勒和格伯认为，孩子们在需要学

> 在学习时……露出腹部、滚动、爬行、坐着、站立和行走，（婴儿）不仅在学习这些动作，而且在学习如何学习（也是学习的过程）。他学会自己做某事、产生兴趣、进行尝试和试验。他学会克服困难，开始了解到成功所带来的喜悦和满足感，这是他的耐心和坚持不懈的结果。
>
> ——艾米·皮克勒

习时会积极地学习。儿童不会按照别人的时间表来发展。在回答珍妮特·冈萨雷斯-米纳的问题"你对我们这些与婴幼儿一起工作的人有什么建议?"时,格伯回答:"放慢速度。"

植根于多种文化的智慧

> 通过观察不同的文化,我们发现有很多方法可以照顾和教育儿童。没有唯一正确的方法。
>
> ——珍妮特·冈萨雷斯-米纳

你可能已经注意到上一节中讨论的先驱都是欧洲传统流派的。儿童领域尚未充分研究或吸收亚洲、非洲、南美洲和中美洲、中东地区、美洲部落或岛屿文化的智慧。如果博采众长的话,我们一定会找到对每个人具有启发性的情感和社会智力理论与实践。

美国黑人儿童发展研究所的负责人创建了一份有用的指南——《入学准备与社会情感发展:文化多样性观点》(*School Readiness and Social-Emotional Development: Perspectives in Cultural Diversity*,2006)。该书由芭芭拉·鲍曼和伊夫琳·K.摩尔(Barbara Bowman & Evelyn K. Moore)共同编写,提供了有关帮助儿童从开始就获得成功的信息。鲍曼告诉我们,早期的托育服务管理人员和教师可以通过以下方式降低非洲裔和拉丁裔儿童面对的风险:

- 了解文化差异。教师需要了解教室里的孩子的文化,以及如何在孩子知道的知识和成人想要其学习的知识之间搭建桥梁。
- 识别和治疗有特殊需要的儿童。高度紧张、患有残疾或发育异常的儿童需要诊断和治疗的工作系统。
- 认识到关系的重要性。

> 帮助教师理解教学不但关乎学术知识和技能的传播,而且关乎创建令人满意的成人—儿童关系的动机和倾向。这意味着教师以积极的方式理解和认识具有文化差异的儿童及其家庭和社区。
>
> ——芭芭拉·鲍曼,伊夫琳·摩尔

第十二章 课程选择：根和翼

阅读更多关于拉丁裔人对幼儿发展的见解的信息，请参见康斯坦斯·埃格斯-皮埃罗拉（Constanza Eggers-Pierola）的《联系与承诺：在幼儿计划中反映拉丁裔人的价值观》（*Connections and Commitments: Reflecting Latino Values in Early Childhood Programs*，2005）。亲密、充满爱心的家庭式关系被视为孩子成长的关键。

大脑发育研究和学习理论

回顾这些关于幼儿教育先驱的信息，我发现了两个显现的原则。首先，相互尊重、充满关爱的关系对学习至关重要。其次，每个孩子天生（自发地从内部）就会寻求了解自己的世界。幼儿教育领导者的工作是通过支持性教学策略和课程来支持孩子的学习，这些策略和课程可以满足孩子的需求。这些原理和概念如何与儿童学习方面的神经科学研究相吻合？

《从神经细胞到社会成员：幼儿发展科学》（*From Neurons to Neighborhoods: The Science of Early Childhood Development*，Shonkoff & Phillips，2000）已经成为儿童大脑发育科学的开创性著作。自20世纪90年代初以来，大脑发育研究的成果就像熔岩一样大量涌出。最近，埃伦·加林斯基（Ellen Galinsky）的《制造中的心灵》（*Mind in the Making*）进一步证实了幼儿活跃大脑中教育机会的宝贵的相互作用。加林斯基（2010）表示，儿童的学习是通过与成人保持信任和关爱的关系来进行的，成人可以确保孩子的安全，帮助他们感到安全并提供结构框架。

迄今为止的发现包括以下原则：

- 幼年时期建立的大脑通路（在大多数情况下）仍然伴随着我们的余生；

> 儿童接受的爱的数量和质量对其神经发展具有持久的影响……情感剥夺对婴儿往往是致命的。忽视儿童会导致他们的头围明显变小，在核磁共振的扫描中显示，他们的大脑由于失去数十亿个细胞而萎缩。20年的追踪数据已经证明，有责任感的养育明显为儿童赋予了长久的个性优势。
>
> ——托马斯·刘易斯、法里·阿米尼、理查德·兰农，《爱在大脑深处》

- 我们通过与他人的相互联系来学习关系；
- 越是在尊重的关系中，孩子越健康；
- 我们的细胞在生命的早期（0—3岁）会模仿（特别是镜像神经元）我们最亲近的照料者的神经元；
- 孩子早年经历的充满爱意的关系可以抵消或逆转那些破坏大脑健康发育的经历；
- 我们的大脑具有"可塑性"——贯穿一生的适应、改变和学习的灵活性。

健康和尊重的关系对孩子的学习至关重要。幼儿教育专业人士的工作是促进孩子的成长，而不是灌输事实和数字，消除儿童的学习兴趣。大脑研究和儿童早期学习理论家从本质上达成了共识：扎根于信任关系的安全臂膀中，孩子可以张开翅膀，飞向好奇和奇异的世界。

关系是学习的核心

有了幼儿理论家的这些馈赠，幼儿教育管理者如何创造一个让孩子们学习的环境？在考虑儿童的课程和空间设计时，请记住以下五个关键点：

- 儿童即课程；
- 环境即教师；
- 教师通过支持儿童天生的好奇心来促进其学习；
- 人际关系为幼儿教育提供了坚实的基础；
- 边界、替代性教学策略和结构为孩子的学习提供支架。

在相互尊重和支持的关系中，孩子们自然地探索环境，不断成长和学习。关系本身就是教师。让我们依次检查这些关键点。

儿童即课程

想象一下，经验丰富的管理者克里斯的使命宣言——儿童即课程。克里斯面

第十二章 课程选择：根和翼

临的挑战是帮助教师提高观察技能，并扩大他们为儿童提供生成性学习经验的视野。克里斯使用书面课程吗？她回答："是的，但那只是作为一种资源，而不是决定因素。"

> 创设有吸引力的、鼓舞人心的教学环境，而不仅仅是装饰教室。
> ——玛吉·卡特

如果原计划的课程侧重于关注家庭，但孩子们对为什么贝壳被冲到沙滩上感到好奇，那么该怎么办？克里斯的项目中的教师可以预见孩子们如何找到问题的答案。在克里斯的支持下，教师可以建立一个中心区以供儿童开展有关洋流和贝壳的动手活动。通过讨论"海洋中的家庭"，教师可以将孩子的兴趣融入预设的课程。

教师具有激发所有儿童的好奇心的能力，从而彰显自己的教学艺术。教师将使用各种创造性教学工具与每个儿童以及具有不同需求的儿童群体相关联。虽然大家可能还没有计划去海滩进行实地考察，但是教师会找到方法让所有儿童都积极地准备参观。

根据朱迪思·帕克（Judith Pack）的说法，如果教师致力于"观察孩子们的玩耍，以更好地了解他们如何看待世界"，那么儿童自发学习的可能性将更大（2011，p.40）。对帕克来说，和儿童在一起的每一天都是一次课程冒险，教师需要：

- 停止手头的工作，与孩子一起进行调查；
- 保持舒适，并与"打断"保持一致；

> 瑞吉欧·艾米利亚市属学校以其令人惊叹的环境而闻名，促使我们认识到环境的教育力量。这不是一个新概念，但在他们的学校里，我们看到了充满活力的学习范例——包括令人眼花缭乱的、吸引我们的好奇心和发现的、培养强大的尊重关系的学习环境。这里的教育者似乎对环境在儿童教育中的作用有不同的看法，不像典型的美国幼儿教育教室，他们的墙壁上没有字母表、日历和工作表。在每个架子和平面上，你也找不到商品式的布告栏展示、标签以及张贴的规则。他们是如何考虑的？
>
> ——玛吉·卡特，《让环境成为第三任教师》

- 跟随孩子们的兴趣、要求或喜悦；
- 给自发性事件或大卫·霍金斯（David Hawkins）所说的"不可抑制的冲动"留出时间（2002，p. 23）。

"让时间流逝"意指，除非教师充分基于儿童如何学习的理论，否则就像放弃了对教室的控制。

▶ **培养你的EQ**：当你回顾儿童学习理论时，克里斯的方法最契合哪位先驱者的理论？

环境即教师：在室内和室外创建学习空间

一成不变的教室使儿童和许多成人昏昏欲睡；相反，充满吸引力的地方会激发孩子们的好奇心、漫游和探索。儿童需要安全的空间和安静的地方以保持镇静和思考。正如贝夫·博斯和珍妮·查普曼（Bev Bos & Jenny Chapman，2005）假设的那样，孩子们需要冒险的区域以释放能量，完善粗大运动技能并走向世界。孩子们在资源丰富的环境中学习，从而将自身与信息联系起来。基于这些原因，环境成了课程。

从出生开始，甚至有可能在出生之前，婴儿就能够强烈地意识到自己所处的环境。他们用观察、品尝、触摸并发出嘎嘎声、滚动和投掷、蠕动和扭动等方式来学习。他们主要通过与他人的关系来了解生活。他们还可以通过观察和与环境互动来学习。幼儿教育领导者可以通过与周围环境的互动来创造尊重和结合儿童学习需求的空间和场所。

> 在许多家庭式托育中心或游戏区中，你必须努力才能找到美感。儿童保育和美学并未结合在一起。也许美学的缺失是时代的标志，是其他因素优先于美的一种标志。
> ——珍妮特·冈萨雷斯-米纳

玛吉·卡特（Margie Carter，2007）参考了瑞吉欧·艾米利亚市属幼儿园的将环境视为"第三任教师"的概念。卡特鼓

第十二章 课程选择：根和翼 303

励我们反思环境向儿童及其家庭传达的价值观和信息。

我对学习环境的理解是：利用你的想象力和技能来帮助儿童发展他们的想象力和技能。这样每个学习空间都将是新鲜的和诱人的，而不是"可替代的"。

在第十一章中，我们检查了对安全和健康的环境的要求清单。遵守这些要求对每个人的福祉都至关重要。但是，遵守要求可能会产生意料之外的副作用，有时还会产生不利的副作用。

幼儿园里的活动空间通常看起来很相似。我们的幼儿园配备了来自知名公司的、经过安全测试的家具和玩具，它们被设置在容纳性高的房间和游乐场里。这样的幼儿园虽然安全，但并非唯一。

最近，从业者已经摆脱了千篇一律的模式。当你了解下面的四种学习方法时，请想一下项目的管理者如何利用员工以及自己的独特价值观和愿景来创造奇妙而独特的学习空间。

儿童协同合作的自然行动。这是一个联合了景观设计师、医疗保健专业人员、幼儿教育工作者和环境团体（例如珍·古道尔的"根与芽"）的组织。你可以免费加入该组织，也可以上网获取有关使儿童与自然重新联系在一起的新方法的信息，并分享你的想法。

户外教室的音乐和运动。"由于与室内教室相比，户外教室通常可以提供更大的运动空间，因此儿童可以自由地进行多种运动和静态活动。此外，由于声音在户外可以以一种在室内无法实现的方式被吸收，因此孩子们可以创作自己的音乐，而不会打扰其他孩子"（VanGilder，Wike，& Murphy，

> 高效的幼儿教师的特点：
> - 有激情
> - 有毅力
> - 乐于冒险
> - 务实
> - 有耐心
> - 灵活
> - 尊重儿童
> - 有创造力
> - 真诚
> - 热爱学习
> - 精力充沛
> - 有幽默感
>
> ——劳拉·J.科尔克，
> 《幼儿教师的十二个特征》

2007，p.53）。上文作者指出，在户外制作音乐可以使有特殊需求的孩子更容易建立神经系统联结。这种想法包括：

- 像树一样使叶子"跳舞"；
- 模仿看到的动物移动身体（如松鼠、知更鸟、尺蠖）；
- 唱一些关于你注意到的事物的歌曲；
- 自由地、放肆地在户外做一些在室内无法实现的游戏。

活的柳树小屋。你能想象为孩子们创造一个在春天里蓬勃生长的户外小屋吗？鲁斯蒂·基勒（Rusty Keeler，2008）向我们提供了有关教师和儿童如何种植柳树枝或柳树芽以制作活的柳树小屋的分步说明和图纸。这些植物发芽后可以长成隧道、篱笆、小屋或儿童和教师想象的其他东西。

利用墙壁。"我鼓励教师退后一步，认真检查墙面材料的质量和数量，以确定它们是否真正为儿童的学习做出了贡献或者最终使孩子们安静了"（Tarr，2004，p.92）。塔尔（Tarr）认为，当孩子们参与教室环境的设计时，他们比只看海报或商业制作的装饰品学得更多。

教师通过支持好奇心来促进儿童学习

维果茨基告诉我们，"脚手架"一词用来描述教师在儿童教育中的目的。教师通过层层吸引儿童学习的机会来搭建起儿童的学习环境。正如罗杰斯提醒我们的，教师不用下载信息，只需单击一下，即可将信息传递给等待中的孩子。教师运用自己的热情、创造力和真实性与儿童的好奇心一起跳舞。教学是我们需要终其一生发展的一门艺术。

卡罗尔·科普尔和休·布雷德坎普（Carol Copple & Sue Bredekamp，2006）认为，高效的教师应当：

- 了解每个孩子的个性、能力和学习方式；
- 确保所有儿童都获得与他人建立关系并融入团队的必要支持；
- 努力在儿童之间建立强烈的群体认同感，以发展所谓的"我们的圈子"；
- 为儿童创造一个有条理、有序和舒适的环境；
- 计划促进孩子们一起工作和玩耍的方式；

- 将每个孩子的家庭文化和语言带入课堂的共享文化；
- 阻止打小报告、戏弄、找替罪羊和其他破坏团体意识并使一些儿童感到被排斥的做法。

经验丰富的教师正在不断学习新方法，以触动孩子们的生活并激发他们的好奇心。这些教师是成熟的专业人士（请参阅第九章）。这是项目管理者的荣幸。成熟的专业教师激励其他教师与儿童一起学习和成长。每位管理者的工作是帮助教师分享自己的才能，同时不断学习新的教学方法。

人际关系就是一切

鱼需要水，人类需要空气，孩子们需要爱。没有比这更简明的事实了。

关于"无法茁壮成长"的婴儿的研究令人遗憾地证明了缺乏爱的儿童会终生痛苦、不幸。被爱的孩子可以充满信心地学习。关系就是一切。刘易斯、阿米尼和兰农（Lewis，Amini，& Lannon，2000，p. 61）指出："刚出生几天的婴儿可以区分情绪表达。""母亲利用普遍的情感信号来教导婴儿有关世界的知识……情绪使他们在语言交流前便有了共同的语言。"

幼儿教育领导者的工作首先是促进无条件的人际关怀或爱的分享。以爱为核心，其他一切都会顺畅起来。作者弗朗西丝·卡尔森（Frances Carlson，2006）记录了教师给予的充满尊重、关爱的身体接触给儿童带来的持久益处。即使是有创

> 这些年来，我从有创造力的人那里听说，他们早期对独特自我表达的渴望得到了身边有爱心的成人的尊重和支持，只要他们想做，他们甚至被允许把树涂成蓝色。当我的一个朋友还是个小男孩的时候，他喜欢画画。有一次他画了一棵树并把它涂成蓝色，有人问他："你为什么把树涂成蓝色？树不是蓝色的！"多年来，我的朋友再也没有画过一棵树……直到一位教师告诉他，艺术家可以画出他们想要的任何形状和颜色。
>
> ——弗雷德·罗杰斯，《你很特别》

伤后应激障碍的儿童，也可以因爱而摆脱恐惧，获得希望和信心。受创伤阻碍的神经元通路（神经节）伸展并发展为健康的联结。成人也是如此。在接受彼此关爱的关系中，儿时受过虐待的成人也学会了信任，并得到了成长。毫无疑问，有目的地领导就是带着智慧和爱心进行领导。

儿童学习的界限、可选择的教学策略和脚手架

全美幼教协会的认证标准和许多州的准入许可法规要求儿童项目使用书面课程。项目领导者可以从满足这些要求的准备好的课程包中进行选择。在教学策略方面，婴幼儿创意课程®和幼儿园创意课程®是众所周知的可购买课程。具有主题单元、课程计划和各种教学策略的书面课程指南，为教师的教学方式提供了框架和范围。但是，任何准备好的课程都没有绝对固定的规定。相反，课程在其框架内为教师提供了众多选择。

教师可以用来支持儿童学习的教学策略包括：

- 鼓励
- 建立榜样
- 演示
- 认可
- 创建或添加挑战
- 提供信息
- 提供暗示或线索来帮助孩子迈入自己的下一个能力水平（Bowman, Donovan, & Burns, 2000; Copple & Bredekamp, 2006, pp. 32-33）

> 科学发现了情绪的更深层次的目的：古老的情绪机制允许两个人接受彼此头脑中的内容。情绪是爱的信使，是把信号从一颗洋溢的心传递到另一颗心的载体。对人类来说，深切的感受是活着的同义词。
> ——托马斯·刘易斯、法里·阿米尼、理查德·兰农，《爱在大脑深处》

儿童能够对诸如此类的多种教学策略做出反应。我们首先应该关注，这是科普尔和布雷德坎普提出的教学策略连续体中的策略之一。项目管理者在监督教师的过程中，花费很大一部分时间致力于帮助教师成为课堂上的艺术家，让课堂变得丰富多彩。

根据安·爱泼斯坦（Ann Epstein，2007）的说法，"有意识的教学"涉及对可选教学策略的认识和选择，从而满足儿童的不同需求。有意识的教师专注于为孩子们设立的目标，并且精通于发展适宜性实践。教师会通过有目的地选择最适合孩子及其年龄段的方法来指导他们的学习。教师可以根据孩子的学习需求和发展水平，鼓励他们成对、成组或作为一个团体进行学习和开展活动。

教师在许多方面就是魔术师，会随时走到每个孩子的面前或班级里，拿出他们装满教学策略的魔术帽。书面课程为教学创造力提供了情境。但是书面课程并不会束缚教师的双手，也不会限制教师发挥的路径。教师在课程中可以进行创作，以适应孩子的好奇心和生活中不断变化的事件。

游戏是儿童学习的途径，是儿童的工作。通过游戏，儿童可以学习终生受用的探究、探索和理解技能。儿童还可以学会协商、分享和合作。粗大肌肉运动技能的发展和身体上的挑战为提高孩子的自尊心和决心提供了机会。通过在游戏过程中建立关系，儿童发展着社交和情绪智力，这将有利于其一生。但是，如果家长担心自己的孩子在学业成绩上表现不佳，那么他们就会变得不愿意通过游戏来支持孩子的学习。

动乱和完美的"应试教学"

▶ **培养你的EQ**：想一想本章的案例分析中的马可和他的妈妈。马可似乎在游戏和探索中茁壮成长和学习。但现在，马可妈妈的目标变了。她希望马可在传统的纸笔测试中表现出色。她不再对这种每天玩耍的学习方法感到满意。如果你是马可的老师，你将如何与他的妈妈探讨这个问题？马可妈妈和你对"什么对马可有好处"的问题有什么假设？

马可的故事很常见。父母坚称自己的孩子已经做好准备学习字母、单词、数字、颜色、事实等知识。当传统的教学方法得到重视时，社会情感的发展会退居二线。当课程变成了一个非此即彼的主题时——要么"静坐和记忆"，要么"通过游戏进行学习"——孩子必定处于失利状态。莉莲·卡茨（Lilian Katz, 2008）提醒我们，当课程被视为"自发性游戏或正式的学业指导"时，重点可能已偏离。卡茨解释说：

> 我认为，当儿童参与一些项目时，这些项目会让他们对周围的重要物体和事件进行调查，并且让他们对世界是如何运转的、物质是如何形成的、周围的人是如何生存和生活的等问题产生疑问。在探究问题的过程中，儿童的心智将完全投入。另外，在这个过程中，儿童学会读写、测量和计数的有用性和重要性不言而喻（p.56）。

强调"学校表现"和"应试教学"已经导致公立学校出现不良后果。2011年，亚特兰大公立学校因欺诈丑闻而被动摇。可悲的是，作弊的不仅是学生，还有教师。当教师的工作报酬取决于学生在标准化考试中的表现时，一些"机敏"的教师就会为生存而牺牲道德。每名教师都知道每一组学生（就像每个孩子一样）在学习上各有不同。我们将教师和儿童的评价标准设定为希望每个孩子都用同样的方式在书面考试上展现自己的知识，这一想法是否错误且失败？希望当阅读本页时，你已经对这一困境有了更多的解决方案。

有效评估儿童

幼儿教育领导者将面临寻找最适合儿童和家庭的平衡点的挑战。衡量儿童的学习成果正变得司空见惯。现在，幼儿教育项目已经出现这种趋势，大多数州以及"开端计划"都明确规定了儿童在学前教育阶段结束前要取得的特定学习成果。下面是一些示例：

> 早期的亲密关系使个体能够获得永久的韧性或恢复力，压力的影响因此变小。然而被忽视的孩子并不具备这种能力，因此对压力很敏感。
> ——托马斯·刘易斯、法里·阿米尼、理查德·兰农，《爱在大脑深处》

语言和读写能力方面
- 预测故事接下来会发生什么（科罗拉多州）
- 识别出押韵的单词（俄亥俄州）

数学方面
- 在5个或更少的物体中计数（南卡罗来纳州）
- 对形状进行匹配和分类（华盛顿州）

社会—情绪发展方面
- 在与同伴合作、游戏和解决冲突的过程中，表现出逐渐增加的运用妥协和讨论的能力（"开端计划"中的幼儿保育框架）

可衡量的学习成果和发展适宜性实践也与文化信仰和实践相关。仅根据一种文化的价值观，标准化的结果可能合适也可能不合适。例如，在一种避免公开冲突的亚洲文化中，要求儿童在解决冲突时进行讨论可能会被视为不尊重。在集体主义文化中，成为小组的一分子比个人单独完成任务更重要，孩子们可能会避开在小组中"脱颖而出"。

▶ **培养你的EQ**：根据个人偏好和现行的课程标准，幼儿教育领导者经常发现自己可以平衡两个课程目标——建立友爱关系和实现可衡量的结果测试。

用"测量水深"（确定水深的航海术语）的方法确定你更偏好哪种课程。你是否更关注师生之间的人际关系？你是否喜欢衡量孩子的技能和能力？你是否已经找到平衡人际关系和客观测量的方法？

专家们普遍认为，评估儿童具有三个目的：
- 做出正确的教学决策
- 识别可能需要针对个别儿童进行重点干预的问题
- 帮助项目改善教学和发展方面的干预措施

有效评估的指标包括：
- 道德原则指导评估实践
- 评估工具用于预期目的
- 评估适合被评估儿童的年龄和其他特征
- 评估工具符合质量的专业标准
- 被评估的内容在发展和教育意义上都是重要的
- 评估证据用于理解和改善学习
- 评估证据是从反映儿童实际表现的现实环境和情况中收集的
- 评估使用时间序列上的多种证据来源
- 筛查始终与随访相关
- 限制使用单独管理、参考标准的测试
- 员工和家属都熟悉评估（NAEYC & NAECS/SDE，2003，p. 3）

在考虑对儿童进行评估时，要意识到评估已经每天都在进行。对儿童进行适当评估的例子包括作品取样、教师观察、检查单和清单以及家长会议（SECA，2000）。随着时间的推移，孩子的作品样本被收集起来，从而显示出其兴趣和技能的自然发展状况。关于儿童行为的持续的书面笔记将成为非正式评估。对儿童的评估通常是主动的、持续的、动态的。

在幼儿教育职业生涯中，你将有很多机会来努力地平衡人际关系和客观测量。作为幼儿成长和发展的领导者方面的知识以及支持儿童成长的课程将继续发挥不可估量的作用。

学习型组织

当走进一个生动活泼的儿童保育中心，面对众多热情的儿童和成人时，我很庆幸自己加入了这一幸福的行列。当走进一个充满悲观消极的成人的儿童保育中心时，我为孩子们感到恐惧。我们知道某种情绪（例如冷漠）正在产生。消极负面的成人如何使儿童积极向上呢？在第八章中，我们探讨了领导者促进整体项目中的成员保持乐观和良好状态的诸多方法。

现在，我们将以主厨埃米尔·拉加斯（Emeril Lagasse）的话说："将其提升一个档次！"麻省理工学院教授彼得·圣吉（Peter Senge, 2006）在《第五项修炼》一书中谈到了"学习型组织"。在学习型组织或社区中，每个人都在成长。没有人会因为地位或头衔而停止学习。学习型组织欢迎并促进人们进行实验和创新。

> 当你问别人"什么是伟大团队的一部分""什么是最引人注目的有意义的经验"时，他们通常会谈论一些比自己大的事情、有关的事情或正在发生的事情。很明显，对许多人来说，作为真正的伟大团队的一部分，他们的经历是独一无二和最充实的。有些人余生都在寻找重获这种精神的方法。
>
> ——彼得·圣吉，《第五项修炼》

在幼儿教育领域中，管理者和教师经常考虑最大限度地提高儿童的成长和发展概率。如果管理者将成人的成长和发展看得同等重要怎么办？我们知道，与任何课程计划相比，孩子们通过观察并与教师和环境互动可以学到更多（无论该课程计划的构思多么出色）。成人同样需要具有挑战性的机会和成长的支持。

情绪和社会情商支持并最大化每个人的学习机会。伴随孩子成长和发展的父母、兄弟姐妹、姑姨、叔舅和祖辈是怎样的呢？幼儿教育项目中的厨师、维修人员、供应商和董事会成员是否想要成长？

根据圣吉的说法："在这些组织中，人们不断扩展自己的能力来创造真正想要的结果，培养新的和广泛的思维方式，释放集体的渴望，并且作为一个整体不断学习。"（2006，p. 3）以上的这些都是可能的。学习型组织可以帮助我们"发现如何挖掘人们进行各个水平上的学习的承诺和能力"（p. 4）。

作为领导者，你如何才能创建一个学习型组织？要创建这样的组织，你需要吸引组织的所有成员——包括内部和外部客户（请参阅第十五章）。下面的"五项修炼"将分别提供可行的途径：

- 系统思考
- 自我超越
- 心智模型
- 建立共同的愿景

● 团队学习

每项修炼都"关注将思维从看到部分转向看到整体,从把人们视为无助的反应者转向将其视为塑造现实的积极参与者,从对当下的反应转向创造未来"(Senge,2006,p.69)。我还没有看到,一个充满好奇心的成人面前会有一个无聊的孩子。

作为环境和课程的管理者

好主意!想象一下:当管理者和教师学习和成长时,幼儿教育项目会逐渐壮大。当管理者允许犯错时,每个人都可以冒险。当管理者为每个孩子、家庭和工作人员的成长提供支持时,他们就会支持自己的学习。谈论榜样!幼儿教育管理者不断为成人和儿童的发展制定课程和策略。

让钟摆自然摆动。有些事情是永恒的。通过建立充满爱的环境来庆祝成长和学习,永远不会过时。

反思性问题

1. 重读有关马可和他的妈妈的案例分析。这个案例引出了一项挑战——如何既满足父母的愿望(应试教学),又忠实于幼儿教育理论(支持孩子天生的好奇心)。思考一下家长的立场:妈妈希望马可"通过考试"的所有原因是什么?现在,回顾马可通过游戏的学习和对户外的热爱。写一段马可的妈妈和项目主管或主班教师之间的对话,对话的主题是如何平衡不同的教育目标。

2. 回忆你小时候喜欢的地方和场所。你喜欢那里的什么?它们如何使你着迷或丰富了你的生活?你在那里感到安全吗?这些地方对你的学习有何贡献?设计一个模型和(或)描述一个幼儿教育项目空间(室内或户外),以重新创建你小时候所经历的最佳环境。

3. 看看幼儿教育理论的先驱者名单,选择其中最吸引你的人。更多地考察关于此人的生活背景和教学实践,看看你是否可以详细了解这位先驱的生活文化和时代信息。选择最吸引你的先驱的生活、时代和理论中的3～5个方面并编写简介（描述）。

团队项目

1. 重新阅读第四章中关于杰米拉的案例分析。讨论并识别杰米拉面临的障碍以及她如何实现自己的愿景。利用你的情绪智力和社会情商，为杰米拉提供策略来帮助解决她所面对的每一个障碍。向其他人介绍这些策略。

2. 在你所在的地区进行一次幼儿教育项目的寻宝活动，发现富有想象力、独特的教室和（或）操场设计，这些设计能够激发孩子们的好奇心、成长和学习能力。经许可，可拍照并采访员工，以了解儿童和教师如何使用该空间。确定这些设计适用于儿童的根本原因。针对你这次发现的"宝藏"准备和呈现一份可视化报告。

3. 许多课程包（如创造性课程）都可供项目购买、采纳和使用。探索至少三个方面：可用的内容是哪些？用户对课程的感觉如何？在主持关于课程包利弊的讨论时提供不同的课程样本。

参考文献

Bos, B., & J. Chapman. 2005. *Tumbling over the edge: A rant for children's play*. Roseville, CA: Turn the Page.

Bowman, B.T., M.S. Donovan, & M.S. Burns, eds. 2000. *Eager to learn: Educating our preschoolers*. Washington, DC: National Academies Press.

Bowman, B., & E.K. Moore, eds. 2006. *School readiness and social-emotional development: Perspectives in cultural diversity*. Washington, DC: National Black Child Development Institute.

Carlson, F.M. 2006. *Essential touch: Meeting the needs of young children*. Washington, DC: NAEYC.

Carter, M. 2007. Making your environment "the third teacher." *Exchange* 176: 22–26.

Ceppi, G., & M. Zini, eds. 1998. *Children, spaces, relations: Metaproject for an environment for young children*. Reggio Emilia, Italy: Reggio Children.

Copple, C., & S. Bredekamp. 2006. *Basics of developmentally appropriate practice: An introduction for teachers of children 3 to 6*. Washington, DC: NAEYC.

Curtis, D., & M. Carter. 2003. *Designs for living and learning: Transforming early childhood environments*. St Paul, MN: Redleaf.

Day, M., & R. Parlakian. 2004. *How culture shapes social-emotional development: Implications for practice in infant-family programs*. Washington, DC: Zero to Three.

Dewey, J. 1897. *My pedagogic creed*. New York: E.L. Kellogg.

Eggers-Pierola, C. 2005. *Connections and commitments: Reflecting Latino values in early childhood programs*. Portsmouth, NH: Heinemann.

Elliott, S., ed. 2008. *The outdoor playspace naturally: For children birth to five years*. Sydney, Australia: Pademelon Press.

Epstein, A. 2007. *The intentional teacher: Choosing the best strategies for young children's learning*. Washington, DC: NAEYC.

Galinsky, E. 2010. *Mind in the making: The seven essential life skills every child needs*. New York: HarperCollins.

Gonzalez-Mena, J. 2011. *Foundations of early childhood education: Teaching children in a diverse society*. 5th ed. New York: McGraw-Hill.

Greenman, J. 2005. *Caring places, learning spaces: Children's environments that work*. Redmond, WA: Exchange Press.

Hawkins, D. 2002. *The informed vision: Essays on learning and human nature*. New York: Algora Publishing.

Katz, L. 2008. Another look at what young children should be learning. *Exchange* 180: 53–56.

Keeler, R. 2008. Living willow huts—Part 2: Constructing a living willow hut. *Exchange* 179: 78–80.

Lewis, T., F. Amini, & R. Lannon. 2000. *A general theory of love*. New York: Vintage.

Lilley, I.M. 1967. *Friedrich Froebel: A selection from his writings*. Cambridge Texts and Studies in Education series. Cambridge, UK: Cambridge University Press.

Mooney, C.G. 2000. *Theories of childhood: An introduction to Dewey, Montessori, Erikson, Piaget, and Vygotsky*. St. Paul, MN: Redleaf.

NAEYC & NAECS/SDE (National Association of Early Childhood Specialists in State Departments of Education). 2003. *Early childhood curriculum, assessment, and program evaluation: Building an effective, accountable system in programs for children birth through age 8*. Position Statement. Washington, DC: Author.

Pack, J. 2011. Spontaneity and the pursuit of beautiful opportunities. *Exchange* 201: 40–43.

Pikler, E. 1971. Learning of motor skills on the basis of self-induced movements. In *Exceptional infant*, vol. 2, ed. J. Hellmuth, 54–89. New York: Bruner/Mazel.

Rafanello, D. 2005. Tending the garden: What gardening can tell us about running our centers. *Exchange* 162: 12–13.

Rogers, F. 1994. *You are special: Words of wisdom from America's most beloved neighbor*. New York: Viking Adult.

SECA (Southern Early Childhood Association). 2000. *Assessing development and learning in young children*. Position Statement. Little Rock, AR: Author.

Senge, P. 2006. *The fifth discipline: The art and practice of the learning organization*. Rev. ed. New York: Doubleday.

Shonkoff, J.P., & D.A, Phillips, eds. 2000. *From neurons to neighborhoods: The science of early childhood development*. A report of the National Research Council. Washington, DC: National Academies Press.

Stoecklin, V.L. 2005. Creating outdoor spaces kids love. *Professional Connections* 8 (42): 1–5.

Tarr, P. 2004. Consider the walls. *Young Children* 59 (3): 88–92.

Thomas, J. 2007. Early connections with nature support children's development of science understanding. *Exchange* 178: 57–60.

VanGilder, P., A. Wike, & S. Murphy. 2007. Early foundations: Music and movement in the outdoor classroom. *Exchange* 178: 53–56.

第十三章

市场营销与发展：只要你有影响力，顾客就会来

> 如果我想寻找一位幼儿照料者，我会给其一个短期的试用。然后我会倾听他（她）和我说有关孩子的事情。考查他（她）在与孩子相处的这段时间中，是否表现出敏感、兴趣及重要的3C原则：关爱（caring）、自信（confidence）和常识（common sense）。
>
> ——弗雷德·罗杰斯，《你很特别》
>
> 万丈高楼平地起。
>
> ——中国俗语

案例研究——米拉格罗斯

米拉格罗斯刚被任命为某个"开端计划"项目的负责人，这个项目位于一个旧砖厂的房舍内，这里曾经是制鞋厂。她的项目是这个建筑中的10个社会服务机构之一。这座建筑本身需要翻新和装修。旧房舍冷得像一座堡垒，看上去冷酷无情。米拉格罗斯对参与项目的不同家庭表示欢迎和敬意。

她可以采取哪些措施，改变人们看到这座旧房舍时的阴郁心情呢？

你曾经对自己说过"那永远不会发生""那个人永远不会改变""我死了也不会改变"等类似的话吗？我曾经说过。

当年轻时，我乘地铁从西柏林到东柏林，地铁就在柏林墙的预设屏障下。我

凝视着那些表情严峻的苏联士兵，他们带着可怕的武器在废弃的地铁站旁站岗。我的手心冒汗，心都跳到嗓子眼儿了。这些海关督察和便衣，似乎要花费一天一夜才允许我们入境。

当黎明时进入东柏林，我的目光又因每个街区的破败不堪而暗淡，子弹和迫击炮击穿了许多房屋，一堆堆的岩石和碎石布满了整个巷子。士兵的靴子后跟有力地踩在鹅卵石街道上，发出"咔嚓咔嚓"的声音。只有在对西柏林人开放的咖啡厅中喘息的片刻，我才能安静下来，思考这面墙的重量。那一天，我无法想象柏林墙有一天会倒塌。

多年后，不可思议的事情发生了，为了和平，柏林墙一块块地倒塌了。我在电视上看到这样的场景：德国东西部长期分离的家人相互拥抱，我期待奇迹出现——柏林墙可以倒塌，其他事情也有可能发生。

我们周围也有很多"墙倒塌"的例子，沃尔特·迪斯尼（Walt Disney）正是因为坚定的信念，他的传奇梦想变成了现实。迪斯尼曾说："只要你有梦想，你就能做到。""请记住，这一切都是从一个梦想和一只老鼠开始的。"凯文·科斯特纳（Kevin Costner）在电影《梦幻之地》（*Field of Dreams*）中，梦想着把玉米地变成棒球场。尽管困难重重，最终他还是建成了棒球场。棒球队员们来了，这实现了这部电影的主题："只要你建好它，他们就会来。"

在本章中，我们将对抗在自己的领域里被困住或"固着"的信念，并提出创造性方法来帮助解除障碍，实现梦想。

不再"固着"

固着的信念是虚幻的，只有零碎的真理，却阻碍我们前进，例如：

- 我们缺少资金来改造场地。
- "自吹自擂"在幼儿教育中是不必要的。
- 我们无法让员工和家庭多元化。
- 留住员工是不可能的（我们最好的员工都流失到公立学校了）。
- 我们需要聘请专业的筹资者。

并非所有的主管都相信这些误区。然而，在"糟糕的一天里"（见第四章中荣格的观点，那些"让人有阴影"的时刻），即使是最积极的主管也会被担忧困扰。与其让误区悄悄入侵，不如直面这些误区。每一种误区中都有足以让人信服的事实。例如，吹牛会冒犯很多人，但分享好消息和吹牛不同（尤其是当这些信息称赞家长和员工时）。

> 我最关心的不是你是否失败，而是你是否安于自己的失败。
>
> ——亚伯拉罕·林肯

乐观主义的力量在人的神经和精神层面都发挥作用。研究显示，与悲观主义者相比，乐观主义者拥有更好的记忆力，能预见更多的可能性，更有能力解决问题，更长寿，更快乐（*American Psychologist*，2000；Mayo Clinic，2008）。乐观主义者愿意为了更好的结果而冒险，脑细胞之间会建立新的联结。幽默感和对失败的洞察力是乐观主义领导者的工具。

当关闭可能性时，我们就粉碎了希望，唯一能看到地平线的方法就是抬头。俗话说："关上一扇门，就会打开一扇窗。"这是一句有用的管理箴言。你准备好发现更多的可能性，建立更多的大脑通道并推倒这破旧的砖墙了吗？

误区1：我们缺少资金来改造场地

第一印象很重要。我们的镜像神经元始终保持警惕以对新人类和新环境迅速做出反应。镜像神经元在我们有意识地进行大脑评估之前，已经开始记录"接受"或"感觉"人物和地点了。几乎没有足够的时间以供我们打开专业视角。

家长首先看到的是早期照护和教育项目的外观，然后才会对内部情况的好坏做判断。项目外观的吸引力或在感官上给人的第一印象，会激励潜在客户开车经过或进入，主管及其团队可以将中心以"内外兼修"的方式变得出色。

▶ **培养你的EQ**：想象一下你现在在这座楼的外面，你能记住这座楼的什么？它留给你什么印象？在进入这座大楼前，你觉得它受欢迎或令人反感吗？为了使大楼更受欢迎，你做了哪些改变？如果需要，请走出大楼看一下。

> 想象一下，用不到100美元的资金"改造"幼儿教育机构的建筑外观。

主管曾告诉我："当把资金投入墙内的优质护理时，我们就没有钱投入不必要的项目，比如景观美化或设置新的标志牌。"其他主管说："我们并没有这座楼的所有权，必须接受房东的要求。"让我们来打破这些误区。

机构的外观吸引力除了给某人留下第一印象的影响外，会出乎意料地传递更多的内部信息。因此，一个人进入这座楼之前会注意到幼儿教育机构的外观，这一点非常重要，任何一个进入的人都应该感到自豪。

当你思考如何装饰幼儿教育机构的外部环境时，可以想象一下：

- 和孩子们一起种植金盏花、向日葵、牵牛花和金鱼草，装饰机构环境。这些花种都很便宜，并且容易生长。
- 邀请当地的园林公司花时间改造前院，并张贴一个标语，感谢他们的专业操作和慷慨帮助。
- 发起一个"美化日"，邀请家长们参与清理活动，并对家庭进行奖励。
- 列一份经营室外植物的折扣店清单，这些店在每个季节都会捐献一些新植物。
- 在员工和儿童的家庭中发起创意竞赛，鼓励大家提供新颖、经济的装饰创意，然后选择、使用并奖励最佳想法。
- 竖立一块有机玻璃覆盖的公告牌，展示儿童的艺术作品，供路人欣赏。
- 把五颜六色的氢气球系在户外的标志牌上，以欢迎新家庭或庆祝孩子的生日。

▶ **培养你的EQ**：请把更多有创意的和经济的想法添加到上面的清单中，注意要"货真价实"。花更少的钱并用心做出更大的创新。

误区2："自吹自擂"在幼儿教育中是不必要的

很多人受到的教育是，主动引起关注是不合适的。当有人从人群中选中你，给你一份小礼物或让你成为关注的焦点时，你有没有感到不舒服？如果是这样的话，那么你并不孤单。我们中有51%的人是内向者（见第四章），他们并不想让自己如此被关注。我常常会看着幼儿专家们获奖，并倍感自豪。他们像羚羊一样跑下领奖台说："我没做什么特别的事。""这是团队的荣誉，而不是我个人的荣誉。"

不管你奉行的是"谦虚"，还是"不自吹自擂"，如何才能把项目的特殊性传达给他人呢？社区成员（家长、儿童、工作人员、邻居、城镇或城市居民）将从这些信息中受益："对儿童来说，我们这里是最好的地方。"请你走出这个误区：为了宣传自己的项目，自吹自擂是不必要的。不要把营销任务当作自吹自擂，而应把它看作让项目更有活力的一种实用的商业策略。

市场营销为激发个人情绪和社会智力提供了创造性机会。通过关注被服务对象的需求，主管们可以在市场中区分他们的项目。市场营销是向被邀请的家庭以友好的方式展示托幼机构。有效的市场营销表明，家庭可以让他们的孩子进入托幼机构。抑制吸引力是市场营销策略的一部分。甚至在进门前，家长都期待着美

> 大多数管理人员无法准确清晰地说出他们的目标、发展规划和优势，如果连他们都做不到，那么其他人就更做不到了。
>
> ——大卫·柯林斯，迈克尔·鲁克斯坦德
>
> 明确什么使一个公司与众不同，最有助于员工理解自己如何为公司做贡献。
>
> ——大卫·柯林斯，迈克尔·鲁克斯坦德
>
> 营销给特定的听众创造了一个有针对性的信息，而这些听众是争相听到这样消息的人。
>
> ——拉里·索纳，项目主管

好的事情。

市场营销在幼儿教育中并不是一件浮华、媚俗或肤浅的事情。不管有没有文字，市场营销所传达的都是托幼机构的独特性。"在市场中脱颖而出"的营销格言督促主管们与世界分享其机构的独特优势。即使机构拥有从这里排到加拉帕戈斯群岛的入园等待名单，也仍然需要市场营销。分享关于托幼机构的好消息可以使每个人都感到振奋。每个人都可以自豪地指着场地、建筑和里面的东西。

▶ **培养你的EQ**：写下你希望你的项目与众不同的三个方面，这是你所能提供的而不是其他机构都能提供的。

营销101：做好策略

"营销策略"就是制定一个方案，向他人展示某个项目的独特性和优势。"凸显自己"是传达我们特殊的视角、核心价值观、目的和展示提供产品或服务的程序。"与众不同"是告诉别人，我们独特的品质、项目、客户、员工使该幼儿保教机构"独一无二"。所有的幼儿教育项目都为婴幼儿提供照护和教育服务。你的项目以什么新颖的方式提供高质量的照护呢？传达这一信息可以确保或削弱中心的资金安全。

哈林顿和詹（Harrington & Tjan, 2008）提出了制定有效的营销方案的三个要素：

- 描绘现实的市场
- 理解客户的目标和工作流程
- 开发能为客户提供最大价值的产品

以下内容阐述如何将商业术语迁移到幼儿保教业务中。

描绘现实的市场

为了确定项目的现实市场，主管必须客观地看待他们服务的家庭，并设想他们未来可能服务的家庭。主管可以从已经注册的家庭开始研究。目标是发现目前在项目中谁最具有吸引力。一些计算机应用软件，如微软的Word或者Excel[1]，为这类研究提供了有效的工具。

考虑到目前的家庭人口学统计数据（包括收入水平、就业情况、居住的社区位置、社会参与度、种族、家庭规模以及交通方式），主管们可以通过创建图表或电子表格（页面要足够宽，可以轻松地调出重要数据）来记录这些信息（见表13.1）。接下来，主管可以将每个家庭的信息填入表中。

表13.1　家庭人口学信息

1．项目中的家庭都住在哪些社区？
2．他们距离幼儿教育机构有多远？
3．他们选择什么交通工具？对他们来说，哪些交通选择是可用的？
4．他们的收入水平是多少？
5．每个家庭有几个孩子，再生育孩子的可能性有多大？
6．工薪阶层在哪里工作？
7．工薪阶层从事什么工作？
8．这些家庭通过什么渠道来了解幼儿教育机构？
9．这些家庭参加了哪些其他的社会组织（民间团体）？

当记录这些信息时，主管会发现一些共性。比如，是否大部分工薪阶层都从事相同或相似的行业？会有专门的社区代表吗？有私家车而不乘坐交通工具的家庭比例是多少？通过这些数据，主管可以找出某一项目中的"典型家庭"。

对项目中的雇员，尤其是针对教学人员进行类似的市场分析，主管会得到一些有价值的信息，此时需要创建第二份表格，通过员工人口学信息来记录数据（见表13.2）。

表13.2　员工人口学信息

1．这些员工代表哪些社区？
2．他们使用什么交通工具？
3．他们是哪些社会组织中的积极成员？
4．员工有几个孩子，还有可能生几个？

---

[1] Word和Excel都是计算机办公文件处理程序。Word是文字处理程序，Excel是表格处理程序。——译者注

表13.2　员工人口学信息（续表）

5．他们如何了解幼儿教育机构？
6．什么因素让他们成为机构中的员工？
7．员工的家庭成员有哪些？
8．家庭的整体收入水平如何？
9．员工代表的民族和文化是什么？

关于"典型员工"的数据会从电子表格中生成，这是选择你的项目的员工。这份关于当前员工概况的文件提醒领导者要转向市场，以招聘那些没有被充分利用的员工。换句话说，就是去寻找方向（你能利用这些信息揭示可能的方向）。

现在，主管已经掌握了关于未来家庭和员工的宝贵的市场信息，接下来就是寻找符合典型家庭和员工描述的人。员工往往是项目的最佳招聘者。作为一名主管，你可以奖励那些在机构中工作了6个月或更长时间的员工。口碑是一种非常有效的广告形式，你可以与不同的家庭和员工分享：你希望自己创业，希望他们给你提供宝贵的建议。这是一种有效的营销工具。

请注意，领导者不要被"困在"单一的家庭群体或某一员工群体中。市场调查在确定当前市场的同时指明了开发新市场的道路。你还会有别的选择。你还想接触哪些客户，以及哪些员工能增加项目的深度和多元化？

理解客户的目标和工作流程

退一步审视全局是有价值的。在幼儿教育事业中，"理解客户的目标和工作

> 设定营销目标：
> 1．强调我们的项目质量。
> 2．与家长分享我们每天为孩子做的精彩的事情。
> 3．与家长分享员工的教育以及我们为孩子提供的材料和设备。
> 4．强调我们尽一切可能为员工提供优厚的薪酬和福利，以降低员工的流失率。
>
> ——拉里·索纳，项目主管

流程"可以转化为"了解当下选择项目的这些家庭的需要和需求"。当得到市场信息记录时，主管们可能会大吃一惊；或者主管们很了解参与项目的家庭和员工的情况，所以这些资料强化了他们的期望。与董事会成员一起完成这项市场调查，会扩大信息和参与的范围。

假设你是一名主管，从市场调查中收集了很多有价值的市场信息。你已经确定了当前的"现实市场"——那些选择了你和你们

> 定期询问家长：
> 1. 你觉得我们的服务如何？
> 2. 你还需要什么？

的服务的人们。了解典型家庭和员工的情况可以告诉你"当前的市场定位"。这一细分市场是你的项目所吸引的家庭和工作人员的一部分。有了这些信息，你就可以将类似的家庭和员工看作潜在的目标群体，并决定如何为他们提供最好的服务。

高效的项目领导者会监督项目满足当前家庭的需求的情况如何。他们会习惯地反思："我们做得如何？"他们会与那些离开项目的家庭面谈，这些家庭可能是因为儿童的年龄增长而离开，也可能是因为其他原因而离开。主管会询问客户对项目所提供服务的感受，哪些做得最好，哪些需要改进或添加服务。通过离开前的面谈，他们可以获得非常有价值的信息。

然而，领导们不需要等到离开前的面谈来获取这些信息。他们可以通过书面调查问卷对家庭进行正式的调查，也可以在接待家庭时做非正式的调查，还可以提供建议箱，每天收集建议，并尽力在一个工作日内对建议者进行反馈。如果你这么做了，你认真采纳建议的特点就会成为美谈。

开发能为客户提供最大价值的产品

不断让当前的客户（家长和员工）提供反馈，有助于主管了解客户最看重什

> 不同的群体有不同的需要，有色人种对联系和授权有强烈的需求。你在自助餐厅里看到的是相似的一群人：分离的"空间"有利于积极探索同一性，在那里人们可以提出并解决问题。
>
> ——贝弗利·丹尼尔·塔特姆

么。管理者可以问:"你最喜欢我们的项目中的哪些服务?""我们还可以为你提供哪些重要的服务?"在第十四章中,我们会看到一些对家庭友好的实践,这些有利于家庭的做法能让家庭生活更轻松,例如:举行父母约会之夜活动,陪孩子露宿,提供营养丰富和实惠的餐点,提供理发服务,以及为"生病儿童"联系家庭照护者。

当询问家长的需求时,领导者一定要用开放的态度对待所有的建议。当然,领导者不会愿意像服务生一样只听从吩咐。高效的主管能够让人们知道,一旦时机成熟,他们就会改善服务,但由于财政、人力方面的原因,或者某些建议侵犯了某一群体的利益,并不是所有的建议都能被采纳。事实证明,设定现实的预期会在日后取得很好的效果。

主管也可以预测客户的需求,这就是全面质量管理原则(更多内容详见第十五章)。预测客户需求就是提前想到一些对客户有帮助的事情。例如,想象一下,主管每月提供一段温馨时光,让项目中的厨师示范如何为儿童制作美味且有营养的点心。家长们会欢迎这种环节,尤其是当厨师们提供一些样品让其品尝或带回家时。领导者可以即刻知道一种创意是否满足家长的需求:满意的赞叹声回荡在整个走廊。

虽然满足当前的市场需求很重要,但准备让你的机构呈现出多元化也很重要。如果你的营销策略是使你的员工和客户多元化,那么让我们思考一下,如何才能做到这些。

发展员工和客户

误区3:我们无法让员工和家庭多元化

主管可以做很多事情来营造多元文化环境,以吸引新员工和新家庭的加入。

创造受欢迎的多元文化环境

第一步是陈述事实:"休斯敦,我们有个问题。"如果市场营销评估显示,员工和家庭是同质的,那么这个问题可以由董事会、员工交流。如果时机合适,那么还可以与家庭沟通此问题。每个人都能从高度多元化的环境中受益。尤其是孩子们，不管居住在贫民窟还是顶层豪华公寓或"车篷"中，他们都生活在美国多民族、多元化地区，因此都需要了解自己的邻居（见表13.3）。

表13.3　基于幼儿教育机构登记的3—5岁学前儿童的百分比、儿童和家庭特征：抽样年份为1991—2005年

特征	1991	1993	1995	1996	1999	2001	2005
总体	53	53	55	55	60	56	57
财富状况							
贫穷	44	43	45	44	51	47	47
不贫穷	56	56	59	59	62	59	60
种族或民族							
白人	54	54	57	57	60	59	59
黑人	58	57	60	65	73	64	66
西班牙裔	39	43	37	39	44	40	43
母亲的教育水平							
高中以下学历	32	33	35	37	40	38	35
高中或同等学力	46	43	48	49	52	47	49
专科或职业技术教育	60	60	57	58	63	62	56
学士学位或更高	72	73	75	73	74	70	73

资料来源：U.S. Department of Education, National Center for Education Statistics. 2007. *The Condition of Education*, 2007 (NCES 2007-064), *Indicator* 2.

第二步是通过合作调查的方式来考察使项目多元化的方法，而不仅仅是采取装饰门面的方式。领导者在员工会议上投入更多的时间，进行头脑风暴。他们可以请专业顾问或社区专家来分享想法。要求每一位工作人员至少找到一种最有效的方法，使项

> 我们常常对人们的相似性和差异性产生误解，这些都暴露在刻板印象中。偏见就像雾霾一样，没有人会说"我喜欢呼吸雾霾"，但如果你生活在雾霾弥漫的地方，就很难不呼吸雾霾。当听到有人说"我的骨子里没有偏见"时，我会说"再看看"。虽然你不希望骨子中有偏见，但是它们的确存在。
>
> ——贝弗利·丹尼尔·塔特姆

目更加多元化。主管对多元主义的邀请会对项目多元化产生重要的影响。

《学会领导：幼儿教师的有效领导技能》(*Learning to Lead: Effective Leadership Skills for Teachers of Young Children*) 的作者德布拉·沙利文（Debra Sullivan, 2010）做到了言行一致。当她和管理团队决定学习西班牙语来更好地服务项目中的家庭时，他们利用午餐时间来学习西班牙语课程。当员工觉得自己的文化实践没有得到充分的倾听或重视时，沙利文确保每位员工的做法都得到尊重。例如，当亚洲员工认为直接解决问题的方法咄咄逼人、令人不安时，她会采用更微妙、非对抗性的方式来解决问题。当男员工厌烦女员工"没完没了地询问每件事情"时，她会幽默地改善自己的工作方式。她很清楚员工们规划着项目的愿景。她的项目从过去到现在都是多元化的。这种信息传达的是：这里是不同文化下的个体工作的最佳地方。

主管的种族和文化风俗会影响项目的文化氛围。贝弗利·丹尼尔·塔特姆（Beverly Daniel Tatum, 2003）提醒我们，不管是否声明，我们都会通过强有力的方式来呈现出哪种文化是主导的[《为什么在自助餐厅里所有的黑人孩子坐在一起？》(*Why Are All the Black Kids Sitting Together in the Cafeteria?*)]。正如在组织中，情绪会被传染一样，如何做以及什么是有价值的信息也会被传染。

在组织中，种族和文化力量足以设定行为标准，这便是一种"主导"文化。例如，许多黑人幼儿教育人士通过称呼成人为"先生"或"女士"来表示尊重。在与穆斯科格（Muscogee）和切罗基部落（Cherokee）的幼儿教育专业人士一起工作时，我了解到术语"印第安人"（Indian）可能更适合于"本土美国人"（Native American）。在英裔美国人主导的组织中，员工收到任何礼物都要回寄一张"感谢卡片"。在墨西哥裔美国人主导的幼儿教育组织中，直视别人的眼睛可能意味着不尊重。请注意，尊重的表达方式的确存在差异，尤其是当主导的组织方式与你的组织方式存在不同时。

存在主导组织文化的问题在于，具有其他文化传统和实践经验的人经常感到被忽略、不被赏识或被拒绝。结果就是组织中的每一个人看起来都是同质的。这导致一些主管举起手问："当看到来自不同文化的人融入团队时，我要如何吸引他们呢？"

回忆一下沙利文博士和她的员工为了满足项目中儿童的需求而学习西班牙语。她的团队成员一起承诺成为西班牙语使用者。想象一下，这将为母语是西班牙语的家庭带来怎样的改变。

▶ **培养你的EQ**：与你的同学和同事一起制订一份使项目多元化的计划，你们需要采取哪些步骤？领导

> 教室不是壕沟，而是自由的前沿，现在和将来都是如此。
> ——林登·B.约翰逊

者通常会与董事会和家庭顾问团队经历同样的过程。即使最终只做出了一种有效的改变，该项目也已经以一种有意义的方式做出了改变。

学会处理和回应文化冲突

第三步，主管在培育多元文化组织时要注意做好准备和解决潜在冲突。例如，在一个新的团队成员到来之前，他们需要尽可能"排除干扰"（提前解决偏见）。作为组织中的特殊种族的唯一成员，要想适应并非那么

> 根据美国教育部国家教育统计中心的数据，与我们的雇员相比，参加学前教育项目的儿童已经更能代表未来种族的多元化。

容易。每名新员工会被指派一名"搭档"，该搭档思想开明、善解人意，具有同理心以及足够的情商和社会智力。主管可以提前向新员工介绍文化中的一些特别之处，以便其提前做好准备。领导者们创造一种充满信任的冒险环境，并鼓励员工分享自己的恐惧和希望，同时一起创造友好的氛围。

我们知道，幼儿教育专业人士面对冲突会感到不舒服。塔特姆（2003）认为这个问题与种族有关："有人说在美国关于种族和种族主义的讨论太多了，但要我说，还不够……"我们需要不断打破这种种族主义的沉默。在家庭、学校、工作场所、社区组织中，我们都要谈论这一话题。这非常有意义，会产生提升意识的对话，引发有效的行动和社会变革 (p. 193)。

如果教师与儿童之间开展相关话题的重要对话，那么我们项目中的成人之间也会谈论这些话题。

这么多年来，我已经学会了不再指望意见不同的人主动来找我。于是，我必须主动找他们，获得成长和学习，尽管这些方式并不总是让人感到舒服。我会倾听，当"误解"他们时，我会立即道歉，并准备更深入地倾听。最初，我可能会听

到一些抱怨和愤怒的声音。任何一个觉得被压制、忽视的人，都有权利发泄情绪。

还记得我们中的大多数人都会在意别人的意见吗？当倾听时，我想起了Q-TIP原则："别介意，听从自己的内心。"（Quit taking it personally.）对我来说，当依赖比自己更强大的力量来坚守信念时，这就是一种精神过程。正如莫琳·沃克（Maureen Walker, 2001）所说：

> 关系治疗的道路把我们引向一场充满风险和希望的旅程，这是一段关于勇气和信念的旅程，要有正念和悲伤的勇气，要敢于放弃焦虑的老旧关系印象，希望发现并扩大我们更真实的能力。关系治疗之路邀请我们带着对人类可能性的信任和对新事物出现的渴望陷入冲突。

通过倾听和诚实地提问，我了解到某个人的经验，学习了其文化经验。对我来说，这是一种毕生的热情和过程。我讲述故事的寓意是：走出你的舒适区，开启寻宝之旅。

作为主管，你的第一次努力可能是最难的，然而，随后的每一次努力都建立在你的经验之上。如果新团队团结一致并支持你的成长，那么新员工就会把这样的话传播出去："这个保教项目是教师和家庭的避风港。"最后，你和员工就会走在互相理解的道路上。

培养多元化员工的实践方法

在美国，许多组织都提供了培养多元化员工的建议。例如，美国全国教育协会建议（Center for Teaching Quality, 2009）：

从辅助人员中招聘教师。研究发现，一些帮助准教师成为教师的项目为许多少数族裔人群提供了很多机会。大多数学校员工（助教、职员和其他有或无学士学位的员工）是少数族裔。他们通常致力于教育事业，并倾向于长期从事教育事业。其中很多人都具有丰富的课堂经验，扎根于社区，习惯与具有挑战性的学生打交道。

瞄准高中生。另一个建议是尽早招聘一些对教育感兴趣的高中毕业生，美国全国教育协会建议，可以通过职业调查、咨询、激励工作坊、暑期预备课程和财政援助承诺等方式来确认想要招聘的学生。

提供支持项目来增加员工的多样性。 例如，世界教育组织建议：

- 寻求西班牙裔的学院和大学协会的帮助。它们包括275所招收西班牙裔学生的学院和大学，并对有意向招聘西班牙裔毕业生的学区提供建议。
- 黑人学校的教育者国家联盟和历史悠久的黑人学院及大学也对非裔美国人社区提供相同的帮助（Chaika，2004）。

与现有的员工一起工作，尤其是当你的员工都来自同一背景和文化时。 德曼·斯帕克斯（Derman-Sparks）是儿童早期多元文化和反偏见教育的倡导者，但是，最近她在与白人团队合作时遇到了挑战。她和帕特里夏·拉姆齐（Patricia Ramsey，2005）提出的经过实践验证的有效技巧，能够帮助儿童和成人在同一文化背景下实现多元化：

定期邀请社区中具有不同文化背景、种族或民族的人与孩子互动。面对面的接触是打破壁垒、认识到相似性的最好方式，也是将差异看作自我丰富，而不是令人不舒服的最好方式。

误区4：留住员工是不可能的

留住员工不仅是必要的，也是一件令人高兴的事。我们渴望成为有爱的集体中的一员。幼儿教育项目就是最有爱的学习共同体。如果每名员工都知道团队的重要性，那么他（她）就会觉得自己是有价值的。帮助创建项目使命的员工都致力于实现这一使命。作为一名领导者，需要运用你的情绪智力来了解自己的员工，预测他们的需求，支持他们的成长，并建立一个持久的团队。

还记得第一章中的关于员工动机的研究吗？金钱不是问题的答案。"有目的、有意义"的工作才是关键所在。如果教师对所在中心的工作目的很有激情，那么他们就会在这里长期工作。如果教师感受到主管对员工的尊重、支持和欣赏，那么他们就不会离职。如果教师在推进项目使命的同时，完成了自己的职业目标和人生意义，那么他们就会继续留下来，并鼓励其他人加入这一团队。

主管与每名员工建立的关系决定了员工是否会长期就职。领导者在团队建设方面的努力程度也影响了团队成员的忠诚度。在纽约附近工作时，我乘坐美国国家铁路客运公司的地铁去工作。有一次在车厢里，我与两位男士进行了一场激烈的交谈，其中一位是医疗健康部门的主管，另一位是著名的新英格兰商人兼电视界的风云人物。我问他们："留住员工的最好秘诀是什么？"他们很真挚地回答："信任你的员工，尊重他们，忠诚于他们，反过来，他们也会忠诚于你。"

建立在实践的基础上，对于留住员工，比较好的做法有：

- 对儿童和家庭有强烈责任感的员工更有可能继续留在这个项目中。
- 清晰的、定义明确的项目经营理念和目标能激励员工的职业承诺，尤其是当员工们的共同努力会促进他们的职业发展时。
- 提供分享个人观点的机会，支持员工在个人和职业方面的发展机会能增进员工间的关系。这可以通过正式的指导团队或员工会议来实现，也可以通过社交活动、聚会或放松等非正式的方式来实现。
- 员工间以及员工与管理层、家庭的有效沟通很重要。
- 有意义地参与决策可以提高员工的士气、工作满意度和忠诚度。
- 当员工经常感到被尊重和赞赏，并能经常与领导进行交流时，健康的工作氛围就会蓬勃发展。

让我来讲述一下来自康涅狄格州的主管玛吉的故事。她积极参与社区活动，是流动厨房的志愿者，建立了仁爱之家，并在学校里授课。每个人都喜欢玛吉和她的幼儿园。她聘请家长担任教师助手，支持他们完成幼儿教育学位的学习。她每年举办一次员工进修年会，在那里，社区成员会自愿提供按摩、修甲等服务，并与园所中的家庭一起进餐。人们唱歌、欢笑、分享故事，期待着一起享受快乐。多年来，曾在玛吉的机构中就读的孩子在毕业回来后都会问："可以回到这里工作吗？"玛吉从来没有太多的钱，但她丰富的情商和社会智力足以让她的保教机构从这里延伸到北极。她的项目是一个留住员工的好典范。

导致我们失败的往往不是什么大事，而是小事，正如我们每天所做的小事情会让一切变得不同。主管们可以无止境地想出各种表彰和感谢教师的方法（参照表13.4）。比如：在教师的盒子里放置"我明白你"的便条（写下你发现他做的好事），在员工浴室里提供奶油色的乳液和有香味的定型发胶，或者在员工会议上分发捐赠的礼品券。这些惊喜都像是在庆祝教师节。惊喜能让员工达到最好的工作状态。主管要好好牢记：惊喜不能重复使用。弗吉尼亚州的一位主管给我打电话说，每年她的员工都期待一个更大的假期宴会，为此她感到困惑：她能做什么才能让今年的假期宴会超过去年呢？要让你给予的惊喜保持新鲜感，同时避免将其建立在不切实际的期望上。

表13.4　给教师的小礼物

寻求奖励教师和其他团队成员的更多方法，可以参考以下低成本、个性化的想法。

1．电影之夜：书店的礼券、微波炉爆米花、瓶装柠檬水或令人喜爱的软饮料（将它们包裹在有电影片段介绍的报纸里）。

2．意大利晚餐：一篮子形状特殊的意大利面、意大利面酱、新鲜的意大利面包，以及一小块帕玛森奶酪和一个简单的刨丝器。

3．自制配料：教师最喜欢的饼干（巧克力沫、巧克力片、糖霜）或烙饼（干拌的或有一小瓶果汁），还有从当地折扣店买来的漂亮的搅拌碗和勺子。

4．为教室里的宠物准备礼品篮（如果教师用自己的钱买宠物用品），包括食物、面包、玩具和刨花。

5．用橡皮图章制作便条卡，并附上一支特殊的笔。

6．从工艺品店或其他教师经常光顾的商店里购买特殊礼品券。

7．带有相框的一次性照相机。

8．当你或流动选民占用教室时，给员工放半天假。

9．提供在脏乱活动时穿的印有教师名字的围裙或罩衫。

10．花的球茎（水仙花、孤挺花、风信子）、玻璃"石头"、用于栽培这些花的瓶子。

11．选择固定的时间，让教师和家长们在教室里进行更深入的交谈。

▶ **培养你的EQ**：请想出教师希望从主管那里得到的三个低成本或免费的惊喜。

毫无疑问，倡导为幼儿教育专业人士提供优厚的薪资和福利也很重要。主管露辛达给我发邮件，讲述她为员工争取的"不切实际"的福利待遇，员工并没有如愿以偿，但他们知道主管露辛达在"支持他们"方面起重要作用。

一言以蔽之，留住员工就是一种社会情商。保持一段充满活力的关系是留住员工的最关键因素。作为一名领导者，要着眼于长远发展，站在更高的平台上寻求更好的视野，有选择地战斗，并怀有"感恩之心"。当员工的行为违反职业道德时，领导者要有勇气要求员工对此负责。当辞退一些低效的团队成员时，领导者需要运用情商。你的团队成员会关注到你为高品质而发起的每一场战斗（不管是内部的，还是外部的）。

误区5：我们需要聘请专业的筹资者

《交流》杂志的主编罗杰·纽格鲍尔调查了100多个幼儿教育项目，希望找出哪些因素会引发筹资成功或失败。调查评估后，罗杰找出了"成功筹集资金的关键要素"（2007，pp.104-106）：

- 明确目标。明确筹款活动的意图，并让这种意图来激励志愿者。
- 设定目标。用一个具体金额作为一个可测量的标准，让人们可以合作共事。
- 了解捐赠者。你接受个人捐赠吗？你需要接洽一些组织和企业吗？还是两者都需要？了解捐赠者的资金来源以及他们的捐赠历史。
- 变得有趣。选择人们期待和感到兴奋的活动，不仅能让他们体验到非同寻常，也能给他们带来欢笑和美好时光。
- 突出优势。充分利用员工和志愿者的技能和天赋。
- 寻找重复捐赠者。当你的项目第一次筹款成功后，再次重复，不要担心每次会"重蹈覆辙"。
- 有效控制成本。时间投资的回报率应等于总收入减去开销，再除以员工和志愿者工作的总时间。
- 积极宣传。开始时要清晰地阐述你的"产品"（你提供或卖的是什么），不管它是否会为你的项目赢得一些机会或外部支持。把"正确的信息传达给正确的人"。
- 最大化地发挥宣传的作用。利用筹资者向人们宣传你的项目以及它的独特之处（包括在项目宣传中所强调的信息）。
- 感谢捐赠者。与每一位提供帮助的人保持联系。让他们知道你们筹集了多少资金，以及他们的捐赠多么重要。最好用项目的独特的信笺纸书面通知他们。

除了这些关键因素，凯茜·海因斯建议主管问那些捐赠者为什么决定捐款

（Kathy Hines，2007）。明确区分每位捐赠者的影响因素是有价值的。捐赠者想要通过投资来帮助有特殊需要的儿童吗？捐赠者想要通过高质量的儿童保育来改善地区的企业发展吗？关注捐款者的动机并保持敏感性，尊重他们并与其建立持久的联系。

对"不可能"说"不"

如果克服了我们行业中的这五个常见误区，那么我们还需要挑战多少其他的误区呢？也许你曾听过"我们找不到完全胜任的员工"或"我们正面临招聘危机"。记住每一个误区都是现实的碎片。招聘和留住员工对主管来说是一项挑战，说"我永远找不到完全胜任的员工"的主管会发现自己的预言将成为现实。

> **案例研究——希拉**
>
> 希拉为找不到足够合格的员工而沮丧。她担心自己心中最好的教师会接受公立学校提供的更高薪的工作。当谈到在网络上发布招聘消息时，希拉承认自己落伍了。你如何利用你的情商帮助希拉更好地工作呢？

"自我实现的预言"意味着我们会变成自己期望的样子。用神经科学术语来说，自我实现的预言就是大脑通路卡在了某个地方。如果我期待更坏的结果，那么就会得到最坏的结果；如果我愿意挑战这个误区，那么就有机会得到不同的结果。据我所知，每一位相信自己能招聘到并留住员工的主管，最后都能招聘和留住员工。

你有很多机会接触或挑战消极信念。我邀请你挑战任何你接触到的消极信念。有人相信柏林墙一定会被推倒，你可能就是那个人。

反思性问题

1. 还记得你曾经完成了一件你认为自己永远都做不到的事情吗？你能回忆起一个你不再珍视的信仰吗？你是否注意到世界的变化让你的生活与小时候与众

不同？选择对你影响最大的往事，或者你在有生之年看到柏林墙被推倒的经历，在视频上记录（或写一篇）当时的情况、现在的情况，以及什么导致了这些变化。

2．假设你负责为某个幼儿教育项目筹集资金。你会从哪里开始呢？你会找哪些资源来提供帮助？你有哪些筹款方式呢？调查幼儿教育项目筹款活动的成功案例：打电话给本地区的各个幼儿教育项目，然后选择你最喜欢的筹款方案。为你的目标、可测量的目标和宣传活动制定一份整合方案。把你的方案与罗杰·纽格鲍尔所列的清单对照一下。

3．你有多少与不同文化和种族的人接触的经历呢？不管采用何种方式，你想过改变这种经历吗？浏览一下沙利文博士提出的几个步骤，以及斯帕克斯与拉姆齐给出的建议。描述一下你想如何扩展或改变与其他文化的接触。研究可利用的资源和社区网络。与你的同学至少分享五条会扩宽你的多元化视野的策略。

团 队 项 目

1．认可和表彰教师的成就，以及他们的情商、社会智力可以有很多具体的形式。头脑风暴就是一种认可教师或员工的团队建设方式。从这份列表中，每个人都可以选择一个特别鼓舞人心的方法或想法。用一些具体的例子把这个想法变得更完善。如果有可能，用现实生活中的例子来说明这个想法是如何在幼儿项目中使用的。作为一个团队，编制一份教师认可推荐名单。

2．随着技术的快速革新，营销的策略也必须改变。与你的团队分享所有可能的方式，这些方式将"传递"到潜在的新教师和主管那里。上网查询最好的案例，以说明技术如何深化招聘过程。讨论你们可以如何利用技术在情绪和社交方面与潜在的雇员取得联系。写下并呈现一份在招聘员工时可能会用到的简短的技术指南，并与你的团队成员分享。

3．外观影响力会影响潜在客户"开车经过或进入"。创建一份清单，列出从幼儿教育机构外部就能看到的客户友好特征。参观你所在地区的幼儿教育机构，评估它们的外观吸引力，并带上相机。准备并呈现一组幻灯片，展示最佳和最差的外观吸引力的指标。

参考文献

Center for Teaching Quality. 2009. *Strengthening and Diversifying the Teacher Recruitment Pipeline*. Washington DC: National Education Association.

Chaika. G. (2004, October 12) Recruiting and retaining minority teachers: Programs that work! EducationWorld School Administrators Articles.

Collins, D.J., & M.G. Rukstad. 2008. Can you say what your strategy is? *Harvard Business Review* (April): 82–90.

Derman-Sparks, L., & P. Ramsey. 2006. *What if all the children in my class are white? Engaging white children and their families in anti-bias multicultural education*. New York: Teachers College Press.

Derman-Sparks, L., & P. Ramsey. 2005. What if all the children in my class are white? Anti-bias/multicultural education with white children. *Young Children* 60 (6): 20–27.

Finegan-Stoll, C. 1999. The goal of diversity training: To "teach tolerance" or model acceptance? *Leadership Quest* (Spring): 10–12.

Goffin, S.G., & V. Washington. 2007. *Ready or not: Leadership choices in early care and education*. New York: Teachers College Press.

Gonzalez-Mena, J. 2007. *Diversity in early care and education programs: Honoring differences*. 5th ed. New York: McGraw-Hill.

Harrington, R.J., & A.K. Tjan. 2008. Transforming strategy, one customer at a time. *Harvard Business Review* March: 62–72.

Hines, K. 2007. Circles of support. In *Managing money: A center director's guidebook*, eds. R. Neugebauer & B. Neugebauer, 109–??. Redmond, WA: Exchange Press.

Kagan, S.L., & B.T. Bowman, eds. 1997. *Leadership in early care and education*. Washington, DC: NAEYC.

Klinkner, J.M., D. Riley, & M.A. Roach. 2005. Organizational climate as a tool for child care staff retention. *Young Children* 60 (6): 90–95.

Mayo Clinic Staff. 2008. Positive thinking: Reduce stress by eliminating negative self-talk.

Neugebauer, R. 2007. In *Managing money: A center director's guidebook*, eds. R. Neugebauer & B. Neugebauer, 104–106. Redmond, WA: Exchange Press.

Sullivan, D.R. 2010. *Learning to lead: Effective leadership skills for teachers of young children*. 2d ed. St. Paul, MN: Redleaf Press.

Tatum, B.D. 2003. *"Why are all the black kids sitting together in the cafeteria?" and other conversations about race*. 5th ed. New York: Basic Books.

Taylor, S.E., M.E. Kemeny, G.M. Reed, J.E. Bower, & T.L. Gruenewald. 2000. Pyschological resources, positive illustrations, and health. *American Psychologist* (January): 99–109.

Torres, J., J. Santos, N.L. Peck, & L. Cortes. 2004. *Minority teacher recruitment, development, and retention*. Providence, RI: Education Alliance at Brown University.

U.S. Department of Education, National Center for Education Statistics. 2007. *The condition of education* 2007 (NCES 2007-064).

Walker. M. 2001. *When racism gets personal: Toward relational healing*. Wellesley, MA: Wellesley College, Stone Center.

第四部分

执行：把原则应用于实践

第十四章　与每个孩子的家庭建立伙伴关系　　341

第十五章　追求质量：professionalism（专业）
　　　　　不仅仅是一个由15个字母组成的单词　　367

第十四章

与每个孩子的家庭建立伙伴关系

> 儿童照护是儿童健康成长的一部分,因此,父母和儿童照护者必须密切合作,最重要的是父母和照护者建立密切的伙伴关系,尽可能地使亲子关系亲密。
>
> ——弗雷德·罗杰斯,《你很特别》
>
> 把它称为家族、部落、网络或者家庭,不管你叫它什么,也不管你是谁,你都需要它。
>
> ——简·霍华德

案例研究——可汗先生

可汗先生想让他的孩子——4岁的阿明和20个月大的罗山加入你的幼儿教育机构。他阅读了你所在机构的使命和宣言。机构的尊重文化多元性的理念和实践吸引了他。他告诉你,阿明出生于王族,他希望你能像对待现在和将来的王子一样对待阿明。罗山在出生时就已经被许配给他人了,她的未婚夫现在已经22岁了。可汗先生希望你将罗山培养成一位贤妻良母。

对于可汗先生和他的要求,你有什么感受?对于这段话,你有什么假设?你如何尊重可汗先生的愿望?你会尊重他的愿望吗?

> 如果知觉的大门畅通无阻，那么一切事物都会展示其无限天然的本质。
> ——威廉·布莱克

> 家是无论何时何地都向你敞开大门的地方。
> ——罗伯特·弗罗斯特，《雇工之死》

我们都知道家庭是什么。作为家庭的一员（或者未曾是家庭的一分子），我们本能地知道家庭是什么。我们的经验通常能够预测我们认为家庭是什么样以及应该是什么样的。早期经历深深地影响着我们的家庭意识。我们在掌握词汇之前，就知道了"家"这个词；我们在上学之前，就接受了家庭教育；我们在做人生选择之前，就有了家人的支持；我们在明白家庭的真正含义之前，就拥有了家庭。

这种认知有利也有弊，我们对家庭的感情如此之深，以至于任何对家庭质疑的假设都让人觉得尴尬和厌恶。在本章中，我们将探讨、了解、欣赏幼儿教育项目中各种类型的家庭，以及与之建立伙伴关系的方法。

我们是一家人

儿童认为世界就是他们所体验的那样。如果穆萨迪有一个爸爸和一个妈妈，那么他就会认为一个爸爸、一个妈妈和一个儿子就是家庭。里科的收养家庭就是他的家庭。温特沃思和他的两个爸爸组成了他们的家庭。曼迪和她的妈妈是一家人。所以，我们的个人经历和我们对家庭的定义紧密地联系在一起，以至于在建立关于家庭是什么样的认知时会带有强烈的个人情感。难怪每当我问幼儿教育人士其核心价值观是什么时，他们都会简单地用两个字回答：家庭。

我们在潜意识中对家庭的感受如此根深蒂固，以至于想退一步来获得有关家庭的新认识很困难。在命运中，这种"恰好如此"的现象的确是一个很令人费解且棘手的问题。当发誓绝不会像妈妈一样时，你是否发现自己的一言一行却恰好最像你的妈妈？这种深刻的、非语言的家庭联系，可以用神经学的观点做出最好的解释（Lewis，Amini，& Lannon，2000）。

第十四章 与每个孩子的家庭建立伙伴关系

还是婴儿时，我们的神经元和最初照护者的神经元是连在一起的，就像铁屑和磁铁的关系一样。通过这个联结的过程，我们从照护者那里学到了什么是爱。如果有幸在一个充满爱的家庭中成长，那么我们终生都会去寻找其他充满爱的人，并且我们的神经元会以健康的方式排列。如果我们没有那么幸运，那么我们可能一生都会"在错误的地方寻找爱"。就像那些铁屑一样，我们的神经元将会在空旷的地方安家。

在这一章中，我邀请你来研究家庭的意义和种类。我也邀请你界定那些让你无法忍受的家庭特征。家里有一位"耗费精力"的母亲，还是给孩子找了保姆？我们能否为孩子们建立一种伙伴关系，尤其是当我们与这些家庭的理念和实践不一致时？

孩子之间存在惊人的差异是值得高兴的事情，而成人之间的差异性就变成了一种挑战。当其他成人表现出的价值观、行为和观点与我们不同时，我们会感到不舒服。我们迎接的每一个家庭都为我们提供了专业成长的机会，让我们以此审视自己对差异的态度和偏见。

孩子和家长都期望未来的学习经历会和幼儿教育项目中的经历一样。一位领导者和他的教育项目提供给家庭的教育质量，能够提高或毁掉家庭对子女未来教育的信心。如果某位教师或主管认为一个家庭的价值观或做法是不可接受的，那么这种判断就会打消这个家庭让孩子继续参加项目的愿望。为了儿童的未来，我们应该为他们设定怎样的先例呢？

情商和理解家庭

▶ **培养你的EQ**：思考本章中的案例研究——在与可汗先生会面时，你会用到哪些情商和社会智力？退一步想，假设你与可汗先生坐在一起，那么你对他的要求有什么感受？你的生理反应提供给你什么信息？使用情商，按照以下的程序回答自己。

- 生理反应？承认你对这种情况的生理和心理反应。
- 情感？确定与你的反应相关的情感（愤怒、悲伤、恐惧、羞耻、内疚、快乐等）。

- 假设？扪心自问：你的情感给你提供了什么信息？反思你做出的假设。你的假设和价值观与这个家庭是否匹配？
- 专业视角？利用这些信息立即做出明智的反应。如何才能做出礼貌且专业的回答？

> 我们看不到事物本来的样子，我们看到的只是我们希望的样子。
>
> ——阿内斯·尼恩
>
> 在儿童成长的过程中，家庭是最重要的。在保证儿童的健康成长和幸福方面，家庭和幼儿教育从业者的目标是一致的，我们肩负着促进家庭和幼儿教育项目之间的交流、配合和协作的重要责任，并在此基础上促进儿童的发展。
>
> ——全美幼教协会道德行为准则

对于可汗先生的态度，一种常见的下意识反应是："他以为自己是谁？！"就像万圣节的猫一样，我们中的一些人可能已经"发怒了"。迅速做出上述判断的人对上面的四个情绪智力问题，倾向于做出如下或相似的回答。

- 生理反应？我的下巴僵硬了，我的脸部在发热。
- 情感？有人要求我有区别地对待他的儿子和女儿，我感到很生气。
- 假设？这个人的做法是错误的。我认为可汗先生是个"坏家伙"。退后一步说，我觉得自己被冒犯了，因为我的核心价值观（性别平等、个人自由）受到了挑战，我认为每个孩子都有权利选择自己的未来。
- 专业视角？杏仁核正在劫持我的专业精神，肾上腺素剥夺了我的理智洞察力。

我们如何才能更好奇、更开放地倾听可汗先生的文化传统和信仰呢？

在本章的后面部分，我将告诉你我从一位经验丰富的美国中西部主管那里学到了什么，她正是曾经接待可汗先生的那位主管。像可汗先生这样的家长，挑战了我们对于什么是"正确家庭"的假设。

情绪的确不是我们情感的全部。但是情绪智力理论提醒我们，情绪是我们生活的一部分，但不需要它来控制我们。尽管教师可能对可汗先生的言论感到愤怒，但教师的冷静多于愤怒。对可汗先生所持有的偏见情绪反应并没有影响他们之间的关系。多年的专业经验提醒教师使用全美幼教协会的道德行为准则来处理可汗先生的问题，而不是被自己的偏见蒙蔽。

既然对家庭的"应然"样貌有自己的假设，那么我们就应该花时间了解别人对家庭的设想，这是我们值得做的。

家庭：并不是我们所想象的那样

为了更多地了解我母亲的家族，我去了苏格兰的格拉斯哥，走进了圣蒙哥宗教生活和艺术博物馆的大门，并深深地被它吸引。博物馆向人们展示了世界六大主要宗教，以及格拉斯哥人民的文化、种族和信仰。为了促进更好地理解和尊重，博物馆展示了不同种族群体的家庭如何度过其生命历程。

我参观的第一个房间是有关分娩的。人类以各种独特的方式来到这个世界。一个种族会在洗礼仪式中将婴儿放入水池；另一个种族会为婴儿举行传统的男婴"割礼"仪式；第三个种族会通过"命名仪式"来欢迎新生儿的降临。

在附近的另一个房间里，我发现了成人礼的相关介绍。里面有大量关于丰富多彩的"成年"家庭活动的描绘。土耳其的传统是给13岁的男孩戴上王冠，并披上黄色的长袍，然后进行集体割礼以庆祝他们进入成年期。15岁时，拉丁女孩也会庆祝成人礼，这相当于一个"甜美的十六岁"仪式。家人为了让女儿的成人礼仪式成为她一生最珍爱的记忆，往往会提前好几个月准备。

其他房间呈现了有关婚礼的仪式，以及从成熟到老年和死亡的仪式与过程。各种族的多样仪式令我着迷。这种对生命历程的普遍认同一样令我着迷。我驻足片刻，感激地看着博物馆送给我的礼物：对于它所体现出的家庭意义，我瞬间有了感觉。我从未意识到对家庭多样性的描述竟然如此有意思。

定义"家庭"

> 家庭的定义:
> 1. 生活在同一屋檐下的一群人,通常有一个人为首。
> 2. 有共同祖先的一群人。
> 3. 因某种信念或共同信仰而联合起来的一群个体。
> ——韦氏词典
>
> 有两种方式发挥一个人的力量,一种是向下,另一种是向上。
> ——布克·华盛顿

自从来到格拉斯哥,我就问学生:你如何定义家庭?家庭的价值观意味着什么?

这么多年来,我的学生逐渐把家庭定义为"有两个或两个以上拥有相似价值观和目标的人"。这个定义可以包含你的家庭吗?它没有遗漏某些家庭吗?或者说这个定义过于宽泛了?教师团队是一个家庭吗?萨尔萨舞的爱好者们是一个家庭吗?板上钉钉的话会不断变化,然而现实可能就像在七月的夜晚捕捉萤火虫。

考虑到家庭的多样性,那么家庭的价值观意味着什么?如果一个政治家说自己就代表了家庭的价值观,那么他(她)提升了哪些家庭的价值观呢?通常,家庭的价值观意味着对回归过去美好时光的渴望。那时,父母婚姻幸福,孩子孝顺听话,每个人都来自同一个种族。这种家庭曾经存在过吗?

美国家庭的历史

斯蒂芬妮·孔茨博士(Stephanie Coontz, 2000)查找并研究了美国建国以来的家庭统计数据,试图发现是否曾经存在过"全部由美国人组成的家庭"。

你能想象出孔茨博士发现了什么吗?只有20世纪50年代的核心家庭(爸爸、妈妈、1.5个孩子,还有一只叫作"跳棋"的小猎犬)曾经是这种模式。"20世纪50年代的家庭不仅是一项新发现,而且是历史中的一个偶然"(Coontz, 2000, p.28)。正如格拉斯哥的家庭一样,美国家庭一直以来也是各种各样的——单亲家庭、由哥哥姐姐或祖父母抚养孩子的家庭、寄养家庭、领养家庭、大家庭等。通过反复研究美国传统的家庭模式,我们发现:过去和现在的家庭模式都拒绝家庭生活的多样化（Coontz，2000，p. 14）。但是，当回顾过去的家庭价值观时，我们发现：和孔茨博士的发现一样，没有一种家庭价值观能经久不衰。政客们该如何看待这种信息呢？

给家庭贴标签

你有过这样的经历吗？走进教师休息室，你就能听到教师对某些家庭的抱怨，这些家庭中的成员通常被称为"那些人"。作为一名热情且踌躇满志的年轻教师，我很快就意识到，对家庭的负面印象可能会挫伤我的热情。过了一段时间，我远离了那些关于"汤姆的父亲多么令人厌恶""汤姆和他的父亲一样令人绝望"的抱怨声。给某个家庭贴上负面标签或对其缺点说三道四，都会剥夺该家庭和我们的尊严。真正的人变成了卡通人物，容易被批评、贬低。最终，每个人的诚信都受到了伤害。

认识到家庭的多样化是自然而然的事情，没有哪一种类型的家庭优于其他家庭，让我们认真思考如何与我们面对的家庭建立合作关系。

给被虐待或被忽视的家庭贴上"危险的"标签是一种常见的做法。如果你或你的家庭被贴上了这样的标签，那么你会有什么感受？对一个家庭的污蔑和孤立往往从一个负面的标签开始。一旦被贴上这样的标签，这个家庭会被归类为失败家庭，可能被大家同情或躲避。

《康奈尔家庭发展》（*Cornell Family Development*）杂志中的发现优势练习，给我们列举了另一种思考家庭的方法。

预防和反对家庭虐待和忽视

社会政策研究中心（The Center for the Study of Social Policy，CSSP）请我们采取措施以预防虐待儿童，正如《激励家庭来保护儿童：幼儿教育项目指南》（*Strengthening Families: A Guidebook for Early Childhood Programs*，2007）所建议的那样。当阅读这本指南后，我欣慰地了解到，70%的小时候受虐待的人并不会虐待自己的孩子（pp. 1-8）。然而，当发现1岁儿童死亡的主要原因是家人虐待时，我的心都碎了（pp. 1-8）。

儿童的孤独感可以预测一个家庭是否虐待孩子。社会政策研究中心提出："在有关儿童被虐待和被忽视的文献中，最常见的单一影响因素是通过关怀关系——与朋友、亲密伙伴、家庭成员或专业治疗师以及咨询顾问的交往——培养对自己和他人的同理心。"（CSSP，2007，pp. 1-8）在社会政策研究中心的所有机构中，幼儿保教项目通过提高家庭的适应力，在扭转虐待和忽视方面发挥了最大作用。

不要只盯着一个家庭的弱点。社会政策研究中心鼓励我们寻找并建立家庭的"保护性因素"（即积极的属性），而不是只看到家庭的弱点。保护性因素包括创造力、主动性、幽默、智慧，以及获得良好的医疗保健和支持系统的能力（参见表14.1）。

表14.1　保护性因素

1. 父母的韧性。
2. 一系列的社会关系。
3. 有关育儿和儿童发展的丰富知识。
4. 在需要时提供具体的支持，包括使用必要服务的机会（如心理健康服务）。
5. 儿童健康的社会性和情绪发展。

资料来源：CSSP, 2007, pp. 1–5.

作为专业人士，我们可以利用家庭的优势（例如父母的幽默感、主动性以及对尊重父母的要求）继续努力。以尊重为出发点，我们开始与家庭建立一种伙伴关系，这种关系对整个家庭有益，对儿童来说更有益。

向父母询问以下问题，能帮助你为他们提供更多的支持（Bruno，2007，pp. 22-29）：

- 作为父母，你有什么困难？
- 我们的员工能否通过某种方式帮助你处理这些挑战？
- 我们的中心想要变成一个受家庭欢迎的地方——父母可以放心地寻求帮助。对于我们应该怎么做，你有什么建议？
- 当家长感受到压力、孤独和过于紧张时，我们就会提供特别的关怀。当家长面对压力时，我们该如何提供帮助呢？

第十四章 与每个孩子的家庭建立伙伴关系

- 如果想让家庭之间的直接沟通变得更容易,那么我们该如何做呢?

> 1999年,美国发生了82.5万起未成年儿童被虐待或被忽视的案件,其中14%的儿童不到1岁,24%的儿童年龄为2—5岁。
> ——社会政策研究中心
>
> 怀念往日的平静会导致历史失忆症。
> ——斯蒂芬妮·孔茨

这些问题可以引发你与许多家长之间的热烈讨论(而不局限于你所在机构中的家长)。有时,那些在外人看起来是最好的家庭,其实内部也有很多困扰。一个家庭的经济条件不能预测家庭的稳定性。促进家庭健康的策略包括:

- 与儿童的家庭建立真诚、信任的关系。
- 邀请家长到教室里和孩子一起玩耍,并观察孩子。和家长们一起识别孩子的优势和需求。
- 共同创建一个课堂家庭支持小组和家长顾问小组。
- 就家长们提出的某些话题,提供演讲者和场所,并将家长纳入计划内。
- 找到让家长直接相互沟通和共享资源的方法(例如家长公告板)。
- 关注一个孩子处于过度压力下的迹象,哪怕是最细微的迹象。(Bruno, 2007, p.29)

搭建与家长之间的沟通桥梁,以及有效地利用家长的优势,是一个有价值的目标。然而,一旦怀疑虐待或忽视有可能发生,我们就要像被授权的记者那样,有责任对此进行报道。如果我们认为一个孩子处在危险之中,那么我们需要与专业人士合作,防止虐待和忽视。

不幸的是,虐待和忽视非常普遍。根据美国卫生部的统计,2010年有70多万儿童是虐待或忽视的受害者。其中,超过75%的儿童遭受过忽视,15%的儿童遭受过身体虐待,近10%的儿童遭受过性虐待。然而,这些有关虐待行为的"官方"报告远远低估了实际发生的虐待事件。1995年的一项盖洛普民意测验显示,近25%被调查的成人都报告说他们在儿童时期曾是性虐待的受害者(English,

1998）。

作为一名遭受虐待和被忽视的幸存者，我愿意相信，通过帮助家庭，我们能够打破这一循环。然而，根据经验我也知道，不是每个家庭都愿意做出改变。在这种情况下，保护儿童成为我们的首要任务。

家园联系的做法

"询问和倾听"的流程

询问和倾听是常识，但不是大家的普遍做法。从本质上讲，这种做法要求我们抛开假设和判断，敞开心扉，更多地了解每个家庭。当发现类似可汗先生这样的家庭成员"触动了我们的神经"时，这个过程会更有效。

询问和倾听的流程包括三个要素：
- 在谈话中保持一种好奇、包容和慷慨的态度；
- 不加评判地倾听，就像你在寻宝一样；
- 承认你的偏见，先把它放在一边，以便充分地倾听对方。

你曾经因为超速而被警察拦下吗？如果是的话，你可能会被问道："你知道你开得有多快吗？"这个问题对你来说是开放式的吗？很可能不是。警察已经知道了答案。雷达已经提供了他需要的数据。警察也可能会使用简洁的陈述而非直接提问："我很清楚你到底开得有多快，你刚才超速了。"尽管他可能是对的，但他的方式连同罚单都会让司机们感到不安。

一个开放式问题的开放式结尾是对他人的一种邀请。好奇的人会通过提出开放式问题来获得信息。"你能和我讲讲你的孩子吗？"这样的问题能够为家长打开一扇门。一个多余的问题会关上进一步分享的大门。"你能准时到吗？"听起来就像"你总是迟到"。多

> 我们对开放式问题的回应态度应该也是开放的。在多余的问题中，我们会觉得被消极地评价。我们倾向于避开那些消极评价我们的人。

余的问题实际上是在结尾处加一个问号的陈述。在前面的例子里,警察对司机的回答不感兴趣,大多数的司机都明白这一点。

我们的情商告诉我们,我们使用的语言和非语言行为之间的一致性是诚实的标志。多余的问题很难骗过听众。愁眉苦脸的面部表情代表你并不乐于倾听。提出多余的问题会被认为对听众不够真诚。说起来简单,做起来难,根据迈尔斯·布里格斯的统计,我们中有53%的人在提出开放式问题方面有困难(Myers,1998,pp. 157-158)。

大多数人都希望自己的本来面目得到尊重和接受。我们也知道自己的不完美,但当被提醒这些不完美时会很痛苦。一位家长当被问到多余的问题时就不会回答了,不仅会与你疏远,而且会感到不满和生气。被认真倾听的家长更可能成为好的合作者。当领导者"询问和倾听"时,他们会促使自己和他人都处于极佳的状态。高效的管理者会将个人评判和陪审团的裁决搁置,从而全心全意地与父母沟通。当带着真诚的好奇心去倾听时,我们就走上了一条了解家庭多样化的道路。

暂停评判,为好奇留有余地

马尔科姆·格拉德韦尔博士(Malcolm Gladwell,2005)强调,无论我们愿意与否,我们都在一瞬间对他人做出判断。回顾本章中的案例研究,即使你想对可汗先生敞开心扉,也可能会做出有偏见的反应——我们的早期经历使我们对行为有所期望。

例如,我希望男孩和女孩都有享有同样机会的权利。在成长过程中,我一直被教育:女子无才便是德,男儿有泪不轻弹。对我来说,确保儿童拥有很多机会是很重要的。可汗先生的家庭文化表明,他有重男轻女的思想。他问我是否愿意像对待王族一样对待阿明,而要让罗山学会顺从。我的直觉反应是说:"不可能!"我的负面评价没有为好奇留下任何余地。

相反,如果我能够把假设放在一边,那么就可能会询问和倾听阿明和罗山的父亲,结果会怎么样?(见表14.2)也许我会从这个与我不同的人身上学到一些传统、习俗并有更多的理解。如果我好奇地倾听,那么我能听到这位父亲多么爱他的孩子吗?他所做的一切对孩子来说是最好的吗?根据他的文化传统的标准,他所做的一切能为孩子的成功做好准备吗？

表14.2　询问和倾听的步骤

1．承认你在谈话中使用的假设。

2．将假设搁置一边。这样做并不是让你放弃你的假设。然而，你需要接受他人对同样情况的不同态度，就像同样的半杯水，有的人庆幸还有半杯水，而有的人会为只有半杯水而苦恼。

3．专注于你服务的儿童和家庭。有选择地了解别的家庭的做法、习俗、价值观、信仰和期待。

4．找到共同点。寻找一致的观点，通过这种方式，家庭的独特性可以与机构的愿景一起得到尊重。

5．为差异命名。在看似不可协商的问题上相互坦诚（例如州和联邦法律）。

6．回顾由法律、法规、资格认证及课程理念所设定的标准和要求。在遵循"法律精神"的同时，寻找尊重家庭差异的办法，或者帮助家长找到更好地满足家庭需要的其他机构。

诗人塞缪尔·泰勒·柯勒律治（Samuel Taylor Coleridge）建议我们"主动暂停怀疑"，进入一个有可能的新领域。询问和倾听的过程为幼儿教育领导者开启了这样一个新领域。

移民家庭

与移民家庭的互动尤其需要我们把消极的判断放在一边。每个家庭都有自己的价值观、文化传统和期望。移民家庭的价值观、文化传统和期望可能与你非常不同。例如，一个苗族家庭可能对西方的医疗干预很警惕，而更喜欢自己的精神实践（Fadiman，1997）。一个墨西哥裔美国家庭可能会拒绝与你分享家庭信息，因为他们担心自己的亲属会被驱逐出境。海地家庭可能不想讨论在2010年地震时受到严重损失的亲人。

作家艾琳·库格勒（Eileen Kugler）建议："我们需要改变判断一个家庭是否充满关爱的方式。"一个普通家庭晚宴的通知，即使使用了那个家庭的语言，也不能看作对那个家庭的邀请。工作人员可能需要直接与个别家庭联系，以确保他们参与。库格勒还建议进行家访。询问一个家庭是否可以登门拜访，是令人感到荣幸的事情。有人来家里做客是一种莫大的荣誉。有些家庭非常重视教育者，以至于他们可能不愿意向幼儿教育专业人士提出问题或顾虑。然而，如果教师或主管进行家访，采取询问或倾听的方式，那么家庭可能会表现出更多的信任。

回顾一下美国的移民史，你会发现大多数移民者在抵达美国后都面临着严重的歧视。在埃利斯岛上，许多家庭中的名字都被一个不懂外语的督察员遗忘了。来自日本的移民者在第二次世界大战期间，像动物一样被赶出他们的家园和企业，被拘留于集中营。"不适宜"的群体被给定限制性配额，而北欧的传统群体则得到更为慷慨的配额。看一看当今席卷美国的法律，这些法律阻止某些移民群体（尤其是有墨西哥血统的人）成为美国公民。"送给我，你受穷受累的人们，你那拥挤着渴望呼吸自由的大众"仍是一种理想，而不能成为现实。

鉴于人们对移民普遍持有消极态度，这样的家庭通常需要你花更多的时间和精力才能建立信任。如果你在这个过程中感到沮丧，那么可以回想一下你的祖先在抵达这些海岸时所面对的困难。库格勒建议提供商在社区中保持"安全"服务的联系，包括社会工作者和医疗服务都不会将一个家庭置于被驱逐出境的风险下。社区合作机构可以与移民家庭建立更有效的伙伴关系。

第三空间

珍妮特·冈萨雷斯－米纳（Janet Gonzalez-Mena，2007）喜欢将人与人之间的发展关系称为"第三空间"。她把第三空间描述为："当面对看似矛盾的现象和悖论时，从二元思维转换到整体思维。如果我不同意你对孩子做的事情，那么可能是因为我有盲点，我的盲点使我认为我们的观点不同是一个问题，我该做什么呢？"（p. 1）

重新定义问题，把它放入一个新的"情景"中，有助于我们用新的方式来看待同样的问题。例如，珍妮特·冈萨雷斯－米纳建议我们重新建构这种情况——从"我和你之间存在问题"到"我和你有不同的观点"。她相信巴雷拉和科尔索（Barrera & Corso，2003）关于第三空间的认识："第三空间的观点并不能解决问题，相反，它通过提高尊重的、回应的和互惠的相互作用的可能性来改变解决问题的'舞台'。如果这样做，那么对情况的最佳反应就更有可能发生。"（p. 81）

现在我能和你分享一下，通过对这些理论和实践的学习，如何欢迎可汗先生吗？（见表14.3）主管没有建议可汗先生寻找其他的幼儿教育项目，而是对他说："我想更多地了解你和你的家庭文化。你能告诉我在你们的文化中成为王子意味着什么吗？"可汗先生解释说，王子是有责任感的、可靠的、果断的。主管说她的项目鼓励儿童学习这些品质。

表14.3　询问和倾听：开放式问题

1．你能和我说说你的孩子吗？
2．在养育孩子的过程中，什么对你来说是重要的？
3．你的家人能够共同参与并享受的活动是什么？
4．什么能够安抚或让你的孩子感到舒服？
5．我对进一步了解你的文化感兴趣。你有什么可以推荐的吗？
6．你对孩子的最美好记忆是什么？
7．还有其他事情能帮助我了解你和你的家庭吗？

主管接着问："对于罗山将作为一个贤妻良母的角色，你能再告诉我一些内容吗？"可汗先生忍住了眼泪，只是简单地回答："我们的家乡处在不安中，你永远不知道何时你的汽车会被炸弹点燃，或者市场会爆发枪声。妻子和母亲让我们感到安全和被珍惜，生活能够继续下去。贤惠的妻子是家庭的黏合剂。"主管问："你对你的两个孩子的期望是什么？"可汗先生叹了口气说："唉，我只是希望他们能够快乐。"

这位主管为阿明和罗山做入学注册了吗？是的。这两个孩子茁壮成长了吗？是的。通过询问和倾听这一流程，主管和可汗先生找到了彼此身上最大的潜能。一个看似不可能被接受的家庭成为该项目家庭中的一分子。

那位主管给我上了让我受益终身的一课。

没有两个人是一样的：不断变化的美国家庭

当主流文化盛行时

在被折断之前，柳枝到底能够弯曲到什么程度？当重视家庭差异时，我们究竟能够走多远？有时候，我们的国家、地方和专业标准要求我们执行对大多数人来说正确的做法，但同时忽略了少数存在差异的人。

从幼儿教育专业化的角度来说，在许多情况下，标准化的做法胜过个性化的做法。例如，在准备食物时需要普遍的预防措施（如洗手和戴塑料手套）。班级规模也被强制规定。在美国，虐待和忽视儿童是刑事犯罪。根据法律规定，我们有权利报道虐待儿童的行为。

当下列情况发生时，你会怎么做？

> **案例研究——杰茜卡**
>
> 新来的幼儿教师杰茜卡跟你强调，必须要向有关部门报告，胡淑的父母虐待孩子。因为当给胡淑换尿布时，杰茜卡发现这个孩子的臀部和后背都是淤青。她坚决认为有义务履行自己的权利。作为她的主管，你会怎么说和怎么做？
>
> 你会举报胡淑的父母虐待孩子吗？

除非这个孩子处在紧急危险中，否则你要先和孩子的父母取得联系，弄明白究竟发生了什么事情。当询问孩子的母亲时，她可能会告诉你那是孩子的"胎记"，胎记在亚洲、非洲和拉丁美洲的孩子身上普遍是青色、黑色的。这些胎记往往在青少年时期就会消失。花一些时间去打一个电话，多保留一会儿好奇心，这样能够保护儿童，保护你的项目以及你与胡淑家庭的伙伴关系。通过这些事情，杰茜卡知道了"询问和倾听"的作用。

想象一下不同的场景：杰茜卡发现小莉娅的后背有红色的条纹。现在，杰茜卡知道在请求社会服务之前先询问小莉娅的父母。莉娅的父母高兴地告诉杰茜卡：与周末的感冒相比，今天早上小莉娅的状态已经好多了。莉娅的母亲解释说，"硬币疗法"是一种通过在背部快速滚动一枚热的硬币，很快地赶走病症的方法。莉娅的母亲说这是从她母亲那里学到的，而她母亲是从她外婆那里学来的。杰茜卡通过查证硬币疗法，得知这是一种某少数民族特有的做法。

在了解莉娅的文化传统的过程中，杰茜卡阅读了一本书，这本书讲述了一个在美国的亚裔孩子的痛苦历史。在该书中，这个孩子在基于主流文化的做法和她自己的文化传统之间不知所措。根据美国医生的观点，莉娅的父母对孩子是疏忽的。根据莉娅父母的观点，美国医生是在伤害他们的孩子。

当主流文化和非主流文化发生冲突时，就需要做出决策。不幸的是，美国有镇压少数者的历史。在第二次世界大战期间，日裔美国人被集中在营地里。在此期间，他们失去了自己的房子、事业和自尊。印第安部落和非裔美国人也遭受过令人无法忍受的对待。即使在今天，美国的移民也常被视为二等公民。幼儿教育项目能够帮助我们的后代消除文化误解和不公。

杰茜卡感谢莉娅的父母向她解释了硬币疗法，也向他们证实莉娅今天早上精力充沛，她和主管需要平衡更大的社会期望和尊重家庭行为的愿望之间的关系。主管向莉娅的父母指出，被授权的举办者——幼儿保教专业人员、医生和护士——有义务举报虐待现象。然而，并不是所有的被授权举报者都会给当局打电话去询问事件的真相。因此，莉娅的家人可能需要让其他人知道他们"需要知道的"偏见，该偏见是对某种文化背景下的实践活动由来已久的偏见。

作为一名领导者，你的立场是什么？即使一名领导者欢迎所有的家庭，他也可能会发现项目中的家庭不欢迎彼此。在这种情况下，领导者可以和所有家庭一起来考察项目的使命是否符合认证许可标准。最终，歧视其他家庭的家庭可能需要选择离开，从而使托幼项目中的家庭更加和谐。

有特殊需要儿童的家庭

你也许读过这个故事：一个家庭想去意大利的阳光明媚的山城旅行。当兴奋地下飞机时，他们发现飞机降落在一个他们没有准备去探索的陌生国家。但故事的完美结局是，不知所措的家庭最终发现，这个意想不到的目的地有很多值得热爱的东西。充满善意的专业人士常常会给有特殊需要儿童的家庭讲述这个故事。

故事的寓意通常很令人受用：每一个有特殊需要的孩子都是给家人的一份礼物。然而，持续的痛苦也给这些家庭带来了负担。对于正常家庭来说，第一次婚姻有50%的离婚率，这已经很高了，但是对于那些有残疾孩子的夫妇来说，离婚率会更高（Marshak & Prezant, 2007）。抑郁也是常见的，像"我究竟做错了什么？"等内疚和羞愧的反应也很常见。对他们来说，说一句"我理解你的感受"就是一种安慰。

案例研究——劳拉

劳拉的妈妈，佩特罗佐里奥女士，相信她的女儿是完美的。每次，当劳拉的老师尝试分享劳拉令人不安的行为时，佩特罗佐里奥女士都会坚持说："劳拉在家里从不这样做，你们一定是让她生气了。"上周五，劳拉咬了阿朗佐；星期一，她打了约瑟菲娜的肚子。今天，当大家围成一圈上课时，劳拉拒绝与其他人坐在一起，并从孩子们的小房间里把大家的东西都扔了出去。劳拉总是自言自语，别人听不懂她在说什么。她很少与他人有眼神接触。劳拉的老师变得焦虑起来，想要为劳拉做测评。但他们害怕佩特罗佐里奥女士的反应。

作为主管，你会怎么做？"询问和倾听"的过程有帮助吗？

绝对是这样的。有特殊需要儿童的家长希望另一个也爱着他（她）的孩子的人倾听其心声。通过你的情商从各个方面倾听佩特罗佐里奥女士的心声，你也是在帮助劳拉。你可能会问："请告诉我，把劳拉和另外两个孩子养大是什么感觉，尤其是劳拉的兴趣和她的两个姐姐这么不同。"

修订后的《美国残疾人法案》确保所有的儿童和成人——包括那些有特殊需要的儿童和成人——都有机会成长和学习。在幼儿保育和教育中，我们面临的挑战是寻找支持父母和教师的方法，支持承担照顾有特殊需要的儿童所带来的额外责任。

《激励家庭来保护儿童：幼儿教育项目指南》（CSSP，2007，pp. 3-11）为幼儿保教专业人士提供以下指导，协助有特殊需要儿童的家庭：

- 充分利用专为特殊需要儿童准备的育儿材料、网络资源、支援小组、游戏群体以及社区资源，并与这些家庭建立联系。
- 定期与家长核实他们在养育孩子时遇到的挑战性问题。
- 对家长遇到的挫折、想提供的保护、产生的内疚和失落以及其他相关的感受保持敏感，理解他们面临的挑战。
- 支持家长为有特殊需要儿童的发展提出适当的期望。
- 与父母沟通，了解有特殊需要的孩子给家庭动态和父母养育压力带来的影响。

- 在最初确定孩子有特殊需要时，要给这些家庭提供特别的支持。
- 积极地为家长感兴趣和关注的话题提供演讲者和资源。
- 确保亲子活动适合有特殊需要儿童的家庭。

根据我的经验和研究，在与有特殊需要儿童的家庭合作时，我为你们推荐一份附加建议。

- 请父母描述他们的孩子：什么能够使孩子得到快乐、抚慰、激励并产生兴趣？
- 提供日常的真实反馈。
- 和家长分享好消息，也分享坏消息。
- 邀请家长到教室里和孩子一起玩，观察他们的孩子。
- 询问父母在家里如何帮助孩子，从他们的经验中学习。告诉父母什么时候他们的建议是有效的，并举出具体的例子。
- 与家长一起回顾孩子的进步，并确定家长的哪些行为模式需要额外的帮助。
- 提供可用的资源（数字视频光盘、网站及文献）和联系信息（专业人员、支持小组及其他乐意分享经验的家庭）。
- 不要说"我知道你的感受"，可以考虑说："我能想象这一切对你来说意味着什么。我很乐意倾听你想要分享的任何东西，并承诺与你共同努力。我们都爱你的孩子。"

在支持和安慰有特殊需要儿童的家庭方面，幼儿教育专业人士将是一个宝贵的资源。

"完美"家庭

你认识在"完美"家庭中长大的孩子吗？你是这个幸运儿吗？如果让你描述一下"完美"家庭，你会说什么？一个可能的答案是："我设想有这样一个家庭，在那里，儿童和成人都可以得到珍爱、安全、呵护、挑战，以及让他们成为最好的自己，其中最重要的是他们可以得到无条件的关爱。"

第十四章 与每个孩子的家庭建立伙伴关系

> 1967年，当我还是一名幼儿教育专业的学生时，我学到的东西一直铭记在脑海中。"你的当事人不是孩子，而是家庭。"当时，教这门课的老师——莉莲·卡茨，即伊利诺伊大学的教授和幼儿教育领域的先驱，发表了这样的言论。我永远不会忘记她说的话，这是我在这个领域中用了很多年的时间才逐渐理解和认同的理念。
>
> ——珍妮特·冈萨雷斯－米纳

没有人是在完美的家庭中长大的，尽管某个家庭可能从外表上看是完美的。暴力、虐待和忽视等阴暗面可能潜伏在看似很完美的家庭中。要知道，那些生活在看似完美的家庭中的孩子也需要帮助。作为一名领导者，你要帮助你的员工学习识别可能的虐待和忽视（Bruno，2007，p. 24）。

- 异常的惊吓反应：儿童对意外的声音或动作有本能的、恐惧的和放大的反应。
- 记忆和注意力问题：当被问到一个看似简单的问题时，受虐儿童可能会像小大人一样眉头向中间紧皱，好像他们为了获得正确答案而生活。
- 回忆痛苦的经历会感到很糟糕：当看到成人进入房间时，经历过虐待的儿童往往会紧张不安，例如当亲属来接孩子时。
- 回避：被忽视的儿童害怕泄露家庭的秘密，因此，他们会避免说错话的情况，并且不会说一些他们被告知永远不要说的话。这种不情愿的心态表现为对新事物的抗拒，甚至是在自由玩耍时。
- 过度惊觉和过度惊醒：那些有创伤后应激障碍的儿童会对危险尤为警戒。当处于陌生或无法控制的情景中时，他们会非常焦躁和担心。高度惊觉的幼儿在午睡时是不可能放松的。

有关教师如何帮助创伤性儿童的有用信息，请在网上查询。

超出儿童需要的家长:"难伺候"的家长

你能说出一个没有压力的家庭吗?我想不出来。每一个家庭都面临着挑战和压力。处在压力下的家长会把他们的焦虑传达给我们。

你知道"难伺候"的家长会占用你的大部分时间,导致你可能忽略其他的责任吗?这种人往往需要大量的关注和关心,通常还需要有用的信息。运用你的情商来倾听他们的言下之意,问自己:"这个人到底需要从我这里得到什么?"

当你与这种家长合作时,在这个过程中要一步一个脚印,有助于家长和项目:

- 在一定的、合理的和有限的时间内,把你的注意力全部集中在这些家长的身上。
- 如果可行的话,约定固定的时间与家长面谈。
- 协助家长与其他有类似问题和顾虑的家长会面。
- 帮助家长找到社区资源并与之建立联系。
- 鼓励家长利用其优势和技能,在课堂和项目中提供帮助。
- 如果家长的要求让你难以承受,那么就帮助这个家长找到另一个可以给予其更多关注的保教机构。

最好的情况是,难伺候的家长成为你的项目中的最有力支持者。在最坏的情况下,这些家长受益于你的帮助,找到了更适合其需要的保教项目。

家庭友好政策

"家庭友好"意味着把家庭的需求放在首位,通过提供服务来减少他们的压力,让家长能享受高质量的亲子时光。

家庭友好项目可以为儿童提供理发、干洗、班车接送、新鲜的营养餐,以及到其他小朋友家过夜等服务。这一切都是为了减轻家庭的压力。当在第十五章阅读到有关质量的内容时,你会看到"全面质量管理"原则如何为满足客户需求而设定标准。

格温·摩根是一家幼儿教育机构的主管。她发现,在第二次世界大战期间,美国西北部的一家防务公司率先开展了有利于家庭友好的实践。这个公司,即凯泽造船厂，帮助劳动力（其中很多是妇女）满足美国紧急建设的目标，从全国各地招聘高素质的教师，给他们丰厚的报酬，承担其搬家和租房费用。教师被视为宝贵的专业人才，通过倾听、管理并实施他们提出的改进意见以使公司获得发展。有个场景让我记忆犹新：为了减轻教师给孩子洗手时的背部压力，特别设计的洗手盆能够提升到教师需要的高度。

凯泽造船厂提供24小时儿童看护服务。一支由医疗队组成的特殊护理部门为生病的儿童提供服务。儿童和其他家庭成员能够现场获得免费的医疗和牙科护理服务。家庭的每一种可能的需求，甚至是额外的鞋带或者多余的纽扣，都会被事先准备好。凯泽公司的资金来自美国政府战争办公室，因此可以保障它给家庭带来如此的方便。公司员工在当地建造海军战舰，所以国家才会不计成本地支持这项为战争做出的努力。

如今，军事资金已经被用于其他方面。尽管如此，凯泽公司的家庭友好政策仍然在实行。运用情绪智力资源，无须额外的资金，我们就能吸引家庭并满足他们的需求（参照表14.4）。

表14.4　十大家庭友好实践

1．建立家长咨询小组。让家长们分享新的想法和普遍关心的问题。家长咨询小组也可以就项目的运行情况提出建议。

2．邀请演讲者分享家长普遍感兴趣的话题。受欢迎的话题包括纪律、注意力缺陷、如厕、在儿童的不同发展阶段家庭应持什么期望，以及在家里应和儿童进行什么活动。

3．使用彩色公告板，以供家庭成员彼此分享信息。

4．为家长提供机会，让他们利用自己的优势为项目做出贡献。阅读故事、理财和参加大扫除都能够提高幼儿教育机构的质量。

5．为家长提供"外出一夜"的活动，该活动可以在周五晚上开放到很晚，以给家长提供可以不带孩子而单独相处的机会。

6．在当地为家长和孩子开设瑜伽和健身课堂。

7．提供水疗服务，给家长提供免费的按摩和美容服务信息，帮助他们缓解养育孩子带来的压力。

8．为家长提供图书借阅业务，他们可以借阅数字视频光盘、书籍、游戏以及其他素材资源。

9．在放学时提供额外的员工服务，从而使家长有时间与教师沟通，这时额外的工作人员能照顾孩子。

10．计划家庭间互相认识的晚餐和活动，提供食物、交通工具和照护服务来欢迎这些家庭进入你们的机构。

家长即教师，幼儿教育专业人士即学习者

在本章结束之际，正如本章的开始部分那样，我们也要做选择。今天是一位像可汗先生那样的家长走到你的门前，明天是一位16岁的母亲来寻求帮助。她可能想要把她的朋友列入接送孩子的授权名单。我们遇到的每个人都为我们提供了一种更全面地了解家庭含义的机会。那些感受到尊重和欣赏的家庭很容易成为我们的伙伴，并且帮助他们的孩子成为最棒的自己。如果我们对各种可能性敞开心扉，那么每个儿童和家庭都是一份礼物，我们要询问，然后倾听。

> 标准2.4：
> 倾听家庭，承认并确认他们的优势。在支持家庭养育的过程中理解他们。
> ——全美幼教协会道德行为准则

主管和员工有机会去创设环境，在这里，每个孩子的家庭都是受欢迎的。思考一下，作为领导者，你将如何与下面的两个家庭建立关系。

案例研究——婴儿埃玛莱恩·雷

婴儿埃玛莱恩·雷的父亲威尔伯告诉路易斯教师（一名男性教师）：你不能给埃玛换尿布！"如果任何男人看到我的女儿没有穿衣服，她都会感到羞愧。"威尔伯从未给女儿洗过澡、换过尿布或看到她没穿衣服的样子。他让妻子或其他女性来做这些事情，而且她们都会支持他。路易斯是你的项目中最优秀的婴儿教师，而且你的项目经常人手不足。

对于威尔伯的要求，你有何感想？对于这段谈话，你会提出什么假设？你将如何采用"询问和倾听"的过程？你们将一起采取什么解决办法？

案例研究——斯科特

正处在学龄期的斯科特喜欢参加你们的夏令营和课后活动。作为一个具有表演天赋的孩子，他想尝试一切事物——从泡泡状的婚纱到黑武士的面具。他喜欢将长长的、闪亮的围巾绕到脖子上，假装自己像红男爵那样飞行，或者像伊莎多拉·邓肯那样跳舞。斯科特的父亲拉蒙非常支持他的这种个性，而他的另一位父亲蒂莫西指出："要让斯科特更好地适应环境，表现得更像个男孩。"蒂莫西和拉蒙在接孩子时发现，他们的儿子正在和女孩玩化妆游戏，而其他男孩则在室外踢足球。蒂莫西要求你"明确地告诉斯科特再也不要玩化妆游戏了"。

对于蒂莫西的要求，你有何感想？你有过这种"左右为难"的感觉吗？全美幼教协会的道德行为准则为你提供什么指导呢？这个家庭对你的职业挑战是什么？你会采取什么措施？

反思性问题

1．你预测未来100年或500年后，家庭会发展成什么样？如果有的话，那么家庭中什么是永恒或持久的？针对我们今天对家庭的了解，什么是最容易改变或灭绝的？想想看：1997年，美国社会学家阿米泰·埃齐奥尼（Amitai Etzioni）预测，婚姻会在20世纪90年代消失。通过任何一种形式（拼贴画、绘画、诗歌或论文）来表达你对这个问题的预测。

2．调查家庭的演变。从一开始，什么已经发生了变化，什么还在持续？选择一种特别的民族群体文化。研究该群体的家庭传统、习俗、价值观和信仰的发展途径，并根据你的发现写一篇论文。

3．确定至少两种不同于你的家庭或你选择的家庭类型。考虑这些家庭与你的家庭在种族和文化等方面的差异。列出你想了解这些家庭的哪些方面。使用"询问和倾听"的流程对每种家庭进行访谈，概括地写出你对获得信息的深入思考。

4．利用头脑风暴法想出尽可能多的家庭友好的做法。在你目前的项目中，确定哪些属于家庭友好的做法。参观其他保教项目或访谈其他主管以获得灵感。列出至少10条可以采取的家庭友好的做法，并在今天就开始实施。评估每种做法的代价（如果有的话）。向你的班级或同事展示这些实践。

团队项目

1．作为个体，写下你对家庭的定义并列出你的家庭价值观。作为团队，分享你们的家庭定义和价值观列表。你和你的团队有什么共同之处？哪些是不同之处？研究家庭的定义和家庭价值观（通过网络、杂志和其他文献、书籍或访谈）。从至少三种不同的观点来报告家庭的定义和家庭价值观。

2．研究并讨论与家庭成为合作伙伴的好处与挑战。找出在家庭关系中，哪些情景让你既享受又感到有挑战。准备三个与客户家庭相关的、具有挑战性情景的案例研究。使用诸如《幼儿》或《交流》这样的资源，找出至少五条能够更好地与家庭成为伙伴的内容。带领整个班级讨论你的案例研究，展示你找到的要点。

3．运用头脑风暴法列出可能的家庭模式（寄养家庭、核心家庭以及整个村庄）。研究美国历史上至少三种类型家庭的历史。法律认可给某种家庭带来了什么好处？这个群体又面临了什么歧视？向全班展示你的发现。邀请你的同学思考哪种家庭模式在未来最流行，以及什么类型的家庭会受到法律的最大保护。

4．很多幼儿教育项目都是同质的，代表的家庭具有很多共同点。你的项目的多样化程度如何？你希望多样化的程度如何？根据真正多样化的家庭来确定你的项目。访谈这些项目的负责人，发现引发项目异质性的因素和力量。为了促进项目中家庭的多样性，准备一份幼儿教育项目可以采取的步骤清单。

参考文献

Barrera, I., & R.M. Corso. 2003. *Skilled dialogue: Strategies for responding to cultural diversity in early childhood.* Baltimore, MD: Brookes.

Bloom, P.J., & E. Eisenberg. 2003. Reshaping early childhood programs to be more family responsive. *America's Family Support Magazine*: 36–38.

Bowman, B., & E.K. Moore, eds. 2006. *School readiness and social-emotional development: Perspectives in cultural diversity*. Washington, DC: National Black Child Development Institute.

Bruno, H.E. 2003. Hearing parents in every language: An invitation to ECE professionals. *Child Care Exchange* Sept/Oct: 58–61.

Bruno, H.E. 2007. Teachers may never know: Using emotional intelligence to prevent and counter child neglect and abuse. *Dimensions in Early Childhood* 35 (3): 22–29.

Bruno, H.E. 2010. Building relational sanctuaries for children who suffer from abuse. *Exchange, the Early Childhood Leaders' Magazine*.

Christian, L.G. 2006. Understanding families: Applying family systems theory to early childhood practice. *Young Children* 61 (1), 12–20.

Coontz, S. 1997. *The way we really are: Coming to terms with America's changing family*. New York: Basic Books.

Coontz, S. 2000. *The way we never were: The American family and the nostalgia trap*. New York: Basic Books.

Crittenden, D. 1999. *What our mothers didn't tell us: Why happiness eludes the modern woman*. New York: Simon & Schuster.

CSSP (Center for the Study of Social Policy). 2007. *Strengthening families: A guidebook for early childhood programs*. 2nd ed. Washington, DC: Author.

English, D.J. 1998. The extent and consequences of child maltreatment. *The Future of Children* 8 (1): 39–53.

Fadiman, A. 1997. *The spirit catches you and you fall down: A Hmong child, her doctors, and the collision of two cultures*. New York: Farrar, Straus and Giroux.

Gladwell, M. 2005. *Blink: The power of thinking without thinking*. New York: Little, Brown.

Goleman, D. 2006. *Social intelligence: The new science of human relationships*. New York: Bantam Books.

Gonzalez-Mena, J. 2007. What is third space and how do we get there? Paper presented at the NAEYC Annual Conference, 7–10 November, Chicago, IL.

Gonzalez-Mena, J. 2008. *Child, family, and community: Family-centered early care and education*. 5th ed. Upper Saddle River, NJ: Prentice Hall.

Im, J.P., R. Parlakian, & S. Sánchez. 2007. Understanding the influence of culture on caregiving practices. *Young Children* 62 (5): 65–67.

Katz, J.N. 2007. *The invention of heterosexuality*. Chicago: University of Chicago Press.

Keyser, J. 2006. *From parents to partners: Building a family-centered early childhood program*. St. Paul, MN: Redleaf; Washington, DC: NAEYC.

Kugler, E. 2011. *Innovative voices in education: What it takes to engage diverse communities*. Lanham, MD: R&L Education.

Lewis, T., F. Amini, & R. Lannon. 2000. *A general theory of love*. New York: Vintage.

Marshak, L.E., & F.P. Prezant. 2007. *Married with special-needs children: A couples' guide to keeping connected*. Bethesda, MD: Woodbine House.

M.A. Mason, A. Skolnick, & S. Sugarman, eds. 2003. *All our families: New policies for the new century*. 2d ed. New York: Oxford University Press.

Meyerowitz, J. 1994. *Not June Cleaver: Women and gender in postwar America, 1945–1960*. Philadelphia, PA: Temple University Press.

Myers, I.B, M. McCauley, N. Quenk, & A. Hammer. 1998. *MBTI Manual: A Guide to the Development and Use of the Myers-Briggs Type Indicator Instrument*. 3rd ed. Mountain View, CA: CPP.

National Center for Victims of Crime. 2008. Child sexual abuse. Washington, DC: Author.

Powell, D.R. 1998. Research in review: Reweaving parents into the fabric of early childhood programs. *Young Children* 53 (5): 60–67.

Ury, W. 1999. *Getting to peace: Transforming conflict at home, at work, and in the world*. New York: Penguin Group.

U.S. Department of Health and Human Services. 2010. *Child maltreatment 2009: Summary*. Washington, DC: Author.

第十五章

追求质量：professionalism（专业）不仅仅是一个由15个字母组成的单词

> 请先为孩子们着想。如果你对他们的娱乐、食物、玩具、监护权、保育、医疗保健、教育有任何兴趣，那就听听他们的心声，了解他们，向他们学习。先想想孩子们！
>
> ——弗雷德·罗杰斯，《你很特别》
>
> 最高尚的道德法则是为人类的利益不懈努力。
>
> ——莫罕达斯·甘地

案例研究——格蕾西

在最初的12年里，幼儿教师格蕾西表现得很好。然而，今年格蕾西的工作质量直线下降。她抱怨说，自己没有耐心或精力去完成所有那些"挑剔的"课堂档案任务。她已经多次在星期五和星期一时请病假。她对家长置之不理，没有花时间回答家长的问题。

格蕾西团队中的教师梅尔文已经疲惫不堪了，无暇顾及格蕾西的感受。今天，你发现格蕾西在孩子们的午休时间打瞌睡。当你用这些问题引起格蕾西的注意时，她嗤之以鼻，说："我很沮丧，仅此而已。与几年来全心全意地照顾孩子相比，几个月来糟糕的日子算得了什么呢？"

你打算对格蕾西采取什么行动？她是否涉及《美国残疾人法案》中提到的残疾？你会问她什么问题？

事实是，当第一次被要求出席一个关于专业精神的研讨会时，我犹豫了。我的第一反应是："专业？啊，这都是些关于规则、规范和听起来枯燥无味的标准。"当我问学生和一些从业者"在1到10的范围内，你对专业精神这个话题有多大兴趣？"时，他们的兴趣程度和我一样平淡。

我认为可以通过推荐比我在专业性、道德准则和认证标准方面更精通的同事来优雅地逃避这个要求。逃避在一段时间内发挥了作用。但我又一次被问到了，这次是一个不接受拒绝的组织。

是时候面对这个我不感兴趣的话题了，我在心理上给这个话题贴上了"受规则约束"和"令人沮丧"的标签。我知道我必须放弃自己的态度，更深入地探究专业精神和品质的意义。我开始探索道德规范和认证标准是否能够激励人们，更重要的是，激励我们工作的核心部分。

在探索中，我发现了一些引人注目的东西。professionalism（专业）不仅仅是一个由15个字母组成的单词；专业精神是在压力下的正直。当面对一个疲惫不堪、看似无法解决的难题时，我可以倾听内心平静的声音，因为外在的文字支撑着我。在一个以"不伤害"为核心的职业中，孩子的幸福永远是第一位的。

不仅仅是一个由15个字母组成的单词：克拉伦斯标准

我将专业精神称为"克拉伦斯标准"。克拉伦斯是一个令人难忘的蹒跚学步的孩子，他的妈妈是青少年，整天都在学校里。在克拉伦斯的世界里，他的老师就是他的第二个妈妈。老师对他的爱使他度过了白天，有时甚至是夜晚。尽管他的老师很关心他，但是老师也总是迟到。

我现在还能看到克拉伦斯，他把脸贴在窗玻璃上，站好位置，这样他就能在自己心爱的老师下车的那一刻认出她来。当老师没有出现时，令人心碎的泪珠从克拉伦斯的眼睛里涌了出来。当然，老师总是为她的迟到找借口（车坏了，猫在地毯上呕吐了，她的男朋友需要什么东西）。然而，没有什么能使我无视有益之处：不要伤害那个孩子（每天早上在这里欢迎他到教室来）。克拉伦斯应该得到更多的照护。

按照克拉伦斯的专业标准，做决定很容易。专业就是做正确的事情，特别是当有一个更容易的出路时。质量就是在我们的资源范围内给孩子们提供最好的一切。

什么时候是专业人士？

有些人仍然质疑幼儿教师是一种职业。在他们看来，幼儿教师是一个"美其名曰"的"保姆"。毕竟，保姆和孩子们一起玩是有报酬的。我相信克拉伦斯的专业标准，但是别人怎么会相信幼儿教师是一种职业呢？

每一种职业都是通过定义专业精神的含义来实现的。我们的职业提供什么"附加值"？什么行为可以确保客户得到最好的服务？我们想要什么声誉？这些都是每个专业组织必须回答的问题。随着时代的变化，专业标准也随之变化。然而，有些核心价值观是永恒的。这些价值观不会改变，可以说是"经得起时间的考验"。

当试图在幼儿教育领域定义专业精神时，我们需要知道什么会持续下去。斯蒂芬妮·菲尼（Stephanie Feeney，2012，p. 24）总结了关于什么使一个领域成为一种职业的研究：

- 专业知识和技能
- 长期培训
- 入职和实习的严格要求
- 实践标准
- 致力于为重要的社会价值服务
- 被认为是唯一可执行任务的群体
- 自主权
- 道德守则

▶ **培养你的EQ**：在你看来，幼儿教育作为一个领域是如何符合这些标准的？

在菲尼的评估中，幼儿教育领域在某些方面符合专业的定义，但并非全部符合。你能猜出她的评估结果吗？是的，幼儿教育领域坚定地致力于为重要的社会价值服务。此外，该领域正在满足专业知识和技能、长期培训和道德准则等类别

> 正义的基础是不伤害任何人,其次是维护公共福利。
> ——西塞罗

的专业标准。然而,我们需要在实践标准、被认为是唯一可执行任务的群体、自主权、入职和实习的严格要求方面有所改进。

在满足最后一个外部标准方面有一个挑战:我们是否想要排除那些不擅长学习课程但擅长教育儿童的从业者?菲尼指出:

> 作为一个领域,包容性和多样性是把我们联系在一起的核心价值观。然而,专业的本质是被划分和排斥的。我们最大的优势之一,即我们的民主信仰,是走向排他性的障碍。这就是为什么我们仍然不愿意强烈要求获得我们所希望的专业认可的原因之一(2012, p. 26)。

这会让我们停滞不前,还是让我们有所选择?

包含情商的"专业"的定义

由外部客观标准定义的专业,如何与我们对情绪和社会智力的理解相吻合?毕竟,情商取决于一个人如何表现自己,如何与他人互动。一个听起来接近片面定义的智商(不受情绪影响的思考)的客观标准,能接受和尊重情商吗?

> 对我来说,专业就是无论我担任什么职位,我都能做到最好,不断学习相关的、最新的知识,分享这些知识,并努力达到最好的结果。
> ——珍妮,项目负责人

这个问题现在摆在我们的面前。作为幼儿教育领域的领导者,你将极大地影响专业精神和质量的定义。质量和专业性的标准必须是"活的"。当标准是"活的"时,将把心灵和思想联系在一起,不再分离。

▶ **培养你的EQ**:思考下文列出的莱特州立大学教育与公共服务学院的专业标准,以及它如何明确地涵盖情商的内容。这个标准通过什么方式把心灵和思想相联系?主管如何衡量员工在这一领域的能力?

教师候选人和专业角色候选人知识渊博、胜任力强，在涉及不同人群和不同环境的工作中具备敏感性。多样性与情商和专业精神的发展相融合，以促进在所有场合进行具有敏感性和相互尊重的交流(2000)。

> 像个小孩子一样，在事实的面前坐下来，准备好放弃一切的先入之见，谦卑地追随天性所引向的任何深渊。否则，你将一事无成。
> ——奥尔德斯·赫胥黎

在我们的职业中，质量的定义随着我们的知识基础和理解的发展而不断演变。

追求质量：谁定义了我们行业的质量？

为了定义质量，大多数专业人士求助于国家权威机构，律师们求助于美国律师协会，医生们求助于美国医学协会。在幼儿教育领域，命名一个由国家授权的组织并不容易。我们在质量方面的权威机构是全美幼教协会、美国黑人儿童发展协会、美国儿童保育协会、美国国家认证局、美国联邦监管机构等专业组织和私人组织，或者它们的某些组合。这些实体机构都提供了有价值的贡献，但没有一个组织最终能给出幼儿教育质量的权威定义。这种模糊性增加了幼儿教育领域理解质量的复杂性。

由于幼儿教育领域没有国家权威机构，而且该领域不断发展，所以起草质量标准并非易事。客观的质量和专业性标准，就像钉在科学家的展示板上被捕获的蝴蝶标本那样优雅。这只蝴蝶不再是一只翩翩起舞的生物，而是被视为无生命的被粘住的标本。虽然这只蝴蝶仍呈乳白色，而且很娇弱，但它再也不能飞行了。

关键在于：在幼儿教育领域，专业精神和质量并不是一成不变的。它们随着该领域的发展和变化而成长和变化。鉴于职业的动态特性，我们能制定永恒不变的、独立存在的质量标准吗？我们能运用情商和社会智力对这些标准做出理性分析吗？

尊重文化多样性的质量定义

> 开心地生活，因为它给了你仰望星空的机会。
> ——亨利·范·戴克

"顶级质量""最高质量标准"和"一流性能"都旨在描述最佳中的最佳。主管如何知道其所在的机构是一个高质量的机构？在人际交往频繁、具有文化多样性的幼儿教育领域中，外部的、全面的标准能否反映不同社区机构的质量？什么时候一个人的"个人最好"是足够好的？我们必须做到完美才能成为专业人士吗？

> 心胸狭窄的小人物身上有着愚蠢的一致性。
> ——拉尔夫·瓦尔多·爱默生

定义质量类似于选择一个政党。这在很大程度上取决于我们对世界的看法。《教授全美幼教协会的道德行为准则》（*Teaching the NAEYC Code of Ethical Conduct*）的作者斯蒂芬妮·菲尼、南希·弗里曼和伊娃·莫拉维奇克（Stephanie Feeney, Nancy Freeman, & Eva Moravcik）指出："在很大程度上，职业价值观和职业道德是个人价值观和道德的延伸，所以我们从这些主题开始。"（2005，p.17）

个人价值观可以预测我们对质量的定义。一位主管可能会把每一个从门前走过的人看作一个特殊的个体。另一位主管可能会把质量理解为"在认证清单上，一丝不苟，细致入微"。结合瑞吉欧·艾米利亚的观察和记录方法，可能是另一位主管对质量的愿景。

如前所述，大多数行业都依赖外部客观的质量标准，例如通过律师资格考试或国家医学委员会的严格考试等。依赖外部标准确保了一致性。然而，这种方法也带来了缺点。

> 马克·吐温指出，解释一个笑话"很像解剖一只青蛙，在这个过程中你会学到很多东西，但最终你会杀死它"。试着用语言来描述关于质量的无形的、不可言传的因素，会遭遇同样的命运。

例如，如果一个人不擅长考试，那么他应该被某一职业排除在外吗？

第十五章 追求质量：professionalism（专业）不仅仅是一个由15个字母组成的单词

想象一下一位具有高职称的幼儿教师，她的学习障碍使其无法专注于大学课程。如果主管解雇她，那么会提高还是降低机构质量？勇气、关心和正直是幼儿教育领域专业精神和质量的关键。目前，没有哪个考试能够精确地测量这些品质。

或者想想我的一个同事——路易斯·维森特·雷耶斯（Luis Vicente Reyes），他回忆起作为一名幼儿教师，外部评估员给他的成绩很差。他坚持认为，更多采用肢体和"打闹"的方式来教育幼儿，实际上是基于性别的，这种方式特别吸引那些活跃和精力充沛的孩子。他觉得外部评价者不公平地用女性的护理标准来定义他。幼儿教育领域需要一个尊重并包容文化、性别和能力多样性的质量测量系统。

对幼儿教育的专业性和质量有何评价？

到了紧要关头，我们怎么知道目标在哪里？我们怎么知道该做什么，尤其是当人们的看法不一致且风险很高时？多亏了职业道德准则，我们才可以轻而易举地解决难题。领导者所面对的最常见的职业挑战包括：

- 当"双方"都确信自己是正确的时候，解决他们的分歧。
- 帮助员工衡量他们的行动是否遵守专业的核心价值观。
- 激发全体员工的奉献精神和激情，朝着最高的标准努力（包括寻求和保持认证）。
- 不断评估我们的质量，纠正我们的缺点。
- 从现有的各种质量评估工具中进行选择。哪些是最好的？

通过帮助同事穆罕默德，让我们继续追求对专业性和质量的理解。穆罕默德的"团队"已经准备好在他上任的第一天就把他扔到公共汽车底下。

案例研究——穆罕默德

穆罕默德是幼儿优先学院的新任主管，是通过"外部途径"担任领导职位的。他从几名内部候选人中脱颖而出，其他人都是女性。该学院的主管希望穆罕默德负责接管不守规矩的教师，使学校运转良好，以满足全美幼教协会的

> 认证标准。董事会主席雷金纳德告诉穆罕默德，前任主管帕姆是因未能说服教师完成必要的课堂档案而被解雇的。
>
> 穆罕默德之所以被吸引到这个职位，是因为就家庭多样性而言，这所学校看起来像联合国。在穆罕默德准备他的第一次全体教职工会议时，他提出了一个问题："我究竟怎样才能激励那些已经憎恨我的老师们，让他们致力于提高教学质量？"午餐时，穆罕默德向你承认，在他以前的职位上，他并不是唯一的男性。他问道："我怎么能引导那些反对甚至都不看我一眼的老师通过认证呢？"

穆罕默德的困境并不罕见。随着认证标准的不断变化（如同面对任何变化一样），一些员工会抵制："在已经要求很高的工作岗位上，谁还有时间处理这些课堂档案的细节？""当填写所有的文档和表格时，谁来替我上课呢？""你快把我逼疯了！"主管们的目标是提高机构质量，同时希望每个人都开心，但他们发现自己面临着和希腊神话中的西西弗斯一样的问题。

艰难的战斗

西西弗斯的责任是把一块沉重的圆形岩石推到山顶。他鼓起勇气，深深地吸了一口气，开始慢慢地把岩石搬上陡峭的斜坡。他每天都在辛苦劳作，汗流浃背。他每天都把岩石往山上推进一点。但是，不管他用了多大的力气，也不管他瞄准了多高的地方，这块沉重的石头在天黑时又会滚回山底。

像西西弗斯这样的领导者，常常感到孤独，因为他们要把自己推向高质量的巅峰。要想把石头滚到顶端并保持在那里，就需要一个致力于同一目标的团队。要说服教师支持质量提升，尤其是当认证标准的要求格外严格时，领导者需要煞费苦心地研究情商。本章的目标是通过团队合作帮助西西弗斯把石头推到顶端。

从伦理学的角度解决困境

菲尼和弗里曼（Feeney & Freeman，2011）提供了解决困境的步骤：

- 找出问题并确定它是否涉及道德规范。在这个阶段，我们需要知道道德的定义，而不是在语义上迷失。
- 从全美幼教协会准则中确定适用的核心价值观。回顾核心价值观（本章的后面会讨论）。
- 找出受到影响的利益相关者，明确谁会受到影响。
- 在全美幼教协会准则中寻求指导，找到最适用的章节。
- 确定最符合伦理道德的行动方案。

明确问题并确定它是否涉及道德规范

花一点时间来确定穆罕默德所面临的问题。他最大的问题是让团队致力于通过获得认证来提高质量。一直以来，他都面临这样一个问题：与那些因他被聘为主管而憎恨他的员工一起工作。性别可能会带来另一个问题，即穆罕默德对领导只有他一个男性的团队保持谨慎态度。董事会的期望值很高。前任主管因未能完成认证程序（特别是未能说服教师完成必要的课堂档案）而被解雇。如果教师连看都不看他一眼，那么他可能会面临教师不服从命令的情况。所有问题的根源在于：谁把孩子的最大利益放在第一位？

接下来我们必须问："这个问题涉及道德规范吗？"进行菲尼和弗里曼解决困境过程的第一步。菲尼和弗里曼建议："问问你自己，这些要求是正确的，还是错误的？是公平的，还是不公平的？"你觉得怎么样？拒绝完成课堂档案是对的，还是错的？教师们是否有合理的理由说明他们的教育工作不允许其有时间做课堂档案？孩子是否因这个未解决的成人间的冲突而受到公平对待？

退后一步，理解一些基本的定义可能是有价值的。什么是道德？菲尼（2012）建议我们区分伦理和道德。

> 道德是指指导个人行为的对与错的信念。它涉及人们认为好的、正确的或适当的东西，是人们对自己的信念，对自己应该如何行事的看法。

个体道德受家庭、社区、文化和机构的观点影响，这些影响是深远持久的。但重要的是，幼儿教育者要记住，我们生活在一个多样化的社会中，在工作场所中遇到的人可能具有不同的价值观和道德观（p. 63）。

道德准则各不相同。我们的是非观从自身的生活背景和对我们来说最重要的东西中演变而来。基于教师们的道德准则，她们会相信自己的抵抗是正确的吗？薇薇安教师是一位公平工资的倡导者，可能认为教师承担新的重大责任应该得到报酬。考特尼教师的道德准则告诉她，家庭值得尊重，专业地记录孩子的成长和发展证明了这一点。

菲尼接下来定义了伦理：

伦理是个人价值观和道德观的延伸，包括考察人际关系的道德维度，然后在相互竞争的价值观之间做出选择。职业道德包括对职业成员集体的和系统的道德信仰和道德实践的反思。尽管伦理意味着对道德的批判性反思，但伦理和道德这两个术语有时可以互换使用（2012，p. 63）。

我们可以明白：道德准则是个人的，伦理是专业的。这个界定不仅让我们更接近质量的定义，也让我们更接近如何帮助穆罕默德摆脱困境。听起来，虽然我们的个人价值观可以不同，但职业道德像一位睿智的"长者"，帮助我们公平地解决分歧。

现在我们开始讨论一些重要的事情。薇薇安和考特尼的道德准则可能不同。然而，穆罕默德可以帮助她们解决分歧。菲尼和弗里曼表示，接下来要做的事情是"判断是否存在道德困境，即这种情况至少有两种可能的解决方案"（2011，p. 68）。你是如何想的，穆罕默德有推动认证的道德责任吗？他是否面临至少有两种可能的解决方案的道德困境？在支持提高工资的价值和尽一切努力改善机构的价值之间，是否存在优先性？

根据全美幼教协会准则确定适用的核心价值

全美幼教协会的核心价值是：
- 把童年看作人类生命周期中一个独特而有价值的阶段。

- 让我们的工作以幼儿如何发展和学习为基础。
- 欣赏和支持幼儿和家庭之间的纽带。
- 认识到幼儿在家庭、文化、社区和社会中可以得到最好的理解和支持。
- 尊重每个人（幼儿、家庭和同事）的尊严、价值和独特性。
- 尊重幼儿、家庭和同事的多样性。
- 认识到幼儿和成人可以在基于信任和尊重的关系中充分发挥潜力（2011，p.1）。

从专业角度来看，穆罕默德是否有带领团队通过认证的道德责任，或是否面临道德困境？为了有价值的工资而明确立场，还是为了孩子而不顾补偿，全美幼教协会准则反映这两种价值观了吗？

穆罕默德可以坚定地认为，认证的基础是核心价值观，即儿童和成人可以在基于信任和尊重的关系中充分发挥其潜力。当然，有资格获得认证的机构会向你传达这样的信息，即认证过程可以促使员工、家长和幼儿更好地发挥他们的全部潜力。他们受到了尊重。共同努力培养了信任。

同样，薇薇安可以坚持核心价值观来捍卫一份合理的工资。看一看"尊重每个人（幼儿、家长和同事）的尊严、价值和独特性"。按照穆罕默德的专业观点，如果他面临道德困境，即两个相互竞争的事项——应得的工资和不计报酬地给孩子最好的东西——他下一步会采取什么行动？

确定受情况影响的利益相关者

利益相关者受困境影响，是"与结果有利害关系"的人（Feeney，Freeman，2011，p.68）。领导者必须考虑："我'欠'这些个人或团体中的每一个人什么？"（p.68）穆罕默德所在项目的利益相关者是谁？每个人都是利益相关者。孩子、家长、教师、董事会、社区和幼儿教育职业都受相关情况的影响。

- 孩子应该得到高质量的照顾。
- 家长需要得到尊重和专业服务。
- 教师应该享有支持和共情的工作环境。
- 董事会在过程中的资助和支持需要得到尊重。

- 整个社区和幼儿教育职业都受益于一个项目的成功。

主管希望所有的员工都做正确的事情。

在全美幼教协会准则中寻找指导

当两个相互竞争的事项必须调和时，我们可以在全美幼教协会准则中寻找指导。以下是衡量准则的标准：

> 最重要的是，我们不能伤害孩子。我们不应出现任何对儿童造成情感伤害、身体伤害、不尊重、侮辱、危险、放任自流或恐吓的行为。这一原则优先于本准则中的其他原则（2011，p.3）。

穆罕默德知道，一个经过认证的项目之所以能够获得这种地位，是因为它达到了无伤害的高标准。此外，认证能够衡量项目在全美幼教协会准则中列出的下一项原则方面的成功程度：

> 我们将在积极的情感和社会环境中照顾和教育儿童，这些环境能够刺激认知，并支持每个儿童的文化、语言、种族和家庭结构（p.3）。

另一方面，准则为员工设定了高水平的照顾和尊重。具体而言：

> 在一个充满关爱、合作的工作场所，人格得到尊重，职业满意度有所提高，积极的人际关系得到发展和维持。基于所奉行的核心价值观，我们对同事的首要责任是支持富有成效性的工作和建构满足专业需求的环境与关系。适用于儿童的理念也适用于我们在工作场所中与成人的互动（p.5）。

该准则提倡尊重不同的观点、合作的工作场所和富有成效的工作环境。然而，最重要的是，该准则将幼儿教育职业的核心标准规定为不伤害儿童。

确定最合乎道德的辩护立场

通过采取这些措施，穆罕默德这样的领导者将明白自己必须做什么。穆罕默德的首要任务是领导一个达到并超过认证标准的项目。然而，在开始工作之前，他承诺与薇薇安和考特尼坐下来，帮助她们在职业道德的背景下理解彼此的价值观。他决定采用切实可行的方法，确保教师获得完成课堂档案所需的主要资助。怀着明确的目标，他说服董事会提供用于文件记录的摄像机，同时提供培训和顾问以支持教师完成工作，这样她们就不会因履行主要教学职责而失去精力。当穆罕默德与全体员工见面时，他发现薇薇安和考特尼已经让他的领导之路变得容易了。认证过程也开始了。

功能正常与功能失调的团队

在接受认证的挑战时，穆罕默德可能还想记住功能正常团队与功能失调团队的特点（参见表15.1）。作者帕特里克·兰西奥尼（Patrick Lencioni，2002）比较了这些工作团队的特点。

表15.1 功能正常与功能失调的团队

功能正常的团队	功能失调的团队
互相信任	缺乏信任
敢于交流那些未经过滤的冲突	害怕冲突
承诺决定并付诸行动	缺乏承诺
要求对方负责按照计划执行任务	逃避责任
关注通过集体努力取得的成果	忽视成果

穆罕默德的工作人员似乎缺乏信任、承诺，无法集中精力实现集体成果以符合认证标准。兰西奥尼建议："小型组织对鼓励人们采取行动做其可能不会做的事情大有帮助。"（2002，p.214）好消息是，认证程序提供的结构比摩天大楼的框架还要多。图表和检查清单比比皆是。

护理专业对重新定义质量的探索

为了获得正确的观点，让我们思考另一个服务行业对质量定义的追求。20世

> 并不是你面对了，任何事情就都能改变。但是，如果你不肯面对，那么就什么也改变不了。
>
> ——詹姆斯·鲍德温

纪80年代，我在缅因州立大学担任副校长，负责学术事务。护理系主任是我的直接下属，我们的共同目标是为学生以及他们所服务的社区提供尽可能好的护理教育。

我们学校在传统上会提供护理专业的副学士学位，但这正在发生改变。我发现自己走上了标准转变的崎岖道路。多年来，护士一直在医院里通过与病人的实践经验来接受教育。医院授予学生专业职称（如注册护士和执业护士）。然而，大多数医院的培训项目都缺少提升护士理解能力的课程，如健康的社会决定因素（华盛顿大学护理学院提供）。虽然护理专业的学生可以进行注射和测量血压，但是他们并没有机会接触这个过程背后的研究和理论基础。

不同医院的培训项目质量各不相同，因此护士的工资很低。尽管努力工作的护士及其服务具有价值，但护理专业的地位比较低。

地位低下，工资不足，工作辛苦而宝贵，对于这些表述，你感到熟悉吗？护理专业对质量的追求为幼儿教育领域的研究提供了线索。

在全国范围内，护理教育工作者制订了一项计划，以打破这一行业的低社会地位和低薪处境。他们的愿景是使护理专业化，这样就没有人能够质疑护士工作的重要性或护士教育的价值。当专业机构设定的标准是要求护士具备学士学位时，副学士学位的注册护士和执业护士认证资格就会被注销。实施严格的课程可以确保学员"知其所以然"，而不仅仅是"知其然"。

想想今天的护理专业。注意到护士的高需求、工资的增加和严格的教育要求。这些胜利来之不易。然而，在这个过程中，诸多"实践型"护士因不能满足新的教育要求而落后了。

2006年生效的全美幼教协会认证标准，让人不禁想起护理工作者为提升护理专业的地位所做的努力。在通过一致的、客观的，甚至没有人情味的标准来确保质量和定义专业精神的过程中，我们得到了什么，又失去了什么？

随着幼儿教育领域越来越重视情商和社会智力，其专业标准必须包括这方面的知识。请注意下面两种说法的不同之处：

- 修订后的标准阐明了我们如何理解质量。
- 当阐明我们如何理解质量时,我们的专业标准就会改变。

这是"先有鸡,还是先有蛋"的两难问题。孰因孰果?

专业精神定义的演变

幼儿教育专业应该效仿护理专业吗?我们能从他们的经历中学到什么?理解情商和社会智力的价值是找到答案的关键。我们对病人的态度就是能够读懂病人并凭直觉知道如何处理这些信息。幼儿教育从业者在实践技能方面可能达到了博士学位的水平,但因选修的大学课程很少,其专业理论只能达到副学士学位的水平。档案袋中的描述和照片能够代表从业者的能力吗?

▶ **培养你的EQ**:幼儿教育领域专业精神的定义必须涵盖非语言的内容,这通常难以衡量,但却是关于人际关系的宝贵知识。捕捉照护者的微笑的专业性,就如同把一只蝴蝶钉在展示板上。

还记得领导者所面临的挑战——面对两个相反的价值观吗?医学界关注以下两件事:
- 病人很看重医生对病人的态度。
- 医学生缺乏这方面的训练。

为了弥补这一差距,医学领域正越来越多地将情商纳入质量的定义演变中。这种对质量的追求类似于幼儿教育领域发生的变化。该领域认识到专业标准需要将核心能力和人际关系技能结合起来。专业精神和质量是紧密联系在一起的,所以理解专业精神可以消除一些疑惑。

在《专业是一个名词吗?》(*Is Profession a Noun?*, 2008)一书中,格温·摩根接受了定义专业素养的挑战。她坦白地说:"当试图给专业素养一个定义时,我们会遇到动荡和不快。"在煞费苦心地勾勒出专业素养的历史和演变过程后,她总结道:"我们需要把自己的意思弄清楚,尤其是在我们的头脑中。要做到这一点,我们需要发展自己的必要条件。"

她接着提出了一些指导方针。只有在下列情况下，专业素养（在幼儿教育领域）才是一个名词：

- 我们的知识基础没有性别偏见，并将照护作为基本的价值观念。
- 我们的专业化教育可以使我们与其他助人职业合作，并且当以家庭为重点时可以合作得更好。
- 公认的知识基础满足了这一领域的所有需求，涉及婴幼儿教师、有特殊需要儿童的教师、学龄期儿童教师、主管、家庭儿童保育人员。
- 不管你已取得何种学位，我们的理念是终身学习，每个人都有机会通过更多的学习提升自己在这个领域的地位和薪水。
- 以助手的角色进入这一领域的新人间没有永久的社会阶层差别，只有当有机会进入更复杂的角色时，他们才会产生区别。
- 我们不能以家长不具有专业的保教知识来界定我们与家长的关系，这种关系主要用于谈判和交换信息，而不是传授专业知识。
- 我们的高等教育体系可以为更多的低收入群体成员和少数群体成员提供机会，以便他们中的大多数人可以一边工作，一边学习。
- 我们的领域将吸引那些关心与孩子、家庭和社区开展相关工作的全能型人才，并为他们提供支持，提高他们的工作能力、收入和自尊。
- 我们欢迎具有不同文化、种族和生活方式的男性和女性。我们强调欢迎，而不是排斥；我们强调合作，而不是竞争。
- 教育机会的内容既具有挑战性，又与所从事的工作相适应。
- 我们的职业将培养倡导原则的领导者，即重视每个孩子的独特性，为部分有需求的孩子创造亲密、安全和健康的环境。
- 在培养一代积极、健康、参与的公民的任务中，我们会把家长视为同事（而不是客户、病人或顾客）。

鉴于职业的动态性，现在让我们看看商业领域对质量的理解能否有所帮助。

全面质量管理

当被要求填写一份评估表格时,你会从全面质量管理中受益。当在酒店登记台发现新鲜水果、在床上发现巧克力时,你会从全面

> 全面质量管理在理论和实践上为我们提供了质量的线索。

质量管理中受益。当阅读葆拉·乔德·布卢姆的《行动蓝图:通过员工发展实现保教中心的变革》(*Blueprint for Action: Achieving Center-Based Change through Staff Development*)时,你会发现全面质量管理也适用于幼儿教育领域。当回顾全美幼教协会检查课堂和机构档案袋的标准时,你也可以看到全面质量管理在发挥作用。

不管是创建产品,还是提供满足客户需要的服务,全面质量管理都将质量视为从开始到结束的过程。全面质量管理实践将重点从供应商的需求转移到客户的需求。

虽然这可能很难描述,但在实施全面质量管理之前,顾客的意见并不重要。制造商几乎把消费者当成了人质。当年,亨利·福特(Henry Ford)宣布:"只要保留黑色,顾客可以把福特汽车漆成任何他们想要的颜色。"

竞争迫使制造商和服务提供商匆忙寻找出路,以便在市场上脱颖而出。突然间,一辆黑色的汽车已经不能满足顾客的需求了。福特公司提供了顾客想要的各种产品。

三种口味的冰激凌——香草、巧克力和草莓——不再吸引顾客。1953年,巴斯金-罗宾斯(Baskin-Robbins)因提供31种口味的冰激凌而成为家喻户晓的品牌。还有人记得汽车公司每年都不推出新车型的那个时代吗?焦点转移到客户需求上的原则改变了一切。全面质量管理推动了这场革命。

全面质量管理是W.爱德华兹·戴明(W. Edwards Deming)在第二次世界大战后提出的创意。戴明认为全面质量管理可以通过提供卓越的服务和产品来满足甚至超越客户的需求。鉴于亨利·福特的态度,戴明将重点从制造商的需求转移到客户的需求,这是一个激进的想法。

戴明提出的关于质量的想法，在今天如此容易地被接受和实践，但当时在美国并没有立即被接受。戴明受美国政府委派协助振兴日本经济，他把自己的想法带到了日本。历史表明，日本生产商接受了全面质量管理。在很短的时间内，日本的产品就成了"质量"的代名词。索尼和三菱在电子产品市场中占据主导地位。"日本制造"意味着更好的产品。

当美国汽车制造商注意到消费者购买丰田或本田汽车，而不是林肯城市轿车和庞蒂亚克汽车时，他们才意识到问题的严重性。丰田不仅可以与美国的汽车公司竞争，甚至超过了美国最受欢迎的汽车公司。亨利·福特不得不收回他的话。

这种以客户为中心的转变对幼儿教育领域意义重大。由于全面质量管理，客户不仅期待优质的工艺和产品，而且期待优质的服务。作为服务提供者，幼儿教育专业在全面质量管理期望的世界中发挥作用。

什么是全面质量管理的期望和标准？简而言之，供应商需要实践下列原则：

- 顾客永远是对的
- 预测顾客的需求
- 满足并超越顾客的期望
- 为内部和外部顾客提供服务
- 授予员工适当的决策权
- 评估你自己、你的服务和你的产品
- 持续改进

让我们逐个看看这些质量原则，了解幼儿教育领域的质量内涵。

顾客永远是对的

当佩特罗佐里奥女士宣称自己的女儿劳拉是完美的，并指责你激起了劳拉的破坏行为时，她的行为是正确的吗？当泰迪的祖母坚持说她已经付了账单，而你却没有她的付款记录时，泰迪的祖母是正确的吗？那么幼儿教师米西呢？她每周五和周一都请病假，结果你却发现她在海滩上玩耍，并度过了漫长的周末。米西的做法对吗？戴明究竟是什么意思？一个完全错误的人怎么可能是"对的"呢？

借助于情商，我们可以找到一个更深层次的答案。每个家庭和每个孩子的基本需要是什么？尊重。每一个走进大门的人都值得尊敬。根据这个思考方式，顾客永远是对的。也就是说，每个客户都有权得到我们的尊重。

我最近问了一些提供顾客服务的专业人士："客户永远是正确的吗？"一个年轻人喊道："不可能！"他坚定不移地认为自己曾经服务过的一个家庭是错误的。他觉得自己有责任向那家人告知他们错得有多离谱。顾客服务提供者可能赢得了这场战役，但他输掉了整场战争。如果这个家庭感到受尊重，那么他们可能会更开放地接受其他观点。但是，要让一个爱评判别人的人承认错误几乎是不可能的。

佩特罗佐里奥女士、泰迪的祖母和米西，都有与主管对情况的理解大相径庭的故事。尽管如此，通过假设每个人"无罪"，主管恭敬地从"得理不饶人"的态度转向解决问题的模式。但是，这并不意味着米西的旷工是可接受的，以及拖欠账单是可允许的。然而，通过使用社会情商和正当程序（见第三章和第四章），主管可以确定潜在的问题，并评估这些问题可否以相互尊重的方式解决。

预测顾客的需求

在这个原则中蕴含着魔法，即预测并按照客户的需求采取行动。如果幼儿教育机构能够为家庭提供其梦想不到的东西，那么此刻主管就带来了魔力。

当父母在生活中遇到了一些压力，并影响到孩子时，新罕布什尔州的一名主管约翰娜为孩子提供了寄宿服务。约翰娜认为她的工作是"为家庭解忧，让家长享受和孩子在一起的时光"。

你有没有收到过一份你很喜欢但从未想到的礼物？在60岁生日那天，我邀请朋友们前来庆祝，他们可以用自己希望的任何方式"给我一个惊喜"。在那一年里，我接到了从未想过的电话，收到了从未想过的贺卡和礼物。

我最喜欢的礼物是来自迈阿密的阳光乐观的同事路易斯·埃尔南德斯的快递。路易斯毕业于马萨诸塞州西部的一所大学。想起新英格兰的冬天，他就浑身颤抖。于是，他送给我的礼物是一幅长4.3米、带着彩色透明热带鱼的画卷。你可以肯定的是，伴随着心跳，我展开了画卷，那些鱼快速地投向我的天花板。每次抬起头，我都会微笑。路易斯预料到了我的需要，那就是马萨诸塞州冰天雪地里的热带温暖！

幼儿教育项目每天都有机会预测和满足家庭的需要（见第十四章）。这里有一些主管和我分享的例子：

- 给父母提供一杯热气腾腾的现煮咖啡或花草茶；在他们送孩子上学后，微笑着送他们出门。
- 和孩子们一起烤健康的燕麦饼干或者其他零食；可以让每个孩子带一袋回家。
- 为家庭创造一个舒适的等候孩子放学的空间，可以放置带着厚垫子的椅子和沙发。
- 给父母一个惊喜，送给他们一张孩子的特别照片，并由孩子来装饰相框。
- 安排有趣的、有亲子活动的家庭之夜。
- 组织家庭参观孩子即将就读的机构，与教师见面，参观设施，并开始建立家校关系，以便孩子平稳地从你的幼儿教育机构中过渡。

▶ **培养你的EQ**：在我们的服务行业中，尊重顾客并预测他们的需求是衡量总体质量的两个指标。思考一下你是如何预料到别人的需求的。你有没有像路易斯一样，给家长一份渴望已久却从未要求过的礼物？主管还有什么其他方法可以通过满足家庭的需求和可能的愿望来给家庭带来惊喜呢？

满足并超越顾客的期望

每个家庭都有权要求幼儿教育机构符合国家许可标准。清洁的表面、安全的空间和合理的师幼比是家长的期望，也是许可标准所要求的内容。

许可标准设定的是基本标准，而不是最优标准。各国对基本标准的定义各不相同。作为项目负责人，你有权力超越基本要求。对于孩子们来说，教室色彩丰富，有不同的活动空间，不仅满足甚至超过了许可标准的要求。对幼儿教育有深入研究并在该领域有丰富经验和热情的教师，达到并超过了许可标准。我所读过的任何许可标准都没有提到为疲惫的父母提供按摩椅。

"质量阶梯"（见图15.1）可以帮助我们描绘如何满足并超越顾客的期望。认证机构的标准包含了很多如何创造优质服务的例子，这些服务远远超过基本的许可标准。可以比较全美幼教协会的认证标准和你所在地方的许可标准。

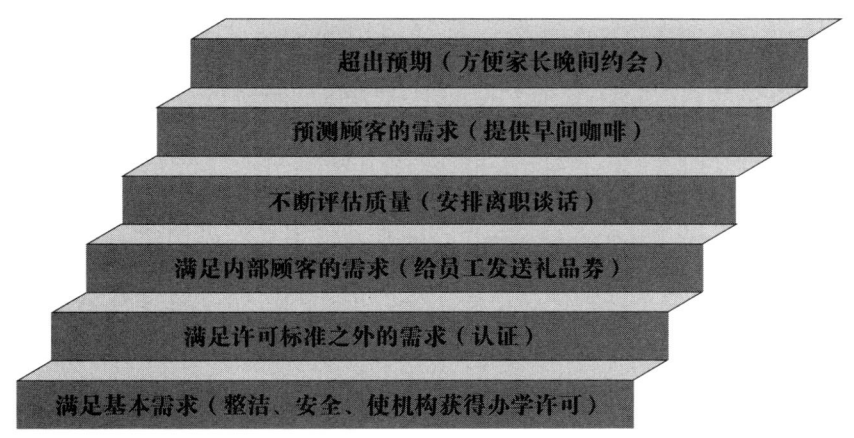

图15.1 质量阶梯

为内部和外部顾客提供服务

外部顾客

为了提供高质量的服务，服务提供者必须深入了解他们的顾客。这些顾客是谁？是的，幼儿教育是为儿童服务的。正如弗雷德·罗杰斯提醒我们的那样："优先考虑孩子们。"然而，我们的服务合同不是与孩子签订的，而是与家长签订的。

根据全面质量管理原则，"外部顾客"是为服务付费的顾客。外部顾客"来自外部"。作为领导者，你的工作就是服务那些参与到你的项目中的家庭。当他们参与项目时，你可以用这种方式来支持和改善他们的生活质量。想象外部顾客并不困难。然而，发现非家庭成员的顾客可能会是一个难题。

全面质量管理理论扩展了顾客的定义。幼儿教育项目不仅服务于外部顾客，也服务于内部顾客。这些人会是谁？除了家庭以外，还有谁依赖幼儿教育机构的服务？要回答这些问题，想象一下其他需要主管关注和照顾的人。

内部顾客

正如你可以想象的那样，内部顾客来自组织的"内部"。内部顾客就是那些为组织工作的人。教师、门卫、兼职员工、厨师、行政人员、顾问、董事会成员和其他员工都是内部顾客。这些人都有需求。然而，内部顾客可能并不总是清楚地表达他们的需求。虽然主管不是读心者，但她可能觉得自己需要这种技能！如果一

> 内部顾客是组织的成员，内部顾客服务于外部顾客。

> 没有压力，就没有钻石。
> ——玛丽·凯斯

个主管未能预见、满足或超过内部顾客的需求，那么她就会发现自己处在一个不快乐的组织中。

质量阶梯也适用于内部顾客。教师的基本需求是一份固定的薪水、一份稳定的工作和一间装修好的教室。他们还需要有效的监督，对其表现的反馈，以及与同事的互动。他们需要认识到自己的贡献和回报已经超出了预期。受爱戴的主管通常可以预见并超额满足员工的需求。

满足并预测内部顾客需求的例子包括：

- 在舒适的环境中举办年度员工会议。
- 提供令人愉快的团队建设活动。
- 请一些有创意的培训师来教授你所需要的主题（例如课堂管理）。
- 发放礼券以表示对特殊贡献者的感谢。
- 支付工作人员的旅费和参加幼儿会议的费用。
- 对员工进行个别指导，帮助他们认识到自己的价值。
- 创建一个像家一样舒适和受欢迎的员工休息室。

什么最能激励内部顾客？

当一项或多项需求——信任、希望、价值感和胜任力——没有得到满足时，员工就会离职（Branham，2005）。在幼儿教育领域的职业选择受到一定限制时，主管们如何帮助员工保持积极性？

哈佛商学院的研究（Butler & Waldroop，1999）提供了指导。财政奖励不能激励员工。尽管合理的工资是至关重要的，但是高薪并不是大多数员工的主要工作动力。对某个特定职业的胜任力也不是主要的影响因素。换句话说，一个员工可能擅长数字运算，但不喜欢与数字打交道。做我们擅长的事情并不一定能激励我们。

当工作与自己的深层志趣保持一致时，员工的积极性最高（Bruno & Copeland，2000）。深层志趣包括以下内容。

- 指导和咨询：帮助他人在专业上成长

- 管理者：激励他人取得成功
- 管理项目或企业：带头努力
- 转换技术：将计算机专门知识应用于幼儿教育情境
- 理论化：在展望"蓝图"的创新中发挥领导作用
- 数字计算：计算出准确和精简的预算（或财务）
- 艺术表现：创造一种独特的创作方式
- 教学能力：乐于为成长和知识做贡献

作为管理者，识别深层志趣是非常重要的第一步，会让你备受鼓舞。同样，帮助员工发现他们的深层志趣，可以促使他们恢复活力（Bruno & Copeland, 2000）。日常工作与生活兴趣联系得越紧密，我们对自己的专业就会越满意。

你认识向往课堂的主管吗？他的深层志趣可能是教学，而不是指导、管理人员或机构。他在课堂上的出色表现可能促使他进入管理层。他把激情留在了教室里，留给了他的学生。只有在和孩子们在一起的教室里，他才感到精神焕发和振奋。

> 你能为别人做的最大的好事不只是分享你的财富，而是向他展示他自己的财富。
> ——本杰明·迪斯雷利

你是否喜欢与帮助新教师发展的教师一起工作？这位教师的深层志趣可能是提供指导和咨询服务。一个明智的主管会找到指导他人的方法。

你是否认识一个衣服和珠宝都是"可穿戴的艺术品"的员工，并且她的教室因这样的学习经验而令人激动？她的深层志趣可能是艺术表现。直觉型主管会邀请这样的员工来美化公共空间。

把员工当作内部顾客来尊重，是留住员工并提高质量的重要方法。不用花费额外的资金，主管可以通过创建头衔来吸引每名员工。她将一名教师命名为"特殊时刻创造者"，将另一名教师命名为"家长安慰能手"，还有一名教师是"布告栏能手"。内部顾客的满意度直接影响外部顾客的满意度。

有人被排除在内部顾客名单之外吗？除非需求被预期和满足，否则主管作为关键的内部顾客将受到伤害。主管的自我照顾包括：参加主管支持小组、领导力课程、鼓舞人心的会议，以及在工作之外的休假。这种自我照顾对最重要的内部顾客来说非常重要。质量的提升从你这里开始。把主管的名字加到名单的第一位吧！作为主管，你需要照顾好自己，特别是当你面临令人发疯的压力和需求时。

授予员工适当的决策权

一天早上，在弗吉尼亚州里士满的一个幼儿教育中心里，当人手不够时，门卫帮忙迎接了一个新家庭。门卫的工作说明中没有任何内容告诉他要欢迎和接待访客。尽管如此，门卫还是从指定的工作中抽出时间来问候这家人，并带他们参观了中心。门卫做了中心必须做的事情。他觉得自己有能力做出帮助别人的决定。高效的领导者能够创造一个让员工感到自己有能力将全面质量管理付诸实践的工作环境。

被授权的员工可以轻松地做出对顾客友好的决定。大多数的工作描述都包括样例文件、概括化的短语（如"要有团队精神""执行主管分配的任何额外任务"）。除此之外，一些员工的立场是，他们不会做任何职责要求中没有说明的事情。通过全面质量管理，员工知道质量的提升始于他们自己。全面质量管理进一步强化了监督原则，期望员工为自己的专业性承担责任。

评估你自己、你的服务和你的产品

"标杆"这个术语来源于工人每次成功完成某个产品或某个过程时用刀刻在长凳上的标记。在计算器和计算机出现之前，这些长凳标记担任着记录员的角色。亨利·福特的T型车装配线上的工人曾用基准来衡量他们的生产力。

我经常想象自己在完成一项具有挑战性的任务时在长凳上刻一个凹槽。在办公室的白板上，每当我完成这本书的某一章时，我就会划掉它，在我修改每一章时我也是这样做的。每一个明确的记号都会使我保持动力。庆祝成就是运用基准的另一种形式。

我教的管理课程班访问了多切斯特约基中心的主任妮科尔·圣维克托。那天，全美幼教协会的外部评估人员打算对她的机构进行评估。令人印象深刻的是，她用悬挂文件的方式展示机构的文件夹，把全美幼教协会的十条标准逐条进行分类。在每一个部分，她都按照如何满足每条标准的方法把记录的文件夹逐个放好

(参见表15.2)。尽管她的机构具备更高的、一流的基准,但她仍然担心评估。对于许多人来说,机构质量被判定为"达标"或"未达标",都会令我们捏一把汗。

表15.2 全美幼教协会的机构标准:妮科尔的基准

1. 关系:促进与所有儿童和成人的积极关系。
2. 课程:引导社会性、情感、身体、语言和认知的发展。
3. 教学:考虑儿童发展阶段、文化和语言上的适宜性和有效性。
4. 儿童进步评估:开展持续的、系统的、正式的、非正式的评估,并与家庭分享。
5. 健康:达到营养和健康标准,保护儿童和教师的健康。
6. 教师:合格、博学、敬业。
7. 家庭:在文化上尊重家庭,并与其建立合作关系。
8. 社区关系:相互联系并支持所服务的社区。
9. 物理环境:有安全的、健康的、维护良好的室内外环境。
10. 领导和管理:由合格的管理人员执行政策、程序和系统。

通过文件夹,评估人员可以用标准检查程序来检查机构是否符合幼儿教育领域的测量标准。对于一个即将接受认证的机构来说,主管必须提交机构的整体文件夹和每个班级的文件夹。机构文件夹可以是可移动的,如文件、照片、光盘。文件夹需要包含所有主管或教师达到基准的方式,或跟踪机构实现其目标的方式。

思考下面的例子。在"标准7"中,全美幼教协会要求教师遵守这一标准,以有效地让家庭参与进来:"该方案致力于建立并维持与幼儿家庭的合作关系,以促进幼儿在所有环境中的发展。这些关系要考虑到家庭的组成、语言和文化背景。"(NAEYC,2008,p.21)

教师的班级文件夹将详细记录她为达到这一标准所做的工作,其中可能包括:

- 教师对自己的专业理念和家庭参与方式的书面描述
- 在教室里展示父母与孩子互动的照片
- 邀请家长参加机构组织的家庭活动
- 教师制作带有有用信息的课堂信息简讯
- 请家长填写课堂质量评估表
- 列出家长委员会的成员名单
- 由家庭填写书面意见书(包括填写评价表格)

通过这些方式，教师的课堂档案就可以衡量家庭有效参与的进展情况。

▶ **培养你的EQ**：选择不同的全美幼教协会标准（请访问相关网站）。建立你的文件夹，显示教师们达到标准的程度。

对于那些喜欢细节和秩序的人来说，标杆管理更合适。感知型和判断型偏向（见第四章）的专业人士认为，文档记录是应该进行的。标杆管理可能会给那些喜欢实际行动而不喜欢记录的教师带来压力。感觉型偏向的主管通常更喜欢"活在当下"，而不是逐个记录细节，以了解每名教师的长处和短处，帮助他们发挥优势并记录他们的成功。

持续改进

> 当你认为一切都结束了时，随之而来的新时刻就是新的开始。
> ——路易斯·拉穆尔

"满足于现状"并不是全面质量管理的内容。相反，戴明的理论鼓励我们寻找更好的方法，尤其是当我们处于最佳状态时。最好的怎样才能变得更好？难道我们不应该从严格的改进中休息一下吗？当听到全美幼教协会说我们已经被重新认证时，我们就可以休息了，对不对？

实际上，是的，我们可以庆祝并享受自己辛苦得来的成功。我们也可以召唤振奋的精神来帮助重新审视自己的使命和愿景。什么是梦想的下一步？不断改进和享受成功不一定是相互排斥的。

持续改进总是在寻找、发现成长和变得更好的方法。那些开放且积极寻求反馈的领导者会得到员工的最高评价。这种询问和倾听是持续的。

想象一下幼儿教师因其创新的课程而受到极大的赞扬。然而，教室里的教师认为家庭还可以更多地参与进来。对这些教师来说，持续改进意味着在创新课程的基础上，找到更多让家庭参与进来的方法。持续的改进给课堂带来了动态的更新。

质量或专业的定义浮出水面了吗？至少我们有线索了。高质量就是做到最好，在标准的背景下，要求我们达到标准。专业就是不断选择去做正确的事情。

评估幼儿教育质量的系列工具

主管还可以从哪些方面获得质量保证？幸运的是，我们的专业领域中持续产生了良好的研究方法，用来评估我们的能力，提供高质量的幼儿教育。这些过程称为质量评估与改进系统，包括但不限于：

- 全美幼教协会资格认证
- 机构认证管理量表
- 幼儿学习环境评量表（适用于为2—5岁幼儿服务的机构）
- 婴儿学习环境评量表（适用于为0—2.5岁婴幼儿服务的机构）
- 家庭式幼儿园教育环境质量评量表（适用于家庭式幼儿照护机构）
- 学龄儿童照顾环境评量表（适用于为5—12岁儿童服务的机构）
- 课堂评估评分系统（适用于幼儿教育机构和学校的教室评估）

每项评估都采用独特的方法或针对不同的受众。

全美幼教协会的目的是提高服务于0—8岁儿童的机构质量。全美幼教协会认证程序的对象是受评估影响的整个社区，涉及教师、行政人员和家庭。

机构认证管理量表用于衡量机构管理实践的整体质量。它发源于美国国立路易斯大学的麦考密克幼儿教育领导力中心，旨在衡量和改善幼儿教育机构的领导力和管理实践（Talan & Bloom, 2011）。它审查了系列行政实践，包括：

- 人力资源
- 人员成本及分配
- 中心运营
- 儿童评定
- 财政管理
- 项目计划与评估
- 家庭参与
- 与市场和公众的联系
- 技术

- 教师资格

环境等级量表主要聚焦教室环境，包括室内和室外环境。幼儿学习环境评量表、婴儿学习环境评量表、家庭式幼儿园教育环境质量评量表和学龄儿童照顾环境评量表都源自美国北卡罗来纳大学教堂山分校的弗兰克·波特·格雷厄姆儿童发展研究所。根据该研究所的网站显示，他们设计上述工具，主要用于评估幼儿教育机构中的过程性质量。该网站将过程性质量细化为"教职工与儿童、家长、同事和其他成人之间在课堂上进行的各种互动，儿童与环境中材料和活动之间的互动，以及支持这些互动的空间、时间表和材料等之间的互动"。机构环境等级取决于经过训练的外部评估人员的观察。

所有的环境评级等级依赖：
- 保护儿童的健康、安全和福祉
- 建立积极的人际关系
- 从刺激和经验中学习的机会

课堂评估评分系统是一个用于评估照顾者（或教师）和孩子之间关系质量的观察性工具。基于弗吉尼亚大学柯里教育学院的研究，根据官方网站，课堂评估评分系统主要强调：
- 注重有效的教学
- 帮助教师认识和理解他们与学生互动的力量
- 与专业开发工具保持一致
- 跨越年龄和主题

这些评估工具为领导者提供了丰富的方法来衡量机构的质量。

向所有人表明质量和专业精神的立场

质量有很多方面。《美国残疾人法案》旨在通过要求残疾人享有平等权利来提高国家公民的道德素质。正如我们在第七章中看到的，该法案作为一个相对

"年轻"的法案，设定了一个宽泛的标准。其中的每一个案例都进一步加深了我们对道德品质的理解。

修订后的《美国残疾人法案》没有要求雇主雇用或继续雇用残疾人。法案确保向任何残疾人提供他（她）所需要的平等机会（获得雇用、履行职责和晋升的机会）。

残疾不能成为表现不佳的理由。但是，雇主必须提供"合理的便利"，使残疾雇员或申请人能够相互查看和履行工作。招聘时的关键问题是："申请人是否符合该职位的职能要求？"一旦雇用了员工，关键问题就变成了："这名员工是否履行了工作的职能要求？""我是否做出合理的安排，以协助他（她）履行工作？"

《美国残疾人法案》没有宽恕员工违反工作场所政策的行为，也没有规定员工可以不受纪律处分。主管必须决定：

- 雇员是否有《美国残疾人法案》中所涉及的残疾？
- 残疾是表现不佳的原因吗？
- 我们能做出哪些合理的调整？
- 我把所有事情都记录下来了吗？
- 如果我惩罚员工，那么我能证明他（她）违反了工作场所的规定，并且知道行为的后果吗？
- 我是否遵循道德标准？

▶ **培养你的EQ**：记住这些要点，思考你将如何处理下面的案例研究中的情况。你将如何提高质量？当处理这些有关博妮塔和雨果的事件时，你的道德责任是什么？

案例研究——博妮塔

博妮塔是你所在学龄期项目和夏令营的负责人。她透露说自己正在戒酒，是戒酒互助会的成员。无论什么时候，只要她觉得自己习得了过去的不健康行为（比如孤立自己或因自身问题而责备他人），她就会希望你允许她打电话给戒酒互助会。

博妮塔无法预测她何时需要打电话。她很清楚，如果没有这个"压力释放阀",那么她就不能为你工作。

1. 你对项目、参加项目的孩子及其父母,以及博妮塔的责任分别是什么?
2.《美国残疾人法案》是否涉及了博妮塔的病况?
3. 如果博妮塔还在酗酒,她会受到《美国残疾人法案》的保护吗?
4. 你会对博妮塔采取什么措施?
5. 你的选择将如何影响机构的质量?
6. 全美幼教协会道德行为准则中的哪些章节最适用?

案例研究——雨果

雨果最近在阿富汗服役后获得了美国公民身份,拥有双语能力和丰富的文化素养,可以与人分享他在危地马拉度过的童年。因为雨果富有创造性的课程计划,充满活力的玩乐精神,以及对任何需要帮助的人的同情心,孩子和家长都很喜欢他。雨果是忠诚的、勤奋的、守时的。

雨果有时表现出焦虑和迷茫。他的脸会变红,喘不过气来,忘了自己在哪儿,并且惊慌失措。他认为这些事件"没什么大不了的"。他说,他患有注意缺陷障碍,这能帮助他了解如何与注意缺陷多动障碍幼儿安妮和安杰尔相处。你知道,退伍军人可能患有创伤后应激障碍。你关心雨果的幸福,担心他可能出现恐惧、幻觉重现或注意力缺陷症状。

1. 说出这种情况下的道德或法律问题。
2. 你对每名相关人员的责任是什么?
3. 你会问雨果什么问题?
4. 如果雨果告诉你,他不需要医疗帮助,那么你有什么选择?
5. 如果你的目标是提高质量,那么你会采取什么措施?

如果professionalism（专业）不仅仅是一个由15个字母组成的单词，那么它是什么？

在本章的开头，我邀请你根据自己的经验来定义"专业"一词。我还提出了以下定义：

- 专业是即使有更简单的方法，也要做正确的事情。
- 质量是在我们的资源范围内为孩子们提供最好的一切。

回想起克拉伦斯及其可爱的面孔，我的内心总是对专业和质量有着深刻的理解。你的克拉伦斯是谁？是什么让你在情商的帮助下重新认识到自己在做正确的事情？

反思性问题

1．选择一个你的过往经历，帮助你加深对专业精神的理解。当时发生了什么？提出了哪些问题？可以做出什么选择？所采取的行动专业吗？从这次经历中理解专业，陈述你对专业的定义。根据菲尼和弗里曼的评论来思考你的定义。请写一篇论文或制作一个视频。

2．质量的定义是否因文化而异？采访三个及以上与你有相同文化背景的人，问一些问题，比如："对你来说，什么是质量？""你能给我举出一个服务质量好或坏的例子吗？"总结并评估你的发现。现在与三个文化背景和你不同的人重复这些采访。再次总结和评估你的发现。关于对质量的认知，你了解到了什么？

3．重读关于格蕾西的案例研究。你、其他教师、孩子和家长们对她有什么感觉？想象你是这个项目的负责人，也是格蕾西的主管。为了保证质量，你会如何回答案例中提出的问题？

4．在第三章中，你列出了核心价值观。重新审视这些核心价值观，并将其修正为你的职业核心价值观。例如，如果尊重是你的核心价值观，那么可以把"尊重家庭、员工和社区的文化差异"列为你的职业核心价值观。一旦明确了自己的职业核心价值观，那么你就可以将它们与全美幼教协会的核心价值观相比较。

团队项目

1．每名团队成员选择一个不同的专业（法律、社会工作、动物医学、物理治疗、护理等）进行学习。研究专业成员的标准，阅读他们的道德准则。再次与团队成员分享你所学到的东西。从每一个职业的道德准则中选择一个重要的部分。分享你的发现，并讨论一个通用的职业道德准则应该包括什么内容。

2．在获得当地机构的许可后，准备认识和评估附近的杂货店、餐厅、酒店或其他组织的客户服务。使用"质量阶梯"，创建一个客户服务标准检查表，并为客户和员工设计访谈问题。访问服务提供商，并评估其客户服务的质量。关注外部客户和内部客户。当作为"外部评估者"进行访问后，分享你的评估。

3．把关于博妮塔和雨果的案例研究大声地读给另一个人听。讨论你对案例问题的回答。使用全美幼教协会或美国儿童保育协会专业道德准则作为你的指南，写一份关于解决道德困境的团队报告。

参考文献

Americans with Disabilities Act of 1990, United States Public Law 101-336, 104 Stat. 327, enacted 1990-07-26.

Bloom, P.J. 2005. *Blueprint for action: Achieving center-based change through staff development.* 2nd ed. Lewisville, NC: Gryphon House.

Branham, L. 2005. *The 7 hidden reasons employees leave: How to recognize the subtle signs and act before it's too late.* New York: AMACOM.

Bruno, H.E. 2011. Eliminate whining in the workplace: Moving beyond "grin and bear it." *Exchange* 200: 93–96.

Bruno, H.E., & M.L. Copeland. 2000. Staff retention in child care using an internal customer service model. *Leadership Quest* 4 (2): 5–7.

Butler, T., & J. Waldroop. 1999. Job sculpting: The art of retaining your best people. *Harvard Business Review* 77 (5): 144–152.

Deming, W.E. 1982. *Out of the crisis.* Cambridge, MA: MIT, Center for Advanced Engineering Study.

Feeney, S. 2012. *Professionalism in early childhood education: Doing our best for young children.*

Columbus, OH: Allyn & Bacon.

Feeney, S., & N. Freeman. 2011a. *Ethics and the early childhood educator: Using the NAEYC Code.* 2005 ed. of Code, reaffirmed & updated 2011. Washington, DC: NAEYC.

Feeney, S., & N. Freeman. 2011b. Misleading the state inspector: The response. *Young Children* 66 (5): 68–70.

Feeney, S., N.K. Freeman, & E. Moravcik. 2008. *Teaching the NAEYC Code of Ethical Conduct: Activity sourcebook.* 2005 Code ed. Washington, DC: NAEYC.

Hiam, A. 1992. *Closing the quality gap: Lessons from America's leading companies.* Englewood Cliffs, NJ: Prentice Hall.

Hostetler, K.D. 1997. *Ethical judgment in teaching.* Boston: Allyn & Bacon.

Hunt, V.D. 1992. *Quality in America: How to implement a competitive quality program.* New York: Business One Irwin.

Jablonski, J.R. 1992. *Implementing TQM: Competing in the nineties through total quality management.* 2nd ed. San Francisco: Pfeiffer.

Kipnis, K. 1987. How to discuss ethics. *Young Children* 42 (4): 26–30.

Lencioni, P. 2002. *The five dysfunctions of a team: A leadership fable.* San Francisco, CA: Jossey-Bass.

Martin, J. 2007. Do your customers love you? *Fortune Small Business* October: 72–82.

McManus, K. 1999. Is quality dead? *Industrial Engineer* 31 (7): 32–36.

Morgan, G. 2008. Is profession a noun? Unpublished paper. Wheelock College, Boston, MA.

NAEYC. 2008. *Getting started: Introduction to Self-Study and program quality improvement through NAEYC Early Childhood Program Accreditation.* Washington, DC: Author.

NAEYC. 2011. *Code of Ethical Conduct and statement of commitment.* Rev. ed. 2005 Code, updated and reaffirmed 2011. Position Statement. Washington, DC: Author.

Roberts, H.V., & B.F. Sergesketter. 1993. *Quality is personal: A foundation for total quality management.* New York: The Free Press.

Stonehouse, A. 1994. *Not just nice ladies: A book of readings on early childhood care and education.* Castle Hill, New South Wales, Australia: Pademelon.

Strike, K.A., & P.L. Ternasky, eds. 1993. *Ethics for professionals in education: Perspectives for preparation and practice.* New York: Teachers College Press.

Talan, T.N., & P.J. Bloom. 2011. *Program Administration Scale: Measuring early childhood leadership and management.* 2nd ed. New York: Teachers College Press.

Weiss, H.J., & M.E. Gershon. 1992. *Production and operations management.* 2nd ed. Boston: Allyn & Bacon.

Wright State University College of Education and Human Services. 2000. *The conceptual framework: Developing the art and science of teaching.* Dayton, OH: Author.

Youngless, J. 2000. Total quality misconception. *Quality in Manufacturing* 11 (1): 16.

第五部分

重组：更新、振奋、期待可能实现的事情

>>>

第十六章　处处可用的领导原则：学会热爱问题　　403

>>>

第十六章

处处可用的领导原则：学会热爱问题

> 在不断努力尝试理解之后，我才渐渐明白，追逐真理的最佳方式，其实就是明白和分享自己内心的真实。
>
> ——弗雷德·罗杰斯，《你很特别》
>
> 耐心地对待你心中所有未解决的问题，并试着去做。
>
> ——雷纳·玛丽亚·里尔克

当写这本书时，我经常想象你翻开第一页的场景。我的意图很明确，即承认并尊重情绪和社会智力在幼儿教育领导中的作用。在这本书中，正直和爱的关系应该得到与智商同样的尊重（如果不是更高的话，那么至少是智商所获得的尊重）。我的目的是坚定你所选择的职业，尽管工资低、地位低，但这是地球上最重要的职业之一。幼儿教育时期的高情商领导是一种信任和使命，它不仅仅是一份工作，更是一份事业。

当你"接触到孩子的生活时，你就改变了世界"。同样，当你帮助另一个成人挖掘潜能、实现天赋时，你就丰富了这个世界。当你接受了真实但不那么完美的自我时，你就治愈了每一个你接触过的人。幼儿教育领域的领导使这个世界更加欢迎每个人、每个孩子、每个家庭和每个专业人士。为了有所作为，领导者需要与每个人都建立信任和尊重的关系。首先，应该从自己开始。

▶ **想一想**：停下来思考一下——当读这本书时，什么对我影响最大？什么让我惊讶？我将获得什么信息以便将来使用？我如何改变自己的观点，肯定自己的理解，或者两者兼有？

从我的观点来看，每一章都有一个重点，或者说"概要"。你的观点可能有所不同。你从每一章中获得了什么要点？（见表16.1）

表16.1 要点

章	要点
1	由内而外地了解自己
2	了解人际关系是如何运作的
3	确定你的目标、方向和领导风格
4	你可以选择如何去做选择
5	了解你作为领导者的第一步
6	与变化为伴，并选择你的战斗
7	预防法律和道德问题
8	建立一个解决问题的团队
9	监督员工发挥长处，补救短处
10	在预算管理方面积极主动，善于沟通
11	创造安全、健康、鼓舞人心的环境
12	了解如何促进学习
13	宣传幼儿教育的优点
14	欢迎所有家庭，向他们学习并与之合作
15	持续追求质量
16	期待成为最好的终身学习者和领导者

反思能帮助你成为一名领导者。现在让我们看看剩下的原理、数据和理论，以进一步整合你的知识。

领导力与冒名顶替综合征

▶ **培养你的EQ**：把你的日常工作、职能和责任列一个清单。你是家庭成员、教师、主管、学生，还是养家糊口的人、厨师或司机？你的职责是什么？你是解决问题的人、和平使者、创新者，还是导师或"魔鬼"代言人？你必须承担什么责任？你需要支付账单、提醒会议期限，还是组织活动或计划未来？

现在，画一个圆圈。回顾你的列表，并大致估计下每天在每项工作、职能或责任上所花费时间的百分比。根据你在每项职责上花费时间的百分比制作饼状图。例如：你必须每天花费多少时间来学习？把这个百分比作为饼状图的一部分。你花费多少时间来支付账单，跟进新支票的登记？把这个百分比也作为饼状图的一部分。

格温·摩根在惠洛克学院所教授的管理课程中就运用了这种方法。正如她经常指出的那样，饼状图中充斥着令人难以置信和负担过重的各种百分比。领导者每天都没有足够的时间去做他们必须做的事情。对于那些认为自己必须是所有人的一切的主管来说，问题是：什么是最重要的？领导者对自己的工作进行持续审查，集中在基本的方面，放弃不必要的方面。如果领导者觉得每件事都是必要的，那么他会怎么做？

约翰·格拉登（John Graden，2008）提出，我们每个人都有"冒名顶替综合征"。伴随着冒名顶替综合征，我们觉得自己远不如别人认为的那样优秀。我们认为自己生活在恐惧之中，担心有一天

> 科学家们崇拜大脑的硬件和思想的软件，把心灵的混乱力量留给了诗人。但认知理论不能简单地解释我们最好奇的问题：为什么有些人似乎天生就可以过好的生活？为什么我们一眼就喜欢上一些人，而不信任另一些人？为什么有些人能在困难面前保持乐观，而这些困难会让不那么坚强的灵魂沉沦？简而言之，什么样的思想或精神品质决定了一个人的成功？
>
> ——南希·吉布斯

会被当作冒名顶替者而"揭穿",相信"如果人们知道我的真实身份,那么他们就不会那么看重我了"。

格拉登对这种情况的补救办法是关注我们如何帮助孩子们应对"失败"。我们帮助孩子们谈论什么是有效的,什么是无效的,他们完成了什么,学到了什么,然后教他们如何进入下一阶段,而不是责备自己。

格拉登观察到,成人从来没有学会像对待孩子那样对自己友善,也就是说,原谅自己(因为我们是人类),并继续前进。相反,我们会进行一次负重的内心对话,为自己的失败而自责。当格拉登不能做到或不能做到他所期望的一切时,他只是告诉自己:"取消。取消。下一步是什么?""取消。取消。"能够停止他的消极想法。"下一步是什么?"鼓励他承担一项可以完成的任务。格拉登的饼状图可能超负荷了。然而,明智的做法是放弃他不能完成的事情,并为自己能做的事情而欣赏自己。很多领导都在学着放弃。正如十二步宣言提醒我们的:"进步不是完美的。"

主管是什么:领导者、管理者、行政主管,还是所有人的一切?

"领导者"一词内涵丰富。领导者可以帮助其他人设想现在还看不到的东西。一座破败的建筑,就像一个团队的精神,可以通过有远见的领导来重振。一个缺乏自信的、有才华的教师,可能会在领导者肯定自己的长处时发现这些长处。一个家庭由于工作、语言或不受欢迎的信仰而与他人隔绝,可能会在领导者的帮助下寻找到一个受欢迎的社区。幼儿教育项目可以从梦想变成现实,领导者有能力改变现状。

> 史蒂芬·柯维在《高效能人士的七个习惯》一书中,用梯子来说明领导和管理之间的区别。管理是指以最快和最好的方式往上爬。领导是确保梯子维持在正确的墙上。

在许多文化中,脱颖而出或自称领导者是不被接受的。受性别期待的影响,女性有时会对领导角色感到不自在。我的同事兼全美幼教协会分会的负责人马西娅·法里斯(Marcia Farris),设计并成功举办了幼儿教育会议。

会议上有大量具有实质性意义的研讨会和鼓舞人心的演讲者。马西娅很少指定会议、课程，甚至是为领导者举办的研讨会。根据她的经验，很少有幼儿教育专业人士认为自己是领导者。

> 领导者把注意力集中在成果上，行政主管注重埋头苦干。

如果不是领导者，那么主管又是什么呢？有些作者把幼儿时期的领导能力与管理或行政能力进行区分。让我们来看看。

管理者有责任建立系统，并确保这些系统有效地运行（如监督和预算）。管理者的重点是按照既定目标顺利运作。管理和领导的不同之处在于所需的远见和主动性。管理者对运作的责任比对创造愿景的责任更大。他们有足够的余地在自己的领域中做出改变。教育或课程协调员可以做出监督决定，但很少会做出预算决定。

行政主管是实现者。他们每天都会处理需要处理的事情。他们遵守政策，执行程序，并且处理细节性任务，以保证机构的正常运行。他们专注于日常工作，很少有时间或感觉有权做出长期的、实质性的改变。领导者负责设定远景，管理者负责将系统落实到位。行政主管订购物资，处理投诉，给老旧的钟表上发条，疏通下水道，确保教师按时拿到工资。

领导者们退后一步，以便重新审视视角，迎接挑战，推动变革。行政主管负责日常事务。领导者负责决定组织的目标和未来。德布拉·沙利文（Debra Sullivan，2010）在《学会领导：幼儿教师的有效领导技能》一书中指出，领导者负责计划，而行政主管负责执行计划。

> 幸福的生活只需要很少的东西。一切都在于你自己，在于你的思维方式。
> ——马库斯·奥里利厄斯·安东尼厄斯

▶ **培养你的EQ**：如果不得不从三种描述中择其一，那么你会说幼儿教育主管是领导者、管理者，还是执行主管？

主管们报告说，他们承担了上述三种角色。他们希望有更多的时间来担任领导者，而不是亲自灭火。他们渴望有时间来计划和创造新的方案。但对于幼儿教育

> 知之者不如好之者，好之者不如乐之者。
>
> ——孔子

领导者来说，选择真正符合其目标的优先事项就是他们所面临的困境。

当"有目的地"工作时，我们就是领导者。当工作让领导者脱离目标时，他们会觉得自己只是在执行任务和完成工作。有趣的是，我们的工作就失去了意义。主管如何能够有效地处理时间上的所有要求，同时为"大局"的改变腾出时间呢？把你的眼睛放在对你来说最重要的事情上，学会明智地授权。

授权，即将一项任务分配给另一个人，放弃试图控制另一个人的过程，需要情商和社会智力。当领导者确定自己的目标和优先事项时，她就会运用情商。当"解读"员工，帮助他们成长为专业人士时，她将确定谁能够最好地处理所委托的任务。她的情商是对员工优势、动机和盲点的了解。知道是什么、什么时候、授权给谁是领导艺术的一部分。还记得杰瑞·鲍尔（Jeree Pawl）说过的话吗？"我从事监督工作已经40年了，现在刚开始掌握窍门。"

作为领导者，努力学习情感和社会方面的智慧，这就够了吗？当领导者对一门新学科知之甚少或一无所知时，成为终身学习者能否帮助他们度过这一时期？

看待旧事物的新方式

有关情绪和社会智力价值的争论

情绪和社会智力理论的研究引发了强烈的反应（包括赞成和反对）。

一些批评者认为，情商没有经过严格的科学分析证实，就像棉花糖一样没有根基。他们质疑情商的存在和价值。戈尔曼的工作尤其受到了批评。心理学家汉斯·艾森克（Hans Eysenck）这样抨击戈尔曼的理论：

（戈尔曼）比大多数人都更清楚地说明，把几乎所有行为都归类为某种"智力"的根本荒谬……整个理论是建立在流沙之上的，没有可靠的科学依据（2000，p.109）。

然而，越来越多的科学研究支持情商理论（Cherniss et al., 2006；Viadero, 2007）。数据显示，无论是对于课堂上的孩子，还是工作场所的成人来说，情商都与现实世界中的成功有紧密的联系。最成功的人并不是高智商和内在驱动力的

> 神经科学害怕意识的存在，所以我们把大脑当作计算机来研究。但是，没有像大脑一样的计算机，因为每件事情都是情绪化的。
>
> ——唐·卡茨

"独奏者"，而是在压力下保持冷静并知道如何与他人相处的团队建设者。神经科学的研究探索情商和智商行为之间的神经差异，以及大脑和社会交往之间的动态关系（见第四章）。

当读到对戈尔曼理论的支持和批评时，它是如何影响你对情商和社会智力的看法的？作为幼儿教育领域的专业人士，你将有充足的机会倾听并参与这场持续的辩论。

在这本书中，我已经注意到了领导者的两难处境，即持有两种相反的信念，握着两种相互对立的理论。当尝试这样做时，你可能会感觉到自己正抱着两只嗷嗷叫的猫，并避免它们打架。一方面，情商很有价值；另一方面，情商是一种不科学的欺骗。任何新的理论都会受到仔细的审查和可能的攻击。还记得欢迎改变的人的百分比吗？

我建议把智商和情商视为"两者兼顾"，而不是"非此即彼"。智力的两种定义有各自的优点和地位。一方不必排斥另一方。有时候，领导者需要运用"法律条文"（不受情感影响、客观和理性批判）来做决策。有时候，领导者需要运用"法律精神"来管理人际关系，接受所有不可言说的、突触式的（神经元对神经元）情感交流模式。

幼儿教育职业正努力赢得人们的尊重。通过记录、评估、编纂、分析，或以其他方式将传统的"硬"科学方法应用于该领域。全美幼教协会早期儿童项目标准和认证标准（2008）体现了专业化的

> 让我们仔细体会一下这句美国的本土谚语："请善待地球。它不是你的父母给你的，是你的儿女借给你的。"

愿望。"硬"数据具有说服力，严谨、理性的方法可以赢得尊重。"软"或不科学的方法仍然值得怀疑。也许我们可以从这两种方法中得到最好的，而不是用一种方法来否定另一种方法。

重新发现传统的情商沟通方式

因为情商和社会智力理论一直被认为是软性的，而不是硬性的科学知识，所以情商在大学之外比在常春藤高校内更为流行。几个世纪以来，情商和社会智力一直是民族领导智慧的核心。当想要"触及问题的核心"时，我们通常会求助于美洲原住民的长者。

这样的例子很多。布莱克·埃尔克（Black Elk）知道："成人可以从很小的孩子身上学习，因为小孩子的内心是纯洁的。因此，他们可能会表现出许多大人所遗失的东西。"疯马乐队阐述了这一核心的领导原则："需要一个非常伟大的愿景，拥有这一愿景的人必须追随它，就像老鹰寻找天空最深处的蓝色一样。"西雅图酋长曾警告说："所有的事物都有共同的呼吸，野兽、树木、人、空气与它所支撑的所有生命共享着它的精神。"

> 智慧产生勇气，勇气引起慈悲，慈悲萌生智慧。
> ——池田大作

智慧是通过口头传统、诗歌、寓言和歌曲从长辈那里传下来的，而不是通过学术教科书传承的。如果你能唱或背诵你最喜欢的歌词或诗歌，那么你就可以运用这种智慧。约翰·济慈（John Keats）在诗歌《希腊古瓮颂》（*Ode on a Grecian Urn*，1819）中写道："美即真理，真理即美。这就是你在地球上所知道的一切，即你所需要知道的一切。"这几句诗词总结了情商和社会智力的核心内涵。

▶ **培养你的EQ**：回忆你最喜欢的儿童读物中的信息。那本书给孩子们传授了什么人生经验？

儿童读物的作者围绕情商和社会智力领域进行创造。《绒布小兔子》（*The Velveteen Rabbit*，1992）中的兔子虽然破旧不堪，但依然可爱至极。在《蒂奇小姐》

(*Miss Tizzy's*，1993）一书中的社区里，每个人都很重要，每个人都互相照顾。《探戈三人行》（*Tango Makes Three*，2005）提醒我们，爱造就家庭。《野兽国》（*Where the Wild Things Are*，1963）告诉我们，我们都有野性的一面，但野性的一面没有什么可怕的，这安慰了我们。我们记得触动心灵的东西。事实可以褪色，但意义可以留存。《我爱你，臭臭脸》（*I Love You, Stinky Face*，1997）让孩子知道无论发生什么，他（她）将永远被爱着。

"软"知识可以帮助我们度过最艰难的时刻，记住触动心灵的事物。事实可以消退，但意义永存。

非语言的，非神经的，还是两者都有？

第一次给某物命名会改变我们看待事物的方式。为了考虑情商和社会智力，我们需要进行假设检验。考虑一下已经确立的术语"非语言的"。想想这个术语所表达的意思，即我们无须语言就可以进行多种交流。现在考虑一下"神经的"这个术语。"神经的"或"突触式的"表明在交流变成语言之前，我们的神经元就一直在以各种形式传递信息。

> 错误是发现的敲门砖。
> ——詹姆斯·乔伊斯

大多数人（65%～90%）的交流是通过神经元连接，而不是语言连接进行的。我们最常用的沟通方式被贴上了它不是什么（非语言的），而非它是什么（神经的）的标签。如果我们在给某一概念下确切定义之前，便能更详细、准确地考察其真正的内涵，那么从某些方面来说，"非语言的"这个词是落后的。

准确地说，我们在神经和非神经上进行交流。我们的第一语言是神经交流，而不是语言交流。我们在瞬间做出神经反应。由于神经通信是标准的通信，其他形式的通信也应该据此相应地加以描述。"非语言的"这个术语不足以描述所有的神经交流形式。"非语言的"传达的是神经交流中所缺失的内容，"神经的"

> 人们就像彩色玻璃窗，阳光出现时，它们闪耀着光芒。但当夜幕降临时，只有内心有光，它们真正的美丽才会显现出来。
> ——伊丽莎白·库布勒-罗斯

则传达了所发生事情的广泛性。

尽管词汇很丰富，但它们是非神经的交流。语言是最著名的非神经交流方式。当语言激发同位素联系时，它们才是最重要的。否则，语言就不会被接收。为了适应这种情况，词语可以被称为"非神经的"或"语言的"交流。

这种差异听起来像是语义学上的差异，其实更多的是字词上的差异。然而，当我们直接命名某物时，这个命名就传达了意义。下次你听到"非语言的"这个词时，考虑一下更准确的词——"神经的"。改变我们所使用的术语就像改变任何其他东西一样，阻力是不可避免的。尽管如此，改变看待事物的方式可以促使我们走向未来。

领导原则与你同在

▶ **培养你的EQ**：把你认为好的领导者需要具备的特质列出来。在这些特质中，哪一个反映了你的强项？你想在自己的身上发展哪些特质？

好老板与坏老板

根据你刚才列出的清单，谈谈你对好老板和坏老板清单的看法，这个清单列出了有效领导和无效领导的不同之处（Goleman，2006，p. 277）。

"好老板"清单描述了一个能够有效处理关系的领导者的特征。"坏老板"清单描述的是一个不能把自知之明或同情心带入关系的领导者。把表16.2中的优秀领导者特质作为领导原则。

表16.2 好老板与坏老板

好老板	坏老板
善于倾听	难以接近
经常激励	多疑
乐于沟通	秘而不宣
勇敢无畏	恐吓威胁
有幽默感	脾气暴躁
有同理心	自我中心
负责任	推卸责任
谦逊亲和	傲慢自大
适当放权	缺乏信任

亲切地说出真相

研究人员兼作家安东尼奥·迪马西奥（Antonio DiMasio，2005）指出，快乐或从压力和担忧中解脱出来的自由，可以让我们学到更多。迪马西奥认为，快乐、乐观和热情都是神经系统的"最大和谐状态"。另一位研究人员莉萨·阿斯皮诺尔（Lisa Aspinal，1998）发现，虽

> 乐观一点没有坏处。你以后仍然可以哭泣。
> ——卢西玛·桑托斯·德利马

然信息很难被发掘，但当自信且乐观时，我们更有能力去寻找并吸收信息。

这些原则适用于作为监督者的领导者。戈尔曼（2006，p. 277）指出："如果领导者建立这样的信任和安全感，那么当他们给出严厉的反馈时，接受反馈的人不仅会保持更开放的态度，而且会从难以接受的信息中看到好处。"所以，好的领导者可以帮助他人拓宽视野，亲切地讲真话能够营造出信任和安全的环境。

正直地领导

要"言行一致"，而不是要求别人做你不愿意做的事。一个好老板是正直的，一个好的幼儿教育领导者需要花很多时间帮助别人发现自己的天赋，克服自己的弱点。责备、指责和威胁都是无效的。要正人，必先正己，这样就可以培养你的正直。这种差异将会被感受到并被欣赏。

让我们根据近期关于领导者作为导师的特征的研究结果（DeLong，Gabarro，& Lees，2008），比较一下好老板和坏老板的特征。一个好导师应该：

- 是一个绝对可信的人，无论是积极的，还是消极的信息，他（她）都会真诚地传递。
- 告诉一些你可能不想听到的事情，但仍会让你感觉自己已经听进去了。
- 以一种让你想变得更好的方式与你互动。
- 让你有足够的安全感去冒险。
- 让你有信心克服内心的疑虑和恐惧。
- 支持你尝试为自己设定拓展目标。
- 帮助你发现自己可能没有看到的机会和挑战（p. 118）。

德朗、加巴罗和利斯还发现，员工"对于负面反馈都是相当敏感的"（p. 118）。即使是脸皮最厚的员工，在听到"你没有正确地理解它"时，其神经元也会颤抖。

无论我们如何定义，一个好的领导者都会以尊敬的态度激励、敢于面对和支持他人。对于一个好的领导者来说，他（她）所做的所有事情都需要在人际关系中进行；否则，只能是一败涂地。

21世纪的领导力

预见未来是一件既不可能又不可思议的事情。我们不知道接下来会发生什么，更不用说接下来的一年或十年了。但是，这并不能阻止我们的想象。当领导者为我们看不见的未来扫清道路时，设想一下我们想要的成长方式。以下是关于如何展望21世纪领导力的领导原则和调查结果。

为成长建立伙伴关系

当研究21世纪领导力的观点时，我发现重点在于通过相互尊重的关系影响变化。例如，罗斯特（Rost, 1993）在《21世纪领导力》（*Leadership for the Twenty-First Century*）一书中，将领导力定义为"领导者和追随者为了做出真正的改变、实现共同的目标而建立的具有影响力的关系"（p. 124）。对罗斯特来说，人际关系和道德的重要性在很大程度上被忽视了。除了动态关系的影响，罗斯特还预见到适应性和自我意识将成为本世纪的领导工具。

> 从不犯错误的人将一事无成。
> ——乔治·伯纳德·肖

忠于你的核心价值观

在《哈佛商业评论》（*Harvard Business Review*）专门讨论"21世纪的领导力和战略"的文章中，罗莎贝丝·莫斯·坎特（Rosabeth Moss Kanter）在《转变巨人：什么公司的业务让世界变得更美好？》（*Transforming Giants: What Kind of Company Makes It Its Business to Make the World a Better Place?*）中提供了这样一个观点：

事实证明，价值观是当今最具活力和最成功的跨国公司的关键因素。我指的不是印刷在钱包卡片上的广告语，而是悉心培养人们心灵的价值观。一旦人们就所尊重和渴望的事物达成一致，他们就可以独立地做出决定，而不是目标相左。当开展合作时，即使在背景和文化传统方面有很大的差异，他们也可以有效地沟通和协作，因为他们有很强的商业目的感和公司认同感。

根据坎特的说法，当我们的文化背景不同时，一致同意的核心价值观促使我们走到一起。

培育多元文化社区

坎特的观察非常有力。领导者需要洞察力和远见来培养多元文化组织。幼儿教育需要邀请和欢迎一个不同的世界。领导者的努力源自内心，因为我们会问："我的盲点是什么？我的偏见是什么？我需要如何成长？"随着领导者的成长，他（她）的计划也会得到改进。丹尼丝·斯科特（Denise Scott, 2005）问幼儿教育领导者："你设想未来10年后幼儿教育领域需要什么样的领导力？"

▶ **培养你的EQ**：你认为这些领导者的反应如何？如果你接受采访，那么你预测10年后幼儿教育领域的领导力会是什么样的？

几乎每一位接受采访的领导者都毫无保留地谈到了全球视角和地方性行动主义。俄亥俄州的斯科特·西格弗里德（Scott Seigfried）建议说："领导者需要了解无数种文化，甚至需要会说一两种语言。"迈阿密的路易斯·埃尔南德斯（Luis Hernandez）预见到："领导者将了解不同的人口、语言、文化，并拥有广阔的世界视野。"华盛顿特区的戴维达·麦克唐纳（Davida McDonald）设想未来的领导力是"具有代表性的、多样性的、包容性的、创新性的、前瞻性的思维，是自下而上的，而不是自上而下的"。

像孩子一样好奇

外界人士向孩子们学习的消息令人耳目一新。工程师保罗·波拉克（Paul Polak，2008）的梦想是通过帮助全世界生活艰辛的农民来彻底消除贫困。他说："孩子身上有一种简单而直接的好奇心和对玩耍的热爱，而成年后我们在解决问题时往往会丢失这两点。如果你像孩子一样思考问题，那么你可以很快地发现问题的本质。"（p.32）波拉克分享了自己的经历，当接受挑战，为乡村社区设计一个成本低、效益高的工业烘干机时，他像孩子一样充满好奇心：

> 压力的定义是：你心里想着"不可能"，嘴上却说"当然，我很高兴这样做"。
> ——休·鲍德温

1996年，我在亚马孙热带雨林的一个村庄卡舒埃拉里，试图弄明白橡胶采集者如何在村庄集合点烘干巴西坚果，以增加收入。我们不得不设计一种乡村烘干机，以取代大城市工厂的大型工业烘干机。当穿过村庄时，我看到每隔一栋房子都有一台面粉烤箱以烘干木薯粉。这个烤箱有0.6米高的被烘烤过的黏土表面，顶部有一个2.4米宽、3米长的炉子。当看到这些烤箱时，我意识到它们可以变成巴西坚果烘干机。我们只需要像孩子一样思考，而不是像工程师一样思考（p.32）。

> 任何人都可以随时开始改善世界，这是多么美妙的事情。
> ——安妮·弗兰克

波拉克和他的当地团队没有花费大量的金钱和精力进口大型工业巴西坚果烘干机，而是在不到两小时的时间里从零开始制造了一台烘干机。这种"童心"、孩子一样的好奇心，是一种强有力的领导工具。

照顾好自己

正如格雷塔·布鲁克·帕尔默（Gretta Brooker Palmer）曾经说过的，快乐可能是"努力让别人快乐的副产品"。无私地与世界问题做斗争的利他主义，在帮助他人的同时无私地与世界上的问题做斗争，这是令人钦佩的。正如我们在第六章"与变化为伴"中所讨论的那样，那些防止职业倦怠过度的主管首先要照顾好自己。自我照顾是一种很难学会的实践。

由于过度劳累而生病的"照顾者综合征"，对于幼儿教育专业人员来说是一种危险。每天工作12小时，仍把工作带回家，试图"解决"其他人的问题，这些都可能成为自我毁灭的习惯。主管们需要学会直截了当，正视自己的愧疚感，然后说："请让一让！我需要一些属于自己的时间。"尽管这种设定界限的行为对许多人来说有些尴尬，但对恢复能量是必不可少的。

放手

自我照顾的另一个基本动力是学会"放开"担忧、自我怀疑，以及因不够完美而对自己的责备。选择你的战斗，放下其他的东西。管理好你的精力。认为你可以帮助所有人解决问题，是一个致命的天方夜谭。如果你相信这种说法，你就伤害了自己。"有目的地"领导，为你的信仰表明立场，不要再认为你可以"改变"任何人。用你的行动说话。

> 寻求报复的人最终是自掘坟墓。
> ——谚语

静心思考是主管可以信赖的"朋友"。在地球上，你唯一可以改变的人就是自己。放下你不能改变的东西——别人。智慧和自尊是你放手后得到的奖赏。尤其是在怨恨或担忧时，要学会放手。

> 我的目标是向那些成年的孩子们展示，无论年龄多大，我都可以找到时间和方法大笑、享受生活的乐趣。幽默是最有效的应对技巧之一。
> ——休·鲍德温

寻求帮助

> 变化需要时间：研究人员发现，新神经元生成后会在6—8周继续成熟，在接受来自大脑高级区域的输入长达10天后才会输出信息。当新的神经元与已有的神经网络融合时，大脑的其他区域继续向它们提供信息。

主管的支持团体可以成为理智和幽默的避风港。没有什么比听到另一个主管处理你所面临的同样的问题更好，这可以帮助你保持洞察力。一旦加入或成立了董事会，主管们就会很高兴地告诉我："我不觉得孤单！"

回到第六章，我曾邀请你完成支持系统人员名单的表格。如果重新审视那张表，你会做出改变吗？你是否在阅读本书时想到了某个人？你是否移除了那个耗尽你的精力却没有给你补充能量的一个"难伺候"的人？

当撰写或修订本书时，我的信心会有所下降，这时我会向朋友、家人或精神源泉寻求帮助。不一定有信仰才有精神源泉。精神源泉是一种信念，即相信生命中有比我们表面看到的更多的东西。每个领导者都有自己更深层次的灵感和舒适之源。

发现、运用并热爱你的幽默感

当像我一样知道失去幽默感的时候，你有麻烦了吗？你可能听说过作家诺曼·卡曾斯（Norman Cousins），他相信自己通过笑声治愈了癌症。当看到马克斯兄弟在电影中的滑稽表演时，他捧腹大笑。瑜伽是一种调整呼吸、伸展身体和舒展精神的冥想练习，其中包括"大笑冥想"。"大笑冥想"就是笑，尽管没什么好笑的。我曾对这种做法持怀疑态度。我抗议道："这一点都不好笑，我觉得自己很傻。"但实际上，我真的傻。当我"哈哈哈"地走进一个乐观向上的地方时，我再次发现了事物的有趣。笑是接近真相的一种方式。

你的选择从这里开始：学会喜欢这些问题

你和我需要说再见。这本书就要结束了。我会想念大家的。在写这本书时，我的心里想着你。我很感激你选择成为一名幼儿教育专业人士。

作为一名"赔偿律师"，我意识到在未来的生活中幼儿时期的职业多么有价值。我说的都是真心话。幼儿教育丰富了孩子们的生活，提升了家庭的照护水平。

作为一名幼儿教育工作者，你的影响力超出了你的想象。当小家伙们长大后感谢你时，你就会明白我的意思。也许你已经知道了。

> 学会赞美："不完美的美和魅力在于——破旧牛仔裤的舒适和熟悉感，意大利古老别墅的质朴和优雅，祖上遗留的被广泛使用的瓷器上散发着的褪色的光辉。"
> ——塔罗·戈尔德

还记得全面质量管理的持续改进原则吗？你准备好进行下一步了吗？我认识的人中没有人知道所有的答案。学会热爱这些问题，尤其是对你最具挑战性的问题。它们会让你坚持自己的目标。

请带上这份礼物：充实、幸福和诚实的人际关系是成长和学习的核心。你可以选择如何与每个人相处，包括你自己。要选择善良。

"希望"是个有羽毛的东西，

它栖息在灵魂里，

唱没有歌词的歌曲，

永远，不会停息。

——艾米莉·狄金森

反思性问题

1. 不要匆匆翻阅本书，请反思和写下你记忆最深刻的收获。记下你记得的东西。接下来，反思这些问题：你觉得什么会伴随你？什么是有用的？你可能还想听到什么？哪些内容是你想知道但没有涉及的？当写完你的思考后，打开书。你还有什么要补充的吗？如果有，请把它加进去。

2. 参照罗伯特·萨顿的观点，考虑一下好老板和坏老板的定义吧！你认为好老板和坏老板的特征是什么？萨顿坚持认为，老板很少像员工那样看待自己。他要求给予员工金钱奖励，以奖励他们对你作为老板的盲点的投入。你同意这种做法吗？你认为一个领导者如何持续评估自己的工作效率？你建议主管们采取什么自我评估方法？

3. 本章标题中的"学会热爱问题"取自里尔克（Rilke）的专著，他说："对你心中所有未解决的问题要有耐心，并试着热爱问题本身。"（1993，p. 35）这句话对你来说意味着什么？你觉得哪些悬而未决的问题是你可以学着热爱的（特别是对于一个幼儿教育专业人士的未来）？描述一下哪些领导原则可以帮助你解决这些问题。

团队项目

1. 重新回顾一下你对"你设想未来10年后幼儿教育领域需要什么样的领导力？"这一培养情绪智力的练习的回答。接下来，与你的团队成员分享你的答案，一起讨论你期望发生什么变化，以及最大的挑战是什么。尤其是，你认为最终的人口结构变化是怎么样的？从白种人占多数到有色人种占多数的变化趋势，会影响幼儿教育领域或受到该领域变化的影响吗？研究其他专业人士对这些问题的预测。

2. 本章主要强调了"处处可用的领导力原则"。请列出你的领导原则清单。把它与你在第三章的学习过程中形成的核心价值观相比较。与团队成员分享你的核心价值观和领导原则，共同明确我们的职业核心价值和领导原则。把你们讨论的重点用幻灯片或视频进行演示。

3. 请讨论这句话："因为情商和社会智力理论一直被认为是软性的，而不是硬性的科学知识，所以情商在大学之外比在常春藤高校内更为流行。几个世纪以来，情商和社会智力一直是民族领导智慧的核心。当想要'触及问题的核心'时，我们通常会求助于美洲原住民的长者。"你是否注意到情商、社会智力和智商在学术课程中的重要性？你的研究是否包括或强调有色人种和种族群体的观点？请调查和选择一个观点未被充分纳入学术课程的团体或个人。与团队成员分享这个人或团体的智慧。

参考文献

Aspinal, L.G. 1998. Rethinking the role of positive affect in self-regulation. *Motivation and Emotion* 22 (1): 1–32.

Baker, B. 2008. How tastes turn into feelings. *Boston Globe* March 24: C2.

Cherniss, C., M. Extein, D. Goleman, & R.P. Weissberg. 2006. Emotional intelligence: What does the research really indicate? *Educational Psychologist* 41 (4): 239–245.

Cousins, N. 1979. *Anatomy of an illness as perceived by the patient*. New York: Norton.

Covey, S. 2004. *The 7 habits of highly effective people*. Rev. ed. New York: Free Press.

DeLong, T.J., J.J. Gabarro, & R.J. Lees. 2008. Why mentoring matters in a hypercompetitive world. *Harvard Business Review* 86 (1): 115–121, 138.

Dimasio, A. 2005. *Descartes' error: Emotion, reason, and the human brain*. New York: Penguin.

Eysenck, H.J. 2000. *Intelligence: A new look*. Piscataway, NJ: Transaction Publishers.

Goleman, D. 2006. *Social intelligence: The new science of human relationships*. New York: Bantam Dell.

Graden, J. 2008. *The imposter syndrome: How to replace self-doubt with self-confidence and train your brain for success*. Bloomington, IN: Xlibris.

Kanter, R.M. 2008. Transforming giants: What kind of company makes it its business to make the world a better place? *Harvard Business Review* 86 (1): 43–52.

Lencioni, P. 2002. *The five dysfunctions of a team: A leadership fable*. San Francisco: Jossey-Bass.

NAEYC. 2008. *Getting started: Introduction to Self-Study and program quality improvement through NAEYC early childhood program accreditation*. Updated ed. Washington, DC: Author.

Polak, P. 2008. Twelve steps to practical problem solving. World Ark March/April.

Rilke, R.M. 1993. *Letters to a young poet*. Translated by M.D. Herter Norton. New York: Norton.

Rost, J.C. 1993. *Leadership for the twenty-first century*. Westport, CT: Praeger.

Scott, D, ed. 2005. Leaders on leadership: How do you envision leadership in early childhood care and education in 2015? *Young Children* 60 (1): 20–21.

Sullivan, D.R-E. 2010. *Learning to lead: Effective leadership skills for teachers of young children*. 2d ed. St. Paul, MN: Redleaf Press.

Sutton, R.I. 2010. *Good boss, bad boss: How to be the best...and learn from the worst*. New York: Hachette Book Group.
Viadero, D. 2007. Social-skills programs found to yield gains in academic subjects. *Education Week* 27 (16): 1, 15.
Wen, P. 2008. Culture gap. *Boston Globe* March 24.

儿童文学书目

And Tango Makes Three, by Justin Richardson and Peter Parnell. Illus. by Henry Cole. 2005. New York: Simon & Schuster.
I Love You, Stinky Face, by Lisa McCourt. Illus. by Cyd Moore. 1997. New York: Scholastic.
Miss Tizzy, by Libba Moore Gray. Illus. by Jada Rowland. 1993. New York: Aladdin Paperbacks.
Where the Wild Things Are, by Maurice Sendak. 1963. New York: HarperCollins.
The Velveteen Rabbit, by Margery Williams. Illus. by William Nicholson. 1922. New York: Avon Press.

万千教育 学前教育类书目

书号	书名	著、译者	定价(元)
幼儿园园所管理系列			
3714	幼儿教育领导者手册——如何促进教师的专业发展	冯婉桢 译	48.00
3532	幼儿园管理者的情商课——学会有目的地领导	洪秀敏 等 译	98.00
3363	从生活到生活化课程——一位幼儿园园长的教育叙事（上下册套装）	胡华 著	128.00
3120	幼儿园管理量表——提升幼儿园园长领导力和管理水平的工具	文晓莉 等 译	38.00
2206	给幼儿园园长的50条建议	张春炬 等 主编	58.00
2102	破解幼儿园园长的50个管理难题	苏晓芬 等 著	48.00
1784	幼儿园危机管理策略与实例	周丛笑 等 编著	52.00
1596	幼儿园安全管理策略	张春炬 李芳 主编	42.00
0039	园本培训促进幼儿教师专业发展	晏红 著	32.00
9620	幼儿园保育员工作指南	伍香平 等 主编	20.00
9438	幼儿园园长的领导艺术	任民 李迎春 著	32.00
9006	幼儿园园长临场应变技巧50例	卢俊 著	20.00
9012	幼儿园园长易犯的80个错误	伍香平 主编	25.00
幼儿园园所管理系列合计			641.00

\multicolumn{4}{c}{**幼儿园区域活动指导**}			
3970	幼儿园区域活动——环境创设与活动设计方法（第二版）（全彩）	王微丽　主编	78.00
2598	幼儿园艺术区材料设计与评价（四色）	王微丽　霍力岩　主编	60.00
2103	幼儿园社会区材料设计与评价（四色）	王微丽　霍力岩　主编	60.00
1950	幼儿园科学区材料设计与评价（全彩）	王微丽　霍力岩　主编	60.00
1951	幼儿园生活区材料设计与评价（全彩）	王微丽　霍力岩　主编	60.00
1782	幼儿园数学区材料设计与评价（全彩）	王微丽　霍力岩　主编	60.00
1800	幼儿园语言区材料设计与评价（全彩）	王微丽　霍力岩　主编	60.00
3055	幼儿园自主性区域活动——环境、课程与儿童发展	邱学清　等　著	88.00
2644	幼儿园户外探索与学习（全彩）	邹海瑞　廖宁燕　等　译	48.00
2645	幼儿园户外创造性游戏与学习（全彩）	陈　欢　译	58.00
1935	幼儿园户外环境创设与活动指导（全彩）	董旭花　等　著	72.00
9613	幼儿园区域活动——环境创设与活动设计方法（全彩）	王微丽　主编	60.00
9149	小区域，大学问——幼儿园区域环境创设与活动指导	董旭花　等　著	30.00
9548	幼儿园创造性游戏区域活动指导（角色区·建构区·表演区）	董旭花　等　编著	32.00
9549	幼儿园自主性学习区域活动指导（生活操作区·美工区·益智区·科学区）	董旭花　等　编著	35.00
0156	幼儿园区域活动现场指导艺术——透视38个区域故事	董旭花　等　著	38.00

……

欲了解更多图书信息，请登录：www.wqedu.com
联系地址：北京市西城区三里河路6号院2号楼213室　万千教育
咨询电话：010-65181109，65262933

*本目录定价如有错误或变动，以实际出书为准。